2800

Oficial de caballería

ALLAN MALLINSON

OFICIAL DE CABALLERÍA

Traducción de
Mª Eugenia Ciocchini

PLAZA & JANÉS EDITORES, S.A.

Título original: *A Close Run Thing*

Primera edición: julio, 1999

Printed in Spain – Impreso en España

ISBN: 84-01-32772-5
Depósito legal: B. 27.258 – 1999

Fotocomposición: Lozano Faisano, S. L.

Impreso en Hurope, S. L.
Lima, 3 bis. Barcelona

L 3 2 7 7 2 5

A los dragones de la caballería ligera
(antiguamente el 13º/18º y el 15º/19º de los húsares),
en cuya historia, espíritu y personalidades
me he inspirado para escribir esta novela

NOTA DEL AUTOR

Lo que sigue es algo más que la historia de un oficial del ejército del duque de Wellington: es la historia de un regimiento, esa peculiar institución británica que John Keegan, el más lúcido historiador y observador de la vida militar en todos sus aspectos, ha descrito como «un acto fortuito de genialidad». Cada regimiento era —y es— diferente, y se jactaba de ello. No se diferenciaba únicamente por sus miembros, sino también por su historia y costumbres: las ideas heredadas de cómo debían hacerse las cosas, el *sprit* o espíritu.

El Sexto de dragones es un regimiento ficticio, pero los hechos en los que participó son históricos. Los principales personajes ajenos al regimiento son figuras históricas, aunque me he tomado algunas libertades: por ejemplo, el general Slade no fue a Irlanda en 1814. Confío no obstante en que estas libertades no resten credibilidad histórica a la novela.

En 1814, el ejército de Wellington se encontraba en un momento especial. Había soportado cinco años de campañas en la Península y logrado una victoria tras otra, inspirando al duque el célebre comentario de que «podía ir a cualquier sitio y hacer cualquier cosa». Sir Charles Oman, uno de los dos grandes historiadores de la campaña (el otro fue sir William Napier), también hizo una interesante observación: «Un número considerable de hombres eran religiosos, hecho insólito en un ejército del siglo XIX.» (*Wellington's Army, 1809-1814.*)

Naturalmente no era un ejército perfecto, como tampoco lo era el duque. En cuanto a éste, una de las cuestiones más polémicas es la compra de ascensos por parte de los oficiales de caballería e infantería, práctica que el duque de Wellington se esforzó por mantener hasta mucho después de terminada la guerra. Sin embargo éste es un problema más complejo de lo que parece. No he leído ninguna explicación mejor (o más divertida) que la que da el marqués de Anglesey en el volumen primero de la *Historia de la caballería británica entre 1816 y 1819* (que, dicho sea de paso, es el libro más ameno sobre la caballería de principios del siglo XIX).

Los lectores que deseen saber más sobre la organización y el equipamiento del ejército en esta época deberían consultar las exhaustivas obras de Phillip Haythornwaite, que no tienen parangón. También me siento en deuda con el comandante retirado John Oldfield, ex conservador del Small Arms Museum de la Escuela de Infantería de Warminster. El «museo» es una colección de armas y conocimientos sin precedentes, y aunque pocos lo saben, puede visitarse si se concierta una cita con antelación. Mi esposa, a quien conocí en unas cuadras, me ha prestado una ayuda inestimable a la hora de escoger la terminología apropiada para describir los caballos y su mundo, evitándome las peores «caídas» en sentido metafórico.

Cualquier inglés que escriba sobre Irlanda necesita un interlocutor irlandés con una paciencia excepcional. Yo he tenido la inmensa fortuna de contar con la amistad y el asesoramiento del general de brigada retirado Pat Hogan, ex miembro de las Fuerzas de Defensa Irlandesas y presidente de la Irish Military History Society. El lector no debe sin embargo responsabilizarlo de ninguna alusión que evoque, aunque sea remotamente, a la pérfida Albión.

Directa e indirectamente, debo muchísimo a Patrick O'Brien. Sus historias de Aubrey/Maturin me fascinaron durante tantos años que comencé a interesarme por todo lo relacionado con la caballería de ese período, hasta que encontré el valor necesario para hacer algo al respecto. O'Brien ha demostrado una gran generosidad con sus consejos y estímulo. Sus enseñanzas han sido decisivas.

Pero quizá mi mayor deuda de gratitud sea para con Paula Levey (la señora de Piers Fletcher) —hija y hermana de militares y esposa de un ex militar— que, como correctora del primer manuscrito, supo detectar los errores y no vaciló en señalármelos.

Oh, Dios Santo, compadécete de la condición humana y sálvanos de un sistema de malevolencia tal que nos exige olvidar nuestros viejos y venerados prejuicios para aprender a considerar la guerra como el estado natural del hombre y a ver la paz como un extremo peligroso y difícil. Señor, es preciso modificar esta noción. Está alimentada por un espíritu diabólico y conduciría a una guerra interminable. ¿Acaso nos hemos beneficiado alguna vez por perseverar porfiadamente en la guerra?

CHARLES JAMES FOX,
Discurso en la Cámara de los Comunes,
3 de febrero de 1800

1814

Con una única y breve tregua, Gran Bretaña había luchado contra la Francia revolucionaria desde 1793. En Abukir en 1798 y en Trafalgar en 1805, la armada británica había obligado a Bonaparte a permanecer en Europa; el dinero británico había financiado a los aliados cuando éstos se habían avenido a participar, y el frente que el ejército británico había mantenido en la Península Ibérica desde 1809 había dejado a Francia sin recursos y dado esperanzas a otros europeos. A comienzos de 1814 los ejércitos prusiano y austriaco avanzaban desde el este, mientras que el británico, ya en los Pirineos, estaba preparado para iniciar la invasión por el sudoeste.

PRIMERA PARTE

ORGULLO Y PREJUICIO

Si no podéis hacer la paz con Bonaparte en invierno, tendremos que *atacarlo* en primavera.

MARQUÉS (MÁS TARDE DUQUE) DE WELLINGTON
al gabinete, 10 de enero de 1814

1

EN EL CALOR DE LA BATALLA

Convento de Santa María de Magdala,
Toulouse, 12 de abril de 1814

—Desde luego señor Hervey, es muy extraño que se arreste a un subteniente en el campo de batalla.

Joseph Edmonds hacía uso de su considerable elocuencia para dejar clara la gravedad del asunto que tenía entre manos.

—Si no le parece mal, descríbame con precisión y objetividad las circunstancias que condujeron a ese hecho.

El subteniente Hervey se puso en posición de firmes ante el escritorio del comandante; la mano izquierda sobre la vaina de la espada y la derecha cerrada en un puño, con el pulgar hacia abajo, sobre la raya amarilla de los pantalones. Tenía la mirada fija al frente, y llenaban el limitado arco de su visión dos símbolos que, aunque no enteramente contradictorios, parecían un tanto incongruentes en su yuxtaposición. Pues en la pared situada detrás del escritorio había una gran cruz de madera con la figura pintada de Cristo y a su lado —quizá incluso apoyado contra la cruz— estaba el estandarte del regimiento, una tela de seda roja sujeta a un palo de haya, con los distintivos de las victorias suntuosamente bordados y todavía resplandecientes a pesar de las manchas y la pérdida de color. No obstante la gravedad del momento, Hervey reparó en la ironía de que él había crecido en el seno de una familia cuyo mundo estaba moldeado por el primer símbolo y más tarde había decidido seguir con pasión el segundo. Sin embargo nunca había imaginado tal convergencia, y menos en aquel lugar: un convento de monjas requisado precipitadamente y sin contemplaciones para servir a los intereses militares. Respiró hondo, sintiendo en el estómago una tensión mayor de la que solía experimentar antes de un combate, y comenzó a referir los hechos que lo habían llevado a presentarse ante el oficial al mando.

—Sí, ayer por la tarde yo estaba al frente del piquete apostado en el flanco, tal como usted me había ordenado, a un cuarto de legua al oeste de nuestra línea de ataque a esta ciudad.

El fatídico enfrentamiento con la autoridad había empezado de manera espectacular. Edmonds no esperaba incidentes en el flanco izquierdo. Pero no era ésa la razón por la cual había confiado el piquete a Hervey: hacía tiempo que estaba convencido de que en una batalla generalmente ocurría lo peor que podía ocurrir (en consecuencia, nunca lo había cogido por sorpresa, al menos en el campo de batalla), y Hervey y su patrulla constituían una cobertura eficaz y al mismo tiempo económica.

Hervey había situado a sus hombres, aproximadamente media compañía (que, habida cuenta del reducido contingente del Sexto, se componía de poco más de dos docenas de hombres), detrás de unas colinas que discurrían en sentido oblicuo con respecto al frente del ejército. Habían desmontado y se hallaban en posición de descanso. Apostado a unos doscientos metros como centinela de avanzada, divisando el valle desde lo alto de una loma, estaba el sargento del piquete. Y fue la súbita animación de dicho centinela lo que alertó a Hervey.

—¡Monten! —gritó, y sus hombres ajustaron las cinchas antes de saltar sobre las sillas.

Sin aguardar órdenes, el enlace —el cabo del piquete— salió al galope hacia el sargento Armstrong, que para entonces se había puesto a cubierto detrás de la loma, alejándose del flanco.

Pasaron cinco minutos antes de que el cabo regresara con una información que estremeció a los soldados:

—Señor, se acerca una unidad de artillería con seis cañones.

—¿Y refuerzos? —preguntó Hervey.

—Ninguno a la vista, señor.

—¿Ninguno? ¿No hay refuerzos? ¡Imposible!

—El sargento Armstrong dice que no hay ninguna unidad de

refuerzos en el kilómetro y medio a la redonda que él alcanza a ver.

Hervey no podía creerlo. Pero con refuerzos o sin ellos, la batalla sería como el enfrentamiento entre David y Goliat si los cañones entraban en acción antes de que ellos tuvieran ocasión de atacar. No titubeó un segundo más y guió a la patrulla a galope tendido hacia Armstrong. Cuando llegaron a las colinas, les ordenó que se detuvieran y, cubierto por el cabo, empezó a avanzar lentamente, hacia el punto donde el sargento Armstrong, agachado sobre la silla de montar, oteaba por encima de unos helechos.

—Se han detenido, señor, ahora mismo —informó el sargento con su melodioso acento de Tyneside.

—¿Por qué cree que se han detenido precisamente allí? —preguntó Hervey mirando por el anteojo.

—No se me ocurre ninguna razón —respondió Armstrong.

Ambos contemplaron la batería, que se había detenido en el valle a unos cuatrocientos metros de distancia, impacientes por saber hacia dónde se dirigiría. Armstrong pensaba que giraría rumbo a ellos; Hervey estaba convencido de que iría hacia la izquierda, paralelamente a las colinas. De repente descubrieron que los dos habían errado en sus predicciones: los franceses comenzaron a desmontar para preparar las armas.

La reacción de Hervey fue instintiva:

—¡Desenvainen! ¡Carguen! —gritó, dejando el anteojo en la funda del arzón y espoleando a su yegua.

Sus hombres cabalgaron tras él, tan diligentes como galgos persiguiendo a una liebre, pero Hervey no estaba dispuesto a aflojar el paso por cuestiones de protocolo: cuando cubrió la mitad del trecho que lo separaba de la batería, estaba a doce cuerpos de la primera fila, y sólo el cabo se encontraba a una distancia prudencial. Los franceses, que los avistaron en cuanto asomaron en lo alto de la colina, cargaban frenéticamente los cañones de a ocho y retiraban a toda prisa los avantrenes. A un centenar de metros Hervey extendió el brazo que empuñaba la espada, listo para la batalla y atento a la pequeña brecha que había entre los cañones centrales. Los franceses aún no habían conseguido cargarlos con botes de metralla cuando su compañía se abalanzó sobre ellos. Presa del pánico, el enemigo disparó dos cañones sin más que fulminante, añadiendo humo a la confusión pero nada que pudiese resultar perjudicial, aparte del ensordecedor estruendo. Si los artilleros hubieran recurrido a las armas que llevaban al cinto, podrían haber hecho estragos, pero ya era demasiado tarde. Hervey alcanzó con su espada al jefe de la unidad de artillería, que si bien trató desesperadamente de sacar su pistola, cayó del caballo gritando, con el brazo unido al hombro por sólo un jirón de carne. Hervey galopó hacia los avantrenes, que tenían dificultades para cruzar un trecho ligeramente hundido del camino (los cañones ya no eran una amenaza inmediata y podían esperar; los avantrenes y los tiros no esperarían). No parecían tener intención de detenerse cuando Hervey se dirigió al tiro delantero y miró a su espalda para ver quién estaba con él: más de una docena de hombres, y el sargento Armstrong seguía junto a los cañones. Se las arreglaría.

Si al menos los guías de los tiros se hubieran rendido, los habrían hecho prisioneros, o incluso los habrían dejado en libertad. Pero no; habían intentado huir. ¿Asustados o arrastrados por los caballos? No había tiempo para tales miramientos, aunque lo hubiera habido para pensar. Hervey, más que cortar, pinchó con la espada al primer guía, aprovechando el impulso de su galope para ensartar la hoja hasta la empuñadura en el costado del francés. Continuó igual que en el campo de instrucción, recuperando sin esfuerzo el arma para herir a los demás guías de los avantrenes exactamente de la misma manera. A su espalda, los dragones hacían otro tanto. Luego cortaron las correas para soltar los tiros y comenzaron a conducirlos hacia las líneas británicas.

Sin embargo, la unidad de artillería aún no se había dado por vencida y desde los cañones se inició un fuego (aunque irregular) de armas cortas. Hervey corrió en auxilio del sargento Armstrong y su media docena de hombres, pero cuando llegó junto a ellos el fuego había terminado.

—Comiencen a clavar los cañones, sargento Armstrong —gritó— y prendan fuego a los avantrenes.

—Sí, señor —respondió Armstrong con gravedad—. ¡Diantre! ¡Algunos de estos canallas se resistían a morir!

Hervey envainó su espada y se inclinó hacia adelante en la silla para ajustarse el peto, que se le había torcido. En ese momento un cabo de artillería saltó desde debajo de un cañón y le lanzó un espontón al muslo. El cabo saltó de su caballo, arrojándose con tal ferocidad sobre el francés que éste no tuvo tiempo de esquivar el tajo. Le abrió la cabeza en dos, y la sangre manó como una fuente durante un minuto entero mientras el cuerpo se retorcía. Armstrong se apresuró a sujetar a Hervey en la silla.

—Suélteme —dijo él con brusquedad, enfadado consigo mismo por la momentánea falta de atención que tanto dolor le estaba causando a su cuerpo y a su orgullo.

El cabo Collins balbuceó una disculpa.

–¡No sea necio! —espetó Hervey, apretando con fuerza la herida—. No soy un novato. ¡Por el amor de Dios, sargento Armstrong, clavemos la artillería y volvamos de una vez a nuestros puestos antes de que suceda algo peor!

Un instante después, el caballo de Hervey y el del oficial que lo arrestaría estuvieron a punto de chocar, pero Hervey llegó a la cumbre justo a tiempo para evitar la colisión. Tiró con fuerza de las riendas, soltó una maldición cuando su yegua corcoveó y luego se esforzó por mantener el equilibrio; el aire estallaba en los pulmones del animal y salía con fuerza de sus ollares. Aunque a causa del dolor lacerante de la herida le resultaba difícil mantener el muslo derecho sobre la silla y la sangre caliente y pegajosa se extendía por toda su pierna, Hervey no estaba dispuesto a permitir que este hecho o el maldito imbécil que se había interpuesto en su camino enturbiaran el júbilo por la victoria. Él había encabezado el ataque contra los cañones franceses, calculando el momento con tal exactitud que los dragones habían sorprendido a la batería en su instante más vulnerable: cuando el enemigo ya había desenganchado los avantrenes pero aún no había entrado en acción. Si hubieran atacado antes de tiempo, los franceses habrían huido; si se hubieran retrasado apenas unos segundos, su pequeño destacamento habría sido borrado de la faz de la tierra por una descarga de metralla. La sorpresa y el terror en la cara de los artilleros, los frenéticos cintarazos, tajos y estocadas, el martilleo de los clavos en los oídos de los cañones y el apresurado regreso a la posición original del piquete, esperando que los *lanciers* franceses aparecieran en cualquier momento para matarlos como a perros... todo formaba parte del sueño de cualquier subteniente.

De hecho, había sido toda una aventura y una gloria que nunca había soñado, una gloria que no estaba escrita en su destino, pues para cualquier militar de carrera era inconcebible que una unidad completa de artillería montada entrara en acción sin tropas de refuerzo. Media docena de cañones de a ocho inutilizados, unos sesenta caballos capturados y requisados para las filas británicas, y una cantidad igual de artilleros cuya sangre regaba ahora su tierra. Sólo una media docena de hombres había huido en busca de la protección de sus lanceros errantes. Hervey sabía que en algún lugar había un jefe de lanceros que debía ser destituido —o fusilado— por semejante negligencia en el cumplimiento del deber. Pero al menos él había cumplido con el suyo; estaba impaciente por informar a Edmonds y luego deleitarse con sus halagos, pues el comandante era un hombre parco en alabanzas.

Sin duda una colisión con aquel intruso montado le habría negado esa satisfacción. Teniendo en cuenta la velocidad a la que galopaban, con toda probabilidad se habría roto el cuello y habría muerto. O peor aún, habría acabado lisiado en el hospital de Chelsea y se habría pasado el resto de sus días tomando leche a cucharadas de la torpe mano de un militar más viejo. Habría sido una ironía terminar de cualquiera de las dos maneras después de haber escapado de los franceses, y Hervey se preguntó cuántas veces tendría que dar gracias al cielo por su yegua, que era tan ágil como un gato; de hecho, ya lo había salvado del desastre más de nueve veces.

Tensó las riendas, completó el círculo y miró alrededor con furia, buscando al hombre que había estado a punto de derribarlo. Su furia se trocó en asombro cuando reconoció a uno de los edecanes de Slade, y se preguntó qué diablos hacía aquel hombre en su flanco. Entonces Hervey, al mismo tiempo que sus hombres llegaban junto a él, vio galopar en dirección a la colina a dos dragones del estado mayor. Pero su ira no tenía punto de comparación con aquella de la que pronto él mismo sería blanco.

—¿Qué demonios se proponía al abandonar su puesto? —gritaba el edecán a la vez que se aproximaba. También él había hecho un giro completo, pero no tan rigurosamente controlado como el que habían conseguido Hervey y su yegua.

El subteniente Hervey se quedó atónito. La sangre que manaba de su muslo, donde el artillero francés le había herido con el espontón, empapaba toda la pernera de su pantalón de lona. Aunque sólo fuera por eso, el más ciego de los hombres tenía que darse cuenta de que había ocurrido algo. Pero los hombres de Slade podían llegar a ser tan obtusos como su general.

—¿Qué dice, Regan? ¡No hemos hecho nada semejante! —protestó Hervey mientras se deslizaba dolorosamente de la silla para aflojar la cincha.

—¡Entonces explíqueme cómo es posible que los lanceros hayan conseguido saquear la tienda del mismísimo general!

Para entonces el sargento había llegado junto a Hervey y, todavía excitado por la reciente matanza de la desventurada unidad de artillería, cogió las riendas del edecán.

—Mire, señor, ¿qué cree...?

Pero los dragones del estado mayor hicieron ademán de desenvainar los sables.

—¡A su puesto, Armstrong! —ordenó Hervey—. ¡Ocúpese de la patrulla!

El edecán estaba fuera de sí, y su voz se aflautó a causa de la cólera.

—¡Señor Hervey, ha desobedecido órdenes, y ese insubordinado sargento suyo da fe de su incapacidad para estar al mando!

El ordenanza de Hervey le había llevado otro caballo y el subteniente lo montó, aunque no con el ágil salto con que lo habría hecho en circunstancias normales. Tuvieron que ayudarle, y al sentir que el dolor se propagaba por toda la pierna, hizo una mueca involuntaria que no quedó precisamente como una respuesta conciliatoria.

—¡Por amor de Dios, Regan, es usted un necio! Acabamos de clavar seis cañones y no hemos visto a ningún lancero.

Regan bajó la voz y dijo con tono amenazador:

—Dígame, pues, ¿cómo han llegado los lanceros a la tienda del general Slade?

—¿Cómo diablos quiere que lo sepa? ¡Soy responsable de este flanco, no de todo el campo de batalla!

El desprecio en su voz era manifiesto, y sin duda Hervey habría previsto las consecuencias si no hubiera estado tan furioso por la obstinación con que el teniente pasaba por alto el enfrentamiento con la batería enemiga.

—¡Además de indisciplinado, es usted un insolente! ¡Entrégueme la espada de inmediato!

Hervey se quedó boquiabierto.

—¿En medio de una batalla? ¿Acaso ha perdido el juicio?

El contraste entre las casacas rojas del edecán y los dragones del estado mayor y las azules de Hervey y sus soldados parecía intensificar el enfrentamiento. El sargento Armstrong escupió y soltó una retahíla de maldiciones, pero su acento de Tyneside era tan cerrado que el teniente Regan no estaba seguro de lo que había oído. Sin embargo, los dragones del estado mayor reconocieron el tono y desenvainaron los sables. Hervey dirigió una mirada furiosa a Armstrong, pero fue otra voz la que evitó una pelea, una voz infinitamente más serena que la que habría podido emplear Hervey en esos momentos.

—Vuelva a su puesto, sargento Armstrong —ordenó con el melodioso acento de Suffolk. Y luego, con admirable y artificial aplomo, preguntó—: ¿Hay algún problema, Hervey?

El subteniente comenzó a recuperar la compostura. Aquella voz lo había tranquilizado bastante —a él y a muchos de los suyos—, sobre todo porque no esperaba oírla.

—Sargento Strange, estoy arrestado. El general Slade parece creer que hemos abandonado nuestro puesto. ¿Trae órdenes?

—No, señor —respondió el sargento del escuadrón con tanta naturalidad como si estuviesen pasando revista—. Sólo un aviso: una batería de cañones avanza en dirección a su piquete.

—Pues ya ha dejado de avanzar —respondió Hervey con sarcasmo—. Sargento Strange, será mejor que tome el mando. Le contaré brevemente lo sucedido, y luego envíe a alguien a informar al comandante Edmonds.

El sargento Strange escuchó impasible el rápido relato de Hervey sobre cómo él y sus hombres habían inutilizado la batería.

—Confío en que el edecán Regan se encargue de que le atiendan esa herida con la debida celeridad, ¿no es así, señor? —se limitó a decir Strange a modo de respuesta volviéndose hacia Regan.

Desde luego que lo haría, contestó el teniente con indignación.

—Muchas gracias, sargento, pero no necesito que nadie me recuerde mis obligaciones.

El sargento Strange saludó, dio media vuelta y trotó hacia la patrulla. Hervey no pudo evitar sentirse incómodo ante su propia intemperancia comparada con el aplomo de aquel suboficial.

Matthew Hervey no era siempre tan puntilloso. A sus veintitrés años, seis de ellos en la caballería (la mayoría en servicio activo), todavía conservaba una sorprendente fe en la humanidad. Pero la proverbial ira del hombre paciente de vez en cuando vencía a su natural prudencia, una inclinación peligrosa para un oficial preocupado por su futuro: cualquiera que creyera que la supervivencia en la guerra dependía exclusivamente de la capacidad para derrotar al enemigo era un ingenuo. Los hombres ambiciosos del ejército del marqués de Wellington vivían pendientes de las envidias, el prestigio, las intrigas y los padrinazgos, y Hervey, como otros muchos oficiales honrados que no contaban con más recomendación que sus aptitudes personales, veían con creciente resentimiento la indiferencia de Wellington ante aquello. De hecho, muchos estaban convencidos de que el propio marqués fomentaba esa situación. Pero no estaba en sus manos cambiar las cosas; por otra parte, cada uno de ellos tenía algún interés en el sistema, por pequeño que éste fuera, puesto que los grados se compraban y mantenían su valor.

El desprecio del teniente Regan hacia Hervey, en la medida en que podía analizarse racionalmente, obedecía a esas preocupaciones. Intensamente celoso de la gloria que podía dar a Hervey el servicio en la campaña —aunque pocos sospecharían que envidiaba el servicio en sí—, veía la falta de medios del subteniente con manifiesto desdén. Seis años de servicio y todavía era subteniente; *él*, Regan, había comprado su tenientazgo antes del primer día de maniobras con su regimiento. Y si hubiera sabido que Hervey era pariente lejano de los condes de Bristol, sin duda habría restado importancia a la conexión burlándose de las tendencias liberales de esa familia. Independientemente de las posibles influencias eclesiásticas de los Hervey (en rigor inexistentes, pues el obispo Hervey de Derry había muerto hacía diez años), era obvio que no tenían ninguna influencia militar. La familia de Regan, en cambio, no había tardado mucho en asegurarle un puesto en el estado mayor, a las órdenes directas del general. ¡Y qué general! Nada menos que John Slade, o Black Jack, como se le conocía en el ejército peninsular. Nunca había habido un oficial tan incompetente como él al frente de una brigada de caballería y, como todo el mundo sabía, era además un cobarde. Pero si Hervey sentía un desprecio relativo por un sistema capaz de poner a un oficial como Regan en el puesto que ocupaba, su desprecio por el hombre en sí era absoluto. Mientras se desabrochaba el talabarte y entregaba el sable, vio la expresión de triunfo en la cara del edecán y supo que nada podía hacer al respecto.

El sargento Strange decidió enviar al cabo de Hervey a informar a Edmonds, ya que, dadas las circunstancias, no podía confiar en que el sargento Armstrong presentara un informe coherente, y mucho menos objetivo. Además, sabía que una combinación como la del carácter de Armstrong y el de Edmonds era lo último que necesitaban en esos momentos. El robusto caballo castrado del cabo

Collins había sido propiedad de un alto oficial de un regimiento francés de húsares a quien el cabo había matado tres años antes, durante una brillante escaramuza. Por lo general, ni siquiera los aristocráticos caballos de guerra franceses podían aventajar a los caballos de armas británicos, pero aquel animal era una excepción, y el cabo recorrió los casi mil doscientos metros que lo separaban del lugar donde estaba formado el resto de los dragones a una velocidad sorprendente.

No había que ser un observador experto para advertir que el Sexto llevaba varias temporadas de campaña, pues aunque estaban formados en perfecto orden en tres escuadrones, numerados desde la izquierda, las hileras eran sólo dobles: el contingente del regimiento se había reducido a dos compañías en cada escuadrón. Las compañías todavía tenían los sesenta hombres reglamentarios (descontando la media compañía de la patrulla de Hervey, perteneciente al primer escuadrón) y en la retaguardia, junto con los herreros, había unos veinte dragones supernumerarios. Los caballos —casi todos irlandeses— formaban un grupo variopinto, aunque comenzaban a recuperar cierto aire de elegancia a medida que les crecía el pelaje de invierno. Algunos eran de magnífica calidad: aquellos que el coronel del regimiento había comprado en Inglaterra pagando de su propio bolsillo. Sin embargo, desde que habían llegado a la Península habían adquirido animales de relevo de diversas procedencias, y algunos apenas si daban la talla. En todos los comedores de oficiales de caballería se comentaba que Inglaterra debía de estar en auténtico peligro si había llegado al punto de quedarse sin caballos de armas. Podrían haber dicho lo mismo de los dragones: sin duda alguna, muchos de los soldados jamás habrían pasado el examen de un oficial de reclutamiento en tiempos de paz. En cuanto al vestuario, cualquier observador inexperto podía llegar a la conclusión de que algún astuto fabricante de sombreros había hecho un ventajoso negocio con la intendencia, pues todos los chacós parecían nuevos comparados con el resto del uniforme, descolorido y lleno de remiendos. En efecto, los chacós eran nuevos, de un modelo autorizado recientemente, y aunque no eran ni por asomo tan atractivos como los antiguos morriones Tarleton, permanecían en su sitio durante la acción y se mantenían secos gracias a su revestimiento de tela aceitada. A una distancia de cincuenta metros el regimiento tenía un aspecto aceptable; sólo si se lo inspeccionaba desde más cerca se veían las señales de deterioro, así como el hecho de que las chaquetas de la Compañía A estaban en mejores condiciones, pues su capitán había echado mano de sus propios fondos para contratar los servicios de sastres españoles durante el acuartelamiento de invierno.

El Sexto permanecía formado en la misma porción de tierra desde el amanecer. Muchos soldados estaban inclinados hacia adelante en las sillas, envueltos en sus dormanes, y unos cuantos fumaban en pipa de arcilla. El cabo Collins no encontró a Edmonds en el sitio de rigor, al frente del regimiento, sino en la fila izquierda del segundo escuadrón, sin duda tratando infructuosamente de disimular su rabia ante la forzada inactividad del regimiento. El mal humor de Edmonds se hallaba exacerbado por el peor dolor de muelas que había tenido en su vida. Esa mañana ya había tomado dos tragos considerables de láudano, más de tres veces la cantidad prescrita por el médico del regimiento, y pasarían horas antes de que un cirujano dentista le extrajera el irritante molar. Naturalmente, no iba a consentir que el médico del regimiento acercase a él su botador, después de que el muy chapucero dislocara la mandíbula de un pobre soldado la semana anterior.

El cabo Collins no había hecho más que empezar con su informe cuando Edmonds montó en cólera.

—¡Maldita sea! ¡Lo único que tenía que hacer era subir a una colina y vigilar a los pocos franceses lo bastante imbéciles para cruzar el canal! ¡Qué demonios...!

El elocuente lenguaje del comandante incluía también el vocabulario usado en los barracones. De hecho, parecían por lo común sus expresiones favoritas.

—Espere, señor, eso no es todo.

El célebre mal genio de Edmonds y su particular irritabilidad de ese día habrían exasperado a más de un suboficial, pero Strange había escogido bien a su hombre: el vencedor de un combate singular con un coronel francés no se dejaría amilanar por la ira del comandante. Además, los suboficiales más astutos (y Collins era uno de ellos) sabían qué se ocultaba bajo esa ira. El cabo hizo lo que había hecho muchas veces antes desde sus días de joven dragón en la compañía del capitán Edmonds: fingió una despreocupada inocencia y continuó informando con determinación. El comandante escuchó el relato del ataque a la batería y los acontecimientos posteriores con muda pero creciente incredulidad, hasta que otra punzada de dolor provocó en él un nuevo exabrupto.

—¡Por todos los demonios! ¿Por qué lo han arrestado entonces? ¿Qué diablos pasa ahí arriba?

El cabo Collins pensó que emitir juicios estaba por encima de las responsabilidades de su rango, aunque habría podido ofrecer una perspicaz evaluación de los hechos. Sin embargo guardó silencio; sus opiniones sobre el estado mayor tendrían que esperar hasta que se encontrara en la cantina. El comandante hizo un esfuerzo sobrehumano —aunque no del todo eficaz— para contener su ira, mordió con fuerza un trozo de tela de lino empapada en aceite de clavo de olor y llamó al jefe de la Compañía A, quien como uno de los capitanes con mayor antigüedad, era también el oficial al mando del Primer Escuadrón.

—Capitán Lankester, supongo que ya habrá oído a nuestro cabo, y no me cabe duda de que su informe es verídico. ¡Vaya enredo! Quiero que envíe de inmediato a un oficial para relevar al sargento Strange.

Lo sacudió otro espasmo, como si una bala de mosquete le hubiera alcanzado en la mandíbula.

—Cabo Collins, usted quédese aquí. ¡Vuelva con su compañía! —gritó.

Joseph Edmonds dio media vuelta para mirar otra vez al frente y maldijo en voz alta, aun más groseramente que antes, no tanto por el dolor —había sufrido otros peores bajo el cuchillo del médico durante sus años de servicio— como por la forma en que todo lo que ocurría ante él parecía desbaratarse, igual que el vendaje demasiado flojo de un caballo. No tenía el menor control sobre los acontecimientos y, por lo visto, tampoco ninguna influencia. Empezaba a desear que lord George Irvine regresara; maldito proyectil de *tirailleur* que había destrozado el hombro del coronel en Croix d'Orade, tres días antes, había sido el disparo menos oportuno de la campaña. Lo cierto era que disfrutaba estando al mando, aun cuando no le hubieran conferido el grado honorario de teniente coronel (como habría sido de esperar), pero sabía que el general Slade lo despreciaba. No era difícil llegar a esa conclusión, aunque lo cierto era que Slade despreciaba a todo el mundo, y muy en especial a cualquiera remotamente capaz de poner de manifiesto su incompetencia como general.

—Laming relevará al sargento Strange, señor —informó Lankester después de enviar a su teniente al piquete.

Podría haber regresado al frente de su escuadrón sin violar el protocolo, pues Edmonds prácticamente le había dado permiso para retirarse, pero Lankester había avistado tormenta y sabía por experiencia que era prudente mantenerse alerta.

—Capitán Lankester, ¿cree que ese maldito cretino tiene la menor idea de lo que hace?

—¿Se refiere al general Slade, señor?

—Desde luego, aunque no puedo presumir de haber sido original en mi descripción, como usted bien sabe. Ya la usó antes lord Uxbridge, y su opinión de Slade nunca ha estado tan justificada como en los últimos meses. ¿Cómo hemos tenido la mala fortuna de acabar en su brigada? ¡Y ahora parece que sus hombres son tan imbéciles como él!

—Supongo que nunca se recuperó de lo sucedido en Maguilla.

—Pues yo creo que ni siquiera Wellington se ha recuperado de lo de Maguilla. Fue verdaderamente absurdo: algunos escuadrones de los Royals pierden el control, se toman demasiadas libertades para su propio bien, y Wellington dice que toda su caballería debería volver a pasar la instrucción en Wimbledon Common. ¡Qué injuria! ¡Qué...! —Otro espasmo desfiguró la cara de Edmonds, que soltó una retahíla de improperios—. Y ahora Slade trata de cortarle las alas a sus subordinados y hace cualquier cosa con tal de salvar el culo y evitar otro rapapolvo de Wellington. Ese hombre sólo es apto para un escuadrón de reclutas.

—No cabe duda de que ese incidente lo volvió precavido —coincidió Lankester, más convencido aún de que le convenía ser discreto.

—Al menos Uxbridge habría sido más ecuánime —prosiguió Edmonds.

Y luego, dejando a un lado toda reserva, dijo que si conde hubiera ido el conde de Uxbridge como comandante de la caballería en la segunda expedición a la Península, en lugar de sir Stapleton Cotton, Wellington ya se habría persuadido de la necesidad de destituir a Slade. No alcanzaba a imaginar, declaró con un suspiro, la complicada red de influencias debido a la cual Wellington dirigía su ejército con tanto rigor y al mismo tiemo pasaba por alto tan flagrante incompetencia.

Pero al menos sabía que era una red, una red tan misteriosa como la de las parcas. Aunque las hebras apenas se distinguieran, podían sujetar con fuerza a un hombre como él, y a pesar de los veinticinco años que los separaban, Edmonds y Hervey estaban atrapados como inmunda carroña, mientras que aquellos que conocían los secretos de la trama eran capaces de atravesar los delicados hilos e ir a donde quisieran. Edmonds había aceptado este hecho con sorprendente tolerancia durante la mayor parte de sus años de servicio, pero últimamente había llegado a la conclusión de que cuando la eficacia se convertía en una desventaja debido al resentimiento de un superior, la red ya no era simplemente misteriosa, sino también corrupta. Cuando meditaba sobre el tema, se preguntaba por qué había tardado tanto en llegar a esa conclusión, pues ya hacía cinco años que había tenido una muestra de la ineptitud de Slade. Entonces, en Sahagún, él había dirigido con destreza sus propios escuadrones mientras Black Jack, que entraba en acción por primera vez, había actuado con tanta torpeza al mando de su brigada que había estado a punto de dejar escapar a los franceses; y todo delante de Uxbridge, que nunca había ocultado la pobre opinión que tenía de su subordinado. Después de aquello, el resentimiento de Slade se avivaba con la sola proximidad de Edmonds, y la circunstancia de que éste, en lugar de comprar el ascenso a comandante, lo hubiese ganado por méritos en el campo de batalla (un medio de promoción que Slade había descalificado más de una vez en su presencia, diciendo que sólo era digno de los suboficiales) no había hecho nada para mitigar la envidia y la hostilidad del general. Celos y esnobismo, patrocinios e intrigas: la red.

—Cielos —dijo Edmonds con un suspiro—, los franceses son un enemigo menos peligroso que ese canalla.

—Siempre me ha parecido extraño que el adulterio se considere causa justificada para licenciar a un soldado en épocas de guerra.

Edmonds estaba demasiado absorto en sus pensamientos para entender de inmediato la insinuación de Lankester.

—¿Qué? ¿Slade? ¿Adulterio?

—No, Uxbridge.

Edmonds cabeceó, incrédulo ante su propia torpeza.

—Bueno, quizá no se debiera a la violación del séptimo mandamiento, sino a la forma en que lo hizo.

—¿Se refiere a otro mandamiento? —preguntó Lankester con una sonrisa—. ¿Al que dice «no te fugarás con la cuñada del marqués de Wellington»?

Edmonds no pudo reprimir una sonrisa, la primera del día.

—Bueno, ciertamente no en un carruaje ¡y ante las propias narices de su hermano menor!

Lankester pensó que las nubes de tormenta comenzaban a disiparse.

—Tengo la impresión de que si hubieran relevado a Nelson de su puesto por culpa de lady Hamilton, la flota francesa seguiría en alta mar en lugar estar bajo el cabo de Trafalgar. Y nosotros continuaríamos patrullando la costa de Sussex.

Edmonds asintió con un gesto y arrugó el entrecejo. Lankester se había precipitado al pensar que la tormenta había pasado. La bilis del comandante volvió a subir ante la alusión a la armada británica, cuyos principios prácticos siempre había admirado.

—No entiendo por qué tienen que endosarnos truhanes e imbéciles a nosotros mientras el Almirantazgo es perfectamente capaz de llevar sus asuntos de una manera expeditiva —gruñó.

—Ah, pero en la armada también hay padrinazgos —discrepó Lankester—. Quizá estén menos relacionados con los vínculos familiares, pero de todos modos existen.

—¡Lo único que yo sé es que si Nelson hubiera estado bajo el mando de Slade, no habría pasado de soldado raso! —protestó Edmonds, y decidiendo que era hora de volver a ocupar su posición al frente del regimiento, espoleó a su caballo con repentina urgencia.

El comandante Joseph Edmonds, con el ojo izquierdo prácticamente cerrado a causa del dolor en la mandíbula, miró a lo lejos mientras la infantería cruzaba el canal de Languedoc hacia las defensas exteriores de Toulouse, la primera ciudad a la que habían llegado después de dejar los cuarteles de invierno en los Pirineos. Por mucho que protestara abiertamente contra los hombres como Slade, mantenía en secreto el motivo de su desaprobación más profunda: la dirección de la propia campaña. Con disimulada pasión refutaba la necesidad de luchar contra Soult allí, sobre todo porque hacía días que circulaban rumores de que Napoleón estaba acabado, o incluso muerto. Los franceses desertaban en masa; de hecho, muchos se habían entregado voluntariamente a las patrullas del Sexto. Y por lo que Edmonds deducía, la situación general de Bonaparte no era más afortunada. En el este, los aliados continentales —Austria, Prusia, Rusia y Suecia— avanzaban a un ritmo aún más rápido hacia París. Una mes antes Wellington había ocupado Burdeos, pero ¿con qué fin? Sin duda ya no necesitaban hacer otra cosa que sitiar, con una finalidad meramente simbólica, cualquier guarnición que se cruzara en el camino. París era la piedra angular del edificio de Napoleón; por lo tanto, no tenía sentido perder el tiempo con la construcción de defensas. Edmonds empezaba a preguntarse si alguien tenía alguna estrategia aparte de la de luchar contra el enemigo donde y cuando lo encontraran, como si cada mosquetero francés debiera ser eliminado o encerrado en las mazmorras antes de que pudieran cantar victoria. ¿No había un arte de la guerra? ¿Tendrían que seguir rompiendo ventanas con guineas? Edmonds conocía la historia y le desesperaba el hecho de que el comandante en jefe no pareciese compartir sus ideas sobre las guerras de la antigüedad, las de César y Aníbal. ¿Por qué Wellington era un general tan contemporizador? Quinto Fabio Máximo —*Cunctator* («el Contemporizador»)— había sido vilipendiado en vida por su prudencia y años más tarde alabado por ella, lamentándose entonces el senado con la convicción de que Roma no hubiera sido vencida en Cannae con un general como aquél. Pero por qué tantos oficiales, Wellington incluido, tomaban como paradigma a Fabio Máximo en lugar de a Aníbal, que lo había superado con creces. Ninguna de la docena de heridas o más recibidas por Edmonds durante sus años de servicio le había dolido tan profundamente como el rechazo de la estrategia que había presentado dos inviernos antes —una estrategia que en su opinión era digna de la gracia del propio Baal— para expulsar a los franceses de España. Se la habían devuelto acompañada de un severo comunicado, donde se le advertía que el comandante en jefe no deseaba que sus oficiales se distrajeran de su principal responsabilidad, es decir, ocuparse de sus hombres. Después de aquello Edmonds había contemplado la posibilidad de retirarse, pero finalmente había vuelto una vez más a su fiel volumen de Séneca, embebiéndose de la sabiduría del tratado sobre «La perseverancia de los sabios», y había redoblado sus esfuerzos en el puesto que le había deparado el destino.

Edmonds sabía que no tenía razones para sentirse tan decaído si, tal como se rumoreaba y como él mismo preveía, la victoria estaba cerca. ¿Acaso se sentía culpable por el arresto de Hervey? Le había asignado el mando de un piquete de flanco, una misión que por derecho correspondía a un teniente; sin embargo, Hervey llevaba más tiempo en activo que muchos de los tenientes. En cualquier caso, ¿por qué afligirse por el destino de un insignificante subteniente cuando un puñado de pólvora podría hacer estallar su joven cabeza en un instante? El ayudante le había advertido en más de una ocasión que si insistía en responsabilizarse personalmente de cada hombre del Sexto, pronto le atormentaría la dispepsia. Pero la advertencia no le había servido de nada.

Se preguntó qué habría hecho George Irvine si hubiera estado allí. Pero no tenía ni la más remota idea, pues lord George comprendía las complejidades y posibilidades de la red como él nunca podría hacerlo. Fuera como fuese, Edmonds sabía bien que, a su espalda, los soldados del Sexto estaban inquietos porque llevaban cuatro horas sin moverse de su sitio. La siguiente punzada de dolor en la mandíbula lo cogió por sorpresa.

—¡Dios santo! —gritó—. ¡Desmonten!

El clarín se apresuró a dar el toque correspondiente sin esperar órdenes y se ganó una violenta reprimenda por tocar mal el primer «mi». En cualquier caso, si hubiera querido desatar deliberadamente la ira de Slade sobre el Sexto, no podría haber dado una orden más acertada. La idea del general de brigada de que la caballería debía permanecer montada, lista para la acción, había mantenido a los hombres de Edmonds sobre la silla durante interminables horas, y todo para nada. Teniendo en cuenta la crónica indecisión de Slade, Edmonds consideraba que su idea de la acción inmediata era risible. El dolor de posaderas era la cruz de la caballería, y tanto si Slade estaba de acuerdo como si no, Edmonds no pensaba seguir sentado un minuto más sin una buena razón.

Tenía no obstante sus dudas. Debía admitir que los franceses luchaban con una tenacidad que no había visto desde Badajoz. El día anterior, precisamente la Pascua de Resurrección, Soult había dejado tres mil muertos y moribundos en el campo de batalla antes de retirarse al otro lado del canal y el Garona. Y en esos momentos, después de otro día de combate, parecía que aquel zorro de mariscal estaba dispuesto a pelear en cada calle de esa hermosa ciudad. Al fin y al cabo, Edmonds comenzaba a contemplar la posibilidad de una marcha dilatoria hacia París.

Pero ésos eran pensamientos ociosos. Una idea le obsesionaba más que cualquier otra (aparte de la perspectiva de ver a un cirujano dentista): ¿Cómo conseguir que soltaran a Hervey? Pasara lo que pasara, seguramente habría cargos contra él; Slade no desaprovecharía la oportunidad de humillar al Sexto. Su única posibilidad era que se convocara un consejo de guerra, en lugar de uno de esos convenientes juicios sumarios en los cuales la única preocupación era preservar la dignidad y la autoridad del oficial al mando, que casi siempre, como en este caso, era el mismo que había presentado la acusación. Pero más que preservar su dignidad o autoridad, lo que Slade pretendía —como advirtió Edmonds con disgusto—, era afianzar su posición. Un tribunal en toda la regla, en vez de uno lleno de aduladores, consideraría un atenuante el enfrentamiento con la batería. Maldita sea, estuvo a punto de decir en voz alta, de hecho tendrían que verlo como una justificación.

Pero por apremiante que fuera la cuestión del arresto de Matthew Hervey, había asuntos más urgentes. Edmonds intuía que aquella batalla empezaba a parecerse más a una escaramuza. Una columna de humo ascendía de la ciudad, y se preguntó si Slade pensaba pasarse toda la tarde mirando, convirtiéndolos en observadores de otra de las batallas de la infantería de Wellington, y por si fuera poco, luego tendrían que soportar las reprimendas del comandante en jefe. En aquellas circunstancias cualquier soldado de caballería con criterio ordenaría por iniciativa propia una maniobra envolvente en dirección al noroeste para ocupar las posiciones elevadas antes de que llegara la artillería. Lord George Irvine tenía buen criterio, igual que Lankester y otros jefes de escuadrón, igual que muchos de los oficiales de las compañías, incluido Hervey. Edmonds estaba igual de seguro de que Slade no lo tenía, ni lo tendría nunca. El problema de Wellington, pensó Edmonds furioso (aunque estaba dispuesto a admitir sus muchas virtudes como militar), era que pretendía poner orden en sus batallas; a decir verdad, *insistía* en hacerlo. Pero ¿no era acaso el campo de batalla la quintaesencia del caos? ¿Y no era el bando capaz de crear más caos el que se llevaba los laureles? ¿Y no era esa arma, la caballería —el arma a la que Wellington atribuía menor valor—, la que más posibilidades tenía de crear el caos?

Edmonds suspiró. Según sus cálculos, sólo podían pasar cinco minutos más allí parados antes de que se esfumara su última oportunidad de entrar en acción. Si en ese tiempo no llegaban órdenes, no sería capaz de contener su frustración e iría a ver a Slade para sugerirle la maniobra, aun sabiendo de antemano que él recibiría su sugerencia con hostilidad. En efecto, después de cinco minutos paseándose nervioso ante los caballos de la tropa y escuchando los comentarios cada vez más sarcásticos de los soldados, Edmonds decidió que su paciencia se había agotado. Lanzó un profundo suspiro, maldijo una vez más entre dientes, volvió a montar y llamó a su capitán más antiguo.

Lankester trotó en su purasangre zaino y saludó.

—Tome el mando. Tendrá que prepararse para ocupar la colina donde está la iglesia blanca —dijo el comandante, señalando una pequeña capilla situada a un kilómetro y medio de distancia—. Probablemente en el puente situado a medio camino hay sólo un puñado de centinelas, o quizá ninguno. Ahora alertaré al general de brigada de mis intenciones. Sin embargo, a menos que esté en juego la seguridad de los hombres a su cargo, ni usted ni ningún miembro de este regimiento deberá abandonar sus posiciones hasta que yo vuelva.

Edmonds no necesitó explicar cuál era la maniobra que planeaba. En realidad, la sola idea de que Lankester pudiera no haberla previsto le habría causado honda consternación. El capitán saludó como muestra de que había entendido la orden, y una media sonrisa reveló que reconocía bien el tono. Edmonds usaba de nuevo los modales formales y precisos que estimaba prudentes para tratar con el general Slade. Por otra parte, esos modales añadían un notable atractivo al diario de campaña del Sexto, que el ayudante escribía con diligencia al final de cada jornada y para el cual apuntaba fielmente cada palabra en una libreta. Pero sobre todo, y por insistencia de Edmonds, el diario no pretendía convertirse en una detallada crónica histórica sino en un registro de pruebas: no *en contra* de un oficial, sino redactado por uno de ellos en previsión de que los acontecimientos se torcieran. Edmonds no deseaba que ningún subordinado suyo estuviera en una posición de desventaja. En este caso sus precauciones eran innecesarias, ya que a Lankester le habría repugnado la idea de alegar que cumplía órdenes de un superior para justificarse si surgían problemas.

El galope hacia la loma donde estaban apostados Slade y sus hombres, situada a setecientos metros de distancia, permitió a Edmonds cobrar ánimos para la inminente discusión; pero cuando se acercaba a la cumbre, vio al general Cotton aproximarse en dirección contraria, agitando su sombrero y gritando a voz en cuello. Hervey estaba tendido en el suelo y el médico de Slade inclinado sobre él, pero fue la expresiva aproximación del jefe de la caballería lo que llamó la atención de Edmond. Cotton empezó a gritar cuando aún estaba a cincuenta metros de distancia.

—¡Slade, los franceses se retiran! ¡Soult vuelve a la ciudad! ¡Ya no les quedan fuerzas para luchar!

Sir Stapleton Cotton, teniente general y sexto baronet de

Combermere, era el sucesor de Uxbridge. Resultaba obvio que Wellington lo había escogido por su linaje, pero el parecido entre ambos era tan notable que Edmond no pudo menos de especular sobre la inclinación de los jefes militares a escoger subordinados a su imagen y semejanza. Los mismos rizos oscuros, la cara larga, la nariz aguileña... y sólo se llevaban unos años de diferencia. ¿Qué edad tendría Wellington? ¿Cuarenta y cuatro? ¿Cuarenta y cinco? Cuatro años menos que el propio Edmonds. Sólo aquello bastaba para poner a prueba la paciencia de un santo. Debía admitir que Cotton le caía bien. Había hecho un buen papel en las campañas de la Península y antes de eso había tenido la sensatez suficiente para retirarse en La Coruña; pero no era Uxbridge. Edmonds sabía que, como guerrero, él estaba a la misma altura que Cotton. ¿Qué había determinado, pues, sus respectivos cargos militares? Supuso que sólo veinte mil libras por el rango de baronet pagadas un par de siglos antes, cuando el rey Guillermo necesitaba dinero para las guerras irlandesas, y sin duda más tarde un par de matrimonios de conveniencia. En fin, así eran las cosas. *Su* padre, militar de carrera, había muerto en la guerra norteamericana cuando Edmonds todavía era un niño, dejando únicamente el valor de su rango, con el que la viuda podía disfrutar de una renta vitalicia. Y él mismo se había casado con la hija de un militar que tampoco tenía un penique. Una sonrisa estoica asomó a sus labios, pero otra punzada en la mandíbula la convirtió en una mueca de dolor. Sin embargo, lo que oyó a continuación, en cuanto el general Cotton refrenó a su caballo (y a punto estuvo de chocar contra el general de brigada), prácticamente le arrancó otra sonrisa, aunque esta vez de sarcasmo.

—El comandante en jefe desea que la caballería permanezca en posición por el momento, pero quiere que envíe, si es posible, una compañía para ocupar las colinas del noroeste de la ciudad. Tiene la intención de enviar allí la artillería. —Cotton señalaba la misma colina que con toda seguridad Lankester estaría contemplando en ese preciso momento.

El comandante puso cara de satisfacción, pues de súbito esas órdenes le evitaban el riesgo de un altercado con el general.

—¡Edmonds! —exclamó Cotton con un tono insólitamente efusivo—. ¡Muy buenos días tenga usted! Esa pequeña escaramuza en el flanco fue una maniobra perfecta. Uno de los observadores de lord Wellington estaba oculto cerca de allí y lo vio todo. Parece que los franceses se proponían hostigar nuestro flanco, pero se desanimaron cuando les hicieron creer que contábamos con más fuerzas de las que teníamos en realidad. ¿Quién estaba al mando del piquete?

Todos los nervios y tendones de Edmonds se tensaron ante ese prometedor giro de los acontecimientos.

—El subteniente Hervey, general.

—Pues, el subteniente Hervey nos hizo un gran favor. Esa batería habría causado estragos si hubiera entrado en acción. Confío en que tendré el placer de conocerlo en alguna ocasión.

A pesar de sus muchos años al servicio del rey, Edmonds todavía se sorprendía de sus esporádicos golpes de suerte en la guerra. Un oficial explorador sin duda se había ocultado cuando regresaba de las filas enemigas... ¡Santo cielo, ése sí que era un giro oportuno e importante de los acontecimientos! Pero Edmonds sabía que aún debía recorrer un buen trecho y evitó mirar a los ojos de Slade, esperando darle así la oportunidad de que escogiera su línea de retirada. Era evidente que Slade no le hacía caso deliberadamente —ni siquiera parecía haberlo visto—, pero los años de intrigas habían enseñado a Black Jack cuándo le convenía retirarse, y aprovechó la oportunidad que le ofrecía la insólita compostura de Edmonds.

—El subteniente Hervey sufrió una herida leve en acción, sir Stapleton. En estos mismos momentos mi médico personal lo está atendiendo allí. —Señaló el árbol bajo el cual el médico de Edimburgo, vestido con un ridículo abrigo negro de paño, estaba ocupado con las vendas y el aceite balsámico.

Edmonds se preguntó si Slade estaba informado del enfrentamiento con la artillería, o si simplemente había sido lo bastante listo para comprender que se hallaba arrinconado. Quizá nunca se enterara.

Cotton trotó hacia Hervey, que se esforzó por ponerse en pie a pesar de las protestas del médico.

—Señor Hervey, me alegro de conocerle. Hoy ha hecho un buen trabajo. ¿Cómo está su pierna?

—Gracias, señor, está bastante bien. El sanitario dice que no me impedirá volver a montar.

—He dicho que *quizá* no se lo impida —corrigió el hombre de Edimburgo, con mal disimulada indignación porque lo habían llamado sanitario.

—Pues entonces no me lo impedirá —insistió Hervey.

—Excelente, excelente —dijo Cotton con admiración—. Pero

dudo que tenga que montar durante mucho tiempo más. Los franceses están derrotados, y no me refiero solamente al día de hoy; nuestros agentes nos han informado de que el fin de la guerra no está lejos.

Después de unas cuantas palabras más de aprobación y aliento y de un intercambio en un aparte con el general Slade, el jefe de la caballería de Wellington picó espuelas y se marchó por donde había llegado, dejando que Slade impartiera las órdenes que Edmonds había planeado media hora antes.

—¿Puedo, pues, llevarme al subteniente Hervey conmigo, general? —se aventuró a preguntar Edmonds.

–Sí, sí, es evidente que está en condiciones de cumplir con su deber —respondió Slade con tono desdeñoso, sin hacer referencia alguna al arresto.

El soldado Johnson, ordenanza de Hervey, que a pesar de sus limitadas luces era perfectamente consciente de lo delicado del momento, ya había acercado el caballo castrado negro. Se produjo un incómodo aunque localizado silencio cuando Hervey caminó cojeando hasta el lugar en que el teniente Regan, como una pequeña nube de tormenta, rumiaba su ira. Sin decir una palabra, Hervey cogió su espada que, como en una alegoría del deshonor, yacía a los pies de Regan. El edecán tampoco habló; de hecho, no era necesario, pues sus ojos lo decían todo, y nada de ello era agradable.

Cuando abandonaron la colina, Edmonds tomó la precaución de hacerlo al trote, aunque todos sus instintos, así como los de los caballos, lo inducían a galopar furiosamente.

—Señor, lamento que... —comenzó Hervey cuando estuvieron a una distancia prudencial del general de brigada.

—¡Que Dios nos proteja, muchacho! —exclamó Edmonds, dejando que Hervey se preguntara de qué debía protegerlos.

No le habría servido de mucho preguntárselo a él, pues Edmonds no sabía muy bien por qué había dicho eso; simplemente tenía la sensación de que necesitarían de la divina providencia. Habían escapado por los pelos y no le cabía la menor duda de que el asunto no estaba zanjado.

Hervey no se sentía cómodo en la silla, pues, a pesar de la destreza con que le habían vendado la pierna, no era el sitio más apropiado para apoyarla. Pero se sentiría mucho más incómodo en cuanto regresaran con el resto del regimiento. Era evidente que el informe del cabo Collins se había propagado entre las filas, pues oyeron vítores al aproximarse, y aunque en otras circunstancias Hervey se habría regocijado con esas muestras de aprobación —que ciertamente aún no había recibido de Edmonds—, los gritos eran tan estridentes y triunfales que sin duda se oirían desde la colina de Slade. Hervey, igual que Edmonds, intuyó que eso sólo avivaría el resentimiento del general y agravaría el inevitable desquite. Pero el horizonte de un subteniente era la próxima colina y el próximo minuto, y la incomodidad pasaría pronto. Edmonds, en cambio, no podía permitirse el lujo de fijar la vista en lo inmediato; sabía por experiencia que la venganza de Slade podía caer sobre él de cien maneras diferentes. Su mayor esperanza era que la guerra terminara pronto, tal como había predicho sir Stapleton Cotton, aunque no había muchas señales de que así fuera. Tampoco había señales de la actividad que, en su opinión, sería lógico esperar si las predicciones de Cotton eran acertadas. Si los franceses estaban al borde de la rendición, el deber de la caballería era darles el último empujón. Sin duda era el momento perfecto para olvidar la prudencia y lanzarse sobre las líneas de comunicación de Soult. ¿Qué podían perder?, se preguntó.

—¡Señor Barrow! —gritó.

El ayudante avanzó desde su sitio, tres caballos atrás, junto al guión y el clarín de Edmonds. El Sexto todavía llevaba al guión del coronel al campo de batalla —muchos regimientos habían abandonado esa práctica—, aunque los estandartes del escuadrón habían quedado en Inglaterra. Cuando había que realizar cualquier maniobra, el ayudante tomaba posición con los suboficiales supernumerarios en la retaguardia, pero el resto del tiempo prefería estar cerca de Edmonds para oír sus órdenes sin intermediarios.

—Quiero que escriba algo y lo tenga listo para que pueda firmarlo cuando sea conveniente —dijo Edmonds—. ¿Tiene su libreta?

—Sí, señor.

—Muy bien: al teniente coronel lord Fitzroy Somerset, secretario militar, cuartel general, etcétera, etcétera. Señor, tengo el honor de... No, espere, empiece otra vez. Es mi humilde deber presentarle con pesar mi dimisión, para que se haga efectiva cuando su excelencia así lo desee. —Edmonds hizo una pausa. Barrow alzó la vista, tan imperturbable como si recibiera órdenes de acampar. Edmonds carraspeó y prosiguió—: Al hacerlo, deseo dejar constancia... No, empiece otra vez. Por la presente quiero elevar mis protestas por la falta de fervor en la caballería y por... —hizo otra pausa—... la tergiversación del sentido de la campaña.

Barrow enarcó una ceja, preguntándose si conseguiría encontrar a alguien capaz de escribir correctamente esta última queja y, ya no digamos, de explicarle su significado.

—¿Eso es todo, señor?

—Eso es todo, Barrow, gracias.

El ayudante enarcó las dos cejas y volvió a su puesto con el estandarte, consciente de que cra poco probable que ese borrador fuera a ser necesario. (Era el tercero que Edmonds le dictaba en el último año.)

Durante las tres horas siguientes el Sexto permaneció en formación, manteniendo Edmonds un gesto insólitamente sereno, o al menos más sereno de lo que cualquiera habría esperado de él. Pero a medida que avanzaba la tarde comenzó a perder la compostura y a la hora del crepúsculo estaba tan crispado como esa mañana. El dolor de muelas había remitido durante la tarde, pero la inactividad le sacaba de quicio.

—Fabio Cunctator —espetó.

Barrow y el clarín cambiaron una mirada de perplejidad. Aunque ninguno de los dos había oído todas las sílabas, las palabras de Edmonds les habían sonado como la más obscena de las blasfemias. Pensaron que acaso se debiera a la súbita aparición del general de brigada (aunque lo cierto era que Edmonds no había advertido su presencia), a quien el ayudante vio acercarse desde el frente del regimiento. Suspiró mientras sacaba su libreta y se aproximaba una vez más a Edmonds, previendo problemas.

—Ah, Heroys, con órdenes para la noche, supongo —comenzó el comandante con manifiesta ironía—. Dígame, ¿serán tan agotadoras como las del día? —Pero, en su regodeo, no esperó a que el general respondiera—. Deje que adivine: ¿Una carrera de obstáculos de la brigada? ¿O una cacería de zorros? Tal vez incluso una recepción o un espectáculo. ¡Sí! Eso es, un espectáculo. Pero ¿cuál será? ¿El *Comus* de Milton, quizá? Sí, sería muy oportuno. «¿Qué azar ha hecho que os perdierais, buena mujer?» «Ay, mi señor, la tenebrosa oscuridad y este laberinto de hojas.»

—Muy gracioso, Edmonds. Sabe bien que restringir el despliegue de fuerzas es una táctica prudente en la guerra.

—¡Vaya! Ésa sí que es una buena respuesta.

—Edmonds, a veces pone a prueba mi paciencia, y otras veces

la agota —respondió el general con una sonrisa de resignación. Estaba habituado a las burlas de Edmonds—. Tengo instrucciones para que nos dirijamos a un cómodo alojamiento, nada más y nada menos.

Edmonds se sorprendió al oír los pormenores.

—¡Un convento! —exclamó—. ¿Y adónde irán las monjas?

—No debe preocuparse por eso —respondió Heroys—; están todas en los hospitales con los *blessés*, y tal vez también con muchos de nuestros heridos. Nunca había visto tantos. Pero tendrá que darse prisa; antes de una hora habrá oscurecido por completo. Venga, yo mismo lo guiaré.

–¡No nos dejes caer en la maldita tentación! —suspiró Edmonds mientras iniciaba el descenso hacia la ciudad.

Hervey había perdido más sangre de la que creía. Poco faltó para que se desmayara sobre su silla en el camino, y entre el sargento Armstrong y el soldado Johnson lo llevaron en andas a una de las celdas, pese a sus protestas de que primero debían ocuparse de los caballos.

—¡Que Dios nos asista! —dijo Armstrong con un suspiro—. ¡Caramba con estos oficiales aristócratas y su idea del deber!

Pero ni él ni Johnson tenían tiempo para discutir, y a Hervey le faltaban fuerzas para hacerlo. De modo que lo dejaron con un candil y se marcharon dando un portazo. Hervey se acostó en el estrecho camastro sin quitarse siquiera el talabarte. Con la relativa comodidad de estar sobre un jergón de paja , el primero en tres meses, se durmió de inmediato.

Aunque las monjas habían cerrado con llave la capilla y los sótanos antes de marcharse a los hospitales, el sargento Armstrong reapareció una hora después con un montón de botellas entre los brazos. Una estalló contra el suelo de piedra cuando empujó la puerta de la celda, y Hervey despertó sobresaltado.

—Burdeos, señor, del mejor; no como ese matarratas español. ¿Bebemos a la salud de la tropa?

Habían bebido juntos otras veces, no con mucha frecuencia pero sí con la suficiente para que la invitación de Armstrong no pareciera fuera de lugar. Sin embargo, nunca lo habían hecho en la intimidad, y aunque en circunstancias normales Hervey habría disfrutado de la oportunidad de conversar informalmente con su sargento, en esta ocasión se sentía incómodo porque sin duda saldría a colación el tema del edecán. Muchos oficiales, quizá la mayoría, habrían pasado por alto la momentánea pérdida de control de Armstrong, sobre todo porque su insubordinación estaba dirigida a un hombre tan repulsivo como Regan. Y se habrían sentido aun más inclinados a tolerarla si el ofensor se hubiera mostrado tan afectuoso y sinceramente solícito como Armstrong con él. Pero Hervey no podía hacerlo. Tenía la sencilla aunque a veces incómoda convicción de que todo acto de indisciplina merecía al menos una reprimenda, pues consentirlo, en su opinión, reflejaba una falta de coherencia que podía crear confusión en momentos críticos. Esto no significaba que abogara por un régimen de castigos para cada transgresión de las reglas. De hecho, el celo de Hervey estaba atemperado por la inteligente actitud del Sexto, en el que ningún hombre había sido azotado en una década. Pero en ese momento tenía que preocuparse de algo más que del orden y la disciplina militar. Se encaramó con dificultad sobre un codo.

—Sargento Armstrong, ¿qué demonios se proponía? ¡Los dragones del estado mayor estuvieron a punto de arrestarlo!

—Si lo hubieran intentado, les habría ofrecido un apaño económico.

—¡Vaya, una excelente solución! ¿Piensa que podría haberlos comprado con su sueldo?

—Al menos mi orgullo ha quedado intacto.

Hervey suspiró.

—Sargento Armstrong, parece que no acaba de entenderme, ¿verdad? ¿Ha dicho algo el sargento Strange?

—Ah, sí. Strange se desahogó conmigo. Pero no tuvo que decirme gran cosa. Le conozco desde hace más de diez años.

—Geordie Armstrong, escúcheme un momento. No cabe duda de que es usted un buen soldado, uno de los mejores. El regimiento entero lo sabe, y no me sorprendería que también lo supiera la mayor parte del ejército. ¡Pero ese genio suyo…!

—Retírate que me tiznas, dijo la sartén al cazo.

Hervey volvió a suspirar.

—Sargento Armstrong, si cree que lo he alentado de algún modo con mi propio…

Pero el sargento no le permitiría terminar:

—Con todo mi respeto, señor —dijo, lo cual no garantizaba que fuera a demostrar alguno—, usted debería preocuparse por el general Slade y dejar que yo me cuide solo. Soy un pez demasiado pequeño para que el estado mayor se fije en mí. —Y sonrió de oreja a oreja.

Hervey sólo podía desear que así fuera. ¡Vaya con su fulminante reprimenda! Al menos ya no había razón para que no bebiera vino con su sargento, y aunque no tenía la sensación de que hubiera gran cosa que celebrar, así lo hizo. En abundancia, por cierto, en cantidades que Armstrong consideraba medicinales. El burdeos produjo su efecto terapéutico, pues Hervey durmió hasta bien entrada la mañana del día siguiente.

El silencio fue el primer indicio de que no se trataba de una diana normal. El segundo fue la altura del sol, cuyos rayos se colaban en la celda a través de un ventanuco situado muy por encima de su cabeza. Ya no recordaba cuándo había sido la última vez que había despertado con el sol tan alto o, de hecho, después de despuntar el día. La diana siempre sonaba antes del amanecer: ésa era la regla de oro de la disciplina en campaña, incluso en los acantonamientos. Allí se limitaban a abrevar y alimentar a los caballos, pero en el campo de batalla montaban y permanecían en formación, preparados para cualquier emergencia que trajera consigo el alba. Puede que Wellington hubiera maldecido a su caballería y que la comparara desfavorablemente con los húsares de la legión alemana, pero al menos en ese particular el Sexto nunca le había dado motivos para quejarse.

Hervey permaneció inmóvil, todavía soñoliento aunque consciente de un dolor sordo en la pierna y sin grandes deseos de descubrir por sí mismo por qué no estaba en la formación. Aunque fuera un humilde subteniente, sabía que el regimiento no se marcharía sin él, y estaba seguro de que no había dormido tan profundamente como para no oír los ruidos de una batalla. Por una vez dejaría que las cosas siguieran su curso. En cualquier caso, reinaba un silencio absoluto, y un extraño aroma de agua de rosas, mezclado con el del vino derramado la noche anterior, comenzaba a ejercer sobre él un efecto inusitadamente relajante. Pronto comenzó a sucumbir a la agradable aunque ligeramente ilícita sensación de haberse perdido las obligaciones de la mañana, inimaginables para casi cualquier persona ajena a las filas de un regimiento de caballería. Un soldado de infantería sólo tenía que salir de su campamento y formar; en cambio, los soldados de caballería, tanto antes como después de la formación, tenían muchísimo trajín con las cabalgaduras y el equipo día tras día, tanto al amanecer como al atardecer.

Pero el dolor sordo de la pierna empezaba a aumentar, y Hervey se puso en pie para estimular la circulación. Soltó unas palabras selectas al notar la rigidez de la pierna mientras paseaba por la celda. La vaina de la espada repiqueteaba en las losas del suelo, y evidentemente el ruido alertó a su ordenanza, que apareció diez minutos después de que Hervey comenzara a pasearse y a maldecir.

—Buenos días, señor. Le he oído moverse y he supuesto que querría desayunar.

Hervey cabeceó con fingida desesperación. Era el tercer oficial del soldado Johnson en un año, pese a que llevaban ya diez meses juntos. Los anteriores se habían quejado de su exagerada jovialidad y su ininteligible acento de Sheffield, pero Hervey pensaba que su habilidad como ordenanza compensaba esas supuestas desventajas. Como había dicho a los otros oficiales, para entender a alguien sólo había que proponérselo, ¿o acaso no sabían reconocer un diamante en bruto?

Johnson le llevó un puchero con té, carne de ave hervida y una hogaza de pan moreno.

—Y aquí también hay coñac, señor —informó el ordenanza levantando una copa de plata que parecía haber sido creada para un fin menos profano.

—Soldado Johnson, siempre es un placer verle por la mañana, pero me extraña que sea tan tarde —respondió con una sonrisa.

—¿Quiere decir que por qué no le he despertado antes?

—Exactamente, Johnson.

—Bueno, Johnny Crapand se ha marchado a la ciudad y el capitán Lankester ha dicho que usted está de licencia por enfermedad. Y el doctor indicó que cuando se despertara debía cambiársele la venda.

Aunque Hervey había confiado en que no lo abandonarían, sabía que su mayor fortuna era no haber sido herido un día antes (si es que los conceptos de «suerte» y «herida» podían conciliarse). Si el regimiento se hubiera movilizado después de la batalla, lo habrían considerado no apto para el servicio y abandonado en algún hospital improvisado sobre una pila de paja sucia, donde pronto se convertiría en apenas un recuerdo: las necesidades de los soldados aptos y de la campaña rara vez dejaban sitio para la nostalgia. Pero permanecer con las filas a pesar de estar herido y ser atendido por el médico del regimiento, que respondía a las órdenes del propio Edmonds, era una perspectiva muy diferente, pues por mucho que Edmonds tuviera al médico por un bastardo salido del hospicio de una iglesia, por fuerza debía ser más diligente que muchos de los que se encontraban en los mal llamados hospitales militares.

No podía decirse que aquel convento fuera tan cómodo como algunos de los que habían visto en España, que más que albergues de órdenes religiosas parecían viviendas de aristócratas. En el convento de Santa María de Magdala reinaba una peculiar austeridad: un frío que no tenía nada que ver con el clima, pues fuera hacía un tiempo seco y cálido. La habitación de Hervey no era sólo una celda en sentido figurado, ya que tenía toda la apariencia de una cárcel. Las paredes eran blancas y estaban descuidadas. El único adorno era un crucifijo colgado encima de la cama, y ésta era el único mueble aparte de un reclinatorio con tres libros. Mientras Johnson le servía el desayuno en una hornacina del grueso muro, Hervey examinó los libros. Aunque pareciera extraño para el hijo de un clérigo, era la primera vez que tenía en sus manos la Biblia en latín y sintió una ligera repulsión al ver las escrituras de ese modo: la repulsión de un inglés ante el martirio sufrido por Tyndale y otros sólo para traducirla de la lengua vernácula. El segundo libro, *Camino de perfección*, estaba en español, y durante unos instantes Hervey se preguntó si el título significaba el camino «hacia» o «de» la perfección, pues su español era rudimentario. Sin embargo, entendía lo suficiente para darse cuenta de que era el testimonio de santa Teresa, la mística de Ávila de la que Hervey poco sabía y sólo gracias a que su padre había hecho un estudio sobre las obras de san Juan de la Cruz. Si se había sentido incómodo con la Vulgata, el tercer libro podría haberle causado absoluta repugnancia, ya que en la conciencia colectiva de Hervey y los suyos la sola palabra «jesuita» proclamaba toda perfidia imaginable, y aquel libro era nada más y nada menos que una obra de san Ignacio de Loyola.

Sin embargo el título le despertó curiosidad en lugar de rechazo: *Excercitia Spiritualia Sancti.* La combinación parecía incongruente: él había estudiado libros de ejercicios para la caballería ligera, manuales de ejercicios con espada y pistola, incluso ejercicios para banderas de señales, pero la idea de unos ejercicios *espirituales* le parecía totalmente fascinante. Se sentó y comenzó a pasar las páginas mientras se esforzaba por separar del hueso la fibrosa carne del muslo de pollo.

Entretanto, el soldado Johnson había salido de la celda sin que Hervey lo notara. Cuando regresó, del pollo quedaban sólo los huesos, y Hervey estaba totalmente enfrascado en la lectura de los *Ejercicios espirituales*. Johnson sonrió para nadie, pues Hervey no levantó la cabeza de inmediato.

—El doctor Evans dice que una hermana le cambiará la venda, señor —anunció finalmente el ordenanza.

Hervey, que estaba batallando con las complejas construcciones latinas del prólogo de san Ignacio, no escuchó el mensaje del médico. Y Johnson no esperó respuesta; salió por la puerta con la celeridad de uno de los hurones que llevaba en la alforja y que le ayudaban a completar con conejos la frugal pitanza militar. No tenía intención de ser el blanco de las protestas de Hervey cuando éste volviera en sí.

Hervey alzó la vista con aire distraído y se quedó paralizado al ver una imagen sobrenatural. Una monja con escapulario blanco, cabizbaja, con un rollo de tela y una jofaina de agua humeante en las manos, se hallaba enmarcada en el umbral de la puerta como un fantasma, aunque un fantasma decididamente celestial. Cuando entró en la celda y la luz de la ventana cayó sobre ella, Hervey vio que el escapulario tenía más manchas de sangre que partes blancas, y que el hábito de debajo era marrón, igual que el de las religiosas españolas. Su cara —o lo poco que de ella que revelaba el griñón— también estaba manchada de sangre y la tenía en extremo delgada, aunque no ajada. En otras circunstancias quizá la habría calificado de hermosa, pero ante su expresión espectral ese adjetivo mundano se le antojó inapropiado. No se parecía en nada a algunas de las hermanas españolas, cuyos rasgos sensuales resultaban decididamente tentadores.

Hervey recuperó la compostura y se puso en pie de un salto, aunque la punzada que le atravesó la pierna por la brusquedad del movimiento agravó su turbación.

—Lo siento mucho, hermana, pero no esperaba... —comenzó en francés—. Creo que será mejor que el médico se ocupe de esto.

—Señor, el médico ha estado trabajando toda la noche —respondió ella con el melodioso acento del Languedoc, que contrastaba con el gutural alsaciano de Hervey, y con evidente disgusto—. Todavía falta atender a muchos soldados, tanto británicos como franceses.

El tono de la monja ofendió a Hervey. En su confusión, él había transmitido un mensaje muy distinto del que pretendía.

—Lo siento; no he querido... —balbuceó, pero luego intuyó que era inútil dar explicaciones y trató de convencerla de que se marchara—: El vendaje está en perfectas condiciones, hermana. Dadas las circunstancias, supongo que debería volver con los heridos.

—Creo que ambos debemos hacer lo que nos han ordenado, señor —replicó ella con firmeza. Dejó la jofaina en el suelo y comenzó a rasgar un trozo de tela con considerable violencia.

Hervey se sintió desolado. Aunque la idea de que lo atendiera una monja no era insólita para él, que había visto tanto monjas como mujeres seglares en hospitales de toda la Península, esta religiosa en particular lo ponía nervioso. Para empezar, tenía un aspecto fantasmagórico. Por otra parte, aunque el marqués de Wellington afirmaba que sus soldados no habían entrado en Francia como conquistadores sino como liberadores, a Hervey le parecía prudente asegurarse primero de que los franceses los veían verdaderamente así. Pero no sabía cómo rechazar los cuidados de esa monja y finalmente, cuando resultó evidente que por mucho que protestara no iba a hacerle cambiar de idea, se dio por vencido y, con más pesar del que recordaba haber sentido en mucho tiempo se sentó y se quitó los pantalones. Sin embargo no tendría por qué haberse preocupado, pues el dolor pronto demostró ser un gran medio de distracción: sospechaba que esa hermana era más devota que la mayoría, pero no podía haber sido menos delicada. Cortó la venda con brusquedad y retiró la costra de sangre sin grandes miramientos.

—Está limpia, pero algunos de los puntos se han roto. No creo que la herida se pudra, pero me parece que habría que volver a coserla.

Hervey se mordió los labios y asintió con la cabeza mientras ella volvía a vendar la pierna en silencio. La monja tenía los ojos enrojecidos, y él supuso que llevaría tres o cuatro días sin dormir, el tiempo que había durado la batalla. Aunque los soldados durmieran, las personas que atendían a los heridos no notaban que el trabajo disminuyera en esas horas. Le habría preguntado por los *blessés*, pero sus modales no parecían invitar a las preguntas; además, intuyó que era una mujer parca en palabras, que quizá incluso cumpliera voto de silencio en circunstancias normales. Le dio las gracias, pero ella no respondió; echó un rápido vistazo a los *Ejerci-*

cios espirituales y se marchó con una pequeña inclinación de cabeza. Hervey reparó en que estaba descalza y pensó en los cristales de la botella, que sin duda habría pisado y tomado como prueba de que él había estado de juerga.

El resto del día prometía pocas distracciones, y durante un rato caminó cojeando por los jardines del convento para evitar que la pierna se le entumeciera, aunque habría preferido hacerlo en un sitio menos concurrido. Tuvo la impresión de que todos los oficiales de la plana mayor estaban allí y pronto descubriría que el propio marqués de Wellington había convertido el convento en su cuartel general mientras aguardaba la rendición formal de la ciudad. De hecho, aquel lugar se parecía más a un hospicio para lunáticos que un convento o un cuartel de la caballería. Si hubiera sospechado que en medio de aquella confusión estaba el comandante en jefe en persona, Hervey habría hecho lo posible para esfumarse, pero nada parecía sugerir semejante distinción, y prácticamente chocó con él al doblar la esquina este del claustro. Sir Stapleton Cotton, uno de los numerosos generales presentes, lo reconoció antes de que pudiera escapar.

—¡Subteniente Hervey! ¿Cómo está, muchacho? Venga aquí.

Hervey procuró no cojear mientras cruzaba el patio, pues no quería compasión.

—Lord Wellington, éste es el subteniente Hervey, del Sexto. Él dirigió la misión de ayer en el flanco izquierdo.

El comandante en jefe asintió sin sonreír.

—Buen trabajo, muchacho, buen trabajo —se limitó a decir.

Quizá fuera la primera vez en muchos meses que decía un cumplido a un miembro de la caballería, por lo menos del Sexto. Sin embargo, a pesar de la ambivalencia de los sentimientos del regimiento hacia Wellington, Hervey no pudo menos de alegrarse por esas palabras de elogio. Había muchos hombres de la caballería, y Hervey se contaba entre ellos, que consideraban justificadas algunas de las críticas de Wellington. Si era imposible confiar en que un regimiento se reagrupara después de un ataque —una de las principales e insistentes quejas del marqués—, ¿qué sentido tenía que saliera al campo de batalla? Hervey sabía muy bien que había muchos oficiales, aunque afortunadamente pocos en el Sexto, que despreciaban las maniobras de avanzada y cuyo único criterio de eficacia era la celeridad de la acción. Y parecía que todos serían juzgados por Wellington a la luz de las escasas habilidades de esos hombres. Pero un subteniente no podía expresar esas opiniones sin exponerse al rechazo de su regimiento, como ya había descubierto una vez al decir que los conocimientos sobre el manejo de los caballos era deficiente, aunque Edmonds, para su sorpresa, había estado de acuerdo con él. Con todo, la reprimenda de Wellington por lo sucedido en Maguilla y Vitoria era un asunto diferente. Lo de Maguilla había sido mal interpretado porque Slade no había tenido el valor de reconocer que su servicio secreto era deficiente. En cuanto a Vitoria, nadie podía dejar de censurar el comportamiento mezquino del ejército y el hecho de que hubiera dejado escapar al mariscal Jourdan y a gran parte de su ejército; pero achacar toda la culpa a la caballería, cuando lo único que había hecho ésta era ganarle por la mano a la infantería en los actos de pillaje, parecía un acto de ensañamiento. El día había sido largo y caluroso, y habían corrido ríos de vino. La orgía de la liberación había repugnado a Hervey tanto como a cualquiera, pero ése era el humor en que se encontraba el ejército. Y el propio Wellington no había salido mal parado del asunto, ya que el Decimoctavo se había apoderado del bastón de mando del mariscal, que Wellington había enviado al príncipe regente: «Usted me ha enviado el bastón del mariscal de Francia —escribió el príncipe a modo de respuesta—, y yo le envío el de un inglés a cambio.»

Pero en el presente Hervey se contentaba con un lacónico cumplido: «Buen trabajo.» Entonces, con la misma rapidez con que se había encontrado en esa honrosa compañía, un clarín de la escolta tocó «división». El patio dejó de ser un foro para convertirse en una plaza de armas, mientras los gritos de órdenes retumbaban contra los altos muros y anunciaban la hora de que el mariscal de campo, marqués de Wellington, hiciera su entrada triunfal en la ciudad.

Hervey encontró al capitán Lankester en su celda, escribiendo cartas a los parientes cercanos de los doce dragones de la compañía «A» que habían muerto durante la pasada quincena. No sabía cómo harían en la oficina del cuartel para descubrir quiénes eran los parientes más cercanos, dónde vivían o cuántos de ellos sabían leer, pero eso no lo detendría. Hervey permaneció junto a la puerta, mirándolo. El capitán y baronet sir Edward Lankester, el jefe más antiguo de compañías y escuadrones, que tenía una casa grande en Hertfordshire y una renta considerable, podía haber delegado esa tarea en cualquier subordinado y aprovechar el tiempo para buscarse un alojamiento cómodo en la ciudad sin que en el Sexto nadie lo culpara por ello. Pero no lo había hecho, ni era probable que se lo hubiera planteado, pues esa actitud era tan propia de él como del Sexto. Sin embargo, Lankester no tenía noticias para Hervey, aparte de que Edmonds quería verlo en cuanto el médico lo considerara oportuno.

—¿Por qué quiere verme el comandante? ¿Por lo ocurrido con el general Slade?

La pregunta tenía un perceptible dejo de aprensión, pero Lankester no parecía dispuesto a tranquilizarlo, aun en el hipotético caso de que hubiera estado en sus manos.

—No tengo la más remota idea, ya que es evidente que no ha querido confiar en mí. Y puede estar seguro de que existe una buena razón para ello.

Hervey no respondió. Lankester mojó la pluma en el tintero de plata de su exquisita escribanía portátil y firmó otra carta con sumo cuidado; —para él, una escritura ilegible era tan aborrecible como una mancha de óxido en un sable—. Le aconsejo que se presente ante él cuanto antes —añadió después de unos momentos sin alzar la vista, pues aún debía escribir tres cartas más (el mes se había cobrado un tributo inusualmente alto) y los problemas del subteniente eran insignificantes en comparación.

Hervey creía conocer los motivos de la convocatoria de Edmonds. Pero, Dios mediante, no recibiría nada más que una reprimenda. Sin embargo, incluso eso le resultaría en extremo desagradable: algunos suboficiales se consolaban pensando que Edmonds tenía un corazón blando, pero lo cierto era que su incisiva lengua podía azotar a un oficial con tanta eficacia como el látigo a un rebelde. La manera en que Hervey se había librado del arresto también había sido irregular —lo sabía muy bien—, y el comentario de Edmonds «¡que Dios nos proteja, muchacho!» todavía resonaba en sus oídos. Parecía improbable que todo acabara en una simple reprimenda.

La sudorosa mano derecha de Hervey comenzaba a resbalar sobre la vaina de la espada, a pesar de que llevaba guantes, y había cerrado la izquierda en un puño con tanta fuerza que las uñas se le hundían en la palma. El crucifijo y el estandarte se habían difuminado hasta convertirse en una sola figura y le escocían los ojos por el esfuerzo de no pestañear. Edmonds se había dirigido a él con marcada formalidad:

«Desde luego es muy extraño, señor Hervey, que se arreste a un subteniente en el campo de batalla.» Luego le había pedido una descripción *precisa y objetiva* de lo sucedido, y Hervey había obedecido en la medida de lo posible. Al menos, su relato había sido tan imparcial como otro cualquiera. Quizá hubiera sido más detallado de lo que Edmonds requería, pero Hervey había tenido dificultades para describir la conducta del sargento Armstrong en el enfrentamiento con la batería, un punto que en su opinión era fundamental. Cuando terminó, bajó la vista por primera vez como para reforzar el tono de conclusión. Advirtió de inmediato algo que no había visto antes, quizá comprensiblemente, dado su estado de inquietud: que Edmonds ya no tenía la cara hinchada. Fue una observación tan trivial en esas circunstancias que lo turbó aún más. Sin embargo, no era un detalle insignificante, pues el cirujano dentista había extraído limpiamente el molar esa mañana y el dolor por fin había dejado paso a una molestia que el láudano (administrado desde entonces en cantidades prodigiosas) conseguía aliviar. Era obvio que el opiáceo tenía algo que ver con la imprevista cordialidad con que en ese momento le hablaba el comandante:

—Mi querido muchacho —comenzó, levantándose de la silla y señalándole otra a él.

El comandante Joseph Edmonds se cuidaba mucho de no dar un trato de favor a Hervey, aunque sólo Dios sabía lo difícil que le resultaba. A veces ocultaba tan bien su respeto por él que parecía brusco y antipático, y Hervey se habría sorprendido muchísimo si hubiera podido descubrir cuánto afecto, incluso admiración, le profesaba. Lankester podía ser el modelo del regimiento, y Edmonds era el primero en alabarlo, pero había algo en la actitud sibarita del capitán que hacía que Edmonds no se sintiera del todo cómodo en su presencia. En Hervey, en cambio, se veía a sí mismo cuando era un joven subteniente; sin embargo —y ahí radicaba la diferencia— también veía en él una cualidad difícil de definir que, con un poco de cuidado y buena suerte, le permitiría ascender a altos rangos.

—Mi querido muchacho —repitió—, todo lo que me ha dicho coincide exactamente con lo que he oído de distintas fuentes. El tema está zanjado.

El alivio de Hervey era palpable. De hecho, esas últimas palabras tuvieron ya un efecto bastante balsámico en las difíciles circunstancias de Hervey, pero el siguiente comentario de Edmonds fue más bien una cura milagrosa.

—He recibido, nada más y nada menos, que una carta de reconocimiento del comandante en jefe —prosiguió el comandante, con un tono que delató vagamente que había consumido el célebre disolvente del opio—. Para variar, el mariscal de campo parece dispuesto a hacer un esfuerzo especial y felicitar a la caballería, sin duda porque no ha habido desórdenes desde Vitoria. Pero, por otra parte, todo el mundo atribuirá esta nueva disciplina a un aumento de los azotes —declaró con sarcasmo, pues él detestaba esa práctica y consideraba que el Sexto era más disciplinado que otros regimientos precisamente porque en él no se aplicaban castigos físicos. Se aclaró la garganta y comenzó a leer la recomendación formal—: «Su excelencia el comandante en jefe se complace en expresar su reconocimiento por el valioso servicio prestado ayer por el Sexto de dragones bajo las órdenes directas del comandante Edmonds. —Sin duda habrán tenido que investigar mucho para descubrir mi nombre —añadió con ironía—. La conducta marcial, el celo en el deber, la celeridad y gallardía en la ejecución... El comandante en jefe mencionará estos méritos a la Brigada de Caballería de la Casa Real en los términos más elogiosos posibles.» —Edmonds dejó la carta sobre la mesa—. Pero el honor es todo suyo, muchacho, y puede estar seguro de que así lo haré saber en mi carta de respuesta, aunque debo confesarle que mi recomendación no servirá de mucho. Ahora bien, sir Stapleton Cotton también desea que se lo ascienda. Pronto habrá un cargo de teniente libre, cuando Rawlings pase al Décimo, y aunque usted no es el siguiente por antigüedad, no habrá objeciones para que se quede con el cargo siempre que pueda reunir el dinero necesario.

Las alabanzas eran una cosa, pero la oferta de un ascenso había tomado totalmente por sorpresa a Hervey. Ya lo habían aventajado tantos otros con mayores medios que estaba resignado a una larga espera. Calculó mentalmente que tenía unas seiscientas libras, pero necesitaría otras mil doscientas para un puesto de teniente, y la venta de su grado de subteniente le daría unas ochocientas cincuenta. Las cuentas eran justas, sobre todo considerando que tendría que comprar un uniforme nuevo, pero ascender a teniente significaba que en un período de doce meses sería elegible para el puesto de capitán y podría tener una compañía a sus órdenes. Sin embargo, las dos mil libras adicionales que necesitaría entonces estaban muy por encima de sus posibilidades. Su padre era un simple párroco de pueblo sin otro medio de subsistencia que su diócesis, una subsistencia de hecho muy modesta.

—Y bien, Hervey, ¿qué me dice? ¿Responde que sí, o tendremos que subastar el tenientazgo en Craig's Court?

Hervey aceptó con rapidez y salió de allí de mejor humor que en muchos meses. Pero de pronto una voz lo llamó desde el otro lado del patio, una voz que sólo otro nativo de Black Country podía encontrar atractiva y que, para un subteniente, invariablemente presagiaba problemas. Los dieciocho años que llevaba el teniente y ayudante Ezra Barrow en el Primero de dragones lo habían hecho muy sabio en cuestiones militares, pero indiferente en cuestiones de ceremonia. «El epítome de la inelegancia», lo llamaban los oficiales más distinguidos.

—Señor Hervey, tiene todo el aspecto de estar recuperado. Es obvio que ya puede reanudar sus tareas. A las cuadras, si no le importa.

Por el amor de Dios, pensó Hervey, ¡cómo chirriaban esas vocales de Birmingham! Se preguntaba cómo los demás podían burlarse de Johnson cuando Barrow hablaba como un lerdo.

—Ah, y felicitaciones por su grado de teniente. Supongo que los hombres pasarán el plato... si su padre no puede pasar el cepillo. Todos están dispuestos. Todavía guardan oro de Vitoria en las alforjas.

Hervey esbozó una media sonrisa. Le enfurecía que un tipo como Barrow —nada más y nada menos— se burlara de él por su falta de medios. Ya era bastante humillante que se rieran individuos de la calaña de Rawlings, aunque fuera sin mala intención. Contaba con unos ingresos más que suficientes, suficientes al menos; para el servicio de campaña, aunque sabía que no servirían de mucho en Brighton o Dublín. ¿Acaso Barrow no tenía en gran estima a los clérigos o sus hijos menores? Era un tipo raro; eficiente, sin duda, pero no precisamente un buen compañero. Hervey supuso que lord George Irvine debía de saber por qué lo había trasladado de los Royals, aunque no podía creer que no hubiera otros tan agradables como competentes.

—Gracias, Barrow. Es muy amable —respondió con toda la cortesía que fue capaz de fingir. Habría preferido la charla de sus compañeros de mesa a esa súbita imposición de deberes.

Cuando entró en el claustro, donde habían improvisado pesebres para los trescientos caballos del regimiento —respetando apenas una ordenanza de Wellington que prohibía usar las iglesias como cuadras—, se oyó un gruñido colectivo. Todos los dragones sabían que la presencia de Hervey significaba una inspección el doble de larga. Pero aunque le demostraran respeto a regañadientes, se lo profesaban de verdad.

—Este heno es deficiente, brigada —comenzó, aunque habría podido decir lo mismo en la inspección de cualquier cuadra desde el verano anterior.

—No podría ser peor. Lo estamos humedeciendo, pero espero que intendencia traiga otro mejor o pronto todos los animales estarán tosiendo.

Había respondido un hombre de la compañía C, un tipo larguirucho de Shropshire cuyo padre había sido cazador en Wynnestay durante veinte años. Era el más competente de los hombres del brigada.

—¿Y cuál es la ración de comida seca para hoy?

—Siete libras de trigo, señor, y también buena cebada en copos. Comieron dos libras a primera hora y la misma cantidad a mediodía.

—Mejor que antes, pero todavía no es suficiente.

—Es más o menos la mitad de lo que necesitan. En Inglaterra no podríamos salir a cazar con ellos.

Hervey reparó en un zaino de aspecto lamentable, apartado de los demás y atado en un rincón oscuro, que prácticamente tocaba el suelo con la cabeza.

—¿Qué le pasa? —preguntó al herrador que estaba cerca.

—Tiene una infección en el ojo, señor. Tendré que matarlo de un tiro en cuanto le quite las herraduras.

—¿Una infección? ¿Oftalmía específica? —preguntó Hervey.

—Señor, es una enfermedad de...

—Ya sé qué clase de enfermedad es, cabo, pero no ha habido un solo caso desde que estoy en el regimiento.

—Para serle franco, señor, yo tampoco había visto ningún caso.

–Ni yo —añadió el brigada, cuyos catorce años de servicio como dragón confirmaban la escasa incidencia de la enfermedad.

—¿Es el diagnóstico oficial del veterinario? —preguntó Hervey, sabiendo que era improbable que fuera de otro.

—Sí, señor —respondió el herrero—. Lo vio después de la formación y otra vez esta tarde, después de abrevar.

Hervey se aproximó y tendió la mano lentamente hacia la cabeza del caballo, pero el animal no se movió. Hervey se acuclilló y vio que tenía el ojo izquierdo cerrado, hinchado y rodeado de una secreción viscosa.

—¡Cuidado, señor! —advirtió el herrero—. No le gusta que le toquen la cabeza.

—¿Cómo está el ojo? —preguntó Hervey.

—Si quiere que le sea franco, no lo he visto. Lo ha tenido cerrado todo el día. Iré a buscar a su jinete.

El soldado Clamp era un hombre joven, de unos dieciocho años, recién salido del campo de instrucción. Llevaba ropa de caballerizo con el distintivo de recluta y parecía triste.

—Clamp, ¿alguno de los oficiales de su compañía ha visto a este caballo?

—No, señor, hoy no. Todos están fuera.

—¿Cuánto hace que lo tiene?

—Desde que llegué, señor, poco después de Navidad —contestó con gesto aún más apesadumbrado.

—No es necesario que se preocupe tanto, Clamp. No voy a hacerlo arrestar.

Los ojos de Clamp se humedecieron.

–Que Dios nos ayude —dijo el brigada con un suspiro.

—No es eso, señor —continuó el soldado con voz temblorosa y ligero acento de Devon. Tengo dos caballos, los dos zainos, y el otro estaba tan mal como éste cuando llegué, y si a él le pasa lo mismo que a éste... Bueno...

—¡Ya es suficiente, Clamp, y póngase firmes! —ordenó el brigada, aunque con suficiente compasión en la voz para frenar las divagaciones del joven sin que éste se echara a llorar.

Hervey pensó que podría haber un segundo caso y arrugó el entrecejo.

—No lo entiendo, brigada. La oftalmía específica es una enfermedad tan poco corriente que ninguno de nosotros la ha visto antes, y ahora parece haber dos casos en la misma compañía. Clamp, ¿ha estado bien el otro zaino desde Navidad?

—Sí, señor.

—¿Y cree saber qué le causó la enfermedad?

—Se golpeó la cabeza con algo, pero no recuerdo con qué.

—Vaya. Y éste, el número… —Hervey se agachó para buscar el número en la pata anterior derecha (el Sexto últimamente había adoptado ese sistema, en lugar del método habitual de marcar el número en el pelo)— …J77…, ¿ha sufrido algún golpe en la cabeza?

—Se clavó una espina en el ojo hace una semana, señor.

—Mmm —masculló Hervey con aire pensativo—. Traiga una vela, Clamp.

—¿Qué se le ha ocurrido, señor? —preguntó el brigada.

—Que me gustaría examinarle el ojo. ¿Quiere sujetarle la cabeza?

—Si consigue abrírselo por la fuerza, echará el ojo hacia atrás.

—Por eso mismo no pienso forzarlo. Sostenga la vela bien cerca, Clamp. —Apoyó la mano con cuidado en la testera del caballo y extendió lentamente el pulgar hacia el margen del párpado superior.

—Entonces ¿qué va a hacer?

—Hay un músculo justo por encima del párpado, el músculo retractor —explicó—. Si se aprieta suave pero firmemente, el músculo se distiende y es posible levantar el párpado con relativa facilidad.

Hervey apretó durante casi un minuto y luego levantó el párpado superior muy despacio, usando la otra mano para bajar el inferior. El animal permaneció quieto y tranquilo.

—¡Vaya, que me aspen! —murmuró el brigada.

—Me lo enseñó un viejo soldado, Daniel Coates, que estuvo con el Decimosexto en Estados Unidos. Me enseñó a cabalgar, a usar una espada y una pistola e incluso a llevar una compañía… ¡y todo antes de que yo cumpliera los doce años! Son muy pocas las cosas que Daniel Coates no sabía —añadió Hervey con aire ausente.

—¿Ve algo? —preguntó el brigada, más intrigado que nunca.

—Mire la pupila usted mismo, brigada. ¿Qué ve?

—El centro está muy azul.

—¿Qué más?

—No se me ocurre nada más, señor, aparte de que el ojo está muy lloroso, claro.

—¿Le parece que el tamaño de la pupila se ha reducido?

—No, yo diría que no.

—¡Exactamente, brigada! —convino, y dejó que el caballo cerrara el ojo—. Debemos llamar al oficial veterinario.

—Me temo que está en cama, señor. Otra vez las calenturas.

—El pobre infeliz está atormentado por ellas. Debería darse por vencido. Bueno, brigada, no es necesario matar a este caballo. Necesita que le pongan una compresa de muselina húmeda en el ojo y se la cambien una vez al día. Tiene oftalmía inespecífica, no específica. Los síntomas son idénticos, excepto que en la oftalmía específica se reduce el tamaño de la pupila. ¿Cuál es el número del otro zaino, Clamp?

—J78, señor. Él y el 77 fueron comprados juntos en Inglaterra.

—Mmm —repitió Hervey—. Bien. Ahora terminen de dar de comer a los animales, brigada.

Por fin podía ir a ver a sus propios caballos, guardados en un pequeño pesebre sobre paja limpia, la primera que habían visto en meses. Como era inevitable, la estaban masticando.

—No hay problema, señor —dijo Johnson con jovialidad—. Es paja de trigo. La yegua dio un pequeño relincho de reconocimiento mientras seguía masticando su cama, pero parecía agotada.

—¿No hay heno en ninguna parte? —preguntó Hervey mientras le tiraba de las orejas.

—No, señor, nada decente; los de intendencia están buscándolo.

Todo el mundo coincidía de acuerdo en que *Jessye* era la yegua más habilidosa del Sexto, aunque cuando Hervey entró en el servicio, la tenían por una cabalgadura apta para llevar a un joven a una partida de caza pero no para seguir a los galgos. Sólo superaba los quince palmos por un dedo, pero tenía la fuerza y la inteligencia de su madre, una jaca galesa que durante veinte años había llevado al padre de Hervey de un sitio a otro de su diócesis, y la velocidad y resistencia de su padre, un purasangre cuya familia se remontaba al godolphin árabe. Había llegado al mundo el mismo día que Hervey cumplía catorce años y dejaba la casa parroquial para ingresar en el colegio Shrewsbury, un regalo de aniversario tan magnífico y oportuno que durante años Hervey tuvo un concepto insólito de las ciencias naturales. La había entrenado él solo, aunque la yegua le había enseñado tanto como él a ella, y Hervey siempre había visto como providencial el hecho de que una infección de garganta la hubiera retenido en Inglaterra durante la primera campaña: la sola idea de que podría haberse visto obligado a matarla con los demás caballos en las playas de La Coruña lo llenaba de una extraña congoja.

—Engaño es el caballo como auxilio: no por su mucho brío pondrá a salvo al jinete.

—¿Eh? —preguntó el ordenanza, desconcertado.

—No son palabras mías, Johnson, sino del salmista.

—Pues debía de estar mal de la cabeza.

—Quiero decir que está escrito en los Salmos —explicó Hervey con una sonrisa de ligera impaciencia—. Creo que en el treinta y dos —añadió, como si tuviera la vana ilusión de que Johnson fuera a buscar la cita.

—Por lo visto, no dicen cosas con mucho sentido sobre los caballos.

Hervey se dio por vencido.

—Su pelo da pena, Jonhson. Debemos encontrar unas mantas y darle afrecho o tendrá un cólico antes de medianoche. Por más que la paja sea de trigo, átela por el momento.

A continuación, un buen observador habría notado un cambio sutil en la actitud de Hervey. Con *Jessye* mantenía un trato tranquilo y familiar, mientras que con su segundo caballo adoptaba una actitud perceptiblemente distante, más respetuoso que amable.

—*Nerón* tiene buen aspecto —dijo.

—Sí, señor. Ese corte no es nada.

Nerón había sido criado para tener un aspecto magnífico. Con un palmo y medio más de altura que *Jessye*, había llegado a Hervey desde el depósito de caballos del rey, en las afueras de Hannover, a través de un alférez de los Footguards. El teniente D'Arcey Jessope era oficial de infantería cuando su majestad, en uno de sus periódicos delirios, convencido de estar en Herrenhausen en lugar de en Windsor, lo había tomado por un hannoveriano a causa de su uniforme escarlata. El rey lo había llevado de inmediato a las cuadras reales para obsequiarle un animal digno de un oficial de su *Leib-Garde*. En consecuencia, Jessope se había convertido en propietario de un caballo que, a pesar de su magnificencia, le resultaba inmanejable. Siempre que salía a relucir el tema, él atribuía ese hecho (de manera no muy convincente) a una castración tardía, y finalmente le habían dado permiso para vendérselo a precio de ganga a Hervey después de la batalla de Salamanca, una generosa muestra de gratitud porque Hervey lo había rescatado en la refriega. Como el propio Jessope había dicho lacónicamente en su cama del hospital, con un corte de sable que casi le había amputado el brazo, tenía pocas esperanzas de volver a manejar un coche de caballos.

Jessope. Hervey sonrió al evocarlo. Se preguntó qué tal iría su recuperación tras el regreso a Inglaterra y si volvería a verlo. Sin duda en ese mismo momento estaría siendo agasajado por las damas del barrio de St. James. Sonrió de nuevo al recordar que Jessope había calificado a *Nerón* de «inmanejable». Aunque en cierto sentido tenía razón, pues en manos de cualquiera que no hubiera sido entrenado según el método clásico *Nerón* no hacía el menor caso y era absolutamente obcecado. Pero en manos de un experto su comportamiento era impecable. Corría incluso más que el caballo del cabo Collins, y aunque no tenía la resistencia de *Jessye*, era capaz de saltar más de un metro treinta. Cuando era niño, en las pistas de equitación de Wilton House, Hervey habría desoído con gusto las enseñanzas del *reit-lehrer* austriaco para volver a la posición de caza, pero a menudo daba gracias a Dios de que no se lo hubieran permitido. Desde entonces ningún maestro de equitación había podido disuadirlo de que dominar tanto la posición clásica como la inglesa era una conquista sin parangón.

Sin embargo su única preocupación esa tarde era *Jessye*, a la que finalmente consiguieron envolver en mantas cogidas de los aposentos del capellán —no habían visto al cura desde su llegada— y darle una papilla de algo que parecía trigo y que Johnson había encontrado en alguna parte. Poco después llegaron los soldados de intendencia con dos carros llenos de buen heno, y aunque eso significaba volver a movilizar a los soldados para reemplazar la paja polvorienta de los pesebres, el trabajo se hizo con rapidez y Hervey logró que el clarín tocara rancho a las seis. Una divertida balada animó su espíritu, si no su pierna, mientras salía:

La mujer de un oficial tiene bollos y nata,
la mujer de un sargento tiene gachas.
Pero la mujer de un soldado no tiene ni una miga,
para llenar el agujero de su barriga.

Gracias a Dios que esta vez no había mujeres de soldados cerca; ni ninguna otra, por cierto. Hervey sabía que resultaban útiles en tiempos de campaña, pero también los muchos problemas que creaban, y en su opinión eran más las desventajas que las ventajas. En cualquier caso, pronto dejarían atrás todo aquello: aunque en las cuadras nadie había mencionado el tema, se respiraba un aire de expectación, como si intuyeran que el final de aquella larga ordalía, de aquella guerra aparentemente interminable contra Bonaparte, estaba cerca.

Pero incluso esas tareas comparativamente ligeras suponían un esfuerzo para él, y agradeció la oportunidad de sentarse a cenar. Sin embargo, sus esperanzas de un inminente descanso se desvanecieron en cuanto entró en el comedor bullicioso y lleno de humo. Lo recibieron gritando «el joven Samuel», aunque Hervey no sabía por qué.

—Libro Primero de Samuel —gritó el teniente Harding con fingida desesperación—. «Entretanto, el joven Samuel iba creciendo y haciéndose grato a Yahvéh y a los hombres.»

Hervey comprendió la referencia y sonrió. Por lo visto, la noticia del reconocimiento de lord Wellington había llegado al comedor antes que él, aunque no esperaba que la cuadrilla del establo estuviera a buenas con él después de haberla llamado por segunda vez. Un grupo de oficiales hizo cola para estrecharle la mano, y el camarero, que trataba valientemente de abrirse paso, sufrió empujones a uno y otro lado antes de ponerle delante una bandeja de plata con una carta para él.

—Ha tardado un tiempo en llegar, señor —dijo con tono de disculpa, aunque la demora no era culpa de él.

Hervey agradeció la excusa para buscar un rincón tranquilo, pero mientras se retiraba, el aspecto del sobre lo desconcertó. Aunque nunca había sido un hombre inclinado a la introspección —ni tampoco había tenido ocasión de reflexionar mucho durante la campaña—, había algo en las tres breves líneas de la dirección que le hizo estremecer y tomar súbita conciencia de hasta qué punto su vida pertenecía al ejército. En circunstancias normales eso no le habría afligido, pues así era su vida y ninguna le parecía más honrosa; pero la repentina idea de que el arma también podía ser dueña de su alma, le perturbaba más. Quizá se debiera a la brevedad de la dirección:

Subteniente M. P. Hervey
Sexto de dragones
España

Tres líneas: nombre, regimiento, país; la esencia misma de su ser en tan pequeño espacio. Y luego otro escalofrío, un presagio del contenido. Miró el sobre fijamente durante unos instantes antes de atreverse a abrirlo, pues la letra era inconfundible, aunque había pasado muchos meses sin recibir noticias de Wiltshire y la caligrafía parecía sospechosamente más cuidada que antes:

> Harningsham
> 17 de enero de 1814
>
> Queridísimo Matthew:
> Mucho me temo que esta carta contiene tristes noticias. Nuestro John murió en Oxford el 12 del corriente. Según el señor Heywood, su vicario, este duro invierno que estamos soportando se cobró un cruel tributo entre sus feligreses, y él iba de aquí para allá, por las zonas más pobres, tratando de auxiliarlos. Enfermó hace quince días y luego sucumbió a una neumonía.

Había otras tres páginas escritas en la caligrafía redondeada de su hermana, pero Hervey no pudo continuar. Aunque su gesto debía de reflejar la noticia, y para él no había nada peor, consiguió guardar la carta en el interior de su chaqueta y escapar sin dar muestras de su aflicción. En el silencio de su celda, se sentó con la cabeza entre las manos durante un rato que le pareció un siglo. La paradoja de que después de vivir seis años rodeado por la muerte fuera una muerte lejana la que finalmente lo sacudiera sólo intensificó su dolor.

Oyó un golpe en la puerta.

—¡Ahora no, Johnson! —gritó. Pero la puerta se abrió despacio y el oficial veterinario del regimiento entró con timidez.

—Perdone mi intrusión, Hervey, pero quería hablar con usted en relación con el zaino de la compañía C —dijo con voz vacilante.

Hervey habría preferido dejar esa conversación para otro momento, pero intuyó que no le quedaba más remedio que acceder.

—Desde luego, Selden. Pase y siéntese —respondió, señalando un banco de iglesia que Johnson se había agenciado ese día.

—Hervey, el jefe de herreros me ha contado lo ocurrido esta tarde en las cuadras. —Comenzó a toser con fuerza y su cara se empapó de un sudor febril. Hervey le dio un vaso de agua.

—¡Por el amor de Dios, Selden! No debería haberse levantado de la cama.

—Lo sé, ésta vez el ataque ha sido condenadamente fuerte, pero tenía que hablar con usted sobre mi diagnóstico. Según me han dicho, le examinó el ojo al caballo, ¿no es así?

—Sí.

—Confieso que yo apenas si pude verlo. ¿Qué aspecto tenía la pupila?

—No se había reducido; más bien estaba un tanto dilatada, diría yo.

El oficial veterinario suspiró.

—Debería haber mandado a alguien a examinarlo, pero el ojo estaba tan retraído en la cuenca... —se excusó el veterinario, y Hervey asintió—. Y miré mi libreta y vi que el caballo había tenido un ataque previo de oftalmía. Cuando hay una recidiva, puede ser síntoma de una ceguera progresiva y no queda más remedio que matarlo, como usted bien sabe. Así que di por sentado que padecía oftalmía específica. Sólo había visto dos casos con anterioridad, ambos en las Indias, pero no entiendo cómo puede haber una recidiva de la variedad inespecífica.

—Creo que descubrirá que el otro caso fue el segundo zaino —dijo Hervey en voz baja—, el J78. Confundió uno con otro.

—En tal caso debo marcharme de inmediato y presentar mi dimisión ante el comandante —respondió él.

—No hay ninguna necesidad de hacer algo así —dijo Hervey—. Para empezar, no estaba en condiciones de atenderlos. Aquí tiene, tome un coñac —ofreció, y le sirvió una larga medida de la botella que Johnson había dejado junto a su cama—. Me atrevo a decir que ninguno de nosotros está en su mejor momento.

—Pero su herida no parece haberle afectado al juicio —observó Selden, señalando la pierna de Hervey.

—Es posible, pero me temo que ahora no estaría tan alerta —respondió.

—¿Cómo es eso? —preguntó Selden, a un tiempo intrigado y animado por la respuesta.

—Bah, no tiene importancia —dijo Hervey con un gesto de desdén, consciente de que había revelado más de lo que se proponía.

Selden tuvo otro ataque de tos y necesitó más coñac para calmarse. Luego se enjugó la frente con un pañuelo grande y de un tono ocre casi idéntico al de su tez febril.

—Aunque sólo sea un médico de caballos, sé reconocer los síntomas del desaliento en los seres humanos.

Hervey suspiró, aunque en el fondo se alegraba de la oportunidad de compartir las tristes noticias, que Selden escuchó con atención.

—Deduzco que su hermano era un buen hombre, un clérigo de

verdad y no un simple oportunista —dijo el oficial veterinario cuando Hervey hubo acabado.

—Con todas las criaturas indignas que he visto sobrevivir... mejor dicho, medrar, en los últimos seis años, no entiendo por qué ha tenido que morir un hombre tan lleno de bondad.

—Una cruel y turbadora paradoja —convino Selden—. Las cosas secretas pertenecen a Dios nuestro Señor, pero aquellas que se nos revelan nos pertenecen a nosotros.

—Así es, y John también citaría el Deuteronomio, pero ahora todo me parece lejano y basado en conjeturas.

—Francamente, para mí siempre es así. Confieso que no tengo fe en las doctrinas de la Iglesia. ¿Qué hará? ¿Ahora recaerán sobre usted nuevas obligaciones familiares?

—Acabo de aceptar el grado de teniente y no sé si estoy en posición de hacerlo. Sencillamente, no sé cuáles son mis obligaciones en casa. Escribiré, desde luego, y pediré permiso en cuanto termine la guerra. Parecen creer que el fin es inminente. Pero hasta entonces...

—¿Qué otra familia tiene? —preguntó el oficial veterinario, volviendo a toser pero conmovido por una intimidad que rara vez tenía ocasión de compartir con sus compañeros de armas.

—Una hermana que es un año mayor que yo. Aunque debería haber mencionado primero a mi padre y mi madre.

—¿Están todos bien? —preguntó Selden.

—Sí, eso creo. Mis padres ya no son jóvenes, pero los dos son muy activos y siempre han gozado de buena salud. Son unas personas extraordinarias; siempre he lamentado muchísimo estar lejos de ellos. Y mi hermana, Elizabeth, posee un valor inigualable. Reconozco que me ha tenido subyugado desde que era niño.

—¿Y hay alguna persona más entre sus afectos, Hervey?

La pregunta, demasiado directa y procedente de quien menos la esperaba, tomó a Hervey por sorpresa y su renuencia a responder fue evidente. Selden era un hombre amable y culto, insólitamente educado para un veterinario, pero solía mantener las distancias. Sus periódicos accesos febriles lo atormentaban, pero aunque llevaba dieciocho años de servicio y tenía derecho a retirarse con media paga, seguía en la brecha. Había estado con el Sexto sólo desde el comienzo de la segunda campaña, y algunos decían que existía algo turbio en su hoja de servicio, pero Hervey siempre lo había tenido por un hombre decente.

—Perdóneme, Hervey, pero lo he estado observando durante los últimos tres años. Es usted un soldado de una destreza extraordinaria, y hasta ahora no lo han ascendido, ni lo harán mientras eso dependa del dinero. —Empezó a toser nuevamente, esta vez con tanta violencia que Hervey temió que se ahogara. Sin embargo su tos se alivió con otro vaso de coñac—. Debería irse al este. Allí valorarían sus aptitudes, y en poco tiempo tendría su propio regimiento.

Hervey podría haber puesto un millar de objeciones, pero se limitó a recordarle las circunstancias de las que acababan de hablar.

—Ni siquiera puedo considerar esa posibilidad cuando la situación en casa es tan incierta.

—Desde luego que no. Pero después de que haya resuelto esos problemas... ¿O acaso debe pensar en alguien más?

—¡En absoluto!

—Me disculpo otra vez, pero yo creía que la joven hermana de Laming...

Hervey se sonrojó y respondió con un ligero tartamudeo:

—Yo... ¿Cómo puede haber pensado algo semejante? Ha pasado más de un año desde que ella viajó a Portugal. ¡Y sólo estuvo un mes!

—Ah, me pareció notar algo. ¿Quizá fuera sólo interés por parte de ella? Y aquella joven portuguesa, ¿cómo se llamaba? Delgado, ¿verdad?

Hervey se sorprendió aun más. En efecto, era obvio que Selden lo había estado observando con atención durante los últimos tres años. Frances Laming lo había fascinado con sus bellas sonrisas, pero Isabella Delgado definitivamente lo había torturado con su belleza morena.

—No, Selden, no hay nadie. Una vez me enamoré apasionadamente de una compañera de clase, pero eso fue hace diez años y ni siquiera me atreví a confesárselo a ella, de modo que no creo que eso cuente. —Sin embargo sonrió al recordarlo.

Un toque de clarín advirtió del inicio de la guardia nocturna y el veterinario Selden se marchó, tosiendo violentamente, a fin de permitir que Hervey se preparara para pasar revista. Había sido una reunión insólita, aunque agradable; pero en cuanto Hervey se quedó solo, el desasosiego volvió a apoderarse de él, y con mayor intensidad, pues Selden había removido demasiados sentimientos. Pero el segundo toque de clarín lo reclamó al ordenado mundo que constituía su existencia cotidiana, y mientras se ponía el talabarte descubrió, una vez más, que podía enterrar sus inquietudes en las tareas insignificantes de la rutina del soldado. Casi lo dijo en voz alta: ajusta el talabarte, quita el portapliegos, ponte el chacó, coge los guantes. El truco no fallaba nunca, al menos a corto plazo. Tampoco en esa ocasión falló. Cuando llegó junto a sus hombres, donde tardaría más de lo que los dragones habrían creído posible en determinar si estaban en condiciones para la guardia nocturna, su única preocupación era el filo de los sables.

2

UN CRUEL CASTIGO

13 de abril 4.00 h

—¡Hemos vencido a Napoleón...! ¡Hemos vencido a Napoleón!

Hervey despertó con un sobresalto y se incorporó bruscamente, pero poco faltó para que se desmayara con el primer paso. Tan intenso era el dolor que le producía náuseas y las arcadas lo obligaron a apoyarse contra la pared. La llama de la vela titiló con la súbita agitación del aire mientras él buscaba su talabarte a tientas en la penumbra. Fuera de la celda la iluminación no era mejor, pues la luz de la lámpara del pasillo había quedado reducida a un tenue resplandor. Hervey consiguió no obstante vislumbrar las figuras del cabo de guardia y el clarín Pye.

—¡Todo ha terminado! ¡Boney ha abdicado!

Esta vez entendió las palabras y se quedó sin habla.

–Es verdad, señor —continuó el cabo Taylor mientras aparecían otros oficiales, también despertados por la conmoción—. Boney está acabado. He oído al comandante Edmonds cuando se lo anunciaba al brigada hace apenas diez minutos, pero incluso antes de eso ha pasado un dragón del estado mayor y me ha dicho que la información llegó anoche desde París.

La noticia que esperaban con impaciencia desde hacía tanto tiempo parecía de pronto carecer del esplendor que, en opinión de Hervey, debía de tener una gran noticia. Parecía impropio que fuera pregonada a gritos en los pasillos de un convento por un cabo y a una hora infame. Hervey había imaginado que se proclamaría con cierta solemnidad.

Acto seguido apareció el ayudante mayor, totalmente vestido, y al principio Hervey supuso que eso auguraba un anuncio con la ceremonia que había previsto, pero Barrow tenía un gesto tan indiferente que Hervey otra vez dudó de la información del cabo.

—Primera revista a las siete, caballeros, como de costumbre —comunicó el ayudante—. Los oficiales se reunirán a las ocho para el rancho. ¡Toque diana, Pye!

Barrow, tan parco en palabras como de costumbre, no aguardó respuesta y caminó rápidamente hacia la oficina con un repiqueteo de espuelas contra las losas del suelo. Hervey estaba furioso. Era oficial de piquete, y el ayudante no se había dignado contarle nada. Puede que fuera un simple subteniente pero, ¡por todos los demonios!, no le cabía duda de que Barrow se habría mostrado más comunicativo si hubiera habido una emergencia.

Cuando se apagó el eco de la larga diana del clarín Pye —era la primera vez desde los cuarteles de invierno que hacía sonar el toque largo en lugar del corto—, se oyó el sonido más suave de una campana, y Hervey avistó a varias monjas al fondo del claustro que se dirigían a la capilla. La campana sonaba cada segundo, y con un tañido tan insistente que Hervey descubrió que su furia disminuía con cada toque. Deambuló por el patio. Estaba demasiado oscuro para ver la hora en su reloj, tan oscuro como había estado a medianoche, cuando había recorrido las calles de la ciudad vencida para inspeccionar el piquete de retén. No había luna y las calles estaban tan negras como el carbón, pues los faroleros habían huido y los ocupantes de las casas habían cerrado y entablado las ventanas, de modo que era imposible saber si las viviendas estaban iluminadas por dentro o habían sido abandonadas. ¡Qué distinto había sido todo en Vitoria! Entonces no habían tenido dudas de lo que había detrás de los postigos, pues habían entrado en todas las casas y saqueado los bienes, los bienes españoles. Sin embargo allí, en una ciudad francesa donde la lucha había sido mucho más sangrienta que en Vitoria, los miembros de la policía militar patrullaban las calles como si estuvieran en Westminster. El marqués de Wellington había prohibido los actos de pillaje so pena de muerte por los mosquetes ingleses. No era que Hervey discrepara con esa orden. Detestaba los hurtos cuando superaban lo que razonablemente podía ser considerado como una búsqueda de suministros, pero por encima de todo odiaba la brutalidad que se apoderaba de los hombres en el proceso. Al entrar al servicio del rey no había imaginado que algún día tendría el deber de disparar a un hombre vestido con su mismo uniforme —o más bien el uniforme del rey—, como había hecho después de la batalla de Badajoz. La imagen del soldado Connaught, enloquecido por el alcohol, recibiendo en el pecho el proyectil de la pistola de Hervey y al mismo tiempo golpeándolo con fuerza asesina, tardaría mucho en borrarse de su mente. Sin embargo, la expresión de horror en los ojos moribundos de la joven española que Connaught había violado y la sangre que manaba de su garganta cortada bastaban para mitigar cualquier sombra de culpa, o incluso de arrepentimiento, que pudiera haber sentido.

Cuando el regimiento despertó con el toque de clarín e inició la rutina cotidiana, Hervey regresó a su celda pasando junto a las austeras ventanas de la capilla, tenuemente iluminadas desde dentro. La delicada melodía de un canto gregoriano —*Te Deum Laudamus*— salía del interior puntuada por ocasionales relinchos procedentes de las cuadras del claustro. Hervey encontró cegadora la luz de su celda comparada con la penumbra general, pues todos los rincones estaban llenos de velas y una lámpara de aceite ardía sobre una pequeña mesa, unos pertrechos humildes pero útiles que daban fe de las siempre ingeniosas actividades nocturnas de Johnson. Junto a la lámpara había un cazo con té humeante y un par de calzones limpios.

—El bagaje llegó anoche, señor —explicó el ordenanza—. Traeré el resto de las cosas de inmediato. Pensé que estaría más cómodo con estos calzones. Ahora llevaré los pantalones de campaña a zurcir. He oído que todo ha terminado, ¿es cierto?

Pero Hervey tuvo que admitir que no tenía más información de la que circulaba en los barracones.

—¿Ya tienes mis cuadernos de bocetos? —preguntó.

—Sí, señor. Están con el resto de sus cosas.

En la primera revista tampoco hubo nuevas noticias, sólo especulaciones: Bonaparte había muerto, Bonaparte había escapado a Estados Unidos, Bonaparte estaba encarcelado en el palacio de las Tullerías. Cuando los oficiales se reunieron en el comedor, a las ocho en punto, como mínimo había unanimidad en que Napoleón estaba acabado. Esa mañana apenas una docena y media de oficiales componían la formación, menos de la mitad de los que habían iniciado la campaña. Hervey podía ver las caras ausentes con tanta claridad como si hubieran estado allí: el coronel sin duda regresaría al servicio a su debido tiempo, pero los dos capitanes, Lennox y Twentyman, no volverían a oír la diana, como tampoco Martyn y Mayall, los tenientes caídos en Salamanca, ni los subtenientes Wyllie y lord Arthur Percival, muertos en Badajoz; ni el subteniente Bruce vería nunca más las flores silvestres para cuyos nombres, tanto vulgares como botánicos, tenía una memoria prodigiosa, pues la explosión de un arsenal después de la batalla de Ciudad Rodrigo le había quemado irreparablemente los ojos. Y había otros con más suerte que habían regresado a casa heridos o enfermos: habían llenado el rancho de risas y camaradería (y Hirsch, además de las melodías sorprendentemente bellas de su flauta), y Hervey los echaría de menos más que nunca ahora que podía tomarse un respiro de los esfuerzos de la campaña. No obstante, el ruido de los gallardos y afortunados sobrevivientes era tal que parecían el doble de los que eran, y el subteniente Laming tuvo que esforzarse para hacerse oír:

—¿Has visto a Edmonds, Hervey?

Hervey miró en la dirección hacia donde había señalado Laming con un movimiento de barbilla y vio al comandante al fondo del comedor. Tenía un aspecto lúgubre. Barrow le hablaba al oído y estaba igualmente serio.

—Pasa algo —dijo Laming—. He oído en las cuadras que el Decimocuarto se marcha a Estados Unidos de América.

—A mí no me importaría ir a Estados Unidos. ¿Por qué deberíamos preocuparnos por eso? —preguntó Hervey, olvidando momentáneamente su propia urgencia por regresar a casa.

—Porque el regimiento está agotado, por eso.

—Aún tendremos que marchar sobre París si lo de la huida de Bonaparte no es más que un rumor —replicó con tono cansino.

—Eso es muy distinto. Mira alrededor: llevamos de campaña durante más tiempo que cualquier otro cuerpo del ejército. ¡Estamos a menos de la mitad de nuestras fuerzas! Mira a Edmonds: pierde los nervios por cualquier nimiedad y hace meses que se lo ve abatido. Y no creo que ninguno de los caballos aguante otro invierno fuera.

Pero antes de que Hervey pudiera responder, Barrow pidió silencio y Edmonds empezó a hablar:

—Caballeros, tengo un mensaje del general Cotton. Dice lo siguiente: «Lord Wellington ha recibido la noticia de la abdicación del sedicente emperador Napoleón Bonaparte, que se encuentra bajo la custodia de la armada británica. Habrá un armisticio de dos meses. El mariscal Soult deberá presentar la rendición del ejército del sur directamente al comandante en jefe. El Garona será la línea de demarcación y Toulouse permanecerá en nuestras manos. La administración del país será conferida de inmediato a los representantes de su majestad el rey Luis XVIII, que serán tratados como aliados.»

—¿Ves lo rápido que convertirán las escarapelas tricolores en blancas? —murmuró Laming.

—Eres demasiado cínico —respondió Hervey con otro murmullo.

—*Si foret in terris...* —declamó Laming con displicencia.

—*Rideret Democritus*. ¿Qué tiene que ver Horacio con esto?

Laming asintió con un gesto de ligera sorpresa y Hervey aprovechó la oportunidad para arremeter contra el orgullo del subteniente mayor.

—Laming, contra lo que obviamente creían en Eton, en Shrewsbury no éramos bárbaros.

—¡Ah, debo reconocer que es una respuesta muy digna! —dijo Laming en voz demasiado alta.

Barrow los miró con severidad y Edmonds continuó.

—Pero no habrá descanso, caballeros. Dos divisiones mandadas por lord Hill deberán marcharse a Estados Unidos lo antes posible. Las acompañará el Decimocuarto y un escuadrón del cuerpo del estado mayor. Como de costumbre, pediremos voluntarios valientes para el cuerpo. Entretanto, permaneceremos en Toulouse hasta que se reconozca universalmente al rey Luis y el ejército y los mariscales franceses hayan jurado lealtad a la Corona.

La cadencia de la frase pareció indicar que era el final del discurso y se oyó un bullicio general.

—Gracias a Dios que sólo las Doncellas se van a Norteamérica —dijo Laming—. Nosotros levantaremos campamento, pasaremos por París y estaremos en Leicestershire para la próxima temporada.

—¡Caza y más caza! —bromeó Hervey.

Laming frunció el entrecejo, pero al menos los pillajes del Sexto en Vitoria no lo habían hecho acreedor de un mote tan indigno como el del Decimocuarto. Los dragones de ese regimiento se habían divertido tomando como trofeo de guerra un orinal de plata propiedad del hermano de Bonaparte.

—¡Caballeros, por favor! —gritó Barrow, y pronto volvió a reinar el silencio.

Edmonds se tomó unos segundos antes de proseguir.

—Caballeros, estoy convencido de que éste es el final de una guerra que empezaba a parecernos interminable. Han hecho un buen trabajo, el regimiento ha hecho un buen trabajo, pero me temo que este final no sea más que un principio. Sin embargo no iremos a París. Nos han ordenado regresar a Inglaterra junto con la mayor parte de la caballería y supongo que no necesito expresar en voz alta mis peores temores, porque todos ustedes saben que el Parlamento está empeñado en hacer economías. Ruego porque nuestra veteranía nos dé alguna seguridad. Y el conde de Sussex no permitirá que su regimiento se disuelva sin protestar, de eso pueden estar seguros. Entretanto, debemos continuar cumpliendo con nuestro deber con la misma lealtad, confiando en que la virtud será, por sí misma, suficiente recompensa. Eso es todo, caballeros. —Dio media vuelta y salió de la estancia sin pronunciar otra palabra.

—Bonito discurso —dijo el subteniente Laming—. ¿Qué opina, Murray?

Su superior frunció la frente en un gesto de ira.

—De modo que van a pagarnos para que nos retiremos, ¿eh? ¿Y a cuánto creen que se cotizarán ahora nuestros cargos? Está bien para los hombres como usted, Laming, pero yo he pagado el doble y mi familia ha perdido sus propiedades en las Américas —espetó dando media vuelta.

Hervey y Laming cruzaron una mirada de asombro mientras el teniente se marchaba. Sin embargo, Barrow seguía allí, y se acercó a ellos con una expresión aun más grave que la que tenía antes del discurso de Edmonds.

—El comandante quiere verlo, Hervey.

—¿Por qué? —preguntó—. Supongo que no hay más problemas.

—Que le atañan a usted no, no personalmente. Armstrong... mal asunto, muy mal asunto —respondió Barrow, sacudiendo la cabeza.

El brigada del regimiento ya estaba hablando con Edmonds cuando Barrow y Hervey entraron en la biblioteca de la abadesa, que empezaba a parecerse a la oficina del cuartel de Canterbury, pues las medallas del regimiento habían llegado con el convoy del bagaje. Habían cubierto reverentemente el crucifijo con una sábana blanca y el estandarte estaba desplegado, de modo que los cuatro símbolos de las victorias del regimiento se hallaban claramente expuestos: *Tournai*, donde habían perdido a un hombre de cada tres cubriendo la precipitada retirada de la infantería; *Willems*, donde poco había faltado para que se hundieran en el barro de Flandes; *Egmont-Op-Zee*, donde habían galopado a lo largo de nueve kilómetros de playa y dunas para cortarle la retirada a los franceses. Conocía bien esas batallas gracias a los relatos disponibles en la sala de lectura del regimiento. Pero la que más admiraba, aquella en la que le habría gustado tener el honor de participar, no se había librado en los Países Bajos, sino en un lugar tan lejano que para él sólo existía en los confines de su imaginación: *Seringapatam*. Todavía había algunos veteranos en las filas que recordaban aquel día, aunque la mayoría había aprovechado su parte del botín para empezar una nueva vida sin uniforme (aquéllos, desde luego, que no la habían dilapidado en bebida o rameras en los tres años que permanecieron en la India después de la batalla). Edmonds era el único oficial que quedaba de los que habían estado presentes. Nunca mencionaba el tema, aunque poco antes había comentado que la batalla de Vitoria había sido un jolgorio comparada con la de Seringapatam.

El ayudante se reunió con Edmonds y el sargento mayor de brigada junto al estandarte, pero Hervey saludó y se puso firmes delante de la mesa del comandante por segunda vez en dos días. La actitud del sargento mayor de brigada era más imponente que nunca, y Hervey se sintió tan incómodo como de costumbre en su presencia. Lincoln había participado en la misma acción que el resto del regimiento dos días antes, pero cualquiera hubiera dicho que estaba preparado para pasar revista en la plaza de armas del cuartel general del ejército, con sus botas adornadas con borlas y relucientes como una patena. Parecía tan fuerte como un domador de caballos y sólo las hebras de plata de sus patillas delataban su verdadera edad. Abandonado de niño en el sótano de la Posada Lincoln, criado gracias a las limosnas de los parroquianos —que, como solía hacerse con los expósitos, le habían puesto como apellido el nombre del lugar donde lo habían hallado—, se había alistado como corneta a los doce años, en el segundo año de la revolución americana, y los papeles que daban fe de su origen se habían perdido oportunamente hacía tiempo. Hervey clavó la vista en los cuatro galones plateados, rematados por una corona, que lucía en el brazo derecho. El esfuerzo y los años de servicio que simbolizaban despertarían la admiración de cualquier subteniente, y Hervey se preguntó cómo evaluaría Lincoln su trabajo al frente del piquete: quizá el sargento mayor pensara que era todo lo que podía esperarse de alguien cuya graduación dependía únicamente de la entrega de seiscientas libras a los administradores del regimiento.

—Subteniente Hervey, seré breve —comenzó Edmonds mientras los tres se volvían hacia él y Lincoln le dirigía un rápido saludo–. El general Slade ha presentado cargos por insubordinación grave contra el sargento Armstrong. Me permitirá zanjar sumariamente la cuestión si impongo un castigo de azotes; de lo contrario, Armstrong será sometido a un consejo de guerra y expulsado ignominiosamente. Él sabe que en el Sexto no se azota a nadie, ¡y yo no tengo intención de hacerlo! Es una vileza, un castigo cruel que corrompe el auténtico sentido de la disciplina y la moral. Sin embargo si no lo hago, Armstrong quedará deshonrado para siempre. ¿Hay algún atenuante para su conducta del que no me haya hablado?

Hervey miró al sargento mayor Lincoln, que permaneció impasible, seguramente pensando que si él, Hervey, hubiera mantenido la calma, Armstrong no habría perdido los nervios.

—Señor, el sargento Armstrong se insubordinó, pero su deber era cubrirme y sin duda su falta puede interpretarse como un exceso de celo. El teniente Regan me desautorizó delante del piquete, y probablemente el sargento Armstrong consideró que debía hacer algo al respecto.

—No lo dudo, Hervey, pero la insubordinación es un delito militar, y no así la conducta poco caballerosa de Regan. No me interprete mal: no me cabe la menor duda de que Regan se comportó como un asno.

Edmonds miró a Barrow y éste comenzó a hablar con un tono sorprendentemente afable:

—Sólo hay una opción, Hervey. Usted puede pedir una reparación por arresto indebido. Puede que esa perspectiva induzca al general a retirar los cargos.

Hervey no vaciló un instante.

—Entonces así lo haré, naturalmente. ¿Surtirá efecto, señor? —preguntó mirando a Edmonds.

—Es muy posible que sí. No sabemos si fue el propio Slade quien ordenó el arresto o si éste se debió a un exceso de celo de Regan. Incluso si fue obra de Regan, tiene tantas influencias que Slade se negará castigarlo. Pero lo importante es lo siguiente, Hervey: me temo que, pase lo que pase, usted se ganará el rencor de Slade. Igual que yo, supongo, aunque ésa es otra cuestión.

—¡Que así sea, señor!

—¿Y qué haremos con Armstrong si esta estratagema tiene éxito, sargento mayor? —preguntó Edmonds volviéndose hacia Lincoln.

—Bueno, señor —comenzó el sargento mayor—, ya sabe que soy de la opinión de que un hombre con responsabilidades no debe ser humillado por un momento de insensatez. No teníamos previsto imponer ningún castigo antes de que el general Slade presentara cargos. Mis compañeros de rancho no se sentirían molestos si mantenemos nuestra actitud; de hecho, estoy seguro de que cualquiera de los que se sientan en mi mesa habría cometido la misma falta que Armstrong. Todavía tengo que hablar con él al respecto, y le aseguro que una vez que lo haga, no lo olvidará.

Nadie lo dudaba.

—Muy bien, pues, Lincoln —dijo Edmonds—, todo quedará en una reprimenda. Barrow, sugiero que informe cuanto antes al comandante de brigada de la solicitud de Hervey. Con un poco de suerte, no habrá que presentarla oficialmente. Eso es todo, caballeros; pero usted, Hervey, quédese un momento.

Cuando los demás se hubieron marchado, Edmonds le hizo una seña para que se sentara en la silla y él se apoyó contra el borde de la mesa, abandonando su anterior formalidad.

—Mire, Hervey, este asunto entraña grandes riesgos. Slade es un hombre vengativo y con muchas influencias. Ni siquiera sé si servirá de algo pedirle a sir Stapleton Cotton que interceda. Ojalá lord George estuviera aquí. Debemos escapar de las garras de Slade. Hay una plaza libre en el escuadrón destinado a Estados Unidos, y después del enfrentamiento con la batería francesa, estoy convencido de que podríamos asignársela a usted, pues ya sabe cuál es la opinión del general Cotton sobre su acción. Lo último que deseo es que abandone el regimiento, ni siquiera temporalmente, pero le aconsejo que aproveche esta oportunidad.

Alarmado por el pesimismo de Edmonds, Hervey guardó silencio durante unos instantes. Finalmente introdujo la mano dentro de la casaca.

—Señor —comenzó, desplegando la carta de su hermana—,

me habría gustado ir a Estados Unidos, pero ayer recibí esta carta de Inglaterra. Mi hermano ha muerto. Era el mayor, y creo que es mi deber regresar a casa e informarme al menos de los deseos y circunstancias de mi padre. Ya ni siquiera estoy seguro de que deba aceptar el grado de teniente.

Edmonds asintió con la cabeza.

—Sí; lo entiendo muy bien —dijo con un suspiro—. En la desgraciada vida de un soldado siempre llega un momento en que el espíritu anhela una existencia más pacífica, decente y... sí, incluso anodina. Pero ¿sabe que, como he dicho en el comedor, el regreso a Inglaterra puede suponer la disolución del cuerpo? En tal caso perdería su inversión.

—Sí, señor, pero he decidido arriesgarme.

—Me alegra oír eso. Esos ineptos del Parlamento harán recortes desmesurados en el presupuesto del ejército. La ley fiscal de Pitt se revocará, y las calles se llenarán de mendigos con casaca escarlata. Cotton también lo cree así. Todavía no quiero hablar de ello con el regimiento. Siempre que usted comprenda las posibles consecuencias de la decisión de no marcharse a Estados Unidos... Allí incluso podrían ascenderlo mientras que, si se queda, es probable que tenga que conformarse con media paga y un puesto de subteniente imposible de vender. Usted es un oficial valiente, pero...

—Gracias, señor —respondió Hervey, algo incómodo.

—Eso no es todo —prosiguió el comandante—. Todavía le falta adquirir la malicia necesaria; claro que a mí también. Los dos estaremos en un apuro si Black Jack Slade tiene otra ocasión de importunarnos. Dejaré pendiente el ascenso a teniente durante un tiempo, pero necesitaré su respuesta sobre la misión en Estados Unidos mañana mismo. Eso es todo, Matthew.

Al menos el consejo del capitán Lankester fue claro... y exactamente el mismo que esperaba Hervey. Lankester el Corintio sabía hacer frente a las dificultades —como había hecho con las pelotas que se desviaban del camino cuando jugaba al críquet en Eton—, aunque siempre con sensato realismo. Apenas si levantó la vista de su diario, que seguramente llevaba con la misma diligencia que su cuaderno de presas en Hertfordshire, mientras Hervey le hablaba de la posibilidad de marcharse a Estados Unidos.

—¡Presente la solicitud y quédese donde está! —gruñó—. Slade ya ha sido responsable de la muerte de demasiados hombres de bien. ¿Quiere que un mestizo con gorro de piel de mapache le dispare como si fuera un urogallo?

Hervey rió por primera vez desde que había recibido la carta de su hermana. El consejo le gustó, porque aunque le tentaba la idea de participar en una milicia norteamericana, esa opción se parecía demasiado a una huida. La sugerencia de Edmonds había sido más prudente —era muy consciente de ello—, mientras que un hombre como sir Edward Lankester, con fortuna y un alto cargo a su favor, podía darse el lujo de recomendarle un camino temerario. Pero la prudencia en un subteniente era un atributo cuestionable, igual que la timidez en una puta. ¿Qué bien haría a su orgullo eludir ese desafío, cuando sin duda le aguardaban otros? Sabía muy bien que para él sólo había una opción.

Como si estuviera en los aposentos de un calígrafo medieval, Hervey se sentó en su celda a copiar la solicitud que Barrow le había entregado. Sonó un golpe en la puerta.

—Adelante, Johnson —dijo con aire distraído.

Pero no era Johnson quien había llamado, y al alzar la vista se encontró con la misma monja del día anterior. Su hábito ya no estaba manchado de sangre y tenía el rostro menos demacrado. No la habría reconocido de no ser por los ojos azules que, ahora menos hundidos, parecían aún más penetrantes. Se había quitado el escapulario, cosa que permitió a Hervey hacerse una idea más aproximada de su figura y llegar a la conclusión de que había visto pocas tan agradablemente esbeltas. También su busto sugería que le habría favorecido la moda de la época, a diferencia del de las hermanas españolas, cuya amplitud habría desafiado el arte de cualquier corsetero. Dado que el cirujano había vuelto a coserle los puntos rotos el día anterior, Hervey se sorprendió de verla allí, aunque estaba encantado con su visita.

—¿Sí, hermana? ¿Puedo hacer algo por usted? —preguntó en francés.

Para su sorpresa, ella respondió en inglés:

—Señor Hervey, he oído que lord Wellington ha dicho que el rey Louis será restituido y que deberíamos ser tratados como liberados, más que como conquistados.

No sólo dejó muy claro lo que quería decir, con un dominio admirable de los verbos, sino que pronunció correctamente sus consonantes aspiradas, tan extrañas para las francesas como parecían serlo para Johnson. Y casi no tenía acento, aunque no tradujo el nombre del rey, como hacía Wellington en su despacho (o al menos como lo había leído Edmonds).

—Perdone, señor Hervey, ayer usted me hizo el cumplido de hablarme en francés, y yo no se lo he devuelto hasta hoy. Ayer fue un día..., bueno, agotador; yo no había dormido en...

—No necesita disculparse, hermana —interrumpió él—. Temo que usted me haya tomado por un presuntuoso, ya que pensó que exigía hablar con el médico en persona. Pero nada más lejos de mi intención.

—No lo dudo, señor Hervey. Creo que usted es un hombre honorable, un hombre de fiar —respondió ella en voz baja.

—Por tal me tengo, hermana —dijo Hervey, agradecido. Era curioso lo mucho que le importaba la aprobación de aquella monja.

—Señor, deseo explicarle algo y luego pedirle un favor.

—Desde luego, hermana —respondió él, intrigado por su tono cordial y por la idea de que pudiera serle de utilidad.

—Señor Hervey, me llamo María de Chantonnay. Mi familia es de la Vendée. Allí la gente sufrió mucho después de la ascensión al poder del rey. Habrá oído hablar de las *colonnes infernales* del general Turreau, ¿no?

—Sí, fue hace algún tiempo, pero todos estamos al tanto de lo sucedido.

—Mi padre perdió sus propiedades después de la guerra y estamos bajo sospecha desde entonces. Mi familia se enterará de la batalla librada aquí, en Toulouse, y temerá que me haya pasado lo peor... —Su voz se fue apagando lentamente.

Hervey asintió, comprensivo, aunque no sabía adónde quería ir a parar la hermana.

—Señor, supongo que su ejército tendrá mensajeros de confianza. Me gustaría entregarle una carta para mi familia.

Hervey ni siquiera estaba seguro de dónde quedaba la Vendée. Respondió que suponía que sería posible, aunque en ese momento no se le ocurría cómo. Cuando ella corrigió su ignorancia sobre el litoral francés, el escepticismo de Hervey aumentó.

—Haré todo lo que pueda, hermana, desde luego. Sin embargo

no puedo asegurarle que un mensajero lleve su carta. Y me temo que es imposible para mí llevarla personalmente, pues no creo que el regimiento vaya más allá de Burdeos en el camino hacia Inglaterra. La Vendée tampoco está en la ruta que tomarán los regimientos que van a guarnecer París. ¿Por qué no se la da a algún francés, hermana?

—Señor Hervey, cualquier carta dirigida al conde de Chantonnay tiene un precio. ¿Dónde voy a encontrar a un compatriota en el que pueda confiar en un momento como éste?

El ruego era irresistible.

—Hermana María, haré todo lo que pueda —aseguró Hervey por fin—, aunque no sé si será mucho.

La hermana María de Chantonnay por fin podía descansar, porque un inglés, un oficial inglés le había dado su palabra, y ella reconocía que no podía pedir nada más. De hecho, no *necesitaba* pedir nada más.

—Señor Hervey —continuó ella con actitud y tono nuevamente solemnes—, cuando vine ayer, usted tenía en sus manos los *Ejercicios espirituales* de san Ignacio de Loyola... Pero, por favor, siéntese y descanse la pierna. —De súbito pareció notar la postura desgarbada de Hervey—. ¿Ha leído lo suficiente de ellos?

Hervey no podía adivinar qué era suficiente para ella, pero supuso que se trataría de una cantidad importante.

—De una forma superficial —respondió con sinceridad pero a la defensiva.

—San Ignacio fue un hombre extraordinario, señor Hervey. Seguramente sabrá algo de su historia.

—Nada, aparte de que fue el fundador de los jesuitas —respondió Hervey sin rodeos.

—Sí, así es —dijo ella arrugando ligeramente la frente.

—Y que los jesuitas fueron expulsados de España y Portugal hace medio siglo, acusados de intrigas políticas. También los expulsaron de su país, ¿verdad, hermana? —añadió.

—Sí —respondió ella con un suspiro—, y su Santidad disolvió la orden, aunque tengo entendido que quedaron algunos en Rusia. Pero ¿sabe algo de san Ignacio, señor Hervey, del hombre y de su fe?

Hervey reconoció que no y se movió, incómodo, en su asiento. La pierna comenzaba a dolerle y, tras pedir disculpas, comenzó a desatarse las lazadas de sus pantalones, agradeciendo la oportunidad de distraerse.

La hermana María se arrodilló en el suelo de piedra y se sentó sobre sus talones, convencida de que la única aflicción de Hervey era el dolor de la pierna.

—Igual que usted, san Ignacio de Loyola era un soldado —prosiguió—, el único hijo de un noble español. Creo que usted también es hijo de un noble, señor Hervey.

—No —respondió Hervey con una sonrisa—, mi padre no es un noble. Es un clérigo, un sacerdote de la Iglesia anglicana.

—Entonces es un caballero, sin duda —dijo ella sonriendo también—. San Ignacio procedía del País Vasco; usted debió de pasar cerca de Loyola cuando cruzó los Pirineos, señor Hervey, ¿no es así? —Pero aquel nombre no le decía nada a Hervey—. Le hirieron en el sitio de Pamplona, en la guerra con Francia. Creo que en el año 1520. Durante su larga convalecencia leyó sobre la vida de Cristo y los santos y decidió dedicar su vida al servicio de Dios. Reunió a otros hombres y todos prometieron ir a predicar entre los musulmanes de la Tierra Santa. Pero cuando la guerra les impidió llegar a Oriente, ofrecieron sus servicios a su Santidad.

Hervey se preguntó dónde conduciría aquella conversación, pero no quiso interrumpirla.

—Fue entonces cuando resolvieron fundar una orden religiosa, la Compañía de Jesús, y prometieron ponerse enteramente a la disposición de su Santidad. San Ignacio aportó la disciplina militar a la orden, ¿entiende, señor Hervey?

—La verdad es que no, hermana. Quiero decir que no entiendo qué quiere decir. No es extraño que un soldado sufra heridas.

Ella hizo una pequeña pausa y luego lo sorprendió con su sinceridad:

—¿Reza usted, señor Hervey?

—Sí, desde luego —respondió él.

—¿Y medita?

Tal intromisión lo desconcertó. Pero la voz y los modales de la monja eran tan encantadores, y su franqueza tan inocente, que Hervey agradeció su preocupación. Sabía muy bien que todos los oficiales mantenían una pose —una máscara—, tras la cual ocultaban los peores efectos de la guerra. Pero por habitual que fuera dicha pose, no resultaba fácil mantenerla, y Hervey intuyó que ante aquella monja no necesitaba máscara alguna. De hecho, sintió que despojarse de ella era un placer, un descanso, incluso un alivio.

—Pienso, hermana. Y pienso mucho sobre algunas cosas en particular. Pero la meditación requiere un método, ¿no es así?

—Sí, y los *Ejercicios espirituales* son precisamente eso.

Hervey no pudo menos de sonreír al ver la habilidad con que la monja había dirigido el diálogo hasta la conclusión que deseaba. Lo había vencido. ¡Ahora entendía cómo aquella mujer había conseguido sobrevivir al reinado del terror y la represión! Confesó abiertamente que los *Ejercicios* lo habían atrapado en el poco tiempo que había podido dedicarles y a pesar de las limitaciones de su latín, una lengua que no practicaba desde hacía tiempo.

Pero ella estaba preparada para replicar a su modestia.

—Al principio, el latín de san Ignacio también era insuficiente, tanto que decidió estudiarlo con eruditos de Barcelona. Si lo desea, yo puedo guiarlo por los ejercicios.

Hervey titubeó.

—No estoy seguro de que eso sea... Yo... —y finalmente—: Gracias, hermana, acepto agradecido.

La hermana María respondió con una pequeña inclinación de cabeza y dijo que regresaría más tarde para el catecismo.

Pero ahora que la solemnidad había desaparecido entre ellos, Hervey se sintió con valor para interrogarla.

—Hermana, espere un momento, por favor. Mi regimiento ha venido a importunar tan repentinamente la paz de este lugar que..., bueno... Quiero decir que hasta el momento no habíamos visto una orden como la suya. Ustedes parecen más... —hizo otra pausa, buscando una palabra que expresara lo que quería decir sin desmerecer a otras órdenes—... más austeras.

—Señor Hervey, hasta las órdenes benedictinas pasan por un mal momento en Francia desde la Revolución. Creo que nos han dejado aquí solas porque Toulouse no era un sitio clave en la guerra, pero también porque somos carmelitas. No representamos ninguna amenaza.

Esto respondía en gran parte la segunda pregunta que Hervey había previsto hacer, pero todavía no entendía cuál era la naturaleza de la orden.

—Conozco el nombre «carmelita», hermana —continuó—, pero no sé nada de sus orígenes o su regla.

—Nuestros orígenes se remontan a Palestina, señor Hervey, a los ermitaños del monte Carmelo. Cuando los turcos tomaron la Tierra Santa, los ermitaños se trasladaron al oeste y comenzaron a vivir en comunidad, pero siempre en comunidades pobres y aisladas. Quizá en su estancia en España haya visto u oído hablar de la ciudad de Ávila… Creo que está cerca de Madrid.

Hervey sabía dónde estaba esa ciudad, pero no había estado allí.

—Bueno, si la hubiera visitado, habría visto el lugar donde vivió nuestra gran santa, Teresa, poco tiempo después que san Ignacio. Ella escribió una nueva regla para nuestra orden, que es la que seguimos aquí, en Toulouse. Ella vivía de acuerdo con unos preceptos muy sencillos.

Hervey asintió, e iba a hacerle otra pregunta pero ella lo atajó alzando una mano.

—Discúlpeme, señor Hervey, pero debo retirarme. Igual que usted, tengo obligaciones que atender.

Hervey se incorporó e hizo una reverencia al estilo de los soldados alemanes. Ella sonrió y sus ojos destellaron.

—Señor *Hervey* —Las haches aspiradas de Johnson producían un marcado contraste con las de la hermana María—. El ayudante quiere saber ahora mismo si va a unirse al escuadrón que va a Estados Unidos.

Hervey se sentó en la cama y se frotó los ojos.

—¿Qué hora es?

—Casi las siete, señor. Ha dormido toda la noche. ¿Por qué no me ha contado lo de Estados Unidos? —añadió con evidente resentimiento—. Lo último que quiero es acabar allí.

—Porque me enteré ayer mismo —respondió Hervey—. Además, no pienso ir. ¿Y por qué demonios está tan rezongón?

Johnson decidió pasar por alto la pregunta (Hervey pensó que a veces no resultaba difícil entender por qué Rawlings y Boyse habían prescindido de sus servicios).

—Bueno, doy gracias al cielo, señor Hervey. Pero ¿eso no habría significado un ascenso para usted?

—Soldado Johnson, ¿le importa si recuperamos el trato habitual en este regimiento entre oficial y ordenanza? —preguntó con un suspiro de cansancio.

—Como usted diga, señor Hervey. ¡No hablaré a menos que me hable, señor!

El ayudante pareció menos sorprendido que Johnson al enterarse de la decisión de Hervey. Dijo que Edmonds se llevaría una decepción, pero que de cualquier modo dudaba que en algún momento hubiera pensado que Hervey iría a Estados Unidos.

—Sólo tendremos que sudar un par de días mientras esperamos respuesta a la solicitud —fue su veredicto.

Edmonds había calculado que habría que esperar tres días, quizá cuatro, para saber si la estratagema había dado resultado. Slade necesitaría un día entero para entender lo que estaba en juego, luego tardaría otro día en aceptar la ignominia de un pacto, de modo que el comandante de brigada no podría presionarlo para que diera una respuesta hasta el tercer día (si no respondían en el plazo de tres días, faltarían a las normas para reparaciones del general auditor Larpent, y desobedecer las instrucciones de Larpent era arriesgarse a despertar la ira del propio Wellington). En efecto, al tercer día, poco antes de la revista a las caballerizas, el propio comandante de brigada, Heroys, acudió al convento para proponer el pacto que Edmonds había previsto. Y Heroys sabía perfectamente quién era el autor de la intriga.

—A propósito —dijo con una sonrisa cómplice—, me sorprendió no ver el nombre de Hervey en la lista del Cuerpo. Supongo que ya sabrá que el general Slade ha recibido órdenes de regresar a Inglaterra, ¿no?

¡No, no lo sabía! Era una excelente noticia y Edmonds no tuvo reparos en decirlo. Pero la siguiente noticia de Heroy no lo era tanto.

—La brigada comenzará la marcha para embarcar dentro de cinco días —comenzó.

Ésa no era por sí misma una mala noticia; pero no zarparían, como todo el mundo había previsto, desde Burdeos, donde unos barcos de poco calado —perfectos para transportar caballos— podrían llegar hasta la desembocadura del Gironda.

—¡Boulogne! —exclamó Edmonds cuando Heroys le reveló el nombre del puerto desde el cual zarparían—. ¡Por los clavos de Cristo, eso queda a unos mil doscientos kilómetros!

—Casi mil quinientos —respondió Heroys, impasible.

—¿Qué diablos pretende Slade?

—No ha sido idea suya.

—¿De Cotton?

—Dudo que le hayan consultado.

—Pero ¿no ha protestado? ¡Demonios! ¡Iré al ver a Wellington personalmente!

—Creo que eso sería una imprudencia incluso para sus criterios, Edmonds. Con lo que ha hecho no se ha granjeado precisamente la simpatía de Slade. Ya he dicho que le han ordenado regresar, pero si asoma un poco más el pescuezo... Bueno, digamos que en el estado actual de las cosas le aconsejo la máxima cautela. Hasta sir Hussey Vivian está a malas con Wellington.

Edmonds aceptó de mala gana el consejo de Heroys y comenzó a preparar al Sexto para la larga marcha hacia el norte. Lankester prohibió a Hervey toda actividad física, confiando en que de ese modo su pierna soportaría mejor el viaje. En su lugar, dispuso que cada mañana recibiría una pila de documentos franceses —que parecían multiplicarse hasta el infinito en la *préfecture*— con el fin de descubrir posible información secreta. Pero los documentos resultaron ser triviales, sin interés militar. Sin embargo, el trabajo resultó menos tedioso gracias a la ayuda de la hermana María de Chantonnay, que lo instruía a ratos en las doctrinas de san Ignacio, cuando no estaban revisando el sinfín de escrituras y títulos de propiedades confiscadas en las últimas dos décadas. Al tercer día ella ya le había relatado los pormenores de su propia vida antes de su ingreso en el convento. Su excelente inglés era fruto de las enseñanzas de una niñera, hija de recusantes lancasterianos, que había vivido con la familia en la Vendée. Hervey le explicó que había aprendido francés de la misma manera, ya que su niñera procedía de una antigua familia jansenista de Alsacia y también le había enseñado alemán, aunque no lo hablaba con tanta fluidez como el francés. En este punto la hermana María rió e imitó el acento alsaciano de Hervey.

—Sin embargo, es evidente que si quisiera podría pasar por francés, señor Hervey.

—Parece que ya no tendré necesidad de hacerlo, hermana.

—Así es —convino ella—. Ruego por que no haya más luchas entre nuestros países. ¿Y qué me dice de usted, señor Hervey? ¿Qué se propone hacer?

Sólo tres días antes él había parado los pies a Johnson por inmiscuirse en sus asuntos, pero ahora no tuvo inconveniente en hablar con la monja de su familia, su ingreso en el Sexto, sus esperanzas de conseguir un ascenso y sus dudas al respecto desde que se había enterado de la muerte de su hermano.

—A mí me parece muy extraño que un hombre tenga que pagar por su puesto en el ejército, señor Hervey. En Francia cualquier hombre con aptitudes puede convertirse en oficial. No depende del dinero.

—En verdad es extraño, hermana, y no defenderé esa práctica, pero se supone que tiene ventajas; unas ventajas que van más allá del hecho de que así el ejército resulta mucho más barato para el Parlamento.

—¿Cuáles son esas ventajas, señor Hervey? —preguntó ella con tono escéptico.

—Bien, supongo que si supiera cuánto temen aún en mi país la restauración de la antigua Commonwealth, comprendería que tener oficiales con intereses tan tangibles en el sistema hace menos probable que éstos se alíen con un dictador.

—¿Sugiere que un sistema semejante en Francia habría afianzado la república?

—Francia no es Inglaterra, hermana, pero no hay que descartar esa posibilidad.

—Pero ¿no le parece deshonroso? ¿Acaso el dinero es la única manera de garantizar lealtad en Inglaterra? ¿No bastaría con un juramento?

—A veces los mejores hombres se dejan influir por otros perversos que les inculcan ideas equivocadas sobre sus obligaciones.

—Lo ha explicado usted muy bien, señor Hervey —dijo ella con una risita.

A él le gustaba su risa. Admiraba su mente y su alma, pero la risa hacía que ambas resultaran accesibles.

—Dígame, hermana, ¿cree que en estos documentos puede haber algo que tenga la más mínima relevancia para los asuntos de estado? —preguntó Hervey con una sonrisa.

—No especialmente —respondió ella—. De hecho, debería decir rotundamente no —añadió con un gesto de complicidad.

—Entonces supongo que podríamos tomarnos un descanso. ¿Le gustaría ir a ver los caballos?

—Desde luego —respondió ella sin perder la sonrisa.

Sin duda la hermana María nunca había imaginado que vería tantos hombres, y mucho menos caballos, en el claustro de Santa María de Magdala. Mientras ella y Hervey avanzaban a lo largo de la sucesión de pesebres, tuvieron que sortear montículos de heno y paja sucia y cubos de agua (pues la llamada para abrevar había sonado diez minutos antes y los soldados se turnaban para sacar agua del pozo del patio). Deteniéndose aquí y allí, donde Hervey consideraba que tenía algo que decir de un animal, les prestaron tan poca atención como si estuvieran en una feria. Era evidente que la Compañía C se disponía a formar una escolta, pues había una docena de hombres ensillando bajo la supervisión del cabo.

—Parece una tarea complicada, señor Hervey —observó la hermana María al ver a un soldado plegar mantas.

—Sí, supongo que no habrá visto unas sillas como éstas. Es importante que la columna vertebral del caballo no se resienta bajo el peso del jinete y de sus pertrechos. Pero como no podemos permitirnos el lujo de encargar sillas a medida para cada animal, las hacemos de esta manera. Mire. —Cogió el armazón de madera de una silla—. La silla en sí se compone sencillamente de dos arcos unidos por piezas de madera llamadas juntas laterales. Se coloca sobre tantas mantas como sean necesarias, según la conformación de cada caballo.

La hermana María asintió con un gesto.

—¿Cuántas necesitará éste? —preguntó Hervey al soldado más cercano.

—Tiene el lomo ancho, señor. Necesitará seis —respondió el hombre.

—Si la silla no se pone bien, al caballo le dolerá el lomo en menos de una hora —prosiguió Hervey—. Y no hay peligro más grave para nosotros, aparte de la falta de un alimento adecuado para los animales.

—Pero ¿no se sentarán en una silla así? —preguntó la hermana María con perplejidad—. ¡Parece tan... tosca!

Hervey sonrió.

—No, hermana. Va cubierta de una piel de oveja que se asegura con una sobrecincha. Los oficiales también tenemos *schabraques*. ¿Sabe qué es un *schabraque*?

—Ah, sí, como las mantas que usaban los antiguos caballeros. Pero sospecho que no deben de ser muy prácticas.

—No, por eso ya no las llevamos en campaña. También es preciso sujetar las pistolas al arzón delantero de la silla, junto con la capa plegada; la funda de la carabina a la derecha y la espada a la izquierda. Es casi un arte —añadió.

—Eso parece, señor Hervey —respondió ella—. Pero dígame, antes ha hablado de compañías y escuadrones como si fueran la misma cosa. ¿Es así?

—No, hermana, no son lo mismo, aunque entiendo su confusión —comenzó Hervey—. Una compañía suele estar compuesta de un centenar de hombres al mando de un capitán. Por lo general hay seis compañías en cada regimiento. Cuando hay revista de inspección, el coronel, el teniente coronel y el comandante se ponen cada uno al frente de un escuadrón. Cada escuadrón está compuesto por dos compañías y tiene su propio estandarte. Pero en campaña el teniente coronel está al mando de todos y los capitanes de mayor antigüedad mandan los escuadrones, dejando temporalmente al frente de sus respectivas compañías al teniente con mayor antigüedad. Parece complejo, pero da buen resultado.

—Eso es evidente —dijo la monja con una sonrisa mientras el soldado que miraban terminaba de ensillar—. ¿Dejan la cabezada para el final?

—Sí, así el caballo tiene tiempo de acostumbrarse a la cincha, que debe ajustarse antes de montar. Naturalmente, es preciso poner el antepecho antes que la silla, luego la baticola y finalmente la brida. Éste es un modelo nuevo, de 1812 —dijo enseñando una guarnición de aspecto práctico—. Es mucho mejor que el antiguo, aunque todavía es harto difícil ponerlo en la oscuridad, sobre todo con los dedos fríos. Esta roseta en la cabezada ha de situarse con precisión entre los ojos y debajo del caballete.

—Sin duda es una brida elegante, señor Hervey. Pero ¿qué es esa cadena de encima?

Hervey esbozó una sonrisa de satisfacción.

—Es una guarnición creada por nosotros, los miembros del Sexto. Si un sable corta la cabezada, la brida caería y el jinete perdería el control de su montura. La cadena evita ese riesgo.

La monja se volvió, lo miró fijamente y bajó la voz al decir:

—Está usted orgulloso de su regimiento, no sólo de su ejército, ¿verdad, señor Hervey?

Él pareció sorprendido.

—Desde luego, ¡lo es todo para mí!

La despedida, una semana después, fue curiosa. En los días posteriores a la visita de las cuadras del claustro, Hervey había esperado sus reuniones con la monja con creciente impaciencia. Todos los días hacían lo mismo. En primer lugar, ella le curaba la herida de la pierna (y a su debido tiempo le quitó los puntos). A continuación dedicaban varias horas a examinar papeles y media hora al catecismo (aunque sin excesiva seriedad). Por la tarde paseaban juntos y llegaban un poco más lejos cada día a medida que la pierna de Hervey mejoraba. De modo que en el momento de partir hacia Boulogne se había formado entre ellos un vínculo de respeto y afecto.

Sólo en una ocasión él había deseado eludir sus preguntas. Una tarde, mientras paseaban por el huerto, ella había preguntado si alguien especial le aguardaba en su país, a lo que él había respondido que un soldado no debía tener esa clase de ataduras. Ella replicó que esa convicción también estaba bastante generalizada en Francia, pero añadió que negar cualquier aspecto de la creación de Dios era un pecado.

Hervey ya le había comunicado que podría entregar personalmente la carta para su padre, pues el Sexto pasaría por la Vendée de camino a Boulogne, y había sonreído al ver la evidente satisfacción de la monja. Por eso, cuando se encontraron la mañana de la partida, le sorprendió comprobar que ella volvía a adoptar la actitud formal del principio y se sintió incómodo ante lo que se proponía hacer a continuación. Hervey había ordenado a uno de los armeros que fijara la insignia de su chacó a un trozo de madera de ébano para hacer un pisapapeles, pues la cruz paté le parecía especialmente indicada.

—Para que recuerde al regimiento, hermana —explicó con timidez al darle el obsequio—. Es la cruz de la orden de la Jarretera, la más honrosa de nuestro país, y tiene el número del regimiento en el centro.

—*Honi soit qui mal y pense* —dijo ella con aire pensativo pero con una sonrisa en los labios.

—Exactamente —respondió él con voz quebrada.

—Me alegro de que hayamos podido leer a san Ignacio juntos, señor Hervey —comenzó ella—, pero ha sido muy poco tiempo para iniciar a un discípulo. Supongo que no tendrá tiempo u ocasión de reflexionar sobre esas horas, pero llegará el momento... —Hizo una pausa, como si sopesara la conveniencia de terminar su profecía—. En usted, como en todos nosotros, hay un deseo, una aspiración espiritual, así que le he compuesto este vademécum

—prosiguió en voz baja mientras sacaba una libreta pequeña de su bolsillo—. Le ayudará a encontrar un sentido personal a las palabras de san Ignacio.

Hervey cogió la libreta en silencio y la abrió. Todas las páginas estaban escritas con la caligrafía compacta, casi medieval, de la hermana María, que obviamente había dedicado mucho esfuerzo a la labor. Hervey buscó mentalmente las palabras adecuadas, pero supo que era una empresa imposible.

–Espero que volvamos a vernos, hermana —dijo, y acaso estas palabras fueran más expresivas que cualquier fórmula de cortesía.

—Yo también —respondió ella—, pero ¿no es curioso que nos hayamos conocido en tiempos de guerra y que la paz haga imposible que sigamos viéndonos o que volvamos a hacerlo?

Hervey sonrió con timidez, y estaba a punto de tenderle la mano cuando ella —al parecer guiada por un impulso— volvió a meter la suya en el bolsillo y sacó un anillo de sello de oro atado a un pañuelo azul.

—Señor, tengo que pedirle otro favor. Este anillo es el sello de Chantonnay. Lo he guardado durante los últimos cinco años. Los revolucionarios se apoderaron de los títulos de propiedad de mi padre, y ahora que la guerra ha terminado él necesitará el sello para recuperar sus bienes. Por favor, entrégueselo y no permita que caiga en manos de otra persona. Prefiero que viaje con usted a Inglaterra a correr el riesgo de que se extravíe.

Había llegado el momento de despedirse. El anillo planteaba interrogantes (y Hervey habría querido formularlos), pero no le costaba nada llevarlo junto con la carta.

—Así será, hermana. Haré lo que me dice. Espero encontrar a su padre en casa; de lo contrario, tendrá que hacer un largo viaje para ir a buscarme a Wiltshire.

—Es un riesgo que debemos correr —respondió ella con expresión ausente. Pero por fin sonrió. Su sonrisa no era tan grande y alegre como las que le había dedicado en los ratos que habían compartido, pero sí afectuosa.

Hervey le tendió la mano y ella se la estrechó.

—Adiós, hermana. Y gracias.

—Que Dios lo bendiga y acompañe, señor Hervey. —Ella se irguió sobre sus pies descalzos y le dio un beso en la mejilla—. Por favor, cuide del anillo y no se lo entregue a nadie, salvo a mi padre.

3

LOS BENEFICIOS DE LA PAZ

Día de san Jorge

Desde la creación del regimiento, el 23 de abril de 1760 (para consolidar la victoria del gallardo y difunto general Wolfe sobre los franceses en las llanuras de Abraham), todos los hombres del Sexto de dragones habían llevado una rosa roja en el chacó el día de san Jorge. Habían mantenido la tradición incluso en los momentos más difíciles de la reciente campaña, y ahora, como de costumbre, el oficial al mando repartía los pimpollos de rosa durante la formación. Pero a las diez de la mañana, después de abrevar a los caballos, el comandante rompió la tradición (y en consecuencia instituyó una nueva y digna costumbre), pues mientras el regimiento formaba por última vez en el convento de Santa María de Magdala, Edmonds vio aparecer a la anciana abadesa y desmontó para entregarle galantemente su rosa. Así fue como antes de que el regimiento llegara a la puerta norte de la ciudad, muchas rosas volaron de los chacós para acabar en manos de las mujeres del pueblo; tantas, de hecho, que Edmonds se preguntó cuál habría sido el auténtico estado disciplinario del regimiento durante las últimas semanas de obligada economía interior.

La rosa de Hervey desapareció del chacó antes de que saliesen del patio del convento, pues mientras su compañía formaba en fila de a tres, avistó a la hermana María en una ventana abierta cerca del arco de la entrada. Rompió filas, trotó hacia allí y se encaramó en los estribos para entregarle el capullo de intenso color rojo, cuyos pétalos ya no estaban prietos. Ella lo recompensó con una sonrisa igualmente abierta y la señal de la cruz a modo de bendición.

—No puedo decir que lamente salir de aquí —admitió Laming cuando Hervey volvió a su sitio—. Ninguna de estas hermanas reza con las rodillas hacia arriba.

Hervey suspiró. Su colega subteniente había perdido el respeto por el voto de castidad durante su estancia en España. Laming se desprendió de su rosa antes de cruzar la bonita plaza situada a las puertas del convento, y de hecho necesitó tres más antes de salir de las murallas de la ciudad. Mientras abandonaban aquel lugar, donde les habían dado una bienvenida tan calurosa como sorprendente, todos volvieron a recordar a quienes no estaban ya allí para acompañarlos en la marcha final. Los huesos de ciento cincuenta dragones (o acaso más) yacían bajo tierra o se blanqueaban en las peladas faldas de los montes entre La Coruña y Toulouse, ya que habían transcurrido cuatro años desde que el regimiento partió de Southampton, y de los seiscientos soldados que habían desembarcado en la Península aquel día de mayo de 1810, prácticamente la mitad había muerto, o bien regresado a Inglaterra debido a sus heridas o enfermedades, hombres destrozados con pocas posibilidades de recuperarse por completo. Algunos de esos inválidos ya habrían adquirido alguna habilidad de las que permitían que un tullido se ganara la vida. Otros se habrían convertido en residentes vitalicios de las instituciones para veteranos. Muchos se rebajarían a mendigar por las calles con tal de no vivir en un asilo. Algunos sin duda habrían regresado a las cárceles de donde habían salido para redimirse de sus condenas mediante el servicio. Los caballos habían corrido peor suerte: apenas si quedaban ochenta de los seiscientos originales, y una docena de ellos no resistiría la marcha hasta el final.

—Se diría que los responsables del Tesoro Público no están en sus cabales —comentó Hervey—. ¿Qué clase de economía hacen negándonos una silla de cuarenta chelines si un mes después tenemos que reemplazar al pobre caballo, que cuesta treinta libras, porque tiene la columna destrozada?

—Mi querido Hervey, tú y yo sabemos que aunque nos jactamos de ser una nación de excelentes jinetes, sólo unos pocos mozos de cuadra conocen su oficio —respondió Laming; sorprendiendo a Hervey con su franqueza.

Si hubieran seguido el plan de Edmonds, habrían evitado futuras pérdidas, pero la decisión de marchar hasta los puertos del Canal era, en su opinión, una prueba más de que, una vez derrotado Bonaparte, nadie se preocupaba en lo más mínimo por los hombres o los caballos, cosa que alimentaba su ira y resentimiento. En los escuadrones circulaba el rumor de que sólo la intervención de Barrow había evitado que Edmonds golpeara al capitán del estado mayor en el cuartel general de Wellington (que el comandante había visitado, desoyendo los consejos de Heroys) cuando dicho capitán le había explicado que marcharían a Boulogne para ahorrar a los caballos la difícil travesía por el golfo de Vizcaya. Edmonds no entendía por qué tenían que seguir una ruta tan indirecta, evitando las ciudades y prolongando en más de cincuenta leguas el viaje, y ni el más complaciente de los oficiales del estado mayor podía darle una razón verosímil. La hosquedad de los campesinos contrastaba notablemente con la actitud a la que se habían acostumbrado en España y en Toulouse, pero no representaban amenaza alguna. En las paradas para descansar y acampar —muy escasas, de hecho— se sentían aislados. No tuvieron un respiro hasta llegar a la Vendée. Las miserables condiciones de los pueblos y aldeas de los demás *départements* explicaba las miradas de odio dirigidas al regimiento, o al menos ésa era la interpretación de los soldados. El miedo podía ser otra razón, pues si los miembros de la *Grande Armée* tenían una temible reputación de rapaces en su propio país, ¿por qué iba a ser mejor la de los ingleses? En un par de ocasiones el Sexto tuvo la oportunidad de demostrar su buena fe cuando, habiéndose adelantado a los carros de intendencia, tuvieron que agenciarse su propio forraje. Sorprendieron a los campesinos entregándoles pagarés legales en lugar de robarles el alimento para los caballos. Pero los soldados del Sexto no podían saber cuáles eran los verdaderos sentimientos del pueblo hacia ellos. La miseria del pueblo se debía, en parte, al eficaz bloqueo de la armada británica sobre la Europa continental, pero los impuestos de guerra de Bonaparte habían causado estragos mayores. No habían sido los británicos quienes habían ordenado la *levée en masse*, poniendo a todos los hombres, mujeres y niños, sanos y enfermos por igual, a trabajar intermitentemente para la guerra durante los pasados veinte años. La gente tenía motivos para quejarse de la infame gabela y muchas otras extorsiones del *ancien régime*, pero si era lícito juzgar por las apariencias, ¿en qué había beneficiado la Revolución a los campesinos?

Por lo menos en la Vendée parecía que la gente comprendía

este punto. Aunque en algunos sitios las condiciones eran aún peores que en el resto del país los estandartes monárquicos flameaban en los edificios públicos y en muchas viviendas particulares, y el ejército recibió una calurosa bienvenida. La brigada obtuvo permiso para permanecer en la región durante cuatro días, y el Sexto se instaló en el pequeño pueblo de Clisson, cerca de Nantes. Allí vieron por vez primera pruebas de que no se los consideraba conquistadores sino liberadores, pues si bien los soldados tuvieron que trabajar sin descanso —y más aún los herreros—, los oficiales disfrutaron de la generosa hospitalidad de la *noblesse*.

Sin embargo no era una hospitalidad nacida de la abundancia, ya que desde el levantamiento había reinado intermitentemente el terror. En el *château* donde agasajaron a los oficiales la segunda noche quedaban pocos de los excelentes cuadros y muebles que habían abundado en tiempos pretéritos. El propietario y la *chatelaine* (el primero había perdido tres hermanos y dos sobrinos en la guillotina o ante un pelotón de fusilamiento en las últimas dos décadas) habían desenterrado esa misma mañana la vajilla de plata, que veía la luz por primera vez en muchos años. Pero el vino tinto del Loire llenó las elegantes jarras de plata y éstas, a su vez, mantuvieron llenas las copas de los oficiales durante la velada hasta que el ayudante, cumpliendo órdenes de Edmonds, pidió al grupo que se retirara a atender a los caballos.

Hervey, por su parte, se perdió el festín. Cabalgó unos cuarenta y cinco kilómetros hacia el este, hasta el Château de Chantonnay, para entregar la carta y el anillo al padre de la hermana María, intento infructuoso, ya que al llegar se enteró de que la familia se había marchado a París el día anterior. Se alegraba de no tener ocasión de describirle a ella lo que había encontrado, ya que la casa era una auténtica ruina. El único hombre que no huyó al verlo, el viejo y andrajoso jardinero de la antigua finca, le explicó que la familia había vivido en lo que antaño eran las cuadras desde que la casa fue requisada y convertida en una fábrica de botones. Con todo, las órdenes de la hermana María de Chantonnay eran inequívocas: sólo debía entregar el anillo al padre, de modo que lo único que pudo hacer Hervey fue darle la carta al *vieillard*, que parecía un sirviente leal a la familia. El anillo tendría que viajar con él a Inglaterra.

Esos cuatro días de permiso fueron en realidad de duro trabajo.

—Llevo deslomándome de la mañana a la noche desde que llegamos aquí, señor —protestó Johnson la última mañana.

Los herreros habían ajustado las herraduras a todos los caballos y los cepillos habían trabajado afanosamente para eliminar los últimos vestigios del pelaje de invierno. Los soldados habían tenido que segar heno verde para forraje —intendencia no tenía provisiones para el resto de la marcha— y retirar, limpiar y reparar sillas y arreos. Pero también había quedado algún hueco para la diversión, y la despedida del regimiento, al quinto día, fue aún más emotiva que la de Toulouse. De hecho, la última formación guardó tan poca semejanza con un acto militar —en medio de los numerosos y efusivos espectadores y el intercambio, entre lágrimas, de anillos, notas y promesas— que la exasperación del ayudante y de Lincoln era evidente. El propio Edmonds estaba tan alarmado por la falta de orden y disciplina que, una vez en camino, obligó al regimiento a trotar durante cuatro horas seguidas para que los hombres se tranquilizaran.

A partir de ese punto, el paisaje no poseía la misma belleza que el de la Vendée ni su gente era tan amistosa. En Le Mans les gritaron y escupieron y en Rouen los apedrearon, aunque algunos soldados se desquitaron asestando golpes de plano con los sables. Eso sí, siempre de plano, nunca con el filo, ya que los soldados de caballería británicos eran insólitamente magnánimos. Los prusianos, austriacos y rusos consideraban un deber vengar la deshonra nacional, una deshonra que de ese modo se convertía en una búsqueda personal de venganza, y una venganza que a menudo se volvía indiscriminada. Aparte de reivindicar el derecho a saciar de inmediato su prodigiosa sed, el soldado británico no se preocupaba demasiado por el botín, a menos que éste sirviera para comprar más bebida. Y el exceso de bebida a veces conducía a la destrucción y las violaciones, pero el pillaje y el terror no eran instrumentos de guerra o imperativos del servicio, y aunque fuera un magro consuelo, las mujeres raptadas en esos episodios no eran violadas por sistema. Bien era cierto que Napoleón no había invadido Gran Bretaña, pero las filas del Sexto (y en este sentido, el Sexto no era atípico) no se componían de idealistas. A diferencia de los numerosos franceses que luchaban inspirados por un fervor revolucionario, los soldados británicos carecían de fervor monárquico. En las filas había buenos y leales súbditos del rey Jorge, pero también había otros —acaso más— que eran la escoria del reino, chusma salida de las tabernas, las calles y, ocasionalmente, las cárceles. Pero obedecían a una autoridad, y bajo dicha autoridad esos hombres, esos marginados del país, se comportaban con notable caballerosidad. No tenían por costumbre matar a los prisioneros de guerra ni a los civiles apresados en los sitios a las ciudades, y eran más capaces de compartir una cantimplora casi vacía con un enemigo herido que de ensañarse con él. La autoridad podía convertirlos en hombres aceptablemente buenos, y Hervey no se imaginaba la vida sin ellos.

En Boulogne, el regimiento disfrutó de otros dos días de descanso mientras los oficiales de intendencia organizaban el viaje en tres buques, todos mercantes. Uno de ellos era un carbonero de Kent, particularmente sucio, en el que Edmonds se negó terminantemente a embarcar hombres o caballos hasta que una partida de presos locales hubo limpiado las bodegas.

—¡Maldita sea! —exclamó ante el oficial de embarque—. ¡Sería preferible incluso que nos dejaran en La Coruña!

Los soldados sonrieron. Les gustaba oír despotricar a su comandante de vez en cuando. Así se aseguraban de que en el fondo no había razones para preocuparse, pues si el comandante echaba pestes era porque pretendía cambiar las cosas, y si era posible cambiar las cosas, la situación no podía ser tan mala. Pocos de ellos hubieran imaginado que esas explosiones ocultaban el creciente sentimiento de impotencia de Edmonds ante lo que percibía como una inminente traición al regimiento.

En la segunda mañana no hubo indicios de furia. Sin embargo, a pesar de sus esfuerzos por parecer contento, Edmonds hablaba con una brusquedad que sugería que su buen humor era en realidad forzado. Y todo el mundo sabía por qué, pues la noticia del destino final del regimiento había llegado con la marea alta y se había difundido con mayor rapidez que las órdenes de formar para cobrar la paga.

—Canterbury, muchachos —dijo al regimiento con toda la tranquilidad de que fue capaz—, aunque ignoro por qué nos dirigimos allí. El Cuarto también va al cuartel general y nadie sabe por qué.

La tristeza se apoderó de los escuadrones, una tristeza que Hervey no había visto desde que les habían ordenado abandonar las armas antes de vadear hasta los barcos en la bahía de La Coruña. Pues la orden de dirigirse al cuartel general no podía significar otra cosa que la inminente disolución del regimiento. Fane, el nuevo general de brigada, visitó las líneas poco después, pero no sabía más del propósito de la orden, ni veía más sentido en ese supuesto propósito que cualquiera de los miembros del Sexto.

—Ojalá el marqués estuviera aquí, o incluso sir Stapleton Cotton —dijo Edmonds—. Ellos seguramente sabrían algo más. Me parece injusto que se trate de una forma tan desconsiderada a los soldados, unos hombres que no han visto a su familia en muchos años, y a los oficiales que aún tienen responsabilidades que cumplir.

El comandante tenía razón, pero tal como convinieron los subtenientes esa noche durante la cena, eso no les servía de nada. De modo que al día siguiente, cuando el Sexto comenzó a embarcar poco antes de mediodía, los ánimos continuaban por los suelos.

Pocos miembros del regimiento poseían experiencia en el embarque de caballos. Sólo los que habían estado en Southampton cuatro años antes habían visto cómo se hacía. Pero la marcha hasta Boulogne les daba al menos una ventaja: les permitía embarcar directamente en el puerto en lugar de hacerlo desde las gabarras, una aventura peligrosa incluso en las mejores condiciones. En cualquier caso, todo marchó mejor de lo que Edmonds había previsto. Primero condujeron a los caballos (sin sillas ni bridas, tirando de las falsas riendas de la cabezada) hasta los barcos, donde los dragones ataron a cada animal con una eslinga de arpillera. Johnson fue el primero en protestar, augurando que el sistema acabaría en desastre para las monturas, pero las eslingas eran más fuertes de lo que parecían: pasaban por los flancos del animal y se sujetaban con correas hechas también de arpillera al pecho y las patas para evitar que el animal resbalara. Luego, bajo la atenta supervisión de los oficiales de intendencia, los dragones ataron a cada eslinga dos piezas fuertes de madera, en el centro de las cuales se había hecho un agujero para el gancho. Al dar la señal convenida, una cuadrilla de presos de la cárcel local levantó la eslinga y el primer caballo desapareció en la bodega del barco. Embarcar de este modo fue tarea ardua, desde luego, pero les ayudó a olvidar las malas noticias de la mañana.

La operación continuó hasta poco antes de la seis, cuando por fin pudieron zarpar con la marea baja. Y fuera cual fuese el destino que les aguardaba en Canterbury, la tristeza comenzó a desvanecerse gradualmente con la emoción de volver a casa. Cuando los tres buques, guiados por una fragata, dejaron atrás el malecón del puerto, el ánimo del regimiento mejoró con la brisa fresca procedente de la costa, que hinchó las velas e hizo que el agua salpicara a los que estaban en cubierta. Eran el primer regimiento que abandonaba Francia.

Mientras la fragata adquiría velocidad a un cuarto de legua a barlovento, Hervey observó a la tripulación desplegar diestramente las velas y contempló luego la línea de su única cubierta de batería, destacada sobre el casco oscuro, una brillante franja amarilla interrumpida por las cañoneras negras. Una fragata era un mundo aparte: navegaba con total autonomía, pasaba como un espectro junto a la costa y las flotas en misiones secretas; una tarea solitaria pero independiente que, pensó Hervey, llevaban a cabo hombres de su edad. Nunca había estado tan seguro como en ese momento de que debía pagar seiscientas libras a los administradores del regimiento antes de que los rumores de disolución restringieran las vacantes. Y más tarde, de alguna manera, tendría que reunir dos mil libras más para ascender a capitán. ¡Dos mil libras! Poco faltó para que se echase a reír al pensar en esa suma. De cualquier modo, antes que nada tendría que averiguar cuáles eran los deseos de su padre.

Hervey se volvió hacia babor para observar cómo avanzaban los demás buques y vio a Edmonds junto a la borda. Tenía la mirada más distante que nunca, y habría sido sencillo —incluso prudente— dejarlo solo. Pero si la camaradería en el Sexto significaba algo, aquél no era momento para permitir que las diferencias de rango se interpusieran entre ellos. Hervey le dirigió la palabra con cautela:

—Buenas tardes, señor. ¿Sabe?, he calculado que hemos recorrido casi tres mil leguas desde que desembarcamos en Portugal.

Al principio Edmonds se limitó a asentir con breves movimientos de cabeza. Cuando por fin habló, su respuesta sorprendió a Hervey:

—Matthew, esas tres mil leguas se han sumado a su vida, pero se han restado de la mía.

Era una respuesta tan impropia de la imagen que Hervey tenía de Edmonds, una imagen que compartía la mayor parte del regimiento, que el subteniente no la entendió. Pese a su mal genio y su arraigada desconfianza hacia la autoridad, Edmonds era ante todo un soldado y siempre lo sería. En los seis años de campaña en la Península, antes y después de La Coruña, en las condiciones más adversas y las situaciones más desesperadas, Edmonds no había expresado emoción alguna, aparte de sus violentos pero breves estallidos de cólera de sus momentos de simple y llana cordialidad. ¿Era posible que de pronto aborreciera esos años?

—¿Qué hará cuando lleguemos a Inglaterra, señor? —preguntó Hervey buscando otra táctica para animar al comandante, sin darse cuenta de que no podría haber escogido una peor.

—Una vez que deje al regimiento en Canterbury y descubra qué diablos se proponen esos imbéciles del cuartel general, porque no me cabe duda de que en estos momentos los agradecidos miembros del Parlamento se están repartiendo los beneficios de una paz que tantos hombres pagaron con su vida... En fin, una vez que conozca los grandes planes que tiene nuestra nación para nosotros, escribiré un despacho para el coronel y lord George, se lo entregaré al capitán Lankester tan pronto como pueda, e iré a ver a Margaret y a mis hijas —respondió con un tono cada vez más desafiante. Luego, dando media vuelta para dirigirse a su camarote, añadió—: Eso si siguen vivas.

Hervey se habría enfrascado entonces en una larga (aunque vana) reflexión sobre el incomprensible cambio de humor de Edmonds si el sargento Strange no hubiera aparecido en la cubierta. El admirable Strange, siempre formal y correcto, era un enigma para Hervey desde el día que lo conoció, cuando el regimiento zarpó rumbo a Portugal en la primera campaña. Strange había abandonado Southwold y su flota pesquera un año antes de que la guillotina se impusiera en París y se había alistado en el Sexto, que a la sazón estaba acampado cerca de Ipswich. Era el hombre más hábil del regimiento con la espada y la pistola, mejor aún que el sargento mayor Lincoln, y había superado las prácticas reglamentarias en la escuela de equitación con mayor rapidez que nadie que recordara el instructor (hasta que la destreza del propio Hervey le impresionó y desconcertó en igual medida). Estos méritos habrían bastado para granjearle la admiración de oficiales y soldados, pero Strange poseía además una curiosa autoridad, porque nadie —absolutamente nadie— le había oído blasfemar: de sus labios no había salido ni una sola obscenidad, ni un comentario ligeramente indecente, ni un juramento, ni siquiera una vulgar irreverencia. Era un metodista abstemio, aunque no hacía apostolado de sus creencias.

Era un hombre reservado que no intimaba con nadie. Con nadie salvo con el sargento Armstrong. Precisamente Armstrong, un ex minero malhablado y aficionado a la bebida. Armstrong no era metodista; de hecho, ni siquiera estaba bautizado. Lo que veían el uno en el otro había sido objeto de especulaciones en el comedor de oficiales durante mucho tiempo. La simple atracción de caracteres opuestos no parecía explicación suficiente. Algunos decían que la razón por la que ambos se habían alistado podía esconder la clave de su amistad. Pero ninguno de los dos parecía pertenecer a la clase de hombre que teme a las profundas minas o a los profundos mares o huye de alguna complicación doméstica. Además, Strange estaba casado, ¿no? Hervey se sintió culpable por no saber más acerca de ellos, aunque estaba seguro de que Strange no le habría dado la más mínima información voluntariamente. En cualquier caso, Hervey siempre recordaría el consejo de su primer jefe de compañía: «No se encariñe demasiado con sus hombres, o le resultará aún más difícil enviarlos a la muerte.» Esta doctrina humana, aunque cínica, había sido una recomendación sensata para un subteniente todavía bisoño. Quizá fuera tan legítima ahora como antes, pero Hervey se resistía a creerlo.

—Buenas tardes, señor —musitó Strange, acompañando sus palabras con un saludo relajado—. El comandante parecía pensativo.

—Sí, pensaba en la patria.

—El comandante Edmonds era mi teniente cuando me alisté, señor. Él y su esposa me enseñaron a escribir.

Era quizá la primera vez que Hervey mantenía una conversación con Strange que no estaba estrictamente relacionada con sus obligaciones; sin duda él no recordaba otra, y ni siquiera después de seis años de campaña se sentía cómodo haciéndolo. Aunque muchos dragones de rango inferior disfrutaban con la atención de los oficiales, Strange no parecía necesitar su compañía. O al menos la necesitaba tan poco como la de cualquier otro. Sin embargo, a pesar de la inicial incomodidad, Hervey no tardó en alegrarse de este preludio de intimidad.

—¿Qué hará cuando lleguemos a Canterbury, sargento Strange?

—Hace casi seis años que no veo a mi esposa —respondió él sin un atisbo de emoción—, ni a mis padres.

Otra vez el mismo acento melodioso de Suffolk, curiosamente reconfortante. Hervey lo sondeó con tacto:

—¿Qué hará si disuelven el regimiento?

—Tengo derecho a dos años de pensión —respondió el sargento con voz firme—. Estoy seguro de que me pagarán lo justo, aunque me habría gustado tener mi propia compañía y después, si el coronel Irvine me hubiera aceptado, convertirme en intendente.

Hervey habría deseado compartir la fe de Strange en que el Parlamento los trataría con justicia, pero el cinismo que había demostrado Edmonds en las últimas semanas había empezado a corroer su confianza. Se preguntó cuántos hombres competentes perdería el rey de aquella manera, e incluso si él mismo se vería obligado a retirarse con media paga. La sola idea le provocó un escalofrío en la fresca brisa vespertina. Sin embargo, el momento de intimidad con Strange fue fugaz, pues de repente el sargento dio un paso atrás, como si ese acto fuera necesario para romper dicha intimidad, y se despidió formalmente pretextando que debía cumplir con sus obligaciones en la bodega. Hervey pensó en quedarse un rato más en cubierta, pero finalmente decidió bajar al camarote que compartiría con otros tres subtenientes. Allí hubo un tímido intento de celebración con vino que habían subido a bordo, pero todos estaban más cansados de lo que hubieran admitido. En consecuencia, menos de una hora después se metieron en la cama, y Hervey durmió bastante bien mientras el barco se mecía con suavidad sobre las olas del canal.

Al alba lo despertaron unos gritos procedentes de la cubierta, y subió a averiguar qué ocurría. La proa estaba atestada de soldados con la vista fija en la costa, situada a unas tres millas de distancia, donde los acantilados blancos como la cal reflejaban los primeros rayos de sol. Aunque pocos de los presentes, si acaso alguno, habían visto antes aquellos acantilados, éstos simbolizaban Inglaterra en igual medida que el propio san Jorge. En menos de una hora los buques arrizaron las velas en el puerto de Dover y las barcazas de remolque se acercaron para transportarlos con la marea de la mañana. La fragata se había separado unos momentos antes, disparando uno de sus cañones a modo de despedida y desplegando cada yarda de vela para regresar rápidamente a Francia, tan rápidamente que escoró a un vertiginoso ángulo con el viento, aumentando aún más la velocidad.

—¿Cómo se llama la fragata? —preguntó Hervey a un miembro de la tripulación.

—*Nisus*, señor —respondió el hombre con evidente respeto por el nombre.

—*Nisus*... ¿no era la fragata que...?

—Sí, señor —respondió el marinero sin dejarle terminar—. Junto con la *Euryalus*, siguió a los franceses la noche antes de la batalla de Trafalgar, y luego ambas hicieron señales al resto de la flota. Una luz azul a la hora si el enemigo se dirigía hacia el sur o el estrecho; tres cañonazos rápidos a la hora si se dirigía al oeste.

—Habla como si hubiera estado allí.

—Y allí estaba, señor —respondió el marinero con vehemencia, pronunciando las vocales igual que Armstrong—. Observé las luces durante toda la noche desde el *Royal Sovereign*, uno de los barcos del almirante Collingwood. Yo estaba allí. Si el capitán Blackwood y las fragatas hubieran perdido de vista a los franceses, las cosas habrían sido muy distintas al día siguiente. —De pronto rió y levantó el muñón de su brazo derecho—. Para empezar, éste sería un poco más largo.

Hervey no entendía cómo Napoleón había imaginado que podía vencer a una armada compuesta por hombres semejantes. En su opinión, los corsos habían hecho caso omiso de una de sus propias máximas, aquélla según la cual el espíritu de lucha de un hombre valía tres veces más que las armas que llevara. Y Bonaparte había pagado un alto precio por subestimar el espíritu de aquellos hombres, de eso no cabía duda.

4

EL COMANDANTE EN JEFE ORDENA...

Dover, domingo 12 de junio

Antes de que los buques atracaran se había desatado un aguacero que hizo aun más arriesgado de lo habitual el desembarco de hombres y caballos. Y en medio de esta operación Edmonds se vio obligado a recibir al enviado de una institución que detestaba casi tanto como al Parlamento. A pesar del ruido de la lluvia y los ocasionales truenos, todos le oyeron vociferar al desdichado mensajero de la Guardia Real.

—¡A Cork! ¿Y de inmediato? Por los clavos de Cristo, ¿para qué?

Otro trueno, esta vez ensordecedor, impidió a los circunstantes oír los términos precisos en que Edmonds expresaba su opinión sobre la administración de la Guardia Real. El mensajero, un joven portaestandarte de los Coldstream, permaneció firmes, absolutamente perplejo.

Con todo, las objeciones de Joseph Edmonds no contaban en lo más mínimo. Las órdenes eran explícitas: «El comandante en jefe ordena que se envíe con suma urgencia un regimiento de dragones.» De modo que los primeros en desembarcar debían volver a embarcar y zarpar hacia Cork con la máxima premura; de ser posible al día siguiente, o como mucho al otro, en cuanto se dispusiera de los barcos adecuados. ¿Por qué a Cork? ¿Acaso allí había más problemas? El portaestandarte respondió que, a juzgar por lo que él había leído en el *Times* y el *Daily Courant*, periódicamente había problemas en todas partes.

Después de prodigiosos esfuerzos, y a pesar de las reticencias de los posaderos y propietarios de las caballerizas (ya que incluso en el puerto de más tránsito el sabbath se respetaba con notable rigor), Edmond y los intendentes se las arreglaron para poner a los caballos a cubierto y alojar a los soldados. A Hervey le tocó guardia de revista una vez más, y el regimiento estaba tan desperdigado por el pueblo que cuando terminó su ronda pasaba de medianoche. Los oficiales se habían instalado en un hotel aceptable y allí, poco antes de la una de la madrugada, encontró a Edmonds, solo, sentado a una mesa de la sala común.

—Hervey, venga aquí —dijo Edmonds sin alzar la vista—. Siéntese y beba un poco de este vino de Madeira. Tengo que encargarle algo.

Aunque se alegraba de estar en compañía de Edmonds otra vez (y ahora el comandante parecía haber recuperado la compostura), Hervey habría preferido retirarse a descansar, pues sólo faltaban tres horas para su siguiente turno de inspección.

—En estos despachos informo de los caídos en acción y propongo medidas para corregir nuestra calamitosa situación actual, amén de hacer unas cuantas recomendaciones sobre los oficiales que deberían permanecer en activo. Debe llevárselos a lord George Irvine y al coronel. Concretamente, a sus casas de Londres. No puedo garantizarle que estén allí, pero es preciso que los despachos lleguen a sus manos lo antes posible. Deseo que se tome el permiso que se le debe y resuelva el problema familiar que tiene pendiente. Y no quiero que en el futuro vuelva a dudar sobre la conveniencia de aceptar el grado de teniente.

El cómodo sillón, el cálido fuego, el vino de Madeira y la actitud afable de Edmonds habrían predispuesto a Hervey a responder con un gesto afirmativo, pero el comentario sobre su familia lo desbordó, y los recuerdos se precipitaron sobre él como una corriente de agua saliendo por una compuerta.

—¿Me ha escuchado, Matthew? —preguntó Edmonds cuando por fin se percató de que no le prestaba atención.

Hervey parpadeó con gesto de sorpresa.

—Señor, yo...

—¡Cielo santo, procure prestarme atención! —gruñó. Pero luego añadió con una sonrisa—: Puede que se haya perdido la mejor parte: quiero que aguarde en su casa hasta que el coronel se ponga en contacto con usted para darle instrucciones sobre los asuntos que someto a su consideración. Quizá tarde un mes en hacerlo, pero no se preocupe. Estoy seguro de que Wiltshire tiene sus encantos, aunque no imagino cuáles, y sin duda encontrará usted en qué entretenerse. *Quizá* le veamos en Irlanda antes de que termine el otoño.

Hervey dio por sentado que el «quizá» de Edmonds era sólo una alusión casual a la previsible demora con que el coronel haría efectivas (o no) las recomendaciones del comandante, de modo que dio muestras de haber entendido las instrucciones con un sencillo gesto de asentimiento y una sonrisa.

—Ah, y ya que pasa por Londres, puede ir a entregar el dinero para su ascenso a los administradores del regimiento —añadió Edmonds en un tono que indicaba que no aceptaría objeciones.

Hervey pensó que los recuerdos de su familia no le permitirían conciliar el sueño. Además, Edmonds no parecía tener prisa por despedirlo, y dado que había recuperado su natural cordialidad, su compañía volvía a ser un placer para Hervey. Así fue como se enteró de que el humor del comandante había mejorado gracias a dos noticias. La primera, aunque Hervey no habría podido jurar que Edmonds le concediera esa prioridad, era que toda su familia se encontraba bien: esa misma noche un cabo del cuartel general de Canterbury había llegado con varias cartas de Margaret Edmonds, escritas en los últimos seis meses y con la inscripción «A entregar a su regreso». Con una capacidad para prever el curso de la campaña que muchos miembros de la Guardia Real habrían envidiado, su esposa había llegado a la conclusión de que una vez que el ejército cruzara los Pirineos el correo sería errático. Por lo tanto, había decidido enviar sus cartas al único lugar que, después de muchos años de seguir los movimientos del ejército, consideraba fiable: el cuartel general del propio regimiento. Edmonds admiraba su lógica, pero le preocupaba su falta de perspicacia, ya que sin duda la mejor política habría sido enviarle las cartas a él y tomar recaudos dirigiendo copias a Canterbury. Pero eso ya no importaba: su esposa gozaba de buena salud. Y también sus hijas, que sin duda en los años de su ausencia se habrían convertido en mujeres, él esperaba que encantadoras.

La segunda noticia sorprendió a Hervey, pero también lo tranquilizó: no había intención de disolver regimientos de caballería en un futuro inmediato.

—¡Me había olvidado de los irlandeses! ¡Que Dios los bendiga! —exclamó Edmonds con una carcajada mientras volvía a llenar su copa y la de Hervey con vino de Madeira—. Y aquí los jueces tienen miedo de los rebeldes que queman almiares y destrozan máquinas. Por lo visto, se han formado bandas dedicadas a romper la paz. ¡Que Dios los bendiga también a ellos! Los miembros del Parlamento parecen haber recuperado el juicio, aunque no sé si algún día actuarán con verdadera sensatez y crearán un cuerpo de policía apto. De modo que los héroes que regresamos a la patria tendremos que encargarnos de mantener el orden, ¡lo que significa que no seremos héroes durante mucho tiempo! Sin embargo, todavía soplan malos vientos…

Malos vientos, en efecto, pensó Hervey, pues no le gustaba la idea de ejercer de policía montado en Irlanda. Ya no esperaba que lo trataran como a un héroe —si es que alguna vez lo había esperado—, pero sin duda ése era el camino más rápido hacia el oprobio general. Otra vez le asaltaron los recuerdos de su familia, pues no había visto la casa del párroco desde hacía cuatro años y su última visita, poco después de la evacuación de La Coruña, había sido muy breve. Al principio sus pensamientos fueron como una corriente tumultuosa, pero luego empezaron a ordenarse y muy pronto percibió con absoluta claridad cómo debía conducirse a su regreso. Debía comunicarle a su padre cuáles eran sus medios e intenciones, y esperar que éstos fueran acordes con las exigencias impuestas por las nuevas circunstancias. Con su madre debería ser todo lo que una madre podía esperar de su hijo: completamente tolerante ante la incomprensión de ella. ¿Y su hermana? Confiaba en que volvieran a ser lo que habían sido el uno para el otro.

Johnson fue el primero en pagar las consecuencias del insomnio de Hervey, pues a las cuatro y media de la madrugada el cabo de guardia lo despertó con una sacudida y le ordenó que se presentara de inmediato en el hotel Marine. Una vez allí, durante media hora escuchó instrucciones y algo que bien podría calificarse de discurso, hasta que Hervey estimó que podía dejar sus caballos al cuidado del ordenanza. Barrow seguramente habría dicho que la parte de Johnson en el diálogo rayaba en la sedición; claro que Barrow no habría entendido la causa de la inquietud del ordenanza. Lo cierto era que Hervey tampoco la había entendido.

—Mire, Johnson, tiene todo el derecho a enfadarse porque,

igual que los demás, no podrá regresar a casa, pero ¿a qué otra persona iba a confiar a *Jessye* después de tanto tiempo?

Johnson pareció sorprendido.

—Señor, para mí no hay nada en Sheffield. Ya sabe que no tengo familia. —Johnson, con un orgullo perverso, se jactaba siempre de haberse criado en un asilo para pobres.

—Entonces ¿por qué se queja de tener que ir a Cork? —preguntó Hervey tan sorprendido como el ordenanza.

—¡Porque sin usted allí empezarán a fastidiarme y volveré a estar entre los soldados rasos en menos que canta un gallo!

Hervey le aseguró que no había motivo para que fuera así y que hablaría con el ayudante al respecto.

—Pero usted se hará un favor a sí mismo si es menos... menos obstinado.

—¿Obstinado? —¿*Yo*? —comenzó el ordenanza, pero Hervey se apresuró a cambiar de tema.

—Al menos le alegrará saber que no van a disolver el regimiento.

—Claro que sí, señor. Si no tendría que trabajar en una mina o una fundición.

Como bien sabía Hervey, por aquel entonces las minas de carbón y las fundiciones de acero auguraban una muerte más temprana que el servicio en el Sexto.

—Podría haber encontrado empleo como lacayo —dijo Hervey con buen humor—. Hay algunas casas elegantes en las afueras de Sheffield, ¿no es cierto?

Fue como si hubiera insultado a Johnson.

—Yo seré su perrito faldero, ¡pero que me aspen si tengo que hacer de recadero para unos bujarrones!

El Angel Inn, una hostería donde el subteniente esperaba encontrar un billete para un coche con dirección a Londres, era un sitio concurrido y bullicioso. Y tuvo que soportarlo durante dos días, pues todos los asientos estaban reservados para mensajeros y funcionarios del gobierno, muchos de ellos recién llegados del continente. Los demás eran comerciantes que ya regresaban de apresuradas negociaciones en Francia (pues Europa llevaba más de diez años cerrada al comercio como consecuencia del bloqueo de la armada real, y los comerciantes y financieros de Londres estaban ansiosos por obtener beneficios de la repentina paz). El subteniente Hervey no simpatizó con esos funcionarios y comerciantes que atestaban la hostería. No esperaba ni deseaba un tratamiento especial por ser un oficial que acababa de regresar de la guerra, pero le enfurecía la indiferencia de muchos de los viajeros, por no mencionar la insolencia con que se dirigían a los propietarios, sirvientes y recaderos de la hostería por igual.

—Olvidan que la gente como usted ha hecho posible que se restablezca el comercio, señor —dijo el posadero después de que un comerciante particularmente presuntuoso le arrebatara a Hervey un asiento para un coche, ofreciendo más dinero que él.

Hervey no pudo menos de asentir. Aunque luego se recordó a sí mismo que el comercio de Inglaterra había financiado la guerra —y a los aliados—, de modo que no tenía derecho a despreciarlo. De cualquier modo tuvo que aguardar hasta el tercer día para conseguir un asiento trasero en la diligencia *Dolphin*, desde el cual se alegró de ver sólo las espaldas de los hombres de negocios.

La diligencia era un coche grande y penosamente lento. Tiraban de ella cuatro robustos caballos de Suffolk, cuyas patas cortas, con un punto de tiro muy bajo, les proporcionaban una fabulosa capacidad de tracción. Pero los grandes zainos estaban mal emparejados para trotar, y la mayor parte del trayecto la hicieron al paso. Eso permitió no obstante que el verde paisaje de Kent mitigara la frustración con la que Hervey había iniciado el viaje. De hecho, el campo se le antojó más hermoso que en sus recuerdos y estaba lleno de campesinos, hombres y mujeres, que no parecían atormentados por el hambre y el miedo, como los de España o Francia. De inmediato recordó que en Wiltshire reinaba una paz igual, o acaso mayor, y pensó en su rincón de la Gran Llanura de Salisbury. Allí sólo había conocido paz y felicidad, y sus pensamientos empezaron a fluir, igual que el tranquilo arroyuelo en el que muchas veces había pescado en su infancia, de un recuerdo placentero a otro: su primer poni, sus paseos por la llanura con Daniel Coates, los ágiles dedos de su hermana en el piano, los desvelos de su madre mientras él se preparaba para volver a Shrewsbury cada trimestre, los largos pero fascinantes sermones de su padre, su hermano...

La repentina evocación fue inquietante, incluso dolorosa, pues Hervey comprendió que nunca —al menos en esta vida— volvería a sentir la fuerza que emanaba de la serenidad de espíritu de John.

De pronto cesó la súbita turbulencia del arroyuelo, y Hervey vio a una niña de unos doce años, su misma edad, con un elegante vestido de seda y cintas en el pelo. Ella lo provocaba a él y él a ella, hasta que Hervey detuvo su poni junto a un olmo que había caído frente a una casa grande y apartó el árbol del camino —o casi—, perdiendo el sombrero en el proceso. La niña cogió el sombrero y se alejó con él, entrando en la casa, fuera del alcance de Hervey.

Lo despertó con brusquedad de sus sueños un profundo bache que atravesaron sucesivamente las dos ruedas del lado izquierdo del coche. Hervey miró alrededor, pero ninguno de los pasajeros pareció inquietarse, de modo que se dedicó a contemplar el pacífico paisaje por la ventanilla. Pero hasta el llamado «jardín de Inglaterra» estaba salpicado por los signos de violencia de los que había hablado Edmonds. Vio los restos chamuscados de un granero que había caído bajo las antorchas de los revoltosos. En un cruce se toparon con una solitaria horca de la que pendía el cuerpo rígido de un asaltante de caminos, aunque, al menos en este caso, el cuerpo no presentaba señales de tortura. En una parada cerca de Faversham, concretamente en una hostería rodeada de campos de lúpulo, Hervey se enteró de que en una hacienda de la zona habían comprado una locomotora a vapor (había oído hablar de las locomotoras a vapor, pero nunca había visto ninguna) para transportar las nuevas máquinas segadoras desde Norfolk, y hacía menos de un mes una banda que había jurado lealtad al «general Ludd» había destruido tanto la locomotora como la maquinaria. Avisaron a la caballería voluntaria de Maidstone, pero cuando ésta llegó, los bandidos ya habían huido. Uno de los pasajeros —un algodonero de Lancashire que temía por sus telares— señaló que no era un caso infrecuente y añadió que no entendía cómo era posible que los magistrados no pudieran mantener el orden teniendo a su servicio a los regimientos de caballería voluntarios y a los soldados locales. Hervey nunca había sentido simpatía ni por la caballería voluntaria ni por los magistrados; consideraba que sus intereses estaban indecentemente ligados y que a menudo usaban la brutalidad como sustituto de la previsión y la eficacia. Pero recordó que llevaba mucho tiempo fuera y no quiso provocar al colérico algodonero con opiniones que, en el mejor de los casos, serían tachadas de irresponsables.

Pasaron las dos noches siguientes en Canterbury y Chatham, y al tercer día, a eso de las once de la mañana, la diligencia se detuvo frente a un establecimiento llamado Swan, en Southwark. El Swan, la última parada de la diligencia *Dolphin*, no se diferenciaba mucho de la media docena de posadas en las que se habían alojado en el camino desde Dover, pues se hallaba en los frondosos alrededores del Támesis, en el condado de Kent. Pero un buen observador habría adivinado la proximidad de la gran ciudad en el paso acelerado de los criados y los transeúntes. Hervey vería una gran ciudad por primera vez, pues suponía que Lisboa no podía describirse como tal. Apenas si pudo contener la impaciencia mientras se ocupaban de su alojamiento y llamaban a un coche para que lo llevara al otro lado del río.

Sin embargo no había imaginado la forma en que se manifestaría la grandeza de la ciudad. En Blackfairs contuvo el aliento al ver el Támesis, con su curso ancho y curvo más majestuoso que el de cualquier río de la Península o Francia, y mientras avanzaban al trote por Ludgate Hill contempló maravillado la cúpula de la catedral de San Pablo. Pero fue en las calles donde sus sentidos se vieron desbordados, pues el tumulto de coches y personas, sobre todo en el Strand, era impresionante. Y por encima del alboroto de cascos y ruedas, los vendedores pregonaban a gritos sus mercancías, asistidos por campanas o trompetas, en una permanente cacofonía: «¡Compre mis lenguaaa... dos! ¡Seis peniques la libra de las mejores cereee... zas! ¡Cangrejo, cangrejo, cangrejo! ¡Compre un plato de deliciosas anguiii...las! ¡Booo...llos tiernos y calientes!»

Avanzaban despacio. El cochero se detuvo dos veces a comprar cerveza de jengibre fría y una vez a comprarse un bollo, de modo que eran casi las cuatro de la tarde cuando llegaron a Picadilly y se detuvieron frente a la tienda del señor Gieve, el sastre que tenía los patrones secretos de los uniformes del Sexto de dragones. Allí permaneció menos de una hora, pues su carta había llegado diez días antes y su nuevo uniforme estaba listo para probar. Hervey se alegraba de haber ganado por la mano a otros oficiales —que como él tenían los uniformes hechos jirones y pronto recurrirían a sus sastres para que les mejoraran la apariencia—, así como a los numerosos oficiales que habían recibido graduaciones honorarias y desearían lucir los adornos correspondientes.

—Le sientan muy bien, señor —dijo el rollizo cortador que lo atendía, ajustándose unas gafas tan redondas como él mientras marcaba con habilidad la casaca y el pantalón con una tiza—. Sólo tardaremos un día en hacer los últimos arreglos. ¿Quiere probarse ahora el traje de gala?

Hervey observó con satisfacción el corte de la manga izquierda, examinando su caída con particular atención entre dos espejos de pie.

—Sí, está bien. Probemos el traje de gala.

El traje de gala del Sexto consistía en una casaca del mismo modelo que las de otros regimientos, pero confeccionada con una tela más fina: una chaquetilla de color azul marino con charreteras doradas y peto beige, el color de las vistas del regimiento. Se usaba con pantalones de algodón blanco, en lugar de los de gamuza de fajina, y botas de charol hasta la rodilla adornadas con borlas.

—Naturalmente, podrá usarlo con zapatos en lugar de botas, señor, cuando no se trate de una celebración militar —señaló el simpático cortador.

Hervey añadió un par al pedido, pero economizó pidiendo que las hebillas fueran de similor: había traído suficiente oro de la Península, pero no quería verlo en sus pies.

—Finalmente, señor, debemos probarle los pantalones de gala.

Hervey alabó profusamente la costura de las cintas doradas sobre éstos:

—Créame, las rayas están maravillosamente cosidas. ¿Y el sombrero de gala?

El sombrero de tres picos, adornado con plumas blancas de avestruz y usado longitudinalmente en el Sexto, era para Hervey una extravagancia innecesaria, pues no se le ocurría ninguna ocasión en que pudiera usarlo, a diferencia de los pantalones que también podían usarse para salidas nocturnas. No obstante se lo probaron, y también le sentaba a la perfección.

—En sus instrucciones no especificó si quería una pelliza, señor. ¿Puedo preguntarle si desea una?

Hervey tragó saliva. Había perdido su pelliza en La Coruña y, dado que la compensación recibida por la pérdida de propiedad privada no cubría el coste completo, había decidido pasar sin aquel abrigo de extravagantes alamares y galones, esperando comprar otro en campaña a un precio menor. Pero esa oportunidad no se había presentado. La pelliza era un lujo, una prenda para presumir, ya que su uso no era reglamentario. Sin embargo, ahora que recuperarían las costumbres de los tiempos de paz, sabía que sin ella provocaría numerosos codazos entre los lechuguinos. Además, era un lujo muy *elegante*.

—¿Cuánto cuesta el abrigo?

—Doce guineas, señor —informó el cortador, y añadieron la pelliza al pedido—. ¿Dónde desea que se lo enviemos todo, señor?

Hervey no se había parado a pensar en ese detalle, y tras considerar sus opciones por un momento, se decidió por Horningsham.

—Muy bien, señor. Y en mi nombre y en el del señor Gieve me tomo la libertad de decirle cuánto nos complace ver a nuestros primeros oficiales en casa, sanos y salvos.

Muy elocuente, pensó Hervey, y sin duda sincero.

—Se lo agradezco mucho, señor Rippingale, y espero tener ocasión de visitarlo más a menudo en el futuro.

Su siguiente cita era con los administradores del regimiento, los señores Greenwood, Cox y Hammersly de Craig Court. Allí lo recibieron con cortesía pero con formalidad, sin la simpatía del ayudante del sastre, y Hervey tuvo la impresión de que para ellos no era más que un artículo de inventario, y no uno particularmente valioso. Porque si bien como teniente tenía un valor de mil doscientas libras en los libros de contabilidad, el precio de los tenientes, incluso los de la caballería ligera, pronto se transformaría en el proverbial «diez por un penique», y se esfumarían los beneficios adicionales de los oficiales que pagaban un precio excesivo por su ascenso. Lo atendió un empleado (sin especial respeto), y los socios de la firma ni siquiera salieron a saludarlo, aunque al menos uno de ellos —Hervey estaba seguro— cruzó la estancia donde se encontraba.

—Todo hombre que nunca se ha hecho a la mar ni ha sido soldado tiene una pobre opinión de sí mismo.

—¿Perdón, señor? —preguntó el empleado, confundido.

—Nada, no es nada —respondió Hervey, pensando cuán optimista había sido la visión del doctor Johnson. Primero los funcionarios y comerciantes de Dover, ahora un empleado en la administración del ejército. ¿Acaso Inglaterra estaba cansada de sus soldados?—. ¡Malditos chupatintas! —murmuró mientras se iba.

El conde de Sussex no estaba en casa cuando fue a verlo a la mañana siguiente. En junio casi siempre dejaba el ducado de Albany y se marchaba a su residencia de Oxfordshire. El conde había sido coronel del Sexto desde antes de que Napoleón se coronara emperador y siempre había mantenido un distante pero apropiado interés por su regimiento. En contra de la costumbre, nadie le había presentado a Hervey, pues el conde habría encontrado insuficiente la recomendación del marqués de Bath que le había permitido ingresar en el regimiento. Su ausencia significaba que Hervey no conocería el contenido del despacho de Edmonds. Tenía la esperanza de recabar al menos una pequeña información sobre las instrucciones que debía esperar en Wiltshire. En consecuencia, sólo le quedaba esperar que lord George arrojara alguna luz sobre el asunto. Sin embargo lord George tampoco se encontraba en casa; su mayordomo anunció con gran solemnidad que su amo estaba recuperándose en Brighton.

Si Hervey hubiera conocido el contenido de los despachos, se habría alegrado y horrorizado por partes iguales. Edmonds se había recreado en su redacción. En ellos relataba el memorable fin de la guerra y la gloriosa participación del Sexto en la última batalla. También hablaba de las continuas dificultades con Slade y recomendaba a varios oficiales por sus valiosos servicios. En concreto, hacía una sugerencia muy explícita: que el subteniente, pronto teniente, Matthew Harvey fuera asignado al estado mayor de la Guardia Real con el fin de prepararlo para el alto rango al que sin duda estaba destinado. Y las dos carillas del manuscrito instaban al conde a que utilizara sus influencias con el duque de York para conseguirlo.

La tercera visita de la mañana fue más afortunada. En Queen Anne's Gate, en un amplio piso con vistas al St. James's Park, encontró al teniente D'Arcey Jessope, vestido con el deslumbrante uniforme escarlata del Segundo de los Footguards. Jessope estaba preparado para el visitante; de hecho, lo aguardaba con impaciencia desde que había recibido una nota suya la noche previa. Dos lacayos vestidos con llamativa librea de color amarillo canario les sirvieron té, chocolate y una variedad de dulces que Jessope recomendó efusivamente:

—Conozco al mejor pastelero napolitano. El difunto sir William Hamilton lo trajo a nuestro país después de su estancia allí como cónsul. ¡Es un maestro, un auténtico genio con el azúcar y las especias!

Hervey sonrió y aceptó la copa de vino de Madeira que le ofreció un tercer lacayo para acompañar el café. Sabía que todo formaba parte de la típica ostentación de los Footguards; aun así, era una invitación generosa.

—¡Mi querido amigo, cuéntame cómo estás! —comenzó Jessope mientras los lacayos salían de la sala—. Tengo tanto que agradecerte que no sabría agasajarte como te mereces.

—No hay ninguna necesidad —respondió Hervey, ligeramente incómodo—. Me encuentro muy bien. ¿Y tú cómo estás, Jessope?

—Estupendamente, sobre todo ahora que estás aquí. Temía no volver a verte.

—Te prometí que te visitaría en cuanto me fuera posible —replicó Hervey con perplejidad.

—¡Quiero decir que no sabía si volvería a verte en esta vida!

—Pero, Jessope... Tus heridas estaban prácticamente curadas cuando te marchaste de España. ¿Has tenido alguna complicación?

—¡No! —respondió él con gesto afligido—. ¡Quiero decir que temía por ti! Parecías sentir tan poco respeto por los franceses que estaba convencido de que tendrías un final trágico.

—¡Al contrario, te lo aseguro! —respondió Hervey—. ¡Los franceses me inspiraban mucho respeto! Lo peor que me ocurrió fue en Toulouse: una herida de espontón en la pierna. Aunque admito que sangró y me dolió muchísimo. En fin, tú ya te has recuperado y, a juzgar por tu aspecto, has vuelto al servicio activo.

—Sí, desde luego. Estoy recuperado y en servicio —respondió Jessope con entusiasmo—. Naturalmente, te lo debo a ti.

—Ojalá no repitieras siempre lo mismo. Ya me estrechaste la mano en el hospital de campaña en Salamanca y con eso fue suficiente. No deberías hablar como si hubiera hecho algo extraordinario.

—¡Claro que no! —replicó Jessope con una sonrisa—. ¡Cualquiera se habría abierto paso luchando entre esos gabachos degolladores para rescatar a un hombre que ni siquiera conocía!

—¿Qué haces ahora? —preguntó Hervey pasando por alto la insistencia de Jessope.

—Soy edecán del ayudante general de la Guardia Real.

Hervey hizo un gesto de asentimiento.

—¿Y eso significa un ascenso?

—Sí —respondió Jessope—. Desde abril soy teniente y capitán.

Hervey volvió a sonreír...

—¡La Guardia Real y su sistema de doble rango!

—¿Y sabes una cosa, Hervey? No he estado inactivo —prosiguió Jessope—. He hecho gestiones para que ingreses en el Segundo de la Guardia Real.

Hervey soltó una jovial carcajada.

—*Rus in urbis* —murmuró—. Mi querido Jessope, te agradezco mucho tu generosidad, pero no tengo intención de abandonar el Sexto ni por un ascenso ni por una mejor posición social.

Para sorpresa y decepción de Jessope, Hervey se mantuvo firme en este punto. Mientras cruzaban el St. James's Park en dirección al White's Club, el teniente y capitán D'Arcey Jessope cantó loas del servicio en la Guardia Real, pero Hervey permaneció inconmovible. Jessope no se dio por vencido hasta que llegaron a la escalinata del White's. Una vez dentro, se concentró en el placer de comer con su amigo y salvador, celebración durante la cual se hizo abundante uso de las garapiñeras de enfriar champán para la docena de amigos del edecán que estaban ansiosos por conocer a su valiente acompañante.

Hervey permaneció tres días en Quenn Anne's Gate. Aunque no había planeado quedarse tanto tiempo en Londres, así tuvo ocasión de probarse el uniforme nuevo por última vez y conocer a algunos miembros de la alta sociedad que tanto fascinaba a Jessope. A decir verdad, se divirtió más de lo que había previsto. El círculo de amistades de Jessope era alegre y frívolo, pero capaz de levantar el ánimo a cualquiera. La noche anterior a la partida de Hervey hacia Wiltshire, los dos amigos cenaron juntos en el White's, y cuando llegó el momento del oporto, Jessope sacó un estuche forrado de terciopelo y se lo entregó a Hervey por encima de la mesa. Dentro había un reloj de oro con una inscripción en la tapa:

M.H.
DE D' A.J.
SALAMANCA

—Hubiera querido que dijera mucho más, pero no encontré las palabras adecuadas.

—¡Mi querido Jesoppe, lo dice todo! —respondió Hervey.

5

VIEJOS SOLDADOS

Londres, 22 de junio

En el Sarracen's Head de Skinner Street, Snow Hill, estaban las oficinas de la Universal Coach and Wagon Company, de modo que a las tres de la madrugada de cada día el hotel era escenario de considerable bullicio y trajín: a esa hora llegaban las sacas de correspondencia y los pasajeros que viajarían en los primeros coches con dirección oeste, además de los comerciantes con provisiones para el viaje. Aquí y allá, prefiriendo las sombras a la luz de las lámparas de aceite, acechaban sospechosos personajes dispuestos a hacer negocios, honestos o no, y alguna que otra ramera en busca de un último cliente antes de retirarse a descansar. En medio de este tumulto aparecieron Hervey y Jessope, que después de pasar por el White's y por Drury Lane habían tomado un bocado con dos actrices italianas a las que obviamente Jessope conocía desde hacía tiempo. Pero el coche para Salisbury partiría en media hora y no esperaría a nadie. La Universal, que tenía autorización para llevar el correo, se enorgullecía de su puntualidad, sus coches, con una velocidad de nueve kilómetros por hora, se encontraban entre los más rápidos de Inglaterra, aunque no igualaban a los carros correo de Bristol. Los postillones cargaron las últimas sacas, llegadas en calesa desde la Oficina Central de Correos de St. Martin's-le-Grand, a las tres y veintiocho minutos (acuciados por el cochero, a quien descontarían parte de la paga si salía con retraso), y Hervey tras despedirse de Jessope por última vez, ocupó el último asiento libre en el interior del coche.

Cuando el carillón de San Pablo dio la media hora, el *Swiftsure* salió del patio de la hostería y subió por la calle soñolienta hacia la magnífica catedral. A las cuatro el tiro trotaba por Southward Bridge y Hervey comenzaba a adormecerse. Había pagado dos guineas y media por un asiento interior y el transporte de dos cajas, y pensaba que había merecido la pena, pues no conseguiría un coche para Warmister hasta la mañana siguiente. A las ocho y cuarto se detuvieron en el Talbot Inn de Ripley, posada de la que los pasajeros del *Swiftsure* salieron revigorizados después de asearse en jofainas de agua caliente y toallas y disfrutar de un desayuno a base de carne con alubias, tocino, huevos escalfados, tostadas con mantequilla y magdalenas, té, café y cerveza. Hervey permaneció unos instantes sentado a su mesa antes de salir de la atmósfera viciada del oscuro comedor con las paredes revestidas de madera para ir a ver cómo cambiaban el tiro. Los caballos nuevos y los viejos eran ejemplares de calidad, presumiblemente igual de buenos para montar, pues parecían capaces de trotar a una velocidad inusitada en los caminos recién pavimentados. En resumen, unos caballos admirables.

—Sospecho que no ha visto nada igual en España, señor —dijo el vigilante.

Hervey alzó la vista, intrigado, y el fornido hombretón le sonrió desde el asiento contiguo al del cochero.

—No, desde luego —respondió Hervey—. Por lo que dice, debo suponer que conoce ese país.

El segundo vigilante hizo sonar un cuerno de metal para llamar a los pasajeros, ahogando la respuesta del primero, y Hervey iba a pedirle que la repitiera cuando notó que en uno de los asientos exteriores viajaba una mujer mayor, quizá la esposa de un granjero, ya que tenía aspecto de campesina. Tras vencer las reticencias de la mujer, que temía que le pidiera dinero a cambio, Hervey le cedió su asiento en el interior y subió al techo del coche.

—Es usted todo un caballero, señor —dijo el vigilante pasándole una petaca.

—Gracias —dijo Hervey tomando un trago—. Es un coñac de una suavidad poco común. Me temo que el cuerno me ha impedido oír lo que me ha dicho antes.

—He dicho que una parte de mí sigue en España, señor.

—Parece que España ejerce esa influencia sobre muchas personas —convino Hervey.

—Que Dios le bendiga, señor —dijo el vigilante con una sonrisa—, pero yo me refería a mi pierna. —Se tocó la espinilla izquierda con la culata de la escopeta—. Ésta es de madera.

Hervey no le devolvió la sonrisa, pese a que la del vigilante era muy amplia.

—Entonces lo siento por usted. ¿Fueron los franceses?

—Sí, señor. En La Albuera, con una bala de mosquete a bocajarro —respondió el vigilante sin dejar de sonreír.

—Entonces fue un blanco muy difícil, a menos que usted se hallara a lomos de un caballo.

—Muy perspicaz, señor. Montaba uno de los del Tercero de dragones.

—¿De veras?

—Y llevaba tres cintas en la manga.

—Bueno, sargento, me alegra ver que al menos ha conseguido empleo.

—Gracias, señor. ¿Y usted? Parece un admirador de los caballos, un profesional, quizá sea uno de los hombres del general Cotton, ¿eh? Y capitán, supongo.

—Subteniente —respondió Hervey con toda la jovialidad de que fue capaz—. Ése es un arsenal propio de la artillería pesada —se apresuró a añadir señalando con un movimiento de barbilla la colección de armas dispuestas junto al vigilante.

—La escopeta de caza y las pistolas son suficientes para el campo —explicó—, pero cuando nos internamos en el monte, no hay nada como un par de disparos de carabina para repeler a un salteador de caminos.

—¿Y la espada? —preguntó Hervey.

El vigilante sonrió.

—La tengo desde que ingresé en el Tercero.

—¿Y ese curioso chisme que está a sus pies? Parece una Paget, pero...

—Lo es, señor. ¿No había visto ninguna con la culata retráctil? El Decimosexto las tenía todas así en Estados Unidos. Dejaban más movilidad a las piernas y se equilibraban mejor en la funda del cinto. No sé por qué no la adoptó el resto de la caballería.

—No me sorprendería que fuera porque tiene el sello del general Tarleton —sugirió Hervey (era lo que habría pensado Daniel Coates: con la caída de ese general, habían desaparecido muchas de las innovaciones de aquella desgraciada campaña)—. ¿Sabe?, me gustaría mucho tener una de ésas. Un oficial no puede llevar la carabina en la silla, es imposible, pero supongo que podría guardar una de ésas en algo no mucho mayor que una funda de pistola colgada del arzón.

—Es muy sencillo, señor. Por tres libras tendrá una Paget de culata plegable en menos de una semana, porque además de vigilante en esta diligencia, soy sargento armero del cuerpo de caballería voluntario de Wilthshire, y es fácil comprar una carabina. La culata puedo adaptarla yo mismo.

—Muy bien, sargento…

–Smeaton, señor, William Smeaton.

—Muy bien, sargento Smeaton, trato hecho. ¿Podría enviármela a Horningsham? Está cerca de Warminster.

—No, señor, se la llevaré personalmente, pues esta misma semana tengo que ir a resolver un asunto con la compañía de Warminster.

Una vez cerrado el trato, Hervey disfrutó escuchando los recuerdos de guerra de Smeaton, sus comentarios sobre las vistas agradables y desagradables del camino, y sus opiniones sobre el estado del país, características de un soldado regular que regresaba a la patria. Esa noche, cuando se detuvieron junto al Red Lion de Salisbury, a la sombra de la gran catedral, el sargento armero William Smeaton estrechó la mano de Hervey como si fueran viejos amigos.

—En la compañía de Warminster no son como usted o como yo —advirtió rascándose la cabeza y sonriendo—; no hacen las cosas como los soldados regulares, como se harían en el Tercero o en el Sexto.

Hervey entendió de sobra lo que quería decirle.

—Muchas gracias, sargento —respondió, y sonrió también.

No había ninguna diligencia a Warminster durante la noche, y Hervey sabía que alquilar un coche de cualquier clase le costaría una suma desorbitada. De modo que a la mañana siguiente fue con la primera posta hasta la antigua ciudad textil situada a cuarenta y cinco kilómetros por la carretera de Bath. Los tejados de Warminster se le antojaron agradablemente familiares cuando la posta subió a la cima de la última loma y comenzó a descender por la escarpa sudoeste de la gran llanura, con los antiguos poblados fortificados haciendo guardia en silencio. El tumulto de los asistentes al mercado de ovejas, que llenaban la calle principal, era tal como lo recordaba. O quizá no exactamente igual, pues el conductor de la calesa que luego lo llevó a Horningsham dijo que los mercados eran dos veces más grandes y frecuentes que antes de la guerra. En efecto, por todas partes se veían señales de prosperidad.

La carta de Hervey había sido entregada dos días antes que él, aunque en ella no había podido precisar el día o la hora de su llegada. De modo que cuando la calesa se detuvo junto a la casa parroquial, el recibimiento fue tan efusivo como si apareciese por sorpresa, y la familia corrió atropelladamente a la puerta. El comedimiento de su padre (aunque mínimo) era consecuencia de la avanzada edad; su madre no demostró ninguno, y su hermana lo recibió casi con igual desenfreno. Había pensado tanto en ese momento que le extrañó su propia e inexplicable circunspección y pidió disculpas por ella. Su padre respondió que no tenía importancia, que era la actitud típica de un soldado. Su madre la achacó al largo viaje, pero Elizabeth la interpretó de otra manera, temiendo haber perdido otro hermano, al menos a efectos prácticos (aunque se había abstenido de decirlo en las semanas previas al esperado regreso).

De todos modos cogió con resolución el brazo de su hermano.

—Ven, Matthew, hay mucha gente que quiere verte —dijo, y lo llevó a las dependencias del servicio.

Francis, el viejo lacayo, estaba mucho más encorvado, pero la cocinera seguía tan oronda y jovial como él la recordaba.

—Señorito Matthew, ¿es que en el ejército ya no dan de comer? ¡He visto más carne en un conejo de dos peniques!

—¡No tema, señora Pomeroy, una semana comiendo sus pasteles y volveré a ser el de antes!

Una doncella rió en un rincón.

—No seas tonta, Hannah —reprendió la señora Pomeroy con cierta formalidad—. Ésta es Hannah, señorito Matthew, la pequeña de Abel Towle.

Abel Towle, jardinero y mozo de cuadra, un hombre incapaz de decir una frase completa sin intercalar una blasfemia (aunque de las más suaves si la familia estaba cerca), le dio la bienvenida cuando Hervey y su hermana fueron a las cuadras. Towle y Ruth, su hija mayor, completaban el modesto servicio de la casa del párroco.

Luego pasearon por el jardín, donde Elizabeth le enseñó con entusiasmo las reformas que habían hecho desde la breve visita de

Hervey cinco años antes. De vez en cuando se abrazaban, aunque era demasiado pronto para hablar de cosas importantes. Hervey se detuvo junto a uno de los nuevos setos y miró a su hermana con timidez.

—Te parecerá una pregunta extraña, Elizabeth, pero ¿todavía tenemos aquella enorme tina de plomo? ¡Nunca había deseado tanto darme un baño como en estas últimas semanas!

—Desde luego que la tenemos. Y Ruth y Hannah la llenarán de inmediato. Entretanto, debes ir al huerto a ver el viejo castaño que tanto te gustaba. ¡Te advierto que si trepas a las ramas, verás Longleat!

Hervey permaneció tanto tiempo en la tina que enviaron a la risueña Hannah a averiguar si se había dormido. La esperanza de aquel baño le había infundido fuerzas durante la larga marcha al norte desde Toulouse, y en ese instante los recuerdos felices eran demasiado vívidos para arrinconarlos voluntariamente, pues sabía que cuando bajase, tendría que hacer frente al dolor por la pérdida de su hermano, que la familia llevaba con tanta entereza y discreción. Por fin bajó al despacho de su padre y por primera vez se trataron como iguales, como si la muerte del hermano hubiera derribado, por así decirlo, el muro que su padre y su madre habían construido mucho tiempo antes. Hablaron de la muerte, la pérdida, los recuerdos. Y tras las lágrimas hubo sonrisas, incluso alguna risa. El párroco de Horningsham sirvió una copa de jerez a su hijo y le dirigió la misma mirada penetrante que Hervey recordaba de su infancia.

—Matthew —dijo con firmeza—, la muerte de John no debe tener más trascendencia para ti que la lógica en un hombre que pierde a su hermano. Tus obligaciones no serán mayores que las suyas, y John eligió su propio camino en la vida.

—Aún no he tenido tiempo de ordenar mis ideas, padre —respondió Hervey con una sonrisa de agradecimiento—, pero preferiría no abandonar mi profesión a menos que sea imprescindible.

—Me alegro de ello, y me alegra asimismo que hables del ejército en esos términos. También yo creo que es una profesión honorable. Por lo menos es una profesión en la que pueden servir hombres honorables.

—Así es, padre, pero es difícil no sentir la sombra de la vocación superior de John.

—Con eso demuestras tu ingenuidad —dijo el párroco de

Horningsham cabeceando—. La vocación de John no era superior, sino diferente.

Se oyó un golpe en la puerta, y entraron Elizabeth y la madre de Hervey. A continuación mantuvieron una conversación agradable e íntima sobre las virtudes de John como hijo, hermano y ser humano. Aunque de sus virtudes como sacerdote sabían poca cosa, dijo por fin el padre, esa noche recabarían más información al respecto, pues cenaría con ellos un hombre que había conocido a John en el ejercicio de su profesión.

Comieron tarde —a las dos y media— y durante la bendición se disculparon prematuramente, aunque con formalidad, porque esa noche no observarían el ayuno de la víspera de san Juan Bautista. Luego Hervey sufrió su propia inquisición. Su madre quería oír hablar de la campaña y no admitió ningún otro tema de conversación. Pero el relato de Hervey fue forzosamente incompleto, y acaso un tanto sentimental, ya que no podía ser de otra manera si soslayaba las matanzas y la brutalidad, unos horrores sobre los que habría sido indecoroso explayarse en tal compañía. Fue en cambio una narración agradable para una madre llena de orgullo y un padre que necesitaba consuelo tras la pérdida de otro hijo. Pero el espíritu del reverendo Thomas era más fuerte que la carne: siguió el relato hasta Salamanca y luego sucumbió a la tranquilidad inducida por el regreso de su hijo sano y salvo y el clarete de la celebración, un Haut Brion de una cosecha anterior a la guerra (en cualquier caso, el bloqueo les habría impedido comprar un vino más joven).

Elizabeth permaneció más tiempo escuchando la historia, pero cuando Hervey llegó a Dover tuvo que marcharse, sintiéndolo mucho, a cumplir con sus obligaciones semanales en el orfanato de Warminster. Hervey la acompañó a las cuadras, donde Towle tenía preparado el viejo birlocho.

—Matthew, en los últimos cinco años he visto suficiente tristeza en el pueblo para saber algo, o al menos intuirlo, sobre las penurias de la guerra. Durante la comida has sido la consideración personificada, pero debes tener paciencia con nosotros —dijo—, sobre todo esta noche con el señor Keble, que era un buen amigo de John en Oxford. El señor Keble también es un buen hombre, una persona extraordinaria. John hablaba mucho de él. Era un experto en textos bíblicos antes de cumplir los quince años y se graduó en la misma universidad que John antes de los veinte. Tiene estudios en teología y matemáticas y ha ganado premios con su poesía. Será nombrado diácono el año que viene e iba a ingresar como asistente en la parroquia de John. Nuestro padre tiene tan buen concepto de Keble que ve en él al propio John. Y confieso que yo también.

Hervey sonrió.

—Me alegra *mucho* oír eso —respondió, poniendo tanto énfasis en el adverbio que Elizabeth lo miró con perplejidad.

Sin embargo la joven no tenía tiempo para preguntarle por qué se alegraba tanto (mejor así, quizá) y se marchó dejando a Hervey con la fantasía de que acaso algún día ella y Edward Lankester se conocieran y Elizabeth se convirtiera en la esposa del más noble de los soldados. Ningún hombre podía desear nada mejor para su hermana, y estaba seguro de que, llegado el caso, Elizabeth compartiría su opinión.

—¿Qué me dice de las prácticas religiosas en el ejército, señor Hervey? —preguntó John Keble esa noche en cuanto se sentaron ante una cena fría compuesta por el plato favorito del párroco de Horningsham, galantina de lengua, y por el fabuloso escabeche de pollo y conejo de la señora Pomeroy.

—Bueno —respondió Hervey, algo sorprendido (habría preferido que lo interrogara sobre el servicio de intendencia, que a pesar de ser pésimo era superior al de los capellanes del ejército)—, las cosas están mejor que cuando yo me alisté. —Albergaba la esperanza de que se conformara con eso. Pero su esperanza resultó infundada.

—¿De veras? ¿Cómo están ahora? —insistió Keble.

—De hecho, no muy bien, señor Keble. Varía mucho de un regimiento a otro, pues depende del coronel y del capellán... Ahora tenemos uno en cada brigada, gracias al marqués de Wellington, o más bien debería decir duque, ya que se le ha concedido el título después de la derrota de Napoleón. Antes de la campaña no teníamos capellanes, o sólo unos pocos. Sin embargo no son comparables a los que pueda encontrar en Oxford.

—Y supongo que no habrá clérigos que convivan con los soldados. ¿Celebran la Sagrada Comunión con regularidad y frecuencia?

Elizabeth miró con inquietud a su hermano, que leyó sus pensamientos en el acto.

—Por regla general no —respondió con paciencia, aunque podría haber usado la negación sin más. John Keble cabeceó—. Pero predican y rezan con los heridos —añadió como si buscara un atenuante.

—¿Y los metodistas? —prosiguió Keble—. He oído que buscan conversos.

El padre de Hervey resopló.

—Señor Keble, para mi vergüenza, en Horningham tenemos la iglesia disidente más antigua de Inglaterra.

—No hables así, padre —dijo Elizabeth con una sonrisa—. Tú y el párroco os lleváis de maravilla.

—Así es —respondió el anciano, también sonriente—, aunque sólo si evitamos hablar de religión. De hecho, es mejor que los hombres de Dios no discutan sobre esos temas. Pero pronto pasaré una velada con un viejo jesuita de Wardour. Él no insiste en citarme las escrituras, de modo que podemos mantener una conversación de caballeros sobre asuntos de la doctrina que son incognoscibles y, en consecuencia, nos permiten hablar sin hostilidad.

—Y acompañados de un buen clarete —añadió la señora Hervey con una risita.

—Ese último consejo suyo es muy sabio, señor —dijo John Keble, y luego, con una sonrisa tan amplia que le transformó por completo el semblante, añadió—: Igual que el suyo, señora.

—En realidad no son palabras mías —admitió el reverendo Thomas con un suspiro—, sino de nuestro arzobispo Laud.

—Que Dios lo tenga en su gloria —dijo Keble antes de volverse hacia Hervey para seguir insistiendo—. En cuanto a los metodistas, supongo que el hecho de que durante un acantonamiento los soldados se reúnan para cantar salmos y oír el sermón de uno de sus camaradas es, al menos en teoría, un acto inocente, incluso digno de encomio. Pero podría convertirse en algo diferente.

—Parece que el duque opina lo mismo —asintió Hervey, sorprendido de que Keble comprendiera tan bien los requerimientos de orden y disciplina militar—, pero me pregunto por qué la Iglesia establecida no causa mayor impresión.

Keble respondió rápidamente, aunque con más tristeza que entusiasmo:

—Creo que en muchos sentidos la Iglesia ha vuelto a sus orígenes. Los mejores hombres desempeñan su trabajo con lealtad pero sin fervor, mientras que los peores... En fin, digamos que están libres de los problemas de conciencia.

—Pero ¿qué me dice de la secta de Clapham, señor Keble?

—terció Elizabeth—. Ellos desempeñan su trabajo con fervor y se encaran con su conciencia, ¿no es verdad? ¡Y vea las buenas obras que hacen!

—Ah, un movimiento valioso, señorita Hervey, pero impulsado por fervor protestante.

—¿Y por eso debemos censurarlos? —preguntó ella con tono desafiante.

—De ningún modo, señorita Hervey —respondió él, aparentemente dolido por la réplica—, pero la Iglesia anglicana no nació del protestantismo: es católica y reformada. ¿Acaso no afirmamos eso en nuestra doctrina?

Elizabeth miró al hombre que ocupaba la cabecera.

—¿Qué opinas tú, padre?

El párroco de Horningsham habló con inusual vehemencia:

—El señor Keble tiene toda la razón en este punto, cariño. Debes leer los treinta y nueve artículos como una afirmación de la doctrina de los Padres de la Iglesia, y no como un tratado protestante, aunque en la actualidad la mayoría de la gente parece decantarse por esto último. Cuando los leas, los verás como una revelación. Lancelot Andrewes y los demás teólogos carolinos demostraron gran lucidez en esta cuestión... El pobre Laud murió por ello en el cadalso. Nos hemos acercado al protestantismo. Se necesitan hombres jóvenes con integridad y energía para volver a guiar a la Iglesia hacia su verdadero destino.

—Creo que su hijo mayor fue uno de ellos, señor Hervey —respondió John Keble con un tono que rayaba en el fervor—. Ojalá hubiera oído sus sermones en Oriel y visto su trabajo en los barrios bajos de Cowley. Sin lugar a dudas era digno de recibir la antorcha de Andrewes.

Pero la madre de Hervey también comenzaba a agitarse.

—¿De modo que tenemos que volver a arrojar víboras a los metodistas, señor Keble?

John Keble la miró con cortés pero evidente incomprensión.

—Señor Keble, hace unos años un metodista estaba predicando en las afueras de Warminster y un hombre del pueblo le arrojó una víbora —explicó Elizabeth con timidez.

—«Ay, generación de víboras, ¿quién os ha advertido para que huyáis de la ira que vendrá?» —recitó Keble, esperando calmar los ánimos con el evangelio del santo cuyo nombre llevaba el hijo menor de la familia.

6

EL ARRENDATARIO DE WILTSHIRE

Salisbury, día de San Juan

La jaca de su padre conocía bien el camino a Upton Scudamore y la velocidad a la que al párroco de Horningsham le gustaba recorrer los siete kilómetros de caminos llenos de rodadas que cruzaban el valle, bordeaban el misterio prehistórico de Cley Hill y comunicaban el elegante pueblo residencial con el asentamiento más primitivo situado junto a la escarpa oeste de la llanura de Salisbury. La granja de Daniel Coates se hallaba al pie de las colinas, prácticamente debajo de la escarpa. Quince años antes, cuando la había arrendado, no era más que un conjunto de dilapidados edificios rodeados de tres acres de pastos pobres, con un centenar más de tierras comunales del lado de Westbury. Coates la había reconstruido piedra a piedra, ladrillo a ladrillo. De hecho, Hervey le había ayudado a cargarlos muchas veces. En el presente no se advertía allí el menor vestigio de pobreza.

Coates lo recibió con una despreocupada mezcla de deferencia y familiaridad, pero el «señorito Matthew», pronto simplemente Matthew, tuvo que responder casi sin respirar a un auténtico bombardeo de preguntas que duró media hora. Finalmente, Coates pareció darse cuenta de su falta de tacto y se mostró compungido:

—Mi querido Matthew, ¿cómo he podido ser tan poco hospitalario? Su vaso está vacío y no ha dicho una palabra, salvo para contestar a mis preguntas —se excusó al tiempo que cogía una jarra de ponche.

—Dan, hace meses que espero este momento, pero mi mayor deseo es cabalgar por las colinas, como hacíamos desde que aprendí a montar. Allí le prometo que responderé a todas sus preguntas.

—Lo haremos, Matthew, lo haremos —respondió Coates con una gran sonrisa y llamó a una criada para que transmitiera el mensaje a las cuadras.

Hervey nunca había visto un mozo de cuadra en la granja Drove. Antes de irse a España no estaba allí, y tampoco la criada. Cuando entraron en la cuadra, vio a un hombre de aspecto agradable sujetar las riendas de dos caballos de caza zainos. Sin duda Coates había prosperado, pensó Hervey. Pero no hablaron de inmediato al salir de las cuadras, pues Daniel Coates tomó la palabra a Hervey y esperó a llegar a las colinas antes de volver a pedirle más detalles sobre la campaña. De modo que casi sin cruzar palabra cabalgaron por el desierto valle de Warminster, dejaron atrás el bosque de Dirtley y subieron por la empinada escarpa de la llanura hasta Knapp Down, contentos ambos de rememorar viejos tiempos en silencio.

En opinión de Hervey, no había un sitio tan inhóspito y al mismo tiempo tan hermoso como esa llanura. En invierno, con un fuerte y penetrante viento del noreste, nieve, granizo o una lluvia torrencial que caía como una cortina sobre la solitaria meseta, salpicada aquí y allá por unos pocos árboles chorreantes o un brumoso montículo de tierra, el paisaje era triste, incluso desolado. Allí había pasado más frío que en la retirada de La Coruña. Pero con buen tiempo (y aquella mañana de mediados de verano era en extremo agradable) se respiraba un aire tan puro como en los Pirineos, y el sol, alto y situado directamente sobre sus cabezas, era tan cálido como el de Gascuña. La cubría una hierba alta y blanda (de hecho, había amortiguado más de una caída en su infancia) y toda la falda de la colina estaba alfombrada de flores cuyos nombres, sorprendentemente, Hervey todavía recordaba: campánulas, centauras, farolillos azules, escabiosas, polígalas, orquídeas y reinas de los prados. Y allí donde no había flores había retama y tojo.

Todavía no habían hablado cuando, al llegar a la cumbre de Summer Down, Hervey vio y oyó la fuente de la riqueza de Daniel Coates: ovejas, muchas, muchas más de las que recordaba haber visto en su vida, tantas que durante más de un kilómetro apenas pudo ver la alfombra de hierba y flores.

—Sí, son mías —dijo Coates leyendo sus pensamientos—. En los últimos cinco años cada bala de algodón ha servido para vestir a las tropas de su majestad. Nunca había imaginado que la guerra aumentaría tanto la demanda. Las ovejas se multiplicaron por cien y tengo cinco pastores cuidándolas. He sido el único arrendatario de estos pastos en los últimos tres veranos. ¡Soy rico, Matthew!

Hervey asintió con un gesto, pues no encontraba palabras para expresar su admiración.

—Pero dudo que la demanda siga tan alta ahora que están licenciando a los soldados y marineros. Las venderé todas antes del invierno.

Este último comentario reflejaba la visión comercial de Coates: la perseverancia y la buena suerte podían favorecer la fortuna pero, según creía Hervey, se necesitaba astucia para saber cuándo había que vender. Sin embargo, Coates no quería hablar de dinero.

—Veo que en el ejército no le han acostumbrado a montar con las piernas rectas —dijo con una sonrisa de aprobacion al observar que Hervey seguía llevando el estribo a la altura recomendada para la caza.

—No, Dan, no lo han conseguido. No puedo evitarlo. En España estuvimos dando tumbos. Los alemanes no: ellos van a un paso la mitad de largo y siempre acaban trotando, gracias a lo cual sus caballos se conservan mejor. Los nuestros tienen constantes problemas de columna.

Coates no se alegró de oír eso, pero la opinión de Hervey lo llenó de satisfacción: había sido una de las lecciones más difíciles que había aprendido en Estados Unidos, lecciones de las que le había hablado sin cesar cuando cabalgaban juntos.

—Sí, siempre he dicho que yo aprendí más de los colonos que de nuestros propios oficiales, que sabían pocas cosas. ¿Cómo demonios puedes inclinarte hacia un lado con las piernas rectas?

—Supongo que cabalgando a paso de caza yo tenía una ventaja adicional de media espada, cosa que cambia por completo el panorama ante un soldado de infantería que intenta usar su bayoneta. Hay un portaestandarte del Coldstream que estaría muerto de no ser por ese alcance.

—Sí, he estado muchas veces en una situación semejante. Pero el alcance no sirve de nada a menos que la espada tenga buen filo.

Hervey suspiró.

—Poníamos paja en las vainas, lo que también ayudaba a

amortiguar el ruido, pero el acero desafilaba las hojas. Los alemanes tenían vaina de madera y sus problemas se reducían a la mitad.

Daniel Coates parecía interesado incluso en los detalles más nimios. Cruzaron Summer Down (el antiguo soldado indiferente en apariencia ante el asombroso número de ovejas, que se apartaban con tranquilidad para dejarles paso) y descendieron por la ladera este hasta el árido valle donde, según contaba la leyenda, el rey Alfredo había ocultado a su ejército antes de la batalla de Edington. Sin embargo Coates parecía ajeno al rumbo que tomaban. Sólo volvió al presente cuando subieron a la cumbre de Chapperton Down, donde los pastores de Imber llevaban a pastar sus rebaños (aunque aquella mañana las ovejas de Imber estaban al otro lado del valle).

—¡Vamos! —exclamó de repente, espoleando a su zaino para ponerlo a medio galope–. Sígame hasta el bosquecillo de Wadman, luego el terreno es llano hasta Brounker's Well. ¿Recuerda cómo se galopa, Matthew?

¡Vaya si lo recordaba! Aunque hubiera preferido estar montando a *Jessye*, pues la rápida yegua de pie firme estaba hecha para galopar por la llanura. No obstante, aquel caballo castrado también parecía ágil y pronto demostró ser muy veloz, pues recorrió con gran rapidez el kilómetro y medio que los separaba del bosquecillo y Hervey tuvo dificultades para frenarlo. Tras permitirle ir a su aire durante los últimos setecientos metros de árido valle, llegó a Brounker's Well sacándole a Coates una ventaja de doce cuerpos. Hervey tiró de las riendas y torció hacia el sur por el camino de Imber. Luego rió y gritó a Coates:

—¡Santo cielo! ¡Parece que ha invertido parte de su fortuna en caballos, Dan!

Los dos rieron a carcajadas.

—¡El caballo es suyo, Matthew!

—¿Qué? Dan, de ningún modo puedo… —replicó atropelladamente Hervey, pero sus protestas no sirvieron de nada.

—Nunca podré pagar a su familia todo lo que le debo, ni siquiera con caballos para toda una compañía. Sin su padre, yo seguiría deambulando por el camino donde me encontró, tosiendo casi hasta escupir los pulmones, hace más de treinta años. Él me consiguió el primer empleo en la hacienda y luego me dejó el dinero para el primer año de arrendamiento de la granja. El caballo es suyo por tanto tiempo como desee. Acéptelo, al menos hasta que se marche a Irlanda. Y le aseguro que entonces no querrá dejarlo. Es un regalo de bienvenida, Matthew, ¿por qué no iba a poder hacerle un regalo de bienvenida?

Por mucho que Coates debiera a su familia, Hervey estaba seguro de que no podía aceptar una regalo semejante, y habría seguido protestando de no ser por la repentina aparición de un centenar de jinetes en el camino a Imber.

—La compañía voluntaria de Warminster. Venga a verla —dijo Coates volviendo a poner a su caballo a medio galope.

Aunque la compañía se había formado antes de que Hervey se marchara a España, no la había visto nunca antes. Hasta cierto punto, la aparición le impresionó, pues los dormanes azules y los morriones Tarleton estaban casi nuevos. Sin embargo, los soldados no parecían hombres disciplinados o endurecidos por un servicio en el que una cama era una alternativa infrecuente a un lecho de paja o un fangoso campamento. De hecho, en cierto sentido tenían una apariencia ligeramente teatral, pues hacía por lo menos dos años que los morriones Tarleton habían dejado de usarse. Pero aunque el Tarleton no se consideraba apropiado en campaña, a Hervey le parecía muy elegante.

—Buenos días, Coates —gritó el teniente de la compañía.

—Buenos días, Styles —respondió Daniel Coates alzando el sombrero al estandarte.

A Hervey le molestó la actitud presuntuosa del teniente y miró con desdén la pálida cara y los rollizos muslos de este oficial de la caballería voluntaria, pero de todos modos saludó al estandarte con su sombrero. Styles, sin embargo, dio por sentado que ambos saludos eran para él y los devolvió alzando una mano con manifiesto orgullo.

—¿Quién era ése? —preguntó Hervey después de que la compañía pasara a su lado.

—El señor Hugo Styles, hijo y heredero de sir George Styles de Leighton Park, Westbury —respondió Coates—. ¡Un auténtico bisoño!

—No conozco a sir George Styles —dijo Hervey, perplejo.

—No, claro que no. Compró Leighton Park hace tres años, y una baronía uno antes. Es propietario de la mayoría de los molinos de Devizes.

—Yo diría que el teniente no está acostumbrado a la silla.

—Me temo que no —respondió Coates con un suspiro—. Pero

se cree un caballero y cabalga por los alrededores pavoneándose como si fuera un valiente.

—Entonces estoy aun más seguro de que no iré a visitarlo. — No era en absoluto infrecuente toparse con un oficial altanero en la caballería voluntaria, ni tampoco debía ser motivo de preocupación; de hecho, no parecía preocupar a Coates. Pero Hervey consideró inadmisible que Daniel Coates, juez de paz y antiguo clarín del general Tarleton, no recibiera un tratamiento de cortesía de alguien que llevaba el uniforme del rey—. Dan, ese patán lo ha saludado como si usted fuera un vulgar campesino.

—No se inquiete, Matthew. Pronto usted mandará su propia compañía —comenzó Coates con la intención de distraerlo de su ira.

—¡Ja! ¿Y de dónde voy a sacar dos mil libras?

Coates silbó.

—¿Es eso lo que cuesta hoy día, Matthew?

—Quiero decir dos mil libras *más*, Dan. El precio es de tres mil libras.

—Bueno, yo estaría... ¡Debería irse a la India!

—Es la segunda persona que lo sugiere —respondió Hervey, sonriendo por fin—, pero no quiero abandonar el Sexto. Allí están los mejores hombres.

Hervey había previsto que en la granja Drove comería cordero, quizá una pata, o incluso un pastel de carne. Pero no venado.

—Lo cacé yo mismo en Summer Down la semana pasada —dijo Coates con ostensible orgullo cuando Hervey alabó la terneza de la carne—. Y cuando terminemos de comer le enseñaré el arma con que lo hice.

La cabalgada de la mañana les había abierto el apetito a los dos, de modo que Coates no habló de cómo había cazado el venado hasta que hubieron dado cuenta de las natillas del postre. A continuación se levantó y fue por una carabina de aspecto corriente.

—No es lo que parece, aunque... bueno, no es lo que cree —explicó.

—¿Tiene el cañón estriado? —aventuró Hervey.

—Sí, eso además —continuó Coates mientras rebuscaba en una bolsa de cuero y sacaba un cartucho que parecía más largo de lo normal—. Mire, aquí están la pólvora *y* el proyectil, y se dispara mediante un iniciador situado en la base. Se trata de una cápsula que produce la chispa inicial cuando esta aguja lo golpea —prosiguió señalando el percutor—. La aguja va sujeta a este bloque y es impulsada por un martillo, ¿comprende?

Hervey lo comprendió de inmediato.

—¿Una carabina de retrocarga? —preguntó—. Había oído hablar de ellas, pero nunca había visto ninguna.

—Las armas de retrocarga no son ninguna novedad. ¡Las teníamos ya en Estados Unidos! —dijo Coates, sonriendo—. Daban algunos problemas. Para empezar, eran lentas. Y el cuerpo de armamento, en lugar de intentar perfeccionarlas, las eliminó. Mire, resulta fácil cargarlas incluso cuando uno está echado al suelo, a cubierto, cosa que es casi una proeza con las armas que se ceban por el cañón.

—Nunca había oído hablar de ese «iniciador» —admitió Hervey, todavía intrigado.

—Ésa es la parte más significativa, más aún que la retrocarga. La pieza se llama «llave de percusión». Venga, quiero enseñarle algo.

Fueron al prado que estaba detrás de las cuadras y allí Coates le entregó la carabina y la bolsa de cartuchos.

—Primero pruébela, y luego le contaré cómo la descubrí —dijo levantando el mecanismo plegable, en el límite entre el caño y la culata, e introduciendo un cartucho en la recámara—. Al tirar del martillo hacia atrás, se bloquea, ¿lo ve? Aquí también hay un seguro. Luego el gatillo libera el martillo, igual que en un trabuco de chispa. No saltan chispas al exterior… nada. Y los cartuchos son impermeables, hechos de venza.

—¿De *qué*?

—Bueno, la venza es la piel de los intestinos del buey. Aunque estos son de tripas de oveja. Los hice yo mismo.

Hervey probó la carabina disparando a un árbol situado a trescientos metros de distancia y al instante vio con satisfacción cómo volaban los trozos de corteza. Coates echó varios cartuchos a un cubo de agua, pero también éstos detonaron sin problemas. La carabina se cargaba con muchísima más rapidez que si hubiera habido que hacerlo por el cañón y era tan certera como un fusil Baker.

—Dan, es un arma asombrosa. Cuénteme cómo la descubrió.

—Gracias a un clérigo de Kirk, ¿puede creerlo?

—¿Qué?

—El reverendo Alexander Forsyth, nada más y nada menos que doctor en teología y párroco del pueblo de Margaret, cerca de Glasgow. ¡La hizo en su propio taller! ¿Y sabe una cosa, Matthew? ¡La presentó al cuerpo de armamento y le dijeron que no la necesitaban! ¡Que no la necesitaban! Napoleón sí se interesó de inmediato. Le ofreció veinte mil libras por el secreto. Pero él no quiso venderla a los franceses, de modo que el cuerpo de armamento le ha prometido una pensión si guarda silencio. Ahora tiene una tienda de armas de caza en Londres.

—Sí, la tienda de Forsyth está en Piccadilly. ¡La vi hace apenas dos días! ¿De modo que ésta viene de Londres?

—No, todavía no tiene autorización para venderla. Ésta la hice yo mismo una vez que él me hubo enseñado el mecanismo.

—Dan, en todos los ríos de España teníamos el mismo problema. Era un trabajo de mil demonios mantener secas la pólvora y la llave de chispa. Luego, aunque sólo estuviéramos de reconocimiento, nos veíamos obligados a probar las carabinas, de modo que nos arriesgábamos bien a delatarnos, o bien a que el arma fallara en el momento menos oportuno. He sido testigo de cómo todas las carabinas de una compañía quedaban inutilizadas a causa de la humedad.

—Pues esta carabina es suya, Matthew. Yo tengo un par. Así, al menos *usted* mantendrá la pólvora seca. Aunque ahora que hemos vencido a Napoleón, sin duda el cuerpo de armamento de su majestad decidirá adoptarla para todo el ejército.

Antes de las siete de la mañana siguiente Hervey llevó a su madre al mercado de los sábados de Warminster, donde ella compró rodaballo y langosta recién pescados en Weymouth. Después de optar por comprar pescado —cosa que según recordaba Hervey era lo que hacía siempre—, fue a la estafeta de correos de la calle principal a enviar una carta para su hermana, que vivía en Hereford, y luego, antes de las nueve, regresaron a casa. En los dos trayectos en coche su madre habló sin cesar de Henrietta Lindsay. Explicó que se había convertido en una hermosa mujer, que frecuentaba a la alta sociedad, que su tutor —el marqués— era un distinguido oficial de la marina, y que ella y Elizabeth mantenían aún una estrecha amistad. Insistió en que Hervey fuera a visitarla a Longleat ese mismo día y lamentó no tener criados suficientes para invitarla a cenar en la casa parroquial. A Hervey le resultó difícil ocultar sus pensamientos al respecto, pues por mucho que deseara volver a ver a esa fascinante jovencita con la que había compartido clases particulares en Longleat House, sabía que los distanciaban tanto los años transcurridos como el círculo social en que ella se movía. Para consternación de su madre, respondió una vez más con cortesía que no, que esperaría un poco más antes de visitarla. Cuando terminaron de desayunar, ensilló su nuevo zaino para ejercitarlo en Longleat Park.

La caballería voluntaria también ejercitaba a sus caballos en el parque. Hervey los vio desde lejos, mientras cabalgaba hacia el coto de los ciervos, y su primera impresión fue que montaban con destreza. Sabía bien cuáles eran las dificultades que debían afrontar los voluntarios; principalmente, la falta de un instructor que los adiestrara debidamente, pues todos los soldados regulares habían sido enviados a España, Irlanda o los lugares de la costa donde se temía una invasión. Se detuvo a unos cincuenta metros de la compañía, que formaba en doble fila en un terreno que por lo visto les servía de campo de instrucción.

—¡Sepárense por filas, numérense! —gritó el brigada.

La orden, un tanto excéntrica, no del todo fiel al manual de Dundas, era no obstante eficaz. A continuación el brigada comenzó a agrupar a los hombres por subdivisiones y luego por cuartas. El proceso parecía interminable, y Hervey no entendía cuál era su finalidad: si hubieran sido milicianos, habría tenido sentido que se numeraran en voz alta (pues muchos milicianos no sabían contar más allá de la docena), pero habida cuenta de que los voluntarios eran respetables ciudadanos, la práctica no tenía sentido.

Detrás de la compañía se congregaba un bullicioso grupo de espectadores, varios coches y media docena de jóvenes montados en excelentes caballos, la clase de gente que siempre acudía a presenciar las formaciones militares. Y aunque aquellos voluntarios careciesen del atractivo de las tropas regulares, ofrecían un entretenido espectáculo para cualquiera que admirara un bonito uniforme. De hecho, Hervey se preguntó a expensas de quién se vestían: el Tarleton con cimera de piel costaba probablemente el doble o el triple que el nuevo chacó. Llegó a la conclusión de que quienquiera que pagara por ellos debía de tener una mentalidad independiente, pues el penacho era del color que él suponía reglamentario en las vistas de la caballería voluntaria —azul—, en lugar del blanco sobre rojo, los colores nacionales que otros cuerpos habían adoptado una década antes. No pudo menos de admirar los dormanes azules con ribetes y sin faldón, algo más largos que las nuevas casacas de su regimiento. Y aprobó el hecho de que las chaquetas se usaran únicamente con un talabarte provisto de un broche en zigzag, en lugar de la cartuchera que de tanta popularidad gozaba: así los cintos se mantenían en su sitio, aunque el efecto no fuera tan grato a la vista. Pero vestidos con calzones blancos y botas, era obvio que aquellos hombres no estaban preparados para un servicio intensivo, pues cualquiera que tuviera que pasar mucho tiempo sobre una silla de montar llevaba pantalones.

Hervey desvió la vista hacia el campo de instrucción, donde dos barras paralelas, pintadas de blanco y montadas sobre postes de un metro veinte de altura, discurrían por el centro del área y en ángulo recto con respecto a la formación. Entre las barras había una distancia aproximada de un metro, y a intervalos de diez metros y a uno de la parte exterior de ambas barras se alzaban sendas hileras de postes de la altura de un hombre, cada uno de ellos con una gavilla de paja en lo alto. Semejaba un campo de prácticas con armas, aunque los postes le daban el aspecto de una palestra medieval. Hervey supuso que dos soldados galoparían el uno hacia el otro, separados por las barras, y cortarían las gavillas de un revés. De hecho, pronto lo comprobaría, pues el primer par de jinetes corría ya desde los puntos de salida: eran dos cabos con los galones de la manga más largos que los de cualquier soldado regular.

Comenzaron al trote, y Hervey imaginó que luego pasarían a un medio galope (al llegar a las barras) y finalmente recorrían a todo galope la distancia de un par de cuerpos. Sin embargo, para su sorpresa, los jinetes continuaron al trote durante todo el trayecto y extendieron el brazo para cortar las gavillas de un golpe directo. A un paso tan lento deberían haber sido capaces de cortar las gavillas sin dificultad, pero las espadas tenían tan poco filo que derribaron todos los postes salvo uno. A pesar de ello, los cabos parecían satisfechos de su demostración, y también su oficial, el pálido teniente con que se habían cruzado camino a Imber. Hervey gruñó. Siguió una tediosa media hora, durante la cual unos treinta soldados repitieron los mismos movimientos. Hervey no sabía por qué se había quedado. Quizá esperara ver alguna maniobra que los redimiera antes de terminar la instrucción, pero no fue así, y Hervey no salió de su asombro. Si no cabía esperar que aquellos voluntarios aprendieran a dar tajos al galope (y él era el primero en reconocer que para ello se necesitaba considerable destreza), ¿no era mejor pinchar con la espada y apretar el paso? Pero si no había nadie con experiencia para instruirlos, ¿cómo iban a descubrir esa solución práctica?

—Buenos días, amigo. Veo que la vista del regimiento lo tiene fascinado. —Absorto en sus pensamientos, Hervey no había advertido que el teniente se aproximaba a lomos de su caballo hacia él—. A juzgar por su aspecto, es usted buen jinete y quizá también sea hábil con la espada. ¿Le gustaría correr una galopada?

Hervey no pudo evitar fijarse en la pierna del teniente, tan recta como mandaba el reglamento, de modo que sólo los dedos de los pies se apoyaban en el estribo, y tuvo que hacer un esfuerzo para no sonreír ante la palabra «galopada». Habría sido difícil encontrar una menos idónea, y ante semejante ilusión, resultaba harto difícil contener la risa.

—No, gracias —dijo en cambio.

—Vamos, no tiene nada que temer. Haga lo que haga, mis hombres aplaudirán su esfuerzo.

Si ese lechuguino lo hubiera tratado con cortesía, Hervey habría vacilado, pero los aires de superioridad con que se había dirigido a Daniel Coates en el camino a Imber el día anterior terminaron de decidirlo. Había llegado la hora de dar una lección de humildad al teniente Hugo Styles, un oficial demasiado corpulento.

—Muy bien, pues —aceptó.

¡Ah, si hubiera tenido consigo a *Jessye*, o *Nerón* o a cualquier montura de la compañía! Pero sabía que su nuevo caballo, aunque inexperto, era veloz, y suponía que con sus robustas patas no se amilanaría ante otro caballo trotando en su dirección. Lamentó no llevar una chaqueta corta en lugar del largo abrigo gris de su padre, pero tampoco eso tenía remedio, y se contentó con acortar los estribos dos agujeros. Lo que sí podía hacer, sin embargo, era buscar una espada con buen filo. Rechazó la primera que le ofrecieron y cabalgó hasta el único voluntario que había hecho un buen corte. Styles lo miró intrigado. Quizá el teniente de la caballería voluntaria comenzara a albergar dudas mientras cabalgaba hacia el otro extremo del campo, situado a doscientos metros. Pero allí desenvainó la espada con un afectado floreo y su purasangre castaño, un semental, comenzó a caracolear y bufar. El brigada dio la señal y Styles empezó a avanzar, conteniendo con dificultad a su purasangre a un medio galope uniforme.

Hervey también tuvo algún que otro problema, pues su joven caballo comenzó a corcovear, pero pronto consiguió controlarlo y avanzar a medio galope, luego al galope, y finalmente alcanzó los postes antes de que Styles llegara a las barras de control. Pero en lugar de correr por la parte *exterior* de los postes, Hervey pasó *entre* ellos y las barras. Haciendo caso omiso de sus gavillas e inclinándose en la silla por encima de las barras paralelas, cortó limpiamente las gavillas de Styles con económicos reveses. Al final de las barras dio media vuelta y, mientras Styles le gritaba algo incomprensible, volvió a galopar por la línea exterior de los postes para cortar sus propias gavillas con reveses igualmente limpios hacia la izquierda.

La aclamación de la compañía fue inmediatamente silenciada por la ira de Styles:

—¿A qué diablos juega? ¿Quién se ha creído que es?

Hervey, que guardó silencio, no había visto que uno de los coches descubiertos se había acercado a ellos; tampoco lo había visto Styles, cuyo lenguaje empezaba a parecerse al de los soldados rasos. La ocupante del coche, una elegante joven de cabellos oscuros y grandes ojos del color de las listas azules de los voluntarios, sabía muy bien quién era el nuevo recluta de Styles.

—Hugo, éste es el teniente Matthew Hervey, del Sexto de dragones, y acaba de regresar de Francia —dijo con solemnidad, pero también con un asomo de sonrisa—. ¿No los han presentado?

Hervey estaba sorprendido, aunque al principio no cayó en la cuenta de la importancia de ese encuentro. Pobre Styles, pensó Hervey, no sólo había sido avergonzado (decir «humillado» fuera quizá excesivo) delante de su compañía, sino también delante de una dama a la que obviamente conocía. No podía sentirse muy cómodo en aquella situación.

Styles hizo un visible esfuerzo por controlar su ira mientras se volvía a saludar a la ocupante del coche.

—Buenos días, lady Henrietta —balbuceó. Luego se giró hacia Hervey con una pequeña inclinación de cabeza—. Es un placer conocerlo, señor —dijo sin convicción.

Hervey se sintió desolado al descubrir la identidad de la mujer del coche. Había pensado mucho en su reencuentro con Henrietta Lindsay, pero nunca lo había imaginado así. Estaba seguro de que ella tacharía de vulgar y ostentosa la reciente demostración de sus habilidades y que le molestaría que hubiera avergonzado a Styles. Se quitó el sombrero, pero no supo qué decir; ni siquiera atinó a pronunciar un saludo corriente. De hecho, nunca habría reconocido a Henrietta de habérsela encontrado casualmente, pero después de mirarla a los ojos durante un segundo no tuvo ninguna duda de que era ella. Sintió un nudo en el estómago y la cabeza le dio vueltas.

Pero ¿cómo lo había reconocido ella a él?

—¿No ha leído sobre el señor Hervey en el *Miscellany*? —preguntó la mujer a Styles con lo que pareció fingida sorpresa.

—Todavía no he leído el *Miscellany* —respondió Styles con frialdad.

—Claro, ha salido de prensa esta misma mañana, y trae las últimas noticias. Permítame que le lea un párrafo: «Matthew Hervey, el único hijo del reverendo Thomas Hervey, párroco de Horningsham, acaba de regresar de la guerra francesa, en la que luchó noblemente como subteniente del Sexto de dragones de su majestad. El señor Hervey viajó con su compañía a España poco después del comienzo de la segunda campaña de lord Wellington y ha sido testigo de muchas batallas en los cuatro años transcurridos desde entonces. Se cree que este gallardo oficial permanecerá de permiso en el distrito durante unos dos meses, antes de volver a reunirse con los dragones en Irlanda.»

Styles frunció el entrecejo y Hervey se movió, incómodo, en la silla de montar.

—¿Y qué opina de la apariencia de los voluntarios, señor Hervey? —preguntó Henrietta.

—Excelente, excelente, señorita —respondió él.

Si había escogido la palabra «apariencia» para curar el orgullo herido del desafortunado Styles (y su mirada así parecía indicarlo), Hervey no quería ser tan descortés como para hacer un comentario crítico. De todos modos, su respuesta era bastante sincera si el término «apariencia» hacía alusión a los elegantes uniformes.

—¿Y no está de acuerdo con la señorita Austen en que no hay vista tan magnífica como la de los voluntarios luciendo su uniforme?

—No conozco a la señorita Austen —respondió Hervey, perplejo.

—¿No sabe quién es Jane Austen? —Una vez más, su incredulidad sonaba a falsa sorpresa—. La señorita Austen es nuestra mejor escritora —explicó enseñándole un libro pequeño—. Hace muy poco que ha publicado *Orgullo y prejuicio*, señor Hervey. Habla de cómo los soldados roban el corazón a las damas cuando pasan por su región.

Hervey confesó que tampoco había oído hablar de ese libro.

—¡Caramba, señor Hervey! Supongo que no será un soldado tan presuntuoso como para despreciar la tarea de los voluntarios, ¿no? —bromeó.

—No, señorita —tartamudeó él—, en absoluto. Yo…

—Entonces permita que le lea algo —interrumpió—. ¡La señorita Austen es una observadora tan perspicaz de la naturaleza humana! —Pasó varias páginas y por fin esbozó una sonrisita triunfal—. Aquí está, lo he encontrado. Pero antes debo decirle, señor Hervey, que aunque las heroínas de la historia son cinco hermanas de inteligencia y sensibilidad extraordinarias, todas están fascinadas por oficiales de la milicia; igual que nuestros voluntarios roban el corazón de todas las mujeres que los conocen. En fin, esto es lo que dice: «Sólo podían hablar de los oficiales, y la gran fortuna del señor Bingley (el señor Bingley es un hombre vulgar, señor Hervey, muy dado a la ostentación)… —sonrió con expresión cómplice— … la gran fortuna del señor Bingley, cuya sola mención mejoraba el ánimo de la madre de las jóvenes, no valía nada a los ojos de ellas cuando lo comparaban con los soldados.»

Hervey sintió que las aguas profundas en las que había tropezado estaban a punto de cerrarse sobre él. Ante sí tenía una vez más a la niña burlona con la que había compartido clases, la misma que le había robado el sombrero junto al árbol caído. El mensaje no podía ser más claro: despreciaba su acto de ostentación y para ella los voluntarios eran tan profesionales como los soldados regulares.

—Disculpe, señorita —dijo cabeceando—, pero debo retirarme. Ha sido un placer conocerla.

Mientras pronunciaba estas palabras pensó que eran absurdas, pero le enfurecía que ella hubiera permitido que Styles, aquel pomposo oficial decorativo, recuperara su orgullo. Más aún, ella había hecho que el reencuentro fuera indiscreto y desagradable. Mientras se alejaba al trote supuso que se estarían riendo de él, y fue un alivio cuando por fin, fuera de la vista y más allá de los árboles, pudo empezar a galopar.

Permaneció largo rato en la cuadra cepillando al caballo, limpiando los arreos, llenando el pesebre de heno; de hecho, poniendo la atención en cualquier cosa que distrajera sus pensamientos del encuentro en el parque. Tardó una hora en sentirse preparado para entrar en la casa.

Su hermana, nada más verlo, adoptó la expresión de quien se dispone a dar una buena noticia y anunció:

—Matthew esta noche cenaremos en casa de lord Bath.

—¡Ah! —respondió él, o más bien gruñó, pues sabía lo que oiría a continuación.

—¡Me sorprendes, Matthew! ¿Acaso no quieres volver a ver al marqués después de tanto tiempo fuera?

—Sí, desde luego. Yo... —tartamudeó.

—¿No te das cuenta de que Henrietta Lindsay también estará allí? Y asistirá además otro oficial..., bueno, uno de la compañía de voluntarios.

Hervey gruñó más alto.

—Elizabeth, tengo que contarte lo que me ha ocurrido esta mañana. No es un buen augurio.

No, no era un buen augurio, pues sospechaba que Henrietta Lindsay estaba al tanto de esa invitación y había jugado al gato y al ratón con él en el parque.

A la mañana siguiente Elizabeth pasó un buen rato con la vista fija en su diario. Gran parte de lo que tenía que contar era meramente narrativo, aunque una cena en Longlear siempre merecía algo más que unas anotaciones corrientes. Primero debía describir la velada —la comida, la música, los juegos de cartas (no había habido baile)— y las conversaciones de rutina. Hasta ahí fue bastante sencillo, si bien se extendió más de lo previsto en los detalles sobre la opípara cena que les habían servido: codornices marroquíes engordadas en Normandía, pájaros hortelanos del Loire, trufas con champán, todo obtenido con facilidad desde que la armada real había levantado el bloqueo. También debía contar que habían cenado *à la Russe* (sin duda por insistencia de Henrietta), de modo que lacayos de guantes blancos habían servido cada plato —a las señoras primero— en lugar de seguir la antigua costumbre de poner todos los platos ante ellos en la mesa.

Sin embargo, la principal dificultad de Elizabeth consistía primero en comprender y luego en describir con las palabras apropiadas los sentimientos y propósitos de las (como las calificaba ella) *dramatis personae*. Henrietta era quien más la intrigaba, pues su conducta durante la cena sugería que tenía cierto «entendimiento» con Styles, aunque nunca le había confiado que así fuera. Y Elizabeth comenzaba a dudar de que, a la vista de esto, pudiera considerarse su amiga. Observó que el propio Styles tenía unos aires de dueño y señor que rayaban en la posesividad. Era evidente que esa actitud se hallaba exacerbada —quizá incluso deliberadamente provocada— por la atención que Henrietta prestaba a Matthew. Aunque, curiosamente, tuvo la impresión de que Styles estaba más preocupado por las alabanzas a Matthew como soldado que por lo que la atención de Henrietta podía realmente presagiar.

Con respecto a su hermano, Elizabeth sentía casi desesperación. Albergaba la esperanza de que el servicio en la caballería lo hubiese convertido en un hombre más aplomado, pero la noche anterior se había comportado como de costumbre. Durante la cena le pareció tranquilo, hasta podía decirse que en algunos momentos se mostró comunicativo. Sin embargo, cuando sirvieron el café y Henrietta reanudó las provocaciones de la infancia, Matthew se sumió en un silencio absoluto, del que nadie logró sacarlo durante el resto de la velada.

Finalmente Elizabeth dejó escapar un profundo suspiro. Cogió su pluma y escribió con mano notablemente más firme de lo que habría exigido la sencilla narración: «Siempre he creído en la afirmación de Dryden de que sólo los valientes merecen a las mujeres hermosas. Y no dudo de que Matthew sea valiente, pues siempre lo ha sido. Ahora bien, uno no siempre consigue lo que merece, y espero que el espíritu de mi hermano no desfallezca.»

7

TRAS LA INSOLENCIA

Horningsham, 22 de julio, día de santa María Magdalena

—Venid, cantemos gozosos a Yavéh, aclamemos a la Roca de nuestra salvación —comenzó el párroco de Horningsham.

—Con acciones de gracias vayamos ante él, aclamémosle con salmos —fue la respuesta clara y firme de Hervey al versículo pronunciado con voz más débil. Y así continuaron con el salmo «Invitatorio».

El reverendo Thomas Hervey abrió la Biblia más pequeña, que utilizaba para las ceremonias diarias y anunció la primera lectura, mientras Matthew y Elizabeth se sentaban solos en el coro.

—Así empieza el undécimo capítulo del libro de los Proverbios: «Yahvé abomina la balanza falsa y se complace en el peso justo. Tras la insolencia viene el desprecio; con los humildes está la sabiduría. La integridad guía a los justos; la falsedad arruina a los impíos.»

De niño Hervey asistía con regularidad a los oficios diarios de su padre, que cumplía a rajatabla la orden del manual de oraciones de la Iglesia anglicana: «Y el coadjutor de toda iglesia parroquial o capilla, mientras se encuentre en casa y no se lo impidan motivos razonables, predicará en la iglesia o capilla en la que cumpla con su ministerio, haciendo tañer las campanas con conveniente antelación para que los feligreses puedan acudir a escuchar la palabra de Dios y a rezar con él.» Desde que John se había marchado a Oxford y Matthew a la guerra, Elizabeth cantaba con él las antífonas (pues el párroco de Horningsham no podía permitirse el lujo de tener un coadjutor ni un ayudante), pero Thomas Hervey nunca se había sentido cómodo con una mujer en el coro. Era obvio que al anciano le complacía volver a tener a un hijo varón en el oficio matutino.

Después, sin embargo, mientras caminaban hacia la casa parroquial con el sol calentándoles la espalda a pesar de la hora temprana, pareció sentirse obligado a expresar su agradecimiento a Elizabeth por su ayuda durante aquellos largos años.

—Es una pena que el día de santa Magdalena dejara de ser fiesta cuando el libro de oraciones reemplazó al breviario —dijo—, pues el Señor apareció por primera vez precisamente ante ella y le dio un mensaje para sus hermanos.

Elizabeth comprendió de inmediato qué quería decir.

—También fue ella quien permaneció junto a la cruz.

El párroco de Horningsham asintió.

—¿Es posible que todavía le reprocharan sus antiguos pecados? —preguntó Hervey, pensando que quizá Cranmer fuera menos indulgente que otros.

—No lo creo. Ella fue una auténtica penitente. Sin embargo, tengo entendido que en las iglesias orientales algunos creen que la pecadora no fue Magdalena, sino otra mujer.

—¿Cómo es eso, padre? —preguntó Elizabeth—. Nunca había oído nada al respecto.

—Me temo que mis conocimientos teológicos no bastan para responderte. Deberías preguntárselo al señor Keble —respondió.

—Nuestro querido señor Keble —dijo Elizabeth con un suspiro—. Espero que vuelva a visitarnos. ¿Tú no, Hervey?

Hervey asintió, pues la fe de John Keble resultaba reconfortante, igual que la de la hermana María.

Ese día había pensado mucho en la hermana María, porque era el día de la patrona de su convento. Lo intranquilizaba no haber podido cumplir aún su promesa pero, tal como estaban las cosas, no imaginaba qué más podía hacer. Durante su visita a Londres había entregado una carta para el conde de Chantonnay al cónsul general de Francia, pero hasta el momento no había recibido respuesta y sospechaba que el anillo que siempre llevaba encima tendría que viajar con él a Irlanda cuando llegara la hora.

Después del desayuno Elizabeth salió al jardín con su diario. Hervey la acompañó, llevando consigo el ejemplar de abril de la revista *Edinburgh Review*, que D'Arcey Jessope le había enviado esa misma semana aconsejándole que leyera el primer artículo, una extensa crónica titulada «El estado y las perspectivas de Europa».

—Escucha esto —dijo después de leer en silencio por unos instantes—: «El primer y principal sentimiento que nos embarga después de contemplar las escenas que surgen ante nuestros ojos es de profunda gratitud y regocijo sin límites por la liberación de tantas naciones oprimidas, por el cese del derramamiento de sangre, el miedo y la miseria en grandes regiones del mundo civilizado, y por la maravillosa perspectiva de una larga paz y una prosperidad inconmensurable que por fin parece abrirse ante los desdichados reinos de Europa.» —Suspiró—. Una larga paz y una prosperidad inconmensurable. Es un panorama alentador, ¿no?

—Un panorama muy alentador —respondió ella—. Pero la prosperidad, aunque está supeditada a la paz, no se produce por sí sola. ¿Crees que nuestro Parlamento trabajará para la prosperidad con el mismo entusiasmo con que abrazó la guerra?

—Ni por un momento —respondió él con una sonrisa—, pero buscará los beneficios de la paz, y algunos de ellos podrían crear prosperidad.

—¿Quieres decir que no estás a favor de la reforma, Matthew? Tengo entendido que el marqués sí lo está, aunque sir George Styles no.

—¿No parezco, pues, un auténtico radical? —dijo él, sonriendo—. La verdad es que me trae sin cuidado qué piensen de la reforma los Styles, tanto el padre como el hijo.

—Tras la insolencia viene el desprecio —bromeó ella.

—Has estado muy atenta durante la lectura, hermana.

—Siempre lo estoy, te lo aseguro. Pero ¿no crees que el marqués es muy perspicaz en estos asuntos?

—Confieso que admiro al marqués —admitió él.

—Y sin duda también a su pupila, ¿no? —dijo ella con tono provocativo.

—Mi querida Elizabeth, hablamos de temas importantes.

—¿Y la admiración no es un tema importante?

—¡Sólo cuando la admiración es importante!

Hervey quedó satisfecho de su respuesta, pero su hermana poseía una mente ágil y rápida.

—¡Entonces debes confesar la magnitud de tu admiración en lugar de su mera existencia!

Hervey volvió a suspirar, aunque no le faltaba sagacidad para dar una respuesta apropiada.

—Confieso que siento más admiración por Henrietta Lindsay que ella por mí, aunque eso no significa que sea mucha.

Elizabeth consideró prudente callar y decidió apuntar la respuesta de su hermano en el diario.

—Dime, Elizabeth —dijo él después de unos instantes de silencio—, Henrietta y tú sois íntimas amigas, y sin embargo... —dejó la frase en el aire.

—Vamos, Matthew, no tengas miedo de hablar con franqueza. Quieres decir que ella es rica, al menos en términos comparativos, y que frecuenta a la flor y nata de la sociedad. También es excepcionalmente hermosa, elegante y refinada, mientras que yo...

—¡No quería decir eso! —interrumpió él.

—¿Qué querías decir entonces?

—Es injusto que menciones esas cualidades como si fueran opuestas a las tuyas, porque no es así. ¡Desde luego, no en lo que respecta a las virtudes personales!

—Eres un encanto, Matthew. Aunque hay diferencias entre Henrietta y yo, somos confidentes, o al menos eso creo. Y lo hemos sido durante mucho tiempo, desde que compartíamos secretos en las clases de la infancia. En lo que a mí respecta, la devoción de Henrietta hacia la alta sociedad es suficiente para las dos, pues yo no siento la menor inclinación por relacionarme con esa gente y, además, carezco de los medios necesarios para hacerlo. Y en lo que respecta a Henrietta... en fin, deberías preguntárselo a ella, porque si bien declara su vivo interés por la parroquia y el orfanato, parece hacerlo sólo de boquilla, quizá para complacerme. Es la misma persona con quien compartimos clases, aunque sus circunstancias le permiten vivir sin ningún propósito concreto. De modo que no envidio su situación. Sin embargo, *sé* que hay algo más profundo en ella que podría servirle de inspiración. Llevas un mes aquí, de modo que ya lo habrás intuido, ¿no?

—La he visto muy poco y nunca en la intimidad. Se muestra tan distante como el día que la encontré en el parque. Hoy volveré a entrenar a su yegua, pero sospecho que todo seguirá igual.

—No hay razón para que sea así. Ambos tenéis muchos intereses comunes y ella admira tu habilidad con los caballos. —Elizabeth no se atrevió a ser más directa.

—Pero está tan versada en la obra de los grandes escritores y escritoras del momento que a veces parece que habláramos idiomas diferentes. Tengo la impresión de que toda Inglaterra ha estado ocupada con la pluma en los últimos cinco años.

—Matthew, como acabas de decir, son sólo autores *del momento.*

—¡Bien dicho! —respondió él, sonriendo. Ya era hora de que olvidara esa preocupación—. Dime, Elizabeth, ¿tú has montado últimamente?

—Admito que muy poco. Salí de caza por última vez hace tres temporadas.

—Bueno, ése es un problema que yo puedo remediar. Debes ir a visitarme a Irlanda en cuanto esté instalado. Dicen que no hay una campiña más hermosa después de las zonas rurales de Inglaterra.

—¿También encontraré marido? —preguntó.

—¡Sólo si eres capaz de decidirte entre los muchos que te cortejarán!

—¡Siempre tan leal y galante, hermano! —exclamó ella con una sonrisa—. ¡Me temo que tramas algo!

No regresó hasta después de las cuatro, pues había dedicado dos horas primero a ejercitar a la nueva yegua de Henrietta con una cuerda y luego a enseñarle las evoluciones más sencillas. Más tarde la joven lo invitó a tomar un refrigerio en la casa, pero como a última hora Hugo Styles se habían pegado a ellos como una lapa, Hervey declinó el ofrecimiento. Sin embargo comenzaba a lamentar su actitud.

—La familia está en el jardín con una visita, señorito Matthew —dijo Francis cuando Hervey entró en la fresca oscuridad del vestíbulo.

Tomar el té a las cuatro era (al menos para Hervey) un lujo recién adquirido en Horningsham, una importación del vecino Bath. Hervey no se había molestado en averiguar de quién había sido la idea, pero adivinaba que su madre había sucumbido a la influencia de Longleat House (en realidad se equivocaba, ya que en Longleat seguían fieles a la tradición, y había sido Elizabeth, por el contrario, quien había impuesto la costumbre después de leer al respecto en una de las novelas de la señorita Austen). No obstante, la escena en el jardín de la cómoda casa parroquial no casaba a la perfección con la moda, pues la imagen de la taza y el platillo de porcelana en una mano en la que Hervey sólo había visto antes un sable o una botella era tan incongruente que rayaba en lo estrafalario. El visitante se levantó de un salto, pasando con habilidad la taza y el plato de la mano derecha a la izquierda, y aunque no llevaba sombrero se tocó la frente con los nudillos, como acostumbraba hacerse en el Sexto.

—Buenas tardes, señor Hervey.

—¡Sargento Armstrong! ¿Qué diablos...? Disculpa, padre. —Se ruborizó, refrenando su leve irreverencia—. ¿Qué le trae por aquí?

—Matthew —comenzó su madre antes de que Armstrong pudiera responder—, el sargento ha venido a visitarte a pesar de que está de permiso y nos ha contado muchas cosas sobre ti y la guerra. ¡No entiendo por qué no nos las has contado tú mismo!

—Mamá —terció Elizabeth sonriendo—, se supone que las mujeres no debemos oír ciertas cosas. Podríamos desmayarnos, ¿verdad?

Armstrong sonreía. Parecía tan tranquilo como si tomar el té en el jardín de la casa de un párroco fuera un hábito cotidiano para él. Innumerables veces Hervey había visto a aquel rudo y valiente sargento pelear con la furia de un gato montés en España y Portugal, y sin embargo ahora parecía igualmente capaz de fascinar a su madre y su padre, los seres más delicados del mundo, y también a su hermana, la más exigente de las mortales.

—Tome asiento, sargento Armstrong —dijo Hervey con una sonrisa burlona mientras se sentaba también él—. ¿Qué le trae por aquí? Supongo que tiene órdenes que comunicarme.

A esas alturas la familia había empezado a acostumbrarse a las vocales y la jerga de Armstrong (más extraña que cualquiera que hubieran oído en el pueblo), y fueron capaces de entender que desde Dover lo habían enviado al cuartel general de Canterbury en busca de sus reclutas, pero que cuando se disponía a partir hacia Irlanda con ellos, éstos habían recibido órdenes de marcharse a Canadá con el Decimonoveno. El oficial al mando del cuartel general le había concedido un permiso (sin duda una opción menos arriesgada que tenerlo ocioso en Canterbury, pensó Hervey), y Armstrong había decidido viajar a Cork pasando por Honrningsham.

Hervey no pudo menos de pensar que era una decisión halagadora, aunque extraña.

—¿De modo que no trae órdenes del regimiento?

—No, señor. ¿Las está esperando?

—El comandante Edmonds me ordenó que permaneciera aquí hasta que llegaran.

Siguió una conversación trivial pero agradable, durante la cual el sargento expuso nuevos ejemplos de los méritos del subteniente (y de hecho también algunos de circunstancias no tan meritorias), si bien Hervey estaba distraído pensando en la ausencia de órdenes. De pronto, sin embargo, percibió que el relato de Armstrong tomaba por derroteros alarmantes: estaba contando la anécdota de la hija del alcalde de Mayorga y el tonel de sardinas.

—¿Cuánto tiempo de permiso le deben, sargento Armstrong? —preguntó Hervey, ansioso por cambiar de tema.

Armstrong captó la indirecta al vuelo.

—¡Más del que jamás podré tomarme, señor!

—Bueno, tengo una idea —comenzó—. A mí me queda un mes de permiso, o quizá un poco más. El comandante Edmonds dijo que debía permanecer aquí hasta que recibiera órdenes suyas o directamente de lord Sussex. Creo que usted también debería quedarse y enseñar a nuestra compañía de voluntarios los rudimentos de la profesión.

Elizabeth arrugó el entrecejo.

—¿Crees que Hugo Styles estará de acuerdo? —preguntó con tono dubitativo.

Hervey pareció ligeramente sorprendido.

—No será tan tonto como para negarse, ¿no?

—No pensaba en el aspecto estrictamente militar del asunto, Matthew. ¿No tomará Styles al sargento como un nuevo rival?

Pero su hermano no entendió qué quería decir.

—Ese asunto del parque es agua pasada —respondió.

Elizabeth enarcó las cejas y suspiró. Armstrong intuyó lo que había pasado inadvertido a Hervey, pese a que no conocía los pormenores del problema. Ella, igualmente sensible a su actitud, se apresuró a dar una explicación.

—Debe perdonarme, sargento; no era mi intención entrometerme en asuntos militares. Sólo deseo evitar resquemores innecesarios en la región. Los voluntarios constituyen una parte muy importante de nuestra vida en estos momentos.

—No me ha ofendido, señorita Hervey. Esos soldados voluntarios son hombres orgullosos, y los regulares debemos tratarlos con tacto. Llamarlos «matagatos», como muchos los llaman es una crueldad imperdonable.

Una diplomacia poco habitual, pensó Hervey; habría sido digna de encomio incluso en el sargento Strange. De todos modos se alegró cuando las campanadas del reloj de su padre acudieron en su auxilio dando las cuatro y media. El reverendo Thomas se levantó con insólita rapidez y murmuró algo sobre el oficio vespertino. La madre de Hervey se fue a hablar con la cocinera y Elizabeth se ofreció a acompañar a su padre a la iglesia.

Hervey y Armstrong se quedaron solos en el jardín y permanecieron callados unos minutos. El canto de los pájaros reemplazó el rumor de la conversación. Ambos lo escucharon con atención. Desde los olmos que rodeaban la casa, los tejos del jardín de la iglesia y las profundidades de los setos de haya llegaba un incesante coro de mirlos y pinzones que solía acallarse a mediodía y reanudarse a esa hora, prolongándose entonces hasta el crepúsculo, cuando sólo cantaba un solitario zorzal que a su vez sería relevado por los espectrales sonidos nocturnos. En el valle, los grajos chachareaban y graznaban. Sobre los campos de trigo el cielo estaba lleno de torcazas con sus zumbidos y extraños chillidos, e incluso en lo alto de las colinas, donde había pocos árboles y ningún seto, las alondras abundaban de tal modo que se oía un canto constante desde un extremo de la llanura al otro. En comparación, qué pocos pájaros parecía haber en Francia y España.

—¡Cielos, señor Hervey! —exclamó Armstrong por fin—. ¡Esto es magnífico!

—¿Magnífico? Sí —respondió Hervey—, pero debería ver Longleat House para saber lo que es magnífico en un sentido... ¡magnífico!

—Y también tiene una familia magnífica.

Hervey sonrió.

Nunca me ha hablado de la suya, sargento Armstrong.

—Nunca pensé que tuviera sentido hacerlo, señor.

—¿Por qué?

—Porque están todos muertos, señor.

Hervey se sintió turbado; sin duda tendría que haber estado al corriente de algo así.

—Lamento mucho enterarme de que...

—Bueno, por eso me alisté. Quería empezar de nuevo.

—¿Empezar de nuevo? ¿Qué quiere decir?

—¿Recuerda al marinero que conocimos en el barco cuando volvíamos de Francia? ¿El que había estado en Trafalgar?

—Sí —respondió Hervey, intrigado por la asociación.

—¿Cuántos compañeros suyos cree que murieron en esa batalla?

—Unos cuatrocientos, ¿no?

—Sí, casi cuatrocientos cincuenta en realidad, y el número de heridos ascendió al triple. Así pues, si lord Nelson tenía veintisiete barcos en su flota, se produjeron diecisiete muertes en cada uno.

Hervey se preguntó qué tenía que ver esa sorprendente estadística naval con las circunstancias de la familia de Armstrong. Pero se abstuvo de apremiarlo. Armstrong tenía su particular estilo de contar historias.

—Todo hombre que participó en Trafalgar es un héroe, así que cada uno de esos cuatrocientos cincuenta es un héroe muerto. Pero nadie ha oído hablar de los hombres y niños que murieron ese mismo día en la mina de Hebburn, treinta y cinco, el equivalente a los héroes muertos de dos barcos de Nelson. Todos enviados con su Creador en una explosión de grisú que duró una fracción de segundo: mi padre, el padre de él, y mis dos hermanos. Yo era el más joven y debía de haber estado allí con ellos, pero el día anterior me había herido en un desprendimiento.

Hervey estaba desolado, no sólo por el horror del accidente, sino también por su falta de información sobre él. De vez en cuando llegaban a Horningsham noticias de accidentes en las minas de carbón cercanas a Somerset, pero los pormenores eran siempre escasos.

—No sabía que en esos accidentes murieran tantos hombres —admitió por fin, frunciendo la frente en un gesto de incredulidad.

—Y niños, y a veces también sus madres y hermanas —añadió Armstrong enérgicamente, aunque con más resignación que rencor. El rencor lo reservaba para la siguiente observación—: ¿Y sabe una cosa, señor Hervey? Esa explosión dejó dos docenas de viudas y un centenar de huérfanos en la aldea de Hebburn, y todos fueron expulsados del distrito sin ninguna compensación por parte de los propietarios de las minas. Mi madre murió en un asilo húmedo y miserable tres meses después.

El canto de los pájaros pareció aumentar de volumen cuando Hervey volvió a sumirse en el silencio. Armstrong permaneció impasible y no intentó distraerlo de sus pensamientos. Finalmente Hervey confesó su turbación.

—Sargento Armstrong, me avergüenza reconocer mi ignorancia sobre ese asunto y no entiendo cómo es que nunca leo nada sobre tales desgracias en los periódicos si son tan frecuentes.

—¡La de Hebburn fue pequeña comparada con otras! ¿Y sabe por qué no lee nada sobre ellas? Porque los periódicos tienen prohibido informar, por eso.

Continuaron hablando durante toda una hora, aunque mucho más tranquilos. Hablaron de asuntos que, poco tiempo antes, Hervey habría considerado inconcebibles. El hecho de que pudieran hacerlo decía mucho del respeto que se profesaban mutuamente, pero también, como pensó Hervey más tarde, del Sexto y su disciplina, una disciplina que los tiranos como Slade nunca llegarían a entender. *Slade*... ¡Su detestable recuerdo tenía que importunarle incluso en momentos como aquél!

La asignación temporal del sargento Armstrong a la Compañía de Warminster no resultó tan problemática como muchos habían previsto. Habría sido difícil que no se granjeara el afecto de los soldados voluntarios porque todo lo que les exigía se basaba en su experiencia más que en los manuales de instrucción. En un tiempo asombrosamente corto, Armstrong fue capaz de mejorar su técnica como jinete y su habilidad con la espada. Dedicó especial atención al brigada, uno de los capataces de la hacienda del marqués de Bath, y lo trató con igual o mayor deferencia que si fuese su homólogo en el Sexto. Con Hugo Styles fue tan correcto en sus alabanzas y se esmeró tanto en su instrucción, que el concepto que de él tenía la compañía mejoró notablemente.

Practicaban los miércoles, los sábados y, en algún caso, los domingos. Styles asistía siempre, pues poseía fortuna suficiente para que no se requiriera su presencia en ninguna otra parte, y Henrietta Lindsay lo acompañaba. Hervey, que al menos en un comienzo se había sentido obligado a supervisar al sargento para que éste no se encontrara en situación de desventaja, también era un espectador asiduo. Al principio permanecía a una distancia prudencial y observaba a solas la instrucción, hasta que —debido a una invitación o una artimaña— acabó haciéndolo en compañía de Henrietta y Styles. Éste toleraba su presencia con el mínimo de cortesía que exigían sus rangos de oficiales y caballeros. El desprecio de Hervey hacia Styles creció gradualmente hasta convertirse en aversión, pues no encontró en él cualidad alguna que lo redimiera. Su lenguaje, vocabulario y modales eran exageradamente afectados. Hervey sabía que en el Sexto había algunos que lo superaban en eso, pero lo hacían sin ofender. Se decía que Styles era un hombre de medios considerables, pero en el Sexto había algunos más ricos que él que no despertaban tanta animosidad. Todos esos candidatos a un desprecio semejante tenía una cualidad —y en abundancia— de la que Styles carecía por completo: generosidad de espíritu. Y quizá más importante, habían compartido las privaciones de una campaña. Hervey llegó a la conclusión de que Styles sólo podía cumplir una función puramente ornamental. ¡Suerte que la caballería voluntaria no había tenido que repeler las tropas de Bonaparte! Sólo una cosa intrigaba a Hervey: ¿Qué tenía Styles que atraía tanto a Henrietta?

Ella siempre era cortés durante aquellos encuentros, pero nada más (o eso le parecía a Hervey). Sin embargo, a medida que pasaban las semanas, Hervey comenzó a interesarse menos en las maniobras del grupo y más en los otros dos observadores, y tan obvio era ese interés que ponía a prueba la forzada amabilidad del teniente. Pero cuando se encontraba a solas con Henrietta, por ejemplo cuando Styles tomaba el mando de la compañía para alguna maniobra, ella insistía tanto en preguntarle si no admiraba esto o lo otro del teniente y sus voluntarios que Hervey se sentía totalmente desmoralizado.

Por fin, la víspera de san Bartolomé, un día de ayuno que se observaba estrictamente en casa del párroco de Horningsham, Hervey recibió la tan esperada carta.

—Pareces perplejo, hermano. ¿No serán malas noticias? —preguntó Elizabeth bebiendo su té sin azúcar con aparente desgana.

—Es de mi comandante. Debo reincorporarme al regimiento en Cork dentro de diez días —respondió.

—Pero esperabas esas órdenes, ¿no?

—Sí, pero hay algo más. Parece que el comandante Edmonds, que es el oficial al mando desde que hirieron al coronel en Francia, había pedido al coronel que me asignara a la Guardia Real, pero éste no lo ha estimado conveniente.

—Eso es más bien un cumplido, ¿no, Matthew? —preguntó ella, más intrigada aún por su falta de entusiasmo.

—Quizá, pero el comandante no me ha dicho nada al respecto, y me sorprende que creyera que yo podía desear ese ascenso. Es como si quisiera verme lejos del regimiento.

Sabía que no era realmente así (o al menos lo deseaba). Sin embargo, curiosamente, intuía que si hubiera tenido elección, en ese momento preferiría Londres a Cork. Porque por mucho que el Sexto significara para él, la sola idea de dejar Horningsham para ir a un lugar tan lejano como Cork, sin resolver antes sus sentimientos hacia Henrietta Lindsday, lo sumía en una profunda tristeza. Si hubiera estado con el regimiento, habría podido hacer lo que siempre hacía cuando estaba afligido: enfrascarse de inmediato en un montón de obligaciones y no dejarlas hasta tener sus sentimientos bajo control, como si se tratara de un caballo difícil de domar. Pero no estaba con el regimiento y, en honor a la verdad, esos sentimientos no eran una intrusión inoportuna. Elizabeth lo entendía mejor de lo que él habría pensado, pero una vez más guardó silencio.

—Creo que iré a cabalgar por la llanura —dijo Hervey de súbito, casi saltando de la silla—. ¿Quieres venir?

Ella declinó la invitación, consciente de que la había hecho por simple cortesía.

—Pero ve a visitar a Daniel Coates, Matthew —sugirió—. Él sabe mucho de estos asuntos.

Hervey fue a la cuadra y ensilló el zaino de Coates. En menos de una hora estaba en las colinas, paseando por la escarpa con sus lejanas vistas de Somerset, el camino de Bristol y más allá —suponía— el de Cork. Esperaba que la cabalgada le aclarara las ideas o le ayudara a tomar una decisión. Pero no alcanzó su objetivo, pues cuando dio la vuelta en el bosquecillo de Wadman lo único que había conseguido era identificar, mediante un proceso semejante a una evaluación militar, dos opciones igualmente insatisfactorias. La primera era marcharse a Cork y sacarse a Henrietta de la cabeza. El inconveniente de esta opción pronto se puso de manifiesto: él no mandaba sobre sus pensamientos. La alternativa era revelar sus todavía indecisos sentimientos y marcharse a Cork dejando las cosas claras entre los dos. En ese caso el inconveniente era aun mayor, porque estaba casi seguro de que sus sentimientos no eran correspondidos o, como mínimo, sería considerado indigno por el marqués, que aunque ya no era estrictamente el tutor de Henrietta —pues ella era mayor de edad—, sin duda debería dar su aprobación. Pero el verdadero impedimento era su incapacidad para declararse a Henrietta, sobre todo a la luz de su evidente aunque impreciso vínculo con Styles.

Por unos instantes consideró la posibilidad de pasar por la granja Drove, acariciando la esperanza de que la sabiduría de Daniel Coates se extendiera a asuntos de esa naturaleza. Pero ellos siempre se habían limitado a hablar del arte militar y la caballería, y no había razones para suponer que fuera tan diestro en el terreno amoroso como en esos otros menesteres. De hecho, Daniel Coates sólo se había pronunciado una vez sobre los soldados casados, diciendo que era «una crueldad obligar a una mujer decente a ir a la zaga de los campamentos militares». De modo que Hervey decidió volver directamente a Horningsham descendiendo por la ladera casi vertical del monte Arn (cosa que le dio ocasión de comprobar el excelente equilibrio de su joven caballo) y cruzando luego el bosque de Norridge, el lugar más lejano de los que Henrietta y él se habían aventurado a visitar en sus correrías infantiles. (Recordaba con sorprendente nitidez cómo la vieja niñera de ella jadeaba y protestaba porque la habían obligado a alejarse tanto de Longleat.)

Cuando se acercaba a la linde de la hacienda, volvió a ver a la caballería voluntaria saliendo del parque con un aspecto más resuelto que de costumbre. Hervey ignoraba que ese día tuvieran instrucción y le sorprendió ver a Styles al frente.

—No tengo tiempo de charlar con usted, Hervey. Tenemos trabajo que hacer —gritó con altanería mientras los caballos comenzaban a trotar.

Armstrong lo seguía con cara de resignación.

—Buenas tardes, señor. Van a cazar a unos cabezas de alcornoque que andan por los alrededores.

—¿Qué?

—Parece que una banda intentó destruir la maquinaria en Hindon y la justicia ha llamado a los voluntarios. El señor Styles me pidió que los acompañara, pero yo respondí que si no le importaba prefería quedarme. ¿Y sabe qué me dijo? «Cace a un luddite* usted mismo, sargento. ¿O es que los regulares no tienen agallas para hacerlo?»

—¡Imbécil! —exclamó Hervey.

—Bueno, no puede pedir peras al olmo —sentenció Arm-

* Miembro de una banda organizada de mecánicos que entre 1811 y 1816 se dedicaban a destruir maquinaria en el centro y norte de Inglaterra. *(N. de la T.)*

strong con marcado acento de Tyneside—. Venga, señor. Acompáñeme a mi habitación y beberemos a la salud del regimiento.

—No, sargento Armstrong, aunque la invitación es tentadora. Han llegado órdenes de Cork. Usted y yo debemos presentarnos en poco más de una semana y tengo muchas cosas que hacer. Además, hoy es día de ayuno —añadió con una sonrisa.

Armstrong parecía desolado.

—Bueno, yo beberé por nuestro regreso al regimiento —dijo haciendo restallar el látigo contra su bota—. Ah, a propósito, la señorita Lindsay lo ha estado buscando y parecía muy interesada en verlo.

Aunque intentó disimularlo, la noticia llenó a Hervey de impaciencia por volver.

—Muy bien sargento, regreso a casa. Lo veré en el Bel mañana o pasado mañana, una vez que haya organizado nuestro viaje a Cork. —Con un movimiento enérgico, hizo girar al zaino en dirección al pueblo y lo puso a un trote rápido.

No esperaba encontrarse con Henrietta tan pronto, pero cuando torcía el camino a menos de setecientos metros de distancia, la vio llevando a su jaca al paso, sola, en la misma dirección que él. Lo delató el ruido de los cascos del zaino sobre el barro endurecido por el sol, y Henrietta se volvió.

—¡Señor Hervey! —exclamó—. Iba de camino a su casa para invitarlos a usted y a Elizabeth a Stonehenge mañana. ¿Me acompañarán? —preguntó con un tono mucho más afectuoso del que solía usar con él en el campo de instrucción.

—Será un gran placer, señorita. No he vuelto a Stonehenge desde que estudiábamos juntos. Naturalmente, no puedo responder por Elizabeth, pero estoy seguro de que…

—Voy hacia allí —interrumpió ella—. Cabalgaré con usted y le ahorraré la inconveniencia de actuar de mensajero. Dígame, ¿recuerda con cariño aquellos días de estudio?

Hervey suspiró. Ella era un modelo de aplomo y resultaba más cautivadora que nunca. Vestía un traje de montar del mismo azul que el uniforme del Sexto; el corpiño de excelente corte realzaba su esbelta cintura, y la amplia falda, que llegaba casi hasta los pies, era toda elegancia. El sombrero negro de seda estaba aceitado para darle brillo, llevaba las trenzas recogidas y sus ojos azules destellaban.

—Desearía volver a ellos —respondió.

Sin embargo, mientras cabalgaban hacia el pueblo, sus dudas reaparecieron. ¿Por qué Henrietta le demostraba ahora un afecto que había ocultado hasta el momento? No podía saber que él estaba a punto de marcharse. Y cuando suspiró y dijo «Pobre Hugo, me temo que pasará varios días en Hindon», sonó a la vez como una invitación y una advertencia. Pero ¿acaso él tenía alguna obligación para con el teniente mientras éste estaba ausente ayudando a los poderes civiles? La situación planteaba tantos problemas de protocolo que se sumió en una muda confusión.

Cuando una hora más tarde Henrietta se marchó de la casa parroquial, después de que Elizabeth aceptara su invitación, Hervey resolvió poner fin a su dilema.

—Elizabeth, quiero hablar contigo de... Bueno, te agradecería que me dieras tu opinión sobre...

Pero tampoco en esta ocasión logró encontrar las palabras adecuadas.

Para Hervey fue un alivio que hubiera un cuarto ocupante en el birlocho de Henrietta, especialmente por la identidad de dicho ocupante (el regreso anticipado de Styles habría sido más de lo que podía soportar). La noche anterior John Keble se había detenido en su casa en su viaje a Oxford desde Lyme Regis, donde había ido a tomar el aire de mar y escribir poesía. Al principio Hervey supuso que el motivo de su visita era Elizabeth, que parecía haber causado una excelente opinión al poeta en el primer encuentro (Hervey comenzaba a pensar que podían formar buena pareja). Pero John Keble no tenía otra intención que entregarle cartas de presentación para varios clérigos de Cork y Dublín, un gesto de generosidad que Hervey le agradeció efusivamente. Y cuando Elizabeth lo invitó a Stonehenge, Hervey insistió en que aceptara y envió un mensaje a Longleat diciendo que los acompañaría un hombre de letras.

Aproximadamente una hora antes de que saliera el birlocho, otro coche, no tan grande pero también adornado con las armas de Bath, salió de Longleat con el mismo destino. En él viajaban la excelente comida, los criados que la servirían y el sargento Armstrong. Éste se había enterado de la excursión por una de las doncellas de Longleat, cuya frialdad hacia el sargento había tenido el más seductor de los efectos sobre él, y había ofrecido sus servicios como vigilante citando astutamente los disturbios en Hindon para obtener una respuesta favorable (y renunciando, en consecuencia, a los favores de despedida de una de las criadas de la cocina de la posada donde se alojaba).

Si la conversación de Armstrong en el primer coche era de una naturaleza inusualmente respetable (sensible como era a la disposición de la doncella), la del birlocho principal era esencialmente grave, pues aunque John Keble se mostrara cordial a pesar de sus exquisitos modales, su presencia no parecía dejar lugar a la algarabía. Al parecer, Elizabeth estaba preocupada por los disturbios en Hindon, y temía que éstos acrecentaran el descontento en la comunidad de Warminster. John Keble creía que dichos conflictos eran representativos de la situación general del reino y habló con vehemencia y evidente conocimiento de causa de la pobreza en las ciudades inglesas e irlandesas.

—En Irlanda le convendrá mantenerse al margen de las disputas entre los propietarios y los arrendatarios de las tierras, señor Hervey, pues son encarnizadas, mucho peores que aquí, más violentas de lo que imagina. Sobre todo porque están alimentadas por el fanatismo religioso.

Hervey hizo un gesto de asentimiento.

—Es un pueblo infeliz, señor Keble —convino Elizabeth.

—Infeliz donde los haya, según creo, señorita Hervey, y las heridas son profundas. Allí tienen un dicho: «Los viejos pecados proyectan sombras largas.»

—¿Quiénes cometieron los mayores pecados, señor Keble? —preguntó su hermano—. ¿Es posible determinarlo? Porque, según he leído, hay perfidia en todos los bandos.

—Sin duda es una historia confusa, soy el primero en admitirlo. Tampoco soy la persona más capacitada para contarla. De hecho, mis conocimientos son insuficientes. En cuanto pueda, visite al canónigo Verey en Cork; él le dará una versión ecuánime. Tiene la misma opinión que los miembros de la Iglesia de los que hablamos en nuestro último encuentro. Procura reorientar a su congregación hacia las prácticas religiosas antiguas, y conseguirá grandes cosas.

Pero Henrietta ya estaba cansada de conversaciones políticas.

—No quiero que hablemos únicamente de problemas, sobre todo ahora que sé que el señor Hervey se marchará pronto. ¿Es cierto que ha estado escribiendo poemas en Lyme, señor Keble? ¿Podemos oír alguno?

John Keble se sonrojó.

—Me halaga, lady Henrietta. En circunstancias normales habría sido un honor para mí leer mis poemas, pero los que he compuesto últimamente son de naturaleza religiosa y, a juzgar por las ideas que ha expresado, creo que no son lo que usted espera. Sin embargo, llevo conmigo algunos de Shelley.

—¡*Shelley*, señor Keble! Me sorprende usted —respondió ella con una sonrisa que sin embargo demostraba aprobación.

—¿Shelley, señorita? —repitió Hervey con cara de perplejidad.

Pero Henrietta no captó el significado de su inflexión (Hervey no conocía a Shelley ni tenía la menor idea de por qué Henrietta se había sorprendido de que Keble llevara consigo sus poemas), o al menos no lo demostró.

—Sí, señor Hervey. Estoy atónita.

—Supongo que lo dice porque Shelley es un célebre ateo —adivinó Keble.

—Ése es el menor de sus delitos, señor Keble, ¿no? —preguntó con tono desafiante y una sonrisa aún más amplia.

Elizabeth decidió intervenir para ahorrar disgustos a Keble.

—Señor Keble, creo que se refiere a la fuga del señor Shelley con la señorita Westbrook, que sólo tiene dieciséis años.

Pero antes de que John Keble pudiera responder, Henrietta lanzó un auténtico chillido de horror.

—¡Querida! ¡Eso no es nada! ¡Ha vuelto a fugarse este mismo mes, aparentemente a Suiza, dejando a la pobre Harriet con dos hijos! ¡Y su nueva amante también tiene dieciséis años! Parece que estos románticos se sienten muy atraídos por la inocencia, señor Keble.

Elizabeth estaba desolada por no haber conseguido evitar el momento de bochorno. John Keble parecía por completo confundido, y Hervey trataba valientemente de contener la risa.

—Señor Hervey —dijo Henrietta, que intuyó su situación y decidió no tener misericordia con él—. ¿Aprueba usted el comportamiento del señor Shelley?

—Debo confesar, señorita, que no sé nada de Shelley ni de su poesía.

No era ésta una confesión de vergonzosa ignorancia, desde luego, ya que Shelley se había hecho célebre mientras Hervey estaba en campaña. Aunque en el regimiento también se hablaba de esos temas, seis años eran mucho tiempo. Sin embargo, en el curso de la siguiente media hora, Hervey se sentiría turbado ante la magnitud de su ignorancia: nombres como el de Byron, Woodsworth y otros eran absolutamente desconocidos para él. ¿Acaso acababa de despertar de un profundo sueño? Milton, Dryden, Pope... de ellos sí que había oído hablar en Shrewsbury, pero en ningún momento salieron a colación. Ni siquiera mencionaron a Coleridge, gran parte de cuya obra él había leído por propia iniciativa. Las alabanzas a Southey rayaron en la reverencia —Elizabeth los maravilló con una disertación sobre *La maldición de Kehama*—, aunque cuando Hervey entró en la caballería, Robert Southey sólo era conocido como un exaltado cuyas ideas jacobinas llamaban la atención de las autoridades. ¿Cómo era posible que se hubiera convertido en un conservador y en un poeta consagrado? Luego John Keble leyó algunos sonetos inéditos de un aprendiz de médico cuya obra, según se decía, podría llegar a superar a la del propio Southey. Hervey pensó que la guerra había hecho poca mella fuera del campo de batalla.

Pero en medio de esa tertulia literaria Henrietta dio a Hervey acaso la señal más clara de su afecto:

—Matthew, ¿por qué no nos cuenta algo de la campiña española? Tengo entendido que es maravillosa, ¿no es verdad?

No sólo le impresionó el hecho de que dijera «Matthew» (no lo había llamado por su nombre desde su regreso), sino también la sensibilidad que había demostrado al cambiar de tema. Él respondió de buen grado, describiendo el paisaje de la Península lo mejor que pudo, aunque sus palabras se le antojaban más que inadecuadas después de tanta poesía, y cada vez que estaba a punto de dar por terminada su charla, Henrietta lo animaba a continuar con una sonrisa alentadora. Cuando contó lo sucedido después de la batalla de Toulouse, John Keble le pidió pormenores sobre las monjas, y Hervey las describió con mayor precisión.

—Por lo que dice de sus vestidos y costumbres, doy por sentado que la hermana María es una carmelita *discalceata* —dijo Keble finalmente.

Henrietta rió.

—Eso suena un tanto indecoroso.

John Keble sonrió: empezaba a conocer el percal.

—No, lady Henrietta; las carmelitas componen una antigua orden que se remonta a los padres del desierto del monte Carmelo. *Discalceata* significa descalza. Van con los pies descalzos como parte de su austero régimen de vida.

—¿No recuerdas que *calceus* es zapato? —preguntó Elizabeth con una sonrisa.

—Desde luego. ¿Cómo iba a olvidarme de cuando estudiábamos latín juntos y lo mucho que admiraba la facilidad con que Matthew declinaba un sustantivo?

Hervey se movió incómodo en su asiento, preguntándose si ese comentario auguraba una reanudación de las burlas. Pero no tuvo que molestarse en responder, pues la aparición del gran crómlech, que ya estaba a unos setecientos metros de distancia, arrancó pequeñas exclamaciones de asombro y admiración de labios de Henrietta. Y el objeto de esa admiración no era sólo el monumento, ya que allí, en el extremo este de la llanura, tan desierta como debía de estar en tiempos primitivos salvo por las ovejas que pastaban solas, el resplandor de Longleat House se había trasladado al centro mismo del círculo de piedras: vajilla de plata sobre manteles de damasco, vino enfriándose en grandes garapiñeras y sillas doradas dispuestas alrededor de una mesa redonda. A su lado había dos lacayos uniformados con peluca y librea a pesar del calor del día.

—¿Había visto los menhires antes, señor Keble? —preguntó Henrietta mientras bajaba del coche, fingiendo no estar en absoluto impresionada por la prodigalidad de Longleat.

—Sólo una vez, señorita, pero he leído mucho sobre ellos.

—Los construyeron los romanos, ¿no?

—No, no lo creo —respondió él—. Inigo Jones llegó a esa conclusión porque no creía que ningún otro pueblo de la antigüedad, aparte de los romanos, pudiera haber erigido un monumento semejante. Era un arquitecto de la escuela clásica, de modo que no es sorprendente que tuviera esa idea. Hizo un excelente dibujo del aspecto que podría haber tenido el círculo de piedras en un edificio clásico. Pero ésa es una teoría circunstancial, yo diría que basada únicamente en conjeturas.

—¿Y qué me dice de la hipótesis de que era el lugar de coronación de los reyes daneses? —sugirió Hervey.

—Es curioso, pero todos aquellos que han estudiado este monumento le han atribuido el origen que más les convenía.

—Una observación sagaz —respondió Hervey.

—No son palabras mías, señor Hervey, sino de Horace Walpole. No; de todas las teorías, considero que la de los daneses es la menos convincente. Hay suficientes referencias literarias para saber que el monumento es más antiguo.

—Entonces ¿cuál cree que es la mejor explicación sobre los menhires? —insistió Hervey.

—Considero que el estudio del señor Aubrey es el más fiable desde el punto de vista académico. Él sugirió que el crómlech era un punto de congregación religiosa de los antiguos bretones y sus sacerdotes, los druidas.

—¿Un lugar donde hacían sacrificios rituales? —preguntó Hervey.

—Me temo que sí.

Salvo por las ovejas que pastaban más allá del monumento y por los lacayos, los cuatro estaban solos. Sentados en medio del círculo de menhires después de comer, y a pesar de los lujos de Longleat, no les resultó difícil imaginar a los druidas, sobre todo porque John Keble parecía muy versado en su religión, costumbres y ritos. Elizabeth y Henrietta quisieron ver el círculo desde lo alto de uno de los menhires, dejando a Hervey y a Keble con los druidas y una última copa de vino de Madeira. Una vez que las damas se hubieron alejado, John Keble interrumpió sus especulaciones sobre la naturaleza de los cultos primitivos para formular una pregunta directa que dejó pasmado a Hervey:

—Señor Hervey —comenzó, mirándolo con una expresión paternalista impropia de su corta edad—, observo que está muy preocupado por sus sentimientos hacia lady Henrietta . ¿Acaso no está seguro de ellos?

Hervey guardó silencio.

—Disculpe, amigo, pero ¿son las cosas como sospecho y no es usted capaz de distinguir entre lo que es amor y lo que simplemente es admiración? No me interprete mal; sé que cualquier hombre encontraría infinitas razones para admirar a lady Henrietta, y que el amor podría ser una consecuencia natural de esa admiración. Sin embargo, me parece que después de tantos años de violencia en España debe de ser fácil enamorarse de una cualidad simplemente porque contrasta con esa violencia.

Hervey esbozó una sonrisa tímida.

—Ha dicho «simplemente» dos veces, señor Keble. ¡Ojalá fuera así de simple!

John Keble también sonrió, pero con afecto.

—«Sagrada, hermosa y sabia es ella; el cielo le ha concedido esas gracias para que todos la admiren.»

Hervey echó la cabeza atrás y rió.

—«¿Es tan bondadosa como bella? Porque en la bondad vive la belleza. El amor se retira de los ojos de ella, para ayudarle a él a recuperarse de su ceguera.»

—¡Excelente, señor Hervey! De hecho somos dos caballeros, aunque no de Verona. Pero permítame otro comentario sobre la búsqueda de la perfección, un comentario profundo, espero. Al comienzo del evangelio que lleva su nombre, el apóstol Mateo estima oportuno hacer la genealogía de nuestro Salvador y en ella hay tres nombres femeninos: Tamar, Rajab, Rut y Betsabé, la mujer de Urías. —Hervey lo miró con atención y la expresión de Keble se volvió aún más afectuosa—. Los dos conocemos los pecados de Tamar y los de Rajab; Rut era moabita, y Betsabé fue tanto adúltera como cómplice de asesinato. Sin embargo, estas mujeres pertenecieron a la familia de nuestro Señor. Le pido que reflexione sobre ello, señor Hervey.

Hervey nunca había estudiado aquel pasaje de la Biblia más que en términos rigurosamente genealógicos, pero antes de que pudiera reflexionar, o incluso ofrecer alguna muestra de reconocimiento a ese hombre cuya caridad parecía tan grande como su perspicacia, el regreso de su hermana y Henrietta rompió la paz contemplativa del círculo de piedra.

—Señor Keble —comenzó Elizabeth—, mi amiga está cansada del sol. ¿Le importaría sujetar mi parasol mientras dibujo las piedras?

John Keble aceptó de buen grado.

Una vez que se alejaron, y después de un largo silencio, Henrietta preguntó:

—¿No es horrible imaginar que en este mismo sitio se hicieron sacrificios humanos?

—Lo es —asintió Hervey con expresión ausente.

—Pero si hubo tales sacrificios, ¡seguramente también habrá habido bodas! —añadió con jovialidad—. ¿No cree que sería maravilloso casarse en un lugar como éste, quizá con las piedras adornadas con muérdago?

Hervey se quedó boquiabierto.

—Nunca había pensado en ello —fue lo único que atinó a responder.

—¿En qué? ¿Nunca ha pensado en el matrimonio o en una boda en este lugar? Supongo que tiene corazón, ¿no?

Otra vez las burlas. ¿Por qué lo provocaba así? Hervey dijo lo primero que le pasó por la cabeza (y de inmediato se maldijo por ello):

—¿Y usted? ¿Ha pensado en casarse con el señor Styles en un lugar como éste?

—Matthew —comenzó ella en voz baja—, ¿cómo se le ha ocurrido que deseo casarme con Hugo Styles?

Él se esforzó por darle una explicación.

—Bueno, yo... quiero decir... —tartamudeó—. Aquel día que leyó un párrafo de una novela en el parque, parecía sugerir...

—Sugerir ¿qué? —preguntó ella, siempre en voz baja.

—Que los oficiales de la caballería voluntaria son irresistibles. Leyó algo sobre los uniformes y las mujeres del distrito. Supuse que se refería concretamente a Styles. Al menos tiene unos ingresos considerables, ¿no?

—Matthew —dijo Henrietta con una sonrisa sin ofenderse al parecer por la recomendación práctica de Hervey—, ¿acaso después de ese día decidió leer *Orgullo y prejuicio*?

—No, yo...

—¡Pues léalo! —exclamó ella entre risas—. Por lo menos lea con atención la parte en que están todos en Meryton, la misma que yo leí en voz alta ese día. Creo que está en el capítulo seis o siete.

Más acertijos. ¿Por qué? ¿Cómo iba a descubrir él lo que había querido decir? ¿Acaso el coqueteo era el único solaz en una existencia ociosa? ¿O era el suntuoso escenario que los rodeaba otra clase de enigma, quizá un signo de la distancia que los separaba? Por muy unidos que estuvieran en la infancia, y por muy amiga que Henrietta fuera de Elizabeth, tal vez esa distancia fuera tan amplia como un abismo infranqueable. Fue una conclusión triste y desesperada, de modo que Hervey se sumió en un doloroso silencio.

Entonces, como llamado por un mudo toque de corneta, el sargento Armstrong —que hasta el momento había permanecido a una distancia prudencial (de hecho fuera de la vista, siguiendo las instrucciones de la doncella)— apareció entre dos menhires. Hervey nunca se había alegrado tanto de verlo, pues su presencia le recordó que pronto regresarían con el regimiento y... ¿qué más? Que sería un alivio no tener que volver a afrontar aquellas... ¿intrusiones?

Henrietta parecía igualmente encantada.

—¡Sargento! —llamó—. Venga aquí y denos su opinión.

¡Por el amor de Dios!, pensó Hervey. ¿No lo había humillado

ya lo suficiente? ¿Acaso ahora pretendía involucrar en ello al sargento? Hizo un amago de protesta, pero...

—Sargento, hemos estado hablando sobre estas rocas. ¿Cree que quizá hayan tenido algún propósito militar? —preguntó Henrietta.

Hervey sintió un súbito alivio.

—No podría decírselo, señorita —comenzó Armstrong—, pero un círculo es una buena posición defensiva, desde luego.

—¿Puede imaginar que este círculo se usara para sacrificar jóvenes doncellas a los dioses paganos? —preguntó ella con una sonrisa coqueta.

Y con la lucidez que evidentemente había abandonado a Hervey, Armstrong sonrió y se tomó un instante antes de responder:

—No si eran tan bonitas como usted, señorita.

Henrietta soltó una carcajada ante la mirada atónita de Hervey.

Tres días después Elizabeth escribió en su diario la anotación más breve que había hecho en muchos meses:

> 28 de agosto, día de san Agustín.
>
> Hoy Matthew y su sargento se han marchado a Irlanda y en la casa vuelve a reinar el silencio. Matthew se ha convertido en un hombre y sin embargo tiene un aire de inocencia que, aun resultando encantador, es motivo suficiente para preocuparme. Pero su sargento es buena persona y siente devoción por él, de modo que no creo que le ocurra nada malo mientras tenga un hombre así a su servicio. De mis esperanzas con respecto a Matthew y Henrietta no debo seguir hablando, pues él no demostró el menor sentimiento hacia ella, o más bien, la menor capacidad para expresar sus sentimientos, mientras que los de ella saltaban a la vista.

8

LA LECCIÓN DE HISTORIA

Bahía de Cork, 3 de septiembre

—¿Había visto alguna vez una cosa semejante? —preguntó Hervey, tan fascinado por la vista de la gran bahía de Cork que permanecía ajeno a todo lo demás—. ¿Algo tan... sublime como esos cabos y la sorprendente extensión de los fondeaderos?

El sargento Armstrong se inclinó sobre la borda e hizo otra sonora arcada.

—Por el amor de Dios, señor, nunca había hecho una travesía como ésta. Ni siquiera el viaje entre La Coruña y Vizcaya fue tan malo. He estado echando las tripas la mitad de la noche.

Dicho lo cual volvió a inclinarse e hizo una arcada aún más escandalosa.

Los fuertes vientos del sudoeste hacían del canal de Saint George un sitio poco apropiado para un soldado que sentía náuseas con el más ligero movimiento de una embarcación. El barco mercante de Bristol, que cubría esa ruta con regularidad (sin escolta desde que se había reinstaurado la paz), había permanecido al pairo en la bahía de Carmarthen durante una noche para no arriesgarse a entrar en el canal con el cabo de Saint Gowan a sotavento. Sin embargo, esa mañana, la cuarta de viaje, los vientos habían amainado hasta reducirse a una fresca brisa que los empujaba suavemente hacia el gran puerto de Cork. Tres buques de guerra —uno de primera y dos fragatas— estaban anclados bajo la protección de las baterías de artillería apostadas en el cabo, que a lo lejos parecían margaritas en el jardín de Horningsham. Y la tierra, aunque todavía distante, se veía tan verde como contaba la leyenda.

—¿Sabe qué día es, sargento Armstrong?

—Si me dijera que es el del Juicio Final, le creería —respondió el sargento, que seguía sujetándose con todas sus fuerzas a la barandilla a pesar de que el barco apenas si se mecía sobre las olas.

—Es el aniversario de la batalla de Worcester.

—¿De veras, señor? —dijo Armstrong con un suspiro—. ¿Y qué batalla fue ésa?

—Una de la guerra civil… sin duda habrá oído hablar de ella. Después de la batalla de Worcester, el rey y sus oficiales huyeron. Pensaba en el capitán Thomas Hervey: él vino aquí, a Cork, después de la batalla.

—¿Y qué hizo a partir de entonces?

—Tengo entendido que vivió pacíficamente en Dublín hasta que la peste se lo llevó. Había sido uno de los caballeros del príncipe Rupert.

—Es fascinante, señor —dijo Armstrong, cuya cara empezaba por fin a recuperar el color.

Hervey continuó mirando las colinas lejanas con el anteojo que había comprado a un oficial de artillería francés capturado en Salamanca.

—¿Algún familiar suyo participó en esa guerra, sargento? —preguntó Hervey, aparentemente ajeno a la indiferencia de Armstrong.

—Sé tanto de mis antepasados como Adán de los suyos —respondió él—. Me dijeron que mi abuelo era marinero en un carbonero, pero no sé nada de los que vivieron antes que él. El hermano menor de mi padre también era marinero y murió de fiebre en las Indias. Que yo sepa, no he tenido otro familiar en el servicio.

Hervey cerró el anteojo y miró al sargento, que estaba erguido y más tranquilo en las aguas resguardadas de la ensenada.

—Le pido disculpas; no pretendía hacer ostentación. Es sólo que me parece una curiosa casualidad que lleguemos a Cork precisamente hoy.

—No me ha ofendido, señor.

—Me pregunto cómo nos sentiremos viviendo en barracones —continuó Hervey, cambiando de tema.

—Sin duda será una novedad. Supongo que estará bien para los soldados de infantería y los marineros, pero yo preferiría que siguiéramos con nuestras viejas costumbres —respondió Armstrong encogiéndose de hombros.

—Y los de la Guardia Real también, seguramente —convino Hervey—, pero los acantonamientos en Irlanda son muy distintos. Una cosa es molestar a unos pocos granjeros y posaderos británicos y otra muy diferente imponer tropas a una población hostil. No; aquí ha habido barracones, y de hecho fortificados, desde Cromwell. Tendremos que acostumbrarnos a ellos.

El fondeadero era tan extenso que tardaron una hora entera en atracar y otra más en llegar al cuartel. Armstrong fue el primero en alabar su amplitud, mayor aún que la del cuartel de la Guardia Real en St. James's Park. Construido menos de diez años antes, tenía capacidad para ciento cincuenta oficiales y dos mil soldados. Sin embargo, aquel día se hallaba medio vacío, y sólo un destacamento de retén del Sexto ocupaba los barracones de la caballería. El resto del regimiento, según les explicó el intendente a cargo de dicho destacamento, había zarpado hacia Dublín dos semanas antes para una inspección. Insistió en que no tenía sentido que Hervey se uniera a ellos, pues regresarían esa misma semana.

Hervey hubiera querido desayunar, pero el comedor del regimiento estaba cerrado, y aunque podría haber ido al de los fusileros, los otros ocupantes del cuartel, no se sentía con ánimos de conocer gente nueva a esas horas. De modo que se dirigió a las cuadras a ver al zaino de Coates, que uno de los palafreneros había transportado desde el puerto. El brigada del destacamento de retén ya había puesto a Armstrong a trabajar.

—¡Señor Hervey! —llamó una voz desde el pajar de la desierta cuadra. Johnson bajó por la escalera para echar un vistazo al nuevo zaino—. Parece bueno. Pero no podrá llamarlo *Brandywine* —añadió, mirando la chapa de identificación del ronzal.

—¿Por qué no?

—Porque el ayudante le ha puesto ese nombre al último que se ha comprado. ¡Ya debería saber que participó en la batalla de Brandywine!

Hervey suspiró. Johnson le había recordado de repente las agotadoras sutilezas de la vida en el regimiento.

—Muy bien, entonces escoja otro nombre usted mismo.

Johnson no titubeó.

—*Raudo*.

—¿Cree que va a correr el Derby? —respondió Hervey, sonriendo—. Bueno, ¿por qué no? Se llamará *Raudo*. ¿Alguna novedad?

Johnson siempre estaba al tanto de las últimas noticias, ya fueran de las oficinas del cuartel o de la cantina.

—El intendente Hill ha muerto de fiebres —informó.

—¡Vaya! —exclamó Hervey—. Lo lamento. Era un buen hombre y un intendente honrado.

—Sí, en la cantina han recolectado una buena suma para su viuda. También tenemos veterinario nuevo.

—¿Y eso? ¿Se ha retirado por fin el señor Selden?

—No; lo pillaron in fraganti —respondió Johnson con total tranquilidad mientras empezaba a trabajar con la almohaza.

Hervey se quedó atónito, aunque pescó al vuelo lo que quería decir Johnson.

—¿Y eso? ¿Con una mujer del pueblo?

—No —respondió el ordenanza sin dejar de cepillar al caballo—. Con el negro de la banda.

—¡Santo cielo! Yo no sabía que...

—¿Y quién cree usted que es el general por estos pagos? —preguntó Johnson antes de que Hervey terminara de expresar su sorpresa.

—No tengo la menor idea.

—¡El general Slade!

—¡Vaya! —gruñó, pero de inmediato recordó que estaba ante un subordinado y se controló. Sin embargo, con la misma rapidez olvidó la prudencia y añadió—: Ésa sí es una mala noticia.

Conversaron durante más de una hora. Pero sólo cuando Hervey dijo que debía ir a buscar alojamiento a la ciudad, Johnson recordó que había una habitación preparada para él en el cuartel. Tenía la llave, y allí le esperaba una invitación para cenar.

—¿De quién?

—De alguien de la catedral —respondió Johnson encogiéndose de hombros.

Hervey pensó que la invitación a cenar del canónigo Verey el mismo día de su llegada a Cork era curiosamente apremiante: le habría resultado difícil declinarla aunque hubiera tenido otras obligaciones. Por lo tanto, Johnson partió con una nota anunciando oficialmente su llegada y su intención de cenar con Verey a las seis, una hora que parecía un aceptable punto medio entre las costumbres antiguas y modernas para alguien que ignoraba cuáles imperaban en Cork.

La residencia del canónigo era mucho más modesta de lo que Hervey había previsto. Situada en una crujía de casas nuevas en Dean's Yard, era suficientemente cómoda pero pequeña comparada con las casas parroquiales de Inglaterra. El canónigo Verey era un hombre alto, enjuto y de aspecto austero, solterón y estudioso del hebreo. Hervey sabía de su erudición por John Keble, pero su celibato lo dedujo minutos después de entrar en la casa al ver los libros dispuestos caóticamente en las estanterías que forraban las paredes y la ausencia de cualquier señal que delatara la acción de una mano femenina en el presente o en el pasado.

Había otros dos invitados. Uno de ellos tenía aproximadamente la misma edad que el canónigo, aunque era más bajo, calvo y algo grueso, con una sonrisa pronta y acento de Dublín (un acento que Hervey había oído con frecuencia en el ejército en la Península). Era un abogado del Trinity College llamado Nugent, ayudante del capítulo. El segundo invitado era mucho menos simpático. Quizá algo más joven, de constitución menuda y melena negra, dirigió a Hervey una mirada inquisitiva mientras le estrechaba la mano.

—El doctor O'Begley, aquí presente, es mi médico cuando no está en su hospital —explicó el canónigo Verey.

El aperitivo fue insólitamente rápido. Bebieron sólo una copa de jerez cada uno (negando, en consecuencia, la idea de Hervey de que Irlanda pondría a prueba incluso a sus compañeros de rancho), y la misma criada que había atendido la puerta anunció la cena. Y también la sirvió, de hecho, comenzando por una sopa fría pero deliciosa de mariscos y patata. En cuanto Hervey levantó la cuchara, el doctor Verey fue directamente a los asuntos serios de la velada:

—El señor Keble me escribe que es usted un militar *pensante*, señor Hervey.

—Espero serlo, señor, aunque no hay nada extraordinario en ello.

—¿Cree que un militar pensante no es nada extraordinario, señor Hervey? —preguntó el doctor O'Begley con dejo desafiante.

—Conocí a muchos en la Península —observó Hervey con cautela.

—¡De modo que estaban todos allí! —replicó el médico con sarcasmo.

—No tome en serio al doctor O'Begley —dijo Nugent con una sonrisa—. No tiene nada contra los militares en general. ¡Sólo contra los ingleses en particular! ¡De hecho, no es necesario que sean militares!

—Señor Hervey —prosiguió el canónigo Verey fingiendo no haber oído estos comentarios—, le he invitado aquí con el fin de explicarle algunas de las complejidades de este país. Veo que es un oficial joven, pero si consigo que un *solo* oficial entienda algo de este país ya será algo. Y siempre es probable que usted se digne compartir sus conocimientos con otros oficiales. Yo tengo pocas oportunidades de hacerlo. De hecho, en circunstancias normales ni siquiera lo habría conocido, salvo quizá algún domingo después del oficio matutino. Los militares no se mezclan con nosotros, excepto en los cotos de caza. Por lo tanto, la carta de presentación del señor Keble es muy oportuna.

Hervey no se ofendió. Había previsto un sermón, y la actitud del doctor Verey, aunque seria, no era ni mucho menos sentenciosa. En cualquier caso, le entusiasmaba la idea de aprender algo más de un país del que sólo tenía prejuicios heredados de la cultura protestante. Pero quizá fuera mucho esperar, pues ¿no era acaso el doctor Verey, como subdiácono en una catedral de su misma Iglesia extranjera, un símbolo de esa cultura? ¿No escucharía esa noche, a pesar de las buenas intenciones de John Keble, un prolongado sermón sobre la gloria de dicha Iglesia? Suspiró para sus adentros, resignado a lo que se avecinaba. Pero ¿con qué fin estaban presentes esos otros dos extraños personajes?

—A pesar de mis muchos años en esta tierra, todavía no acabo de entender la situación —explicó el doctor Verey—. Nugent es un historiador fabuloso, un hombre formado en el Trinity College; O'Begley también. Quiero decir que O'Begley también es un historiador fabuloso, aunque no estudió en el Trinity College.

—Puedo asegurarle que no estudié allí, señor Hervey —comenzó el médico con irritación—, aunque no fue por mi propia elección ni por falta de conocimientos, sino sencillamente a causa de mi religión.

—Querrá decir de sus *creencias,* doctor. Todos profesamos la misma religión, ¿no?

—Entonces será a causa de mis creencias, canónigo —respondió él con brusquedad.

—De hecho, yo iría más allá y diría que todos compartimos una misma fe.

—Canónigo, por favor, ésta no es la velada más indicada para hablar de teología. —O'Begley comenzaba a impacientarse, y el doctor Verey asintió con un gesto—. Como usted ya sabrá, señor Hervey —prosiguió—, las leyes penales se han suavizado pero no han desaparecido, y eran mucho más severas en mi juventud. Para estudiar medicina tuve que escoger entre Estados Unidos y Francia, pues un católico tenía prohibido el acceso a esos estudios aquí. Y cuando regresé... en fin, esas mismas leyes me prohibían ser propietario de un caballo de más de cinco libras. ¿Puede creerlo, señor Hervey? ¡Los católicos no estaban autorizados a tener un caballo de más de cinco libras! Usted es un oficial de caballería, así que supongo que esta anécdota le resultará divertida.

Hervey trató de imaginar una causa militar para esa limitación, pero no se le ocurrió ninguna que pudiera resultar convincente para el médico.

—En España teníamos algunos oficiales católicos —aventuró.

—¿Algún alto oficial? —preguntó O'Begley.

Hervey no tenía intención de justificar el código penal, pues de pronto se le ocurrió pensar que el canónigo Verey no debía de ser más leal a la supremacía protestante que su irritable invitado. Y si el subdiácono de Cork era uno de los apóstatas que tanto proliferaban en los últimos tiempos, aquélla no sería una velada tediosa sino una de sedición.

Pero no tenía motivos para preocuparse. El canónigo Verey respondió a la intemperancia de O'Begley con una crónica en absoluto polémica de las primitivas colonias normandas e inglesas que Hervey recordaba bastante bien de sus días en Shrewsbury. Sin embargo, a continuación entró Cromwell en la historia, y Nugent y O'Begley se turnaron para relatar los acontecimientos que Hervey había oído llamar «la guerra de los dos reyes». Por fin quedaban claros el método y el propósito del canónigo: O'Begley expondría la versión católica y Nugent la otra. No obstante, basándose en el trato cordial entre los tres hombres, Hervey intuyó que en algún momento de la velada habría una reconciliación de los puntos de vista contrarios, un *desenlace* que a partir de ese momento empezó a esperar con impaciencia, aunque en el ínterin escuchó atentamente la historia.

Un estupendo salmón, que según reveló Verey con orgullo había pescado él mismo el día anterior en el Kenmare, se sirvió y desapareció durante el relato de la guerra de los dos reyes, junto con un codillo igualmente delicioso. Cuando llegaron a la batalla del Boyne —por lo visto la única ocasión en que los dos reyes se enfrentaron personalmente en el campo—, el ayudante del capítulo y el médico se acaloraron con el tema.

Hervey comenzó a llevar la cuenta de las quejas en cuanto se percató de que los contertulios las enumerarían. La lista de O'Begley comprendía la colonización del Ulster, el saqueo de Cromwell en Drogheda y Wexford, las deportaciones forzosas a Connatch y el martirio de san Oliver Plunkett. Nugent fue tan convincente como el doctor: la masacre de 1641 en Ulster y las confiscaciones de Tyrconnel en 1687 parecían igualmente sanguinarias e incomprensibles. Pero en lo referente a sus lealtades *actuales*, Hervey aún no había recibido respuesta ni podía imaginar que hubiera una ante la profusión de pruebas contradictorias.

También dieron cuenta de un pastel de cordero y de un excelente borgoña. Habían encendido y reemplazado las velas y finalmente Verey ordenó a la criada que se retirara. Hacía tiempo que los vencejos habían vuelto a sus nidos en los aleros y sólo los sonidos de las lechuzas y los murciélagos se entrometían ocasionalmente en la conversación. Finalmente el canónigo Verey tocó el tema de la lealtad:

—Ahora la cuestión es la siguiente: ¿Fue leal Irlanda durante la última guerra con Francia?

No formuló la pregunta directamente al médico, sino como la plantearía un profesor a sus alumnos. Una vez más, Hervey pensó que la discusión parecía ensayada, pues O'Begley no respondió de inmediato y dejó hablar primero a Nugent:

—¿Ha oído hablar de Wolfe Tone y la Sociedad de Irlandeses Unidos, señor Hervey?

—Poco —fue la prudente y sincera respuesta del interrogado.

—Bueno, permítame que lo ponga en antecedentes...

Y así lo hizo, hablando extensamente de la extraña y compleja historia de esa rebelión nacionalista. Pero el relato resultó más desconcertante que esclarecedor. Por lo visto, ésa era la intención del canónigo, pues como si de verdad estuvieran en un aula del Trinity College, hizo un resumen de todo lo dicho hasta el momento. Aunque no fue precisamente el desenlace que esperaba Hervey, le aclaró hasta cierto punto por qué aquellos tres hombres compartían la mesa (con mayor o menor cordialidad).

—Como verá, señor Hervey, es absurdo considerar que el problema de este país es una desenfrenada lucha religiosa. Para empezar, la palabra «católico» es tan engañosa como la palabra «protestante». Pregúntese siempre de qué católicos hablamos: ¿De los normandos? ¿De los antiguos ingleses? ¿De los recusantes o de los nativos celtas? Tampoco me oirá llamar protestante a *mi* Iglesia, o al menos no en el sentido que los disidentes dan a ese término. No; el verdadero problema de este país es un conflicto entre una clase débil y corrupta de terratenientes y un campesinado que, en su mayor parte, vive en la más vergonzosa miseria. De hecho, es prácticamente una tiranía. La culpa de los correligionarios de los hacendados es sólo por asociación. A mí me consideran lobo de la misma camada que el más usurero de los arrendadores de tierras sólo porque compartimos la misma fe, aunque me avergüenzo de que él diga que es la misma porque mi Iglesia fue concebida en el catolicismo... pero ésa es otra cuestión. Y O'Begley está mal visto por la supremacía protestante porque declara tener la misma fe que el más asesino de los whiteboys,* pese a que él también se sentiría desolado si tuviera que compartir el comulgatorio con un individuo semejante. Si entiende bien esto, señor Hervey, podrá servir con sabiduría al rey.

Un resumen tan académico y humano merecía —en opinión de Hervey— un silencio respetuoso, pero sintió la necesidad de expresar de alguna manera su gratitud por la docta lección recibida. Sin embargo, consideró indigno ofrecer una alabanza rápida y sin conocimiento de causa, de modo que, en efecto, siguió un respetuoso silencio durante el cual los tres historiadores bebieron su oporto con la vista en cualquier sitio menos en él.

—Una última pregunta, doctor Verey —dijo Hervey después de tomar varios sorbos de su copa—. ¿A qué se refería al hablar de arrendadores usureros?

El canónigo miró al médico, y éste, tras mover la cabeza en un gesto de desolación, explicó:

—En términos sencillos, señor Hervey, la codicia de los terratenientes, a menudo absentistas, los induce a exigir rentas desorbi-

* Miembros de una asociación agraria secreta irlandesa formada en 1761. *(N. de la T.)*

tadas por sus tierras. En consecuencia, el arrendatario no tiene un margen de beneficio para mejorar su pequeña parcela o para sobrevivir durante un año si la cosecha es mala. Además, los contratos de arrendamiento suelen ser por poco tiempo, y cuando expiran, el terrateniente vuelve a subir la renta, sabiendo que el desventurado arrendatario accederá a cualquier cosa para evitar que lo echen.

—El problema no siempre se plantea directamente con el terrateniente —añadió Nugent, buscando el equilibrio con poca convicción—. Los que no residen en sus tierras depositan su confianza en representantes, muchos de los cuales cumplen esta función temporalmente y no tienen el menor escrúpulo. Algunos de los arrendamientos son, de hecho, subarrendamientos, y el intermediario se lleva todos los beneficios.

Después de una breve pausa, Verey pronunció una profecía:

—Pronto será testigo de las peores consecuencias de esta situación, señor Hervey: familias en los caminos, expulsadas de sus hogares sin que nadie haya tenido en cuenta su bienestar físico o espiritual. Y aquí no existe un sistema como el Speenhamland,* de modo que estas familias morirán de hambre sin la caridad de sus vecinos, que carecen de medios para ayudarlos, ni la de su Iglesia, que no tiene nada. De hecho, tampoco buscan o aceptan nuestra ayuda. Su propio tocayo, el obispo Hervey de Derry, que según tengo entendido es pariente lejano suyo, defendió a ultranza la causa de los católicos y usó su propia riqueza para mejorar su situación. Todavía lo recuerdan con cariño por estas tierras, pero ni siquiera él pudo hacer más que una modesta contribución.

—Un pariente *muy* lejano —confirmó Hervey.

Por fin el doctor O'Begley le dio un consejo y con él, pensó Hervey, una pequeña muestra de simpatía:

—Debería leer una novela titulada *El castillo Rackrent*, ¿ha oído hablar de ella? Está llena de verdades. De hecho, es lógico que así sea, pues cuenta los hechos ocurridos a principios de siglo en las haciendas vecinas a las del padre de la autora, en el condado de Longford. La escribió Maria Edgeworth. Una obra notable para una mujer tan joven. Últimamente ha escrito otras, y todas excelentes.

* Dicho sistema, puesto en práctica en la ciudad inglesa del mismo nombre en 1795, pretendía complementar los ingresos de los trabajadores más pobres con subsidios tomados de los impuestos del distrito. *(N. de la T.)*

—Parece que tendré que leer a un sinnúmero de novelistas mujeres —respondió Hervey compungido mientras se levantaban para marcharse.

Mientras acercaba un poco más el candil que había sobre su mesilla de noche para leer *El castillo Rackrent*, que el doctor Verey había insistido en prestarle esa misma noche, Hervey sintió que por primera vez desde su partida de Toulouse tenía un objetivo, una carencia que se había visto agravada por las confusas emociones despertadas por Henrietta Lindsay. Deseaba con toda su alma entender aquel país, un lugar que, según comenzaba a sospechar, le resultaría tan extraño como España o Francia. Pero antes de salir de Hornigsham, Henrietta también lo había obligado a aceptar otro libro, y él había prometido leerlo de inmediato. Dejó la novela de la señorita Edgeworth par coger la de la señorita Austen, tratando de recordar cuál era el pasaje que Henrietta le había recomendado. ¿Era algo relacionado con Meyton, en el capítulo seis o siete? Abrió el volumen encuadernado en piel roja y empezó a leer, aunque con poco entusiasmo. Parecía plagado de alusiones a la búsqueda de un marido rico (y Styles era precisamente *eso*), así como a Londres, concretamente al barrio de St. James (donde Hervey había visto tanta riqueza como frivolidad) y a la alta sociedad, pero no encontró nada que sirviera para explicar los comentarios de Henrietta en Stonehenge. Comenzó a leer el capítulo siete, bostezando y esforzándose por mantener los ojos abiertos: había dormido poco durante la travesía en barco y las palabras de la señorita Austen no le ayudaban a permanecer despierto.

De pronto encontró lo que buscaba. Allí, al final de la primera página, ¡como si *saltara* de ella! «Sólo podían hablar de los oficiales, y la gran fortuna del señor Bingley, cuya sola mención mejoraba el ánimo de la madre de las jóvenes, no valía nada a los ojos de ellas cuando lo comparaban con los soldados.» Se maldijo por no haber buscado el pasaje antes. No era ningún acertijo: ¿Por qué no había visto más allá de lo inmediato la primera vez que había oído esas palabras? Si Henrietta Lindsay no veía a Styles como un «oficial» —de hecho, ¿cómo iba a verlo así? (ahora estaba claro que no)— el párrafo tenía sentido. Era verdad, los militares no eran ni superiores ni inferiores a los voluntarios; pero si ella comparaba al tal Bingley y su gran fortuna con Styles y su gran fortuna, la referencia halagüeña a los soldados debía significar por fuerza...

Se incorporó de un brinco y llevó el candil a la mesa donde Johnson había dejado su escribanía portátil. Era hora de actuar con determinación. Sus dudas y vacilaciones previas, su absoluta indecisión (todo lo contrario de lo que, en su opinión, era el espíritu de la caballería) debían quedar atrás. Fue como si hubiera oído los ladridos de los galgos o el tronar de los cañones: Hervey, que era a un tiempo cazador y soldado, sabía que debía galopar de inmediato hacia aquella música.

9

FUERA DE LA JURISDICCIÓN BRITÁNICA

4 de septiembre

A las seis de la mañana el tambor empezó a tocar diana para los fusileros, pero el sonido retumbó por las plazas del cuartel y despertó a Hervey, que dormía en los barracones del ala contigua. Estiró los brazos con pereza en la silla donde había pasado la mitad de la noche, y la capa cayó de sus hombros revelando una de las camisas de algodón que había adquirido en la Península. Alrededor, el suelo estaba salpicado de bolas de papel, pruebas de su accidentada cabalgada a campo traviesa para unirse a la jauría o llegar al campo de batalla. En la mesa, delante de él, había una hoja de papel escrita hasta las tres cuartas partes con su cuidada caligrafía. Sólo quedaban otras dos en blanco. Al iniciar su audaz carrera, de madrugada, había escrito con fluidez, incluso con pasión. Pero el primer borrador se le había antojado presuntuoso y había cogido una segunda cuartilla. A partir de ese momento, cada copia nueva había ido perdiendo espontaneidad hasta que, poco antes del amanecer, se había decidido por una carta no muy distinta de los despachos procedentes del cuartel general del duque de Wellington. Había omitido cualquier exégesis de *Orgullo y prejuicio* y en su lugar se había conformado con invitar a Henrietta a ir a cazar con él y sus compañeros. Mientras el tambor terminaba con un largo redoble y un enfático golpe, Hervey cogió la pluma y firmó la carta con las palabras «su humilde servidor».

Una hora después fue a la cuadra para informar a Johnson de que sacaría a *Raudo*.

—Pero no con la silla húngara, sino con la de caza —insistió—. Y sin manta. Sólo con la funda de piel de cordero.

—Bien, señor —dijo Johnson con tono resignado aunque reprobatorio—. Pero si el ayudante estuviera aquí, tendría problemas.

—Mire, este caballo nunca ha usado una silla del ejército. Quiero que ejercite las patas después del viaje y no tengo tiempo de probar una silla nueva. El instructor de equitación lo entendería, aunque quizá no el ayudante.

Pero el instructor de equitación no podría salvarle el pellejo a Johnson.

—¿Y por qué tiene que cabalgar de uniforme?

—Sencillamente porque creo que el ayudante así lo querría —respondió Hervey, que empezaba a cansarse de la intransigencia de su ordenanza en cuestiones de arreos.

Johnson comprendió que era una discusión inútil y, arrastrando los pies, fue a buscar las guarniciones.

—Y quiero un bridón en lugar del freno —gritó Hervey cuando se alejaba.

Aunque había estimado prudente cabalgar con uniforme (una decisión que no obedecía únicamente a las expectativas del ayudante), al menos había escogido el de fajina. Así parecería un soldado, pero no en misión oficial. Ésa había sido la práctica habitual en la Península, sobre todo porque garantizaba hasta cierto punto poder cabalgar sin la intromisión de las patrullas de la policía militar. Pero de todos modos iría armado. En consecuencia, en cuanto Johnson hubo ensillado el zaino, Hervey enganchó las pistoleras al arzón. No fue tarea fácil en una silla de caza, pero lo consiguió pasando las correas por las anillas destinadas a sujetar el antepecho. Luego desenganchó el sable y el portapliegos del talabarte y montó con su acostumbrada agilidad. Johnson soltó las bridas y le hizo señas para que se marchara. Hervey suspiró. Los tres meses de acuartelamiento no parecían haber mejorado los modales de su ordenanza: un mozo de cuadra podía despedir con ese ademán a un postillón, pero se suponía que Johnson era un soldado. Sin embargo, Hervey sabía que de nada serviría recordárselo y las formalidades quedaron para el centinela de los fusileros, que le presentó armas de manera tan enérgica como innecesaria, pues bastaba un simple saludo para demostrar respeto a un teniente.

El mapa que había estudiado poco antes sugería una ruta hacia el sur del río Lee siguiendo el camino con dirección oeste que, en una jornada de diligente cabalgada, lo llevaría hasta el Atlántico. Allende los mares no habría nada salvo Estados Unidos, con los que su patria seguía en guerra. Pero decidió que por el momento cabalgaría sólo durante la mañana: un reconocimiento preliminar destinado a familiarizarse con el paisaje. Pensó que podría llegar hasta Macroom, a ocho leguas de distancia, y si *Raudo* era lo bastante ágil, quizá incluso un poco más allá para contemplar las montañas que separaban los condados de Cork y Kerry. Luego cruzaría el río Lee y regresaría a la ciudad de Cork por la ribera norte.

Era una bonita mañana. Había hecho buen tiempo durante varias semanas (según le había contado Johnson) y los campos cubiertos de rastrojo daban fe de ello incluso a una distancia considerable de la ciudad. No encontró mucha gente por el camino y de todos modos nadie le prestó demasiada atención. Ese hecho no sorprendió a Hervey: hacía siglos que había un cuartel en Cork y no debía de ser inusual ver oficiales cabalgando por los alrededores. Sin embargo, esperaba que pronto su aparición resultara menos familiar, pues tenía toda la intención de conocer la Irlanda de la que habían hablado la noche anterior y no simplemente aquella por la que paseaba en esos momentos, que parecía un puesto de avanzada inglés.

En consecuencia se llevó una decepción cuando, después de recorrer varios kilómetros del camino que en teoría lo llevaría a la «verdadera Irlanda», se topó con una batería de artillería en el camino, trotando tranquilamente en su dirección como si estuvieran haciendo sus ejercicios matutinos. Hervey saludó al capitán, que se comportó como si tales encuentros tuvieran lugar todos los días. Especulando sobre su destino —o su origen, pues tenía entendido que no había artillería en la ciudad—, continuó al trote otro kilómetro más hasta llegar a Ballincollig. Aunque según el mapa era un pueblecillo insignificante, curiosamente había un piquete de artillería apostado en el camino, en el límite del pueblo. Los soldados lo saludaron, pero el cabo que estaba al mando no dijo nada y lo miró pasar con indiferencia. Unos setecientos metros más allá descubrió la razón del piquete: colosales depósitos de pólvora y barracones para toda una brigada de artillería. Cork era el centro de acantonamiento y avituallamiento de la flota del Canal, y Hervey lo sabía, pero aquello... No obstante, declinó las invitaciones para visitar los depósitos y comer con los artilleros, ambas hechas amablemente en cuanto el oficial del piquete lo vio. Sólo quería continuar.

—No se lo recomiendo, señor. Sobre todo si va solo —advirtió el oficial del piquete—. A un kilómetro y medio al oeste de aquí se encontrará con una zona tan agreste como Cantabria. Ya me entiende, ¿no?

Muy a pesar del artillero, sus palabras entusiasmaron aun más a Hervey.

—Créame, señor. La semana pasada tendieron una emboscada a uno de nuestro mensajeros a ocho kilómetros de aquí.

Pero Hervey no tenía intención de interrumpir su reconocimiento.

—Le agradezco la advertencia, señor, y cebaré mis trabucos. Sin embargo, deseo conocer el país, incluidas las zonas agrestes.

Sin embargo, deseó tener consigo la carabina con culata plegable, y mientras se alejaba decidió ordenar al talabartero que agrandara una de las pistoleras lo antes posible.

Pronto descubrió que ese día *Raudo* sería incapaz de soportar una cabalgada de setenta kilómetros, sobre todo con el inesperado calor de esa mañana de principios de otoño. Por lo tanto, un par de kilómetros más adelante, Hervey torció hacia el sur y se dirigió hacia las que formaban una línea divisoria entre los ríos Lee y Bandon, dispuesto a conformarse con un agradable paseo por el campo en lugar del reconocimiento que había previsto. En caso de seguir adelante, no podría haber alcanzado su objetivo de una forma más sutil o económica, pues más allá de Macroom habría visto disminuir gradualmente la influencia inglesa hasta encontrar, si su caballo hubiera tenido la energía necesaria, las chozas más míseras en las montañas de Derrynasaggart (tan míseras o peores que las que había visto en la Península). Entonces habría comprobado que eran tal como las concebía la imaginación popular, con techos de tepe, llenas de humo de turba, rodeadas del lejano e inhóspito paisaje situado más allá de las fronteras de la civilizada jurisdicción británica. En cambio, se internó en un paisaje más sencillo (aunque se le antojó igualmente extraño) a escasos kilómetros de Ballincollig y a unos quince de Cork. Lo primero que le llamó la atención allí, en una región que por lo demás no se diferenciaba mucho del este de Somerset, fue la ausencia de campanarios. Desde cualquier colina de Inglaterra, en especial en las regiones que él tan bien conocía, era posible ver varias torres o chapiteles de iglesias. Pero allí no. De hecho, aparte de las colinas, el territorio era curiosamente llano. Quizá la lección de historia del canónigo Verey debería haberle advertido de ese hecho, pero no siempre era fácil prever las consecuencias físicas de la historia académica.

Cruzó varios poblados —la palabra «pueblos» no parecía apropiada para ellos—, y aunque vio algunos atractivos edificios de piedra, la mayoría eran toscas construcciones de madera o piedra sin pulir. Algunas, sobre todo en las afueras de los poblados, era aún más primitivas, no mucho mejores que las que vería más al oeste. También se percató de que había muy poca gente y ni siquiera vio campesinos labrar la tierra, a diferencia de los muchos que solían verse en los campos de Wiltshire. Saludó a las pocas personas que se cruzaron en su camino —a las señoras llevándose la mano al sombrero—, pero lo más que recibió a cambio fue un inexpresivo movimiento de cabeza.

Cerca del mediodía, cuando según su mapa insólitamente preciso se encontraba a unos nueve kilómetros al sudoeste de Ballincollig, llegó junto a las ruinas de un establecimiento religioso, quizá un pequeño monasterio, aislado entre unos pastos desiertos. El mapa decía que se trataba de Kilcrea, nada más. *Raudo* empezaba a acusar los efectos del calor, de modo que Hervey desmontó y le dejó beber en un arroyo cercano. No se veía un alma por los alrededores, lo que aumentaba la sensación de soledad. Sin embargo, no parecía hallarse ante los restos de una comunidad cisterciense, pues si bien el entorno era propio de esa orden de vida recluida y pastoral, las ruinas carecían del esplendor de los edificios del císter. De hecho, tenían todo el aspecto de pertenecer a un monasterio más tardío y pequeño. Además, en contraste con las ruinas que había visto en Inglaterra, el edificio en sí estaba intacto, con las paredes altas y enteras. En Inglaterra, en la época del cisma, Enrique VIII habría cedido o vendido una casa monástica como aquélla a alguno de sus protegidos, que la habría convertido en posada o empleado las piedras para otro edificio. Pero aquellas ruinas parecían bien preservadas, incluso atesoradas. Hervey dudó de sus conocimientos de historia: ¿Acaso los monasterios habían sido prohibidos en Irlanda igual que en Inglaterra a partir de la Reforma? Aquellas ruinas parecían llevar la impronta de Cromwell: acaso una destrucción más perversa, un saqueo en lugar de un desmantelamiento.

Levantó la cabeza de *Raudo* del borde del arroyo. A pesar del calor, el agua estaba fría y existía el riesgo de que el animal sufriese cólicos si bebía demasiado. Lo condujo hasta las ruinas, aflojó la cincha y por fin desenganchó el bridón y la quijada para que el castrado pudiera aliviar el hambre en los verdes pastos. A través del arco de la entrada oeste vio varias tumbas entre los muros; eran nuevas, no las antiguas lápidas de caballeros medievales que uno encontraba en las iglesias inglesas. Cogió una estaca, la clavó en la tierra y ató a ella el ronzal de *Raudo*, quedando libre para explorar el edificio.

Reinaba un silencio casi absoluto, quebrado sólo por el canto de los grajos en una arboleda lejana y el suave rumor de la brisa pasando por las ventanas ojivales rotas situadas encima del arco. No era difícil entender por qué aquél debía de ser *—todavía—* un lugar predilecto para enterrar a los muertos. Muchas de las lápidas estaban desgastadas, con las inscripciones ilegibles, aunque se hallaban más protegidas de los elementos que en la mayoría de los camposantos. Las inscripciones que podían descifrarse estaban en inglés, y a Hervey le extrañó no ver por lo menos algunas en gaélico. ¿Acaso los pobres que hablaban gaélico eran enterrados sin lápida? ¿O el arte de labrar la piedra era demasiado refinado para esa lengua? ¿Era aquél un lugar reservado exclusivamente a católicos ricos?

Se sentó junto a una lápida cuya inscripción era demasiado reciente para haber sufrido la erosión de los elementos.

Aquí yacen los restos de Tim McCarthy
de Balineadig, que abandonó esta vida
el 19 de junio de 1797, a los 73 años,
y los de su esposa Anorah, muerta el 2 de noviembre de 1780
a los 46 años, y los de su hijo Tim, muerto el 4 de junio
de 1797 a los 26 años.
Que Dios acoja sus almas y descansen en paz
Amén

Hervey se preguntó qué conexión habría entre las dos muertes sucedidas en un mismo mes y año. ¿Acaso Tim McCarthy, ya viudo, había muerto de pena tras perder a su hijo? ¿Se habían contagiado alguna enfermedad? ¿O sería algo más siniestro? ¿Era probable que hubieran muerto en escaramuzas con la milicia? El viejo no, sin duda.

Pero la causa de la muerte de esas personas no era lo único que le intrigaba de la lápida. Más le sorprendía el sencillo diminutivo «Tim». Estaba seguro de que nunca lo habría visto en un cementerio inglés: aunque en vida hubiera sido siempre Tim, a la hora de su muerte habría sido Timothy. Esa designación cariñosa —Tim McCarthy— y la unión con la esposa en la muerte le recordaron el Génesis: «Y allí enterraron a Abraham y Sarah, su esposa.» Estaba en un lugar especial. Los McCarthy no sólo pertenecían al pasado, sino también a un país que Hervey no conocía. Lo invadió tal sosiego que se habría tendido a dormir al sol, arrullado por el lejano canto de los grajos y el suave rumor del viento, si no hubiera sabido que no podía permitir que *Raudo* siguiera comiendo hierba verde. Así pues, dejó el reposo para quienes se encontraban entre aquellos muros y salió a poner fin al banquete de su caballo. Mientras volvía a enganchar el bocado, ajustaba la cincha y montaba, decidió regresar de inmediato. La próxima vez no tendría prisa para dejar las paredes que en otros tiempos habían rodeado a tantos feligreses y que ahora daban cobijo a los restos de muchos padres, madres e hijos amados.

Tras recorrer algo más de medio kilómetro por el camino —aunque habría sido más preciso llamarlo sendero—, subió a lo alto de una pequeña loma y vio una columna de humo negro flotando sobre un poblado situado a menos de quinientos metros de distancia. La vista no le habría parecido inusual si no hubiera oído gritos a pesar de la distancia. Su primer impulso fue galopar hacia allí, pues era su deber ayudar a las autoridades en caso de disturbios, y supuso que ésa sería la causa de los gritos. Pero no conocía el país ni sus costumbres, de modo que decidió acercarse con cautela. Comprobó que sus trabucos de mecha estuvieran cebados y, en lugar de galopar por el camino, cruzó por el brezal con *Raudo* a medio galope. Luego, describiendo un semicírculo hacia la izquierda, se desvió hacia una arboleda cercana al poblado. Desde allí podría observar sin que lo vieran y, en caso necesario, acercarse a pie oculto entre los matorrales. Acababa de atar a su zaino y sacar su anteojo de la funda cuando de la aldea salió, como el propio Febo, un caballo atado a un carro en llamas. Al principio Hervey creyó que esto era una consecuencia del disturbio, pero luego, al ver que tras él salían más y más aldeanos corriendo y gritando, comprendió que era la única causa del tumulto. Desató a su caballo en el acto, saltó a la silla y volvió grupas para perseguirlo.

Un caballo desbocado, aterrorizado por el heno en llamas que no se separa de él por mucho que corra, tiene una velocidad y una resistencia prodigiosas independientemente de su raza y de la carga que tire, de modo que Hervey se vio obligado a espolear al agotado *Raudo* para que ganara terreno. Recorrió trescientos o cuatrocientos metros antes de acercarse al enloquecido animal, pero sus problemas acababan de empezar, pues *Raudo* también se asustó del fuego. Hervey picó espuelas para obligar a su zaino a acercarse el máximo posible al otro caballo, pero sólo después de varios intentos (en uno de los cuales poco faltó para que cayera porque *Raudo* perdió el equilibrio) fue capaz de coger las bridas. Apoyando el peso de su cuerpo en los estribos, tiró de las bridas con todas sus fuerzas, pero ni siquiera así consiguió frenar al caballo. Desesperado, estaba a punto de saltar sobre el lomo del animal para cubrirle los ojos con las manos (un truco que, según había aprendido, era capaz de detener incluso a un tiro de artillería) cuando vio el río delante y un vado con escarpadas riberas.

Hervey nunca sabría si él dirigió al caballo desbocado hacia el vado o si éste habría ido allí de todos modos, pero se lanzaron en él y, ya en el agua, Hervey dejó sus riendas para tirar de las bridas del caballo desbocado con las dos manos, confiando sólo en sus piernas para hacer frenar bruscamente a *Raudo* en el vado y evitar que instintivamente tratase de rebasar la ribera opuesta, una maniobra difícil para un caballo adiestrado y mucho más para un bisoño. Tal como había previsto, la ribera era demasiado escarpada para saltar, aunque el caballo desbocado intentó hacerlo, empinándose entre las limoneras mientras una lluvia de heno en llamas caía alrededor. Pero al menos había dejado de avanzar, y Hervey saltó de su silla para desenganchar el carro. Agarrando con fuerza las riendas, usó el sable para cortar las correas que mantenían la collera en posición. Cuando hubo cortado la última, el aterrorizado animal se sacudió las limoneras, saltó la ribera y volvió a huir. Hervey lanzó una maldición, y aunque se había quemado las manos, volvió a montar de un brinco (su zaino había permanecido bastante tranquilo a menos de diez metros de distancia, bebiendo en el río) y persiguió al caballo fugitivo. Furioso, pensó que corría condenadamente rápido para ser un vulgar jamelgo y necesitó otros setecientos metros para alcanzarlo y obligarlo a frenar.

Regresaron al poblado mojados y exhaustos. Sortearon el carro, ya totalmente envuelto en llamas, y en el límite del poblado se encontraron con la pequeña multitud de aldeanos que había alertado a Hervey del problema y había permanecido atenta a su espectacular intervención. Estaban descalzos y parecían tristes. Pero lo peor es que permanecieron callados y serios.

Un viejo (aunque habría sido difícil calcular su edad) vestido con gruesos pantalones de tweed y una rústica camisa de franela dio un paso al frente para coger lo que quedaba de las riendas del caballo desbocado.

—*Buíochas le Dia! Go raibh míle maith aga a nasaie??*

Aunque las palabras no significaron nada para Hervey, su sentido general era bastante claro. No sabía cuánto habían visto los habitantes del pueblo de su intervención, pero suponía que merecía gratitud por haber salvado el caballo, aunque éste no valiera las cinco libras de la anécdota de O'Begley. Mientras desmontaba, las personas que estaban más cerca retrocedieron. Hervey no entendió por qué, aunque supuso que era simple aprensión. Tenía los pantalones empapados y la cara negra de tizne, pero el viejo se fijó en el dorso de sus manos, que empezaban a ampollarse.

—¿Está solo, señor?

Hervey titubeó un instante, preguntándose si debía desenvainar.

—Sus manos, señor. Necesita que se las curen.

Una anciana, que a pesar del calor de la tarde llevaba la cabeza cubierta con un mantón negro, dio un paso al frente y le cogió una mano para examinar las quemaduras.

—*Tar liomsa nóimead* —dijo, y le indicó con señas que lo siguiera.

La multitud se abrió para permitir que la mujer los guiara a él y a *Raudo* hasta una de las chozas con techo de tepe. La mujer lo invitó a entrar con otra seña, y Hervey tuvo sólo un instante para decidir si debía arriesgarse a dejar a *Raudo*, con pistolas y todo, en manos del chico que los había seguido. Su instinto le dijo que se imponía la confianza.

El viejo entró tras él.

—*Fior cinn fáilte* —susurró con una inclinación de cabeza, y le señaló una silla junto a la ventana que, aparte de la puerta, era la única fuente de luz de la habitación.

—Mi padre le da la bienvenida.

Hervey dio media vuelta y vio en el umbral a una mujer mucho más joven, casi una niña. Tenía el cabello de color rojo cobrizo y espeso como un endrino. A pesar de la penumbra, Hervey notó que su aspecto y su tez habrían despertado la envidia de muchas mujeres de la alta sociedad del barrio de St. James.

—¿Dónde está el bálsamo, Caithlin?

—En la jarra de piedra, junto a la levadura, madre. Yo te lo traeré —respondió la joven. Luego se volvió hacia Hervey y sonrió—. Como ve, hablamos perfectamente el inglés. Pero preferimos hacerlo en gaélico.

La anciana dejó la tarea a su hija y se sentó en una silla junto al fuego a remover el contenido de una olla. Hervey pensó que había llegado el momento de decir algo —cualquier cosa—, pues era ésa la oportunidad que había estado buscando.

—Soy el teniente Hervey, del Sexto de dragones de Cork —dijo.

—Yo soy Michael O'Mahoney, señor, y le estoy muy agradecido por haber salvado a mi caballo. Éstas son mi esposa Brigid y mi hija Caithlin.

Caithlin O'Mahoney, ya acuclillada junto a Hervey untándole las manos con el bálsamo, alzó la vista y volvió a sonreír. Las suyas eran las primeras sonrisas nativas que veía desde que había salido de Cork. ¡Y qué sonrisas! Afectuosas, cordiales, grandes y espontáneas, contrastaban con la seriedad de los demás habitantes del poblado. De hecho, fueron más eficaces que el bálsamo para aliviar el dolor de las manos de Hervey. Estuvo a punto de suspirar, pero de súbito la luz mortecina en la que trabajaba la joven se apagó aún más, y cuando Hervey se volvió, vio a dos hombres que tapaban tanto el umbral como si hubieran cerrado la puerta. Se preparó para incorporarse y desenvainar el sable. Sólo cuando los dos entraron en la choza y la luz de la ventana cayó sobre ellos, Hervey vio que estaban desarmados. Eran dos jóvenes de veintitantos años y una cabellera roja y espesa como la de Caithlin O'Mahoney. Ella permaneció indiferente a los rostros ceñudos de los jóvenes y continuó sonriendo.

—Fineen, Conor —dijo la anciana con tono autoritario—, dad la bienvenida a este oficial. Ha salvado a *Finbarre* y se ha quemado.

Los jóvenes murmuraron un saludo aceptable sin alterar el gesto, pero desviaron hacia su hermana las miradas fulminantes.

—Éstos son mis hijos, señor —explicó el viejo—. Bueno, dos de ellos.

—Buenos días —dijo Hervey—. Lamento no poder estrecharles la mano.

Ninguno de los dos respondió y ambos salieron de la choza sin decir una palabra.

—Disculpe los modales de los muchachos, señor —dijo el anciano, molesto por la actitud de sus hijos.

—Seguramente estarán furiosos consigo mismos porque tuvo que ayudarte un extraño, padre. Y nada menos que un inglés. No se preocupan de nada. No sé por qué no se van a Estados Unidos, como siempre andan prometiendo.

—Estamos en guerra con Estados Unidos, señorita —dijo Hervey antes de darse cuenta de que quizá los O'Mahoney no habrían usado la palabra «estamos».

El viejo suspiró.

—¿Es que los ingleses tienen que pelearse con todo el mundo? Irlanda es un país pacífico; no tenemos motivos para luchar —comentó, pasándole una taza a Hervey al ver que Caithlin O'Mahoney había terminado con el bálsamo—. *Sláinte!* —exclamó levantando la suya.

—*Sláinte!* —respondió Hervey, que se había familiarizado con esa palabra en las numerosas veladas compartidas con soldados del norte.

Tomó un sorbo y reconoció de inmediato la bebida. El anciano le hizo un guiño y Hervey rió.

El regimiento había regresado de Dublín una semana antes, y después de una noche en Cork los escuadrones se habían desplazado a distintos puntos del interior: una compañía en Mallow, Bandon, Tallow y Gort respectivamente, tres en Limerick, y pequeños destacamentos en lugares como Skibbereen, dejando una compañía y el cuartel general en Cork. En consecuencia, la mayor parte de la provincia de Munster estaba ocupada por la caballería ligera y había unidades móviles para reforzar las guarniciones de infantería en las principales ciudades, aunque a juzgar por las condiciones de vida que Hervey había visto en Kilcrea, no podía concebir que los irlandeses constituyeran una amenaza. Su compañía permaneció en Cork, y su desencanto inicial por no haber sido enviado al oeste se desvaneció unas semanas después, cuando el capitán Lankester se tomó tres meses de permiso y le cedió el mando temporalmente.

—He oído que ha estado galopando por los alrededores —le había dicho Lankester en el momento de cederle el mando. Y ante la respuesta afirmativa de Hervey, lo había mirado fijamente y añadido con tono acusatorio—: Espero que no se haya hecho una idea romántica de este lugar. De lo contrario, le resultará difícil desenvainar el sable. Guarde las distancias, señor Hervey.

Hervey tenía a Lankester por uno de los oficiales más humanos, de modo que ese comentario podría haberlo inducido a reflexionar, pero como no estaba dispuesto a admitir que sintiera un apego especial por Irlanda, consideró que no tenía necesidad de hacerlo. Era verdad que había regresado a las ruinas de Kilcrea. Había descubierto que era un antiguo convento franciscano, y el padre O'Gavan, el sacerdote que había conocido en su segunda visita al poblado, lo llevó allí una tarde. De hecho, Hervey había estado varias veces en Kilcrea y empezaba a aprender algo de la gente y su lengua. Ya no llamaba a los hijos de O'Mahoney «Fineen» y «Conor», sino «Finghin» y «Conchobhar», y la familia había pasado a ser «O' Mathghamhan». ¿Acaso no era ésta una información útil (con un valor al menos indirecto para las autoridades)? Caithlin era buena maestra y ya le había enseñado los rudimentos de la lengua. También había descubierto que los hermanos estaban casados y eran arrendatarios por derecho propio con pequeñas parcelas en Kilcrea. Aunque demasiado jóvenes para pertenecer a los Irlandeses Unidos de Tone, Hervey sabía que no habrían vacilado en unirse a ellos si hubieran tenido la oportunidad. A diferencia de su hermana, ninguno de ellos sabía leer y escribir, y aunque toleraban la presencia de Hervey cuando iba al pueblo, no lo recibían con alegría. El padre de Caithlin, por el contrario, disfrutaba de sus visitas, y él y Hervey habían bebido juntos muchos vasos de *poteen* (el whisky irlandés destilado ilegalmente), una ceremonia precedida siempre por un guiño cómplice del viejo. Sin embargo Lankester no tenía nada que temer, le había asegurado Hervey.

Lord George Irvine, ya recuperado casi por completo de su herida, había permanecido en Dublín, donde ocupaba —de forma temporal, naturalmente— el puesto de secretario militar del comandante en jefe. La comandancia del regimiento estaba otra vez en manos de Joseph Edmonds, que había decidido dejar a su esposa e hijas en Norwich (en el comedor de oficiales se rumoreaba que no podía pagarles el alojamiento en Cork). Según la costumbre, en su condición de oficial al mando, Edmonds debería haber dejado sus habitaciones del cuartel y alquilado al menos un pequeño piso de soltero en la ciudad. Al principio había demostrado algún interés por los apartamentos en construcción en el viejo fuerte de Huggartsland, entre los jardines del mercado en el límite oeste de la ciudad, pero finalmente se había quedado en el cuartel, para creciente incomodidad de los pocos oficiales con que compartía el rancho.

Aunque Hervey disfrutaba de su compañía más que los otros, pronto tuvo también motivos para lamentar que Edmonds no se hubiera establecido con su familia en la ciudad. Sin embargo, dichos motivos no tenían tanto que ver con el mal humor de Edmonds como con el hecho de que Henrietta y su hermana habían escrito aceptando su invitación. ¿Dónde las instalaría sin tener que pagar una suma desorbitada? Lady Irvine estaba en Dublín con su marido, de modo que no había otra mujer con la que pudieran alojarse sus invitadas. Por fortuna, con el siguiente correo llegó otra carta diciendo que Henrietta y Elizabeth se alojarían en Lismore, la residencia de la familia Cavendish. Lismore estaba a más de cuarenta kilómetros de distancia, pero dado que había una compañía cerca de allí, en Tallow, a Hervey le pareció buena idea. Sólo conocía a los Cavendish por referencias, pero Michael O'Mahoney le había advertido que noviembre podía ser un mes muy crudo (aunque también el mejor para la caza), de modo que se alegró de que Henrietta y Elizabeth dispusieran de tan excelente alojamiento y en un sitio tan ventajoso para cazar con perros.

Muy pronto el verano pasó definitivamente y las primeras mañanas frías de otoño cubrieron de niebla la ciudad y el campo. En los campos no había cultivos ni campesinos, pues ya habían segado el trigo y la cebada y recogido las patatas en las pequeñas parcelas. En medio de una de esas neblinas matutinas, Hervey cabalgó hasta Kilcrea para atender a otra de las clases del padre O'Gavan sobre la historia de la Irlanda monástica. Esperaba ver allí a Caithlin, y no se equivocó. La joven parecía tener más ansias de saber que cualquier otro habitante del pueblo; sin duda el resultado de la esmerada instrucción del cura (que sin embargo era dudoso que le sirviera de algo en un futuro). Por una vez Hervey había encontrado aplicación a sus conocimientos de griego, superiores a los del cura. Ya conocía bien los alrededores y era capaz de llegar a Kilcrea sin necesidad de pasar por un poblado que tuviera más de una docena de casas. Esa mañana, con la niebla envolviéndolo todo, llegó allí sin ver a nadie en el camino. El propio pueblo parecía desierto salvo por la silueta de un jinete en la calle principal, un panorama ciertamente insólito. Entonces un segundo jinete, montado en un caballo sudoroso, se reunió con el primero. Al aproximarse Hervey vio —y oyó— que estaban furiosos.

—Buenos días, capitán —dijo el más joven de los dos (que sin embargo doblaba la edad a Hervey), un hombre de aspecto fornido sobre un rucio igualmente robusto. Llevaba un abrigo verde y una chistera, que se quitó para saludar. El otro hombre, con pinta de buscapleitos, guardó silencio.

—Buenos días, caballeros —respondió Hervey tocándose la visera del quepis—. Pero soy teniente, no capitán —añadió con cautela, pues percibía algo raro en aquellos dos sujetos.

—¿Qué le trae por aquí, teniente? —preguntó el hombre con cordialidad.

—Voy a visitar a unos amigos —respondió él.

El hombre entornó los ojos.

—Entonces debe de haberse perdido. ¿Quiere que le indiquemos el camino a la carretera principal?

—No, gracias. Esto es Kilcrea, ¿no?

En ese momento Caithlin O'Mahoney salió de una cabaña acompañada por el padre O'Gavan. La joven dedicó a Hervey la misma sonrisa afectuosa con que lo recibía en todas sus visitas.

—Ah, teniente, ya entiendo por qué está aquí. Sin duda encontrará menos complacientes a las señoras de Cork —se mofó el más joven de los jinetes.

—Pero le resultará difícil quitársela al cura —dijo el otro, y soltó una carcajada.

Caithlin desvió la vista y el padre O'Gavan enrojeció de ira. En un instante la punta del sable de Hervey estaba en la garganta del individuo.

—¡Por el amor de Dios, guarde ese sable! —exclamó el hombre, y su cara rubicunda perdió el color con la misma rapidez con que el sable de Hervey había llegado hasta ella. El caballo de su acompañante corcoveó, dándole una buena excusa para no intervenir.

—Pedirá disculpas a esta señorita por haberla insultado, y también al padre por decir lo que ha dicho en su presencia.

El hombre se disculpó en el acto con voz ahogada. Hervey envainó su sable y los dos jinetes se marcharon del poblado masculando las más viles amenazas y maldiciones.

—No me gusta la violencia, señor Hervey, pero sabe Dios que es un buen instrumento en las manos apropiadas —declaró el sacerdote.

Caithlin lo miró a los ojos.

—Muchas gracias, señor. Esos hombres y los de su calaña creen que tienen derechos sobre todas las mujeres del pueblo.

—Ha escogido un día triste para visitarnos —añadió el cura—. A la madre O'Long, allí —señaló la casa de la que acababan de salir—, apenas le quedan unas horas en este mundo y esos dos hombres han estado entregando avisos de desahucio en el pueblo. ¡Y éste es un pueblo de arrendatarios ingleses! El individuo al que acaba de reprender es su apoderado: Fitzgerald.

Hervey desmontó.

—¿Arrendatarios *ingleses*? No lo entiendo, padre.

—Bueno, es una expresión que usamos para referirnos a los arrendatarios que pagan la renta el día que corresponde, como se hace en Inglaterra, ¿no? En algunas haciendas hay retrasos, impuestos pendientes y sabe Dios qué más. Pero éste es un pueblo inglés y el apoderado no tiene derecho a desalojar a nadie.

—En ese caso, padre, ¿por qué iba a querer desahuciarlos el terrateniente?

—Tendría que ir a Londres y preguntárselo a él —dijo Caithlin con un dejo de rencor impropio de ella—. Hace años que su apoderado, el hombre que usted acaba de amenazar —prosiguió, aunque con menos sarcasmo—, tiene la idea de que este valle resultaría más rentable si se demolieran las casas y se trajeran ovejas.

—¿Ovejas? —preguntó Hervey, incrédulo—. Pero si en Inglaterra los granjeros están vendiendo sus ovejas por menos de lo que valen porque prevén una caída en el precio de la lana ahora que la guerra ha terminado. Despejar este valle para que pasten las ovejas no es una medida económicamente rentable.

—Estoy seguro de que tampoco es buena a los ojos de Dios, señor Hervey —observó el padre O'Gavan—, pero el propietario se ha empeñado en hacer mejoras, y así están las cosas. Cuando los contratos de arrendamiento expiran, no hay recursos legales para enfrentarse a un terrateniente.

—¿De cuánto tiempo es el contrato de tu padre, Caithlin? —preguntó Hervey.

—De doce meses, igual que el de todo el mundo. Expirará a principios de año.

«Le resultará difícil desenvainar el sable... Guarde las distancias...» Las palabras de Lankester atormentaron a Hervey durante todo el camino de regreso a Cork. Había desenvainado antes de lo que habría imaginado, y no contra un rebelde, sino contra un representante de la supremacía protestante. Le habría gustado que Lankester estuviera en el cuartel, pero no era así, y en su lugar tuvo que recurrir a los ambiguos consejos de Edmonds. El comandante le repitió la advertencia del capitán, pero en términos que expresaban desprecio por los individuos como el apoderado de Kilcrea. Más aun, alentó a Hervey a mantenerse en contacto con los O'Mahoney, pues les vendría bien tener información temprana de cualquier indicio de inestabilidad. A la mañana siguiente, tras permanecer en vela una vez cumplidas sus obligaciones de control sobre los puestos de guardia, a Hervey se le ocurrió una alternativa prudente al conflicto de Kilcrea. Escribiría al propietario de las tierras, hablándole sin rodeos de sus dudas sobre la integridad del apoderado, la discutible rentabilidad de las ovejas y el aumento de beneficios que, según le había explicado el doctor O'Begley, podría obtener arrendando las parcelas con contratos más largos.

Tardó dos horas en escribir la carta y la envió a la mañana siguiente sin decir nada a Edmonds. De hecho, no habló de ello con nadie. En su opinión, ser un militar no le impedía expresar su punto de vista sobre asuntos ajenos al ejército. ¿No había dicho el canónigo Verey que una mejor comprensión del país habría hecho innecesaria la ayuda militar a los poderes civiles?

Transcurrió un mes sin que Hervey se aventurara a dirigirse al sur o al oeste de la ciudad, pues la compañía de Tallow estaba muy ocupada organizando patrullas para controlar el contrabando en los alrededores de Youghall y la compañía de Hervey fue enviada en su ayuda. En cierto sentido fue un alivio para él, pues una vez enviada la carta, su presencia en Kilcrea no podía servir de gran cosa. Y también fue un alivio rentable, pues su compañía obtuvo una recompensa por apresar con vida a seis bretones e incautarse de su lugre lleno de vino de Calvados, pese a que uno de los barriles desapareció misteriosamente en el proceso. Sin embargo, aunque no hubiera podido ser de utilidad en Kilcrea, sentía una curiosa añoranza por la compañía del padre O'Gavan y Caithlin, y los libros que había pedido a John Keble para la joven —un lexicón, el *Homero* de Chapman y un Nuevo Testamento en griego— permanecían sin abrir en sus habitaciones del cuartel de Cork.

Tras la llegada a Youghall de nuevos funcionarios de aduanas, la compañía regresó a Cork la víspera del aniversario de la batalla de Trafalgar con la esperanza de celebrar esa victoria providencial. Sin embargo, Edmonds les ordenó que estuvieran preparados a las seis de la mañana siguiente para cabalgar hasta Ballinhassig con el fin de asistir a la judicatura en el reparto de notificaciones.

—¡Por todos los cielos, señor! —protestó Hervey—. ¿Notificaciones de quién? ¿Y por qué ha de ir la compañía entera?

—Porque los jueces han pedido una compañía entera, y dado que el presidente de los magistrados de este distrito es amigo del general Slade, como me ha informado él mismo, no veo razón para poner objeciones. Vaya con quien quiera, pero no lleve menos de cincuenta hombres a Ballinhassig.

—¿Para quién son las notificaciones?

—No lo sé ni me importa. Y tampoco debería importarle a usted. Con un poco de suerte, irán destinadas a unos bandidos que no tendrían reparos en dispararle. Sin embargo, con toda probabilidad serán para buenos cristianos metidos en una trampa legal, pero no hay nada que usted o yo podamos hacer al respecto, ¡y será mejor que lo recuerde cuando salga para allí mañana! Éste no es momento para bravuconadas, Matthew.

Esa noche, sentado a solas en su habitación, Hervey pensó que si bien Kilcrea estaba bajo la jurisdicción de Ballincollig, o eso tenía él entendido, en realidad no había motivos para suponer que tuviera que llevar notificaciones de desahucio allí; pero la sola posibilidad bastó para inquietarlo, y no podía confiar sus temores a nadie. Edmonds ya le había dado su opinión, no había otro oficial del Sexto en sesenta kilómetros a la redonda y el canónigo Verey estaba en Dublín. Podría haber buscado los sabios consejos del sargento Strange, pero sus principios no le permitían desahogarse con el mismo hombre en el que al día siguiente debería depositar toda su confianza. En cuanto a Armstrong... Pero al menos podía enfrascarse en alguna actividad fructífera. Por lo tanto, en ausencia de otros oficiales, comunicó sus instrucciones directamente a Strange (que una vez más cumplía las funciones de brigada de la compañía):

—Formen a las cinco y cuarenta y cinco —fueron sus últimas palabras después de la inspección de las cuadras y antes de retirarse a sus habitaciones para escribir a Horningsham.

En cuanto comenzó a poner sus pensamientos por escrito, la inquietud de Hervey se convirtió en una odiosa premonición. Si no era en Kilcrea, sería en otra parte, pero estaba seguro de que su conciencia y su deber acabarían enfrentados. O más bien, el deber se enfrentaría con el deber, pues ¿cuál era su verdadero deber? ¿Luchar por los poderes civiles o por la justicia? (Sabía perfectamente que justicia y ley no eran siempre la misma cosa.) ¿Cómo podría dar al César lo que era del César?

En la carta a John Keble volcó sus pensamientos libremente y sin reservas. A Elizabeth le hizo sólo un pequeño y abstracto resumen de los conflictos que planteaba a un militar su ayuda a los poderes civiles. A Henrietta le escribió sobre el país y su gente, una carta que, según creía, decía poco o nada de su confusión, aunque una lectora con la perspicacia de Henrietta seguramente la adivinaría en la intensidad de la prosa.

Cuando terminó de escribir, cerca de la medianoche, su cuerpo estaba cansado pero su mente era un torbellino, y supo que no podría conciliar el sueño. De modo que cogió *El castillo Rackrent* de la mesilla de noche, donde seguía desde el día en que se lo había dado el canónigo Verey, y empezó a leer el prólogo. Lo hizo sin demasiado entusiasmo, sólo para distraerse de sus preocupaciones, pero en este sentido el libro resultó ser una elección lamentable. «Es probable que aquellos que no conocen bien Irlanda encuentren las siguientes memorias prácticamente incomprensibles o del todo increíbles —comenzaba el prólogo, y Hervey se preguntó qué grado de conocimiento del país podía atribuirse a sí mismo—. Cuando Irlanda pierda su identidad a consecuencia de su unión con Gran Bretaña, mirará atrás, a su existencia pasada, con una sonrisa de jovial complacencia.» Hervey leyó el párrafo por segunda vez, incapaz de creer lo que había entendido la primera. Pero decía exactamente eso. Naturalmente, estaba dispuesto a admitir que la señorita Edgeworth conocía Irlanda mucho mejor que él, pero ¿«jovial complacencia»? Dadas las circunstancias, le parecía una idea harto peculiar. Dejó el libro con un suspiro; quizá, tal como había advertido su autora, le resultaría incomprensible.

De modo que cogió el vademécum de la hermana María. Éste también había permanecido cerrado sobre la mesilla de noche y su sola visión era un desafío diario a la conciencia de Hervey. La letra, con unos trazos ascendentes y unas curvas perfectas que habrían honrado a cualquier escriba medieval, le recordaron de inmediato la paz espiritual que había disfrutado en el convento en compañía de la monja. «Escoge un pasaje de naturaleza devota y léelo antes de acostarte. No elijas más de tres elementos en los cuales meditar. Al despertar, evoca el tema, y después de unas breves oraciones preparatorias —incluido, quizá, un acto de contrición— prepárate con tres "preludios" para la parte principal de la meditación.» Hervey no pudo menos de admirar la economía del inglés de la hermana María. «Preludio primero: recuerda los elementos; segundo: evoca con tu imaginación el lugar, del que formará parte tu propio ser; tercero: reza por la gracia.» Hervey comenzó a sentirse amodorrado. Incapaz de seguir leyendo, apagó el candil, cerró los ojos y rezó por conciliar el sueño. Sin embargo, como si el propio san Ignacio le hubiera hablado a través de las páginas de la hermana María, pensó en las palabras de la señorita Edgeworth y se preguntó si, en efecto, estaría equivocada… fatalmente equivocada.

10

EN AUXILIO DE LOS PODERES CIVILES

Aniversario de la batalla de Trafalgar

Llovía a cántaros mientras los cincuenta hombres de la compañía A formaban en la fría penumbra con sus capas de color azul oscuro, sus chacós cubiertos con telas enceradas y las llaves de las carabinas envueltas en trapos. Los caballos estaban inquietos. Eran capaces de tolerar muchas molestias, pero no les gustaba la lluvia. En el tenue resplandor de los faroles de aceite que rodeaban la plaza de armas, las cabalgaduras retrocedían y piafaban, provocando las maldiciones de los suboficiales que hacían lo posible para mantener rectas las tres filas. El soldado Johnson había llevado a *Nerón* hasta la puerta del comedor de oficiales, y Hervey había montado en el mismo momento en que el reloj del cuartel daba las seis menos cuarto. Un instante después intercambiaba saludos con el sargento Strange en la plaza. No era momento para formalidades.

—¡Subdivisiones, media vuelta a la izquierda! —ordenó de inmediato—. ¡En marcha!

Y sin más ceremonia, excepto por el toque de despedida del clarín, marcharon desde el cuartel en dirección sudoeste con rumbo a Ballinhassig.

Tardaron casi una hora en recorrer los nueve kilómetros y Hervey guardó silencio durante todo el trayecto, cavilando sobre las palabras de la señorita Edgeworth: «Irlanda mirará atrás con una sonrisa de jovial complacencia.» Deseó haber estudiado con mayor diligencia el vademécum de la hermana María, pues sentía que necesitaba desesperadamente un método para sopesar esa idea. Sabía que debía hacer lo que estimara correcto, pues ése era el deber de todo oficial. Pero ¿de qué lado estaría lo correcto esa mañana? ¿Con la ley? Suponía que podía fiarse de los conocimientos del magistrado en cuestiones legales. ¿Con la conveniencia? Una vez más, el magistrado, como representante del poder civil —del gobierno— debía de ser el mejor juez en ese aspecto. ¿O estaría lo correcto del lado de la justicia? Si era así, no había en cambio mejor juez que la conciencia. Todo quedaba librado a su propio criterio y sólo podía rezar por que Dios le concediera la fuerza y sabiduría necesarias para cumplir con su deber. Era el aniversario de la batalla de Trafalgar y seguramente Nelson también había rezado a esa misma hora nueve años antes.

Aún llovía cuando la compañía se encontró con el presidente de la judicatura, que se había refugiado de la lluvia en una miserable taberna situada a la entrada del pueblo. Pocos minutos después Hervey vio confirmados sus peores temores: debían entregar notificaciones de desahucio inmediato a dos docenas de arrendatarios de sir Dearnley Lambert en Kilcrea. El magistrado, un hombre nervioso de cincuenta y tantos años cuya figura sugería que nunca se había privado de tomar cuatro comidas abundantes al día, no les comunicó cómo pretendía proceder con los desahucios. Se limitó a decir que antes debían reunirse con el apoderado y su «brigada de alzaprimas».

Mientras trotaban hacia el norte por el camino lleno de rodadas que conducía a Kilcrea, asistidos por los primeros rayos del sol, Hervey descubrió por qué el magistrado de Ballinhassig tenía jurisdicción sobre el pueblo. Las tierras de sir Dearnley Lambert se extendían tanto al norte como al sur de aquella ciudad y, en consecuencia, se las tenía por una única entidad. Le pareció un detalle ligeramente reconfortante, pues al principio había pensado que el apoderado había encontrado a los jueces de Ballinhassig más complacientes que los de Ballincollig. No obstante, cuando se encontraron con el apoderado, Hervey volvió a sentirse inquieto: aunque estaba seguro de que Fitzgerald lo había reconocido, no dio señales de ello y habló única y deliberadamente con el magistrado. En cierto sentido era lo correcto, pues sólo el magistrado tenía derecho a solicitar la ayuda del ejército, y si la distancia del apoderado era una muestra de descortesía, pues que así fuera (Hervey no esperaba volver a verlo). Pero no le parecía un buen presagio.

A unos veinte metros de distancia, apiñados en una arboleda para resguardarse de la lluvia que seguía cayendo en el gris amanecer, aguardaban dos docenas de hombres armados con alzaprimas y martillos. Detrás de ellos había un carro de aspecto curioso, con toda clase de poleas y palancas, tirado por dos caballos robustos.

—¿Cuál cree que es la finalidad de ese artefacto, sargento Strange?

—No soy ingeniero, señor, pero me juego la cabeza a que no lo usan para construir.

—Me lo temía —respondió Hervey con un suspiro.

Entonces apareció el padre O'Gavan, envuelto en una amplia capa negra, y caminó hacia ellos mientras la lluvia azotaba el ala ancha de su sombrero. Los miembros de la brigada de alzaprimas se movieron incómodos cuando pasó por su lado, y aquellos que llevaban sombrero se lo quitaron. ¡Vaya con los feligreses católicos!, pensó Hervey. El magistrado también se quitó el sombrero, aunque mecánicamente, y Hervey saludó, pero el agente permaneció impasible sobre su rucio.

—Buenos días, señor Gould. ¿Qué se propone hacer hoy? —preguntó el cura.

—Buenos días, padre O'Gavan. El apoderado de sir Dearnley ha entregado notificaciones de desahucio a veintidós arrendatarios, pero ellos no se han marchado. Traigo órdenes de desalojo inmediato y en consecuencia se les invitará a abandonar sus parcelas. Pacíficamente, espero, pero por la fuerza si es necesario.

—Vamos, señor Gould, usted sabe muy bien que no tienen adónde ir. El propietario de las tierras ha prohibido a los demás arrendatarios que los acojan. ¿Permitirá que duerman y se mueran de hambre en las zanjas del camino?

El magistrado miró alrededor, incómodo, pero no así el apoderado, que estaba ansioso por poner manos a la obra.

—Debería haberse guardado sus consejos para los arrendatarios, padre —dijo Fitzgerald con tono desafiante—. Han tenido tiempo de sobra para abandonar estas tierras.

—Señor Hervey —comenzó el cura—, si no es posible detener estos desahucios, al menos debemos hacer todo lo posible para evitar un derramamiento de sangre. Confío en que sus hombres demuestren consideración.

—¿Conoce a este oficial, padre? —preguntó el magistrado, sorprendido.

—Sí, es un buen amigo del pueblo.

Gould pareció inquieto una vez más y Hervey respondió:

—Padre, mis hombres actuarán con la máxima consideración, pero como ya sabrá, la ley me obliga a asistir al magistrado si éste así lo solicita.

—Me temo que los desalojados se han atrincherado en sus casas, señor Gould —explicó el padre O'Gavan—. He intentado explicarles que es inútil resistirse, pero dado que no tienen adónde ir, consideran que lo único que pueden hacer es impedir el desahucio.

—¡Adelante, Gould! ¡Vamos a lo nuestro! —ordenó Fitzgerald.

—De acuerdo —balbuceó el magistrado—, adelante. Señor Hervey, por favor disponga a sus soldados de manera que protejan al apoderado y a sus hombres mientras cumplen con su deber.

A Hervey le habría gustado discutir el concepto de «deber», pero comenzó a apostar a sus hombres tal como le había pedido el magistrado. La primera cabaña que recibió la visita de la brigada de alzaprimas fue presa fácil. Un violento ataque a la ventana y la puerta entabladas les permitió entrar de inmediato, y un instante después salían los ocupantes: un hombre apenas mayor que Hervey con su esposa y sus cinco hijos. La mayor, una niña de unos ocho años, abrazaba un crucifijo igual que las niñas de Horningsham abrazaban a sus muñecas. Mientras estaban encorvados bajo la fuerte lluvia, con un gesto de desolación que Hervey no había visto antes en ningún ser humano, el cabeza de familia murmuró una súplica al apoderado. De inmediato uno de los miembros de la banda de apoyo lo golpeó con un palo en la nuca, haciéndole caer de bruces en el barro. A Hervey le hirvió la sangre. Espoleó a *Nerón*, desenvainó su sable e hizo volar al culpable de un cintarazo antes de que nadie pudiera decir una palabra.

—¡Es usted muy rápido desenvainando, señor! ¡Eso es un abuso de la propiedad del gobierno! —gritó el apoderado.

—No habría tenido inconveniente en usar los puños, pero seguramente le hubiera hecho más daño. Además, el sable es de mi propiedad —respondió Hervey. Luego se volvió hacia el magistrado e hizo su propia advertencia—: Señor Gould, estoy obligado a cumplir sus órdenes, pero no pienso permanecer impasible ante cualquier agresión injustificada.

—Creo que el oficial está en lo cierto, señor Fitzgerald. Su hombre ha cometido una imprudencia —respondió el magistrado sin demasiada convicción.

Entretanto Hervey había desmontado y, junto con Strange y Armstrong, ayudó al hombre a levantarse. El resto de la familia lloraba y temblaba. Hervey se quitó la capa y cubrió con ella a los tres niños menores, mientras Strange y Armstrong hacían otro tanto con las otras dos criaturas y la madre.

—¡Por el amor de Dios! ¿Dónde se ha visto algo semejante? —exclamó el apoderado con tanto desprecio que el magistrado Gould volvió a moverse incómodo en la silla y ordenó con gesto desafiante el avance del extraño carro.

Fue entonces cuando el artefacto reveló su utilidad, y no tardó mucho en hacer su trabajo. Dos ganchos atados a los extremos de sendas sogas fueron lanzados sobre el techo, donde un hombre los afianzó en las piedras de las esquinas. Las poleas tensaron las cuerdas y, tras apenas tres largos pasos de los caballos de tiro, las paredes se inclinaron y el techo se derrumbó. La brigada de alzaprimas puso manos a la obra y un cuarto de hora después no quedaba nada de la choza.

La compañía contempló la escena en silencio. Armstrong fue el único que expresó sus sentimientos en voz alta:

—Así no se trata ni a un perro. Ni los propietarios de las minas de carbón se rebajarían a hacer algo semejante.

—Vaya con cuidado, sargento Armstrong —dijo Strange.

Otra vez el tranquilizador acento de Suffolk. Hervey necesitaría hasta el último ápice de aplomo antes de que terminara el día.

El siguiente desalojo sería una empresa más difícil. Hervey sabía que allí vivía Fineen O'Mahoney y que éste no saldría con la misma docilidad que los anteriores inquilinos.

La puerta y las ventanas estaban protegidas con barricadas, y los hombres de las alzaprimas no consiguieron abrirlas.

—¡Pongan los ganchos en el techo! —ordenó el apoderado a sus hombres—. ¡Si no salen por las buenas, los arrastraremos!

—¡No sea necio! —gritó Hervey—. Ahí dentro hay una familia.

—Pues si se niegan a salir, los imprudentes son ellos —replicó Fitzgerald—. ¡Pongan los ganchos!

A pesar del ruido de la lluvia y el bullicio de la brigada de alzaprimas, oyeron gritar a Fineen O'Mahoney con un tono entre temerario y suplicante:

—¡Aquí dentro está mi mujer enferma, además de mis hijos y mi hermana! ¡Por el amor de Dios, déjennos en paz!

Su *hermana*. Fineen sólo tenía una. Hervey sintió un nudo en el estómago. El hecho de que Caithlin estuviera dentro echaba por tierra sus esperanzas de que los O'Mahoney salieran sin pelear, pues había planeado ir a buscar a la joven a la choza de su padre para que convenciera a su hermano. Y aunque el desalojo de la primera familia había sido un duro trago para él, por lo menos eran desconocidos. La presencia de Caithlin lo cambiaba todo.

—Señor Gould, no puede ser legal dejar caer un techo sobre una familia —gritó.

Fitzgerald dirigió una mirada fulminante al magistrado, que se puso ostensiblemente nervioso pero respondió que el procedimiento era correcto.

—Pero vayan con cuidado con el techo —le gritó al apoderado, como si esa orden fuera viable.

—¡No! —gritó Hervey—. ¡Nadie tocará ese techo!

—Explíqueme, señor Hervey, qué ocurrió como consecuencia de su discusión con el apoderado.

El uniforme empapado de Matthew Hervey se adhería más y más a su cuerpo. El fuego del despacho del comandante Edmonds empezaba a secar la parte delantera de sus pantalones (hasta el momento había permanecido en posición de firmes, informando de lo sucedido en Kilcrea), y el teniente se esforzaba para controlar sus temblores, pues temía dar una impresión equivocada al comandante.

—Ordené al sargento Armstrong que acompañara a la brigada de alzaprimas fuera del poblado, señor, y al sargento Strange que dispusiera del resto de la compañía para impedir que regresaran.

—¿Y qué dijo el magistrado?

—Insistió en ordenarme que desistiera, pero yo le repetí varias veces que no participaría en una agresión contra mujeres y niños fueran cuales fueren sus órdenes, señor.

—¿Considera que esas órdenes eran legales?

—Con todos los respetos, señor, no soy abogado.

—No, señor Hervey, eso salta a la vista. Y si no estaba seguro de que las órdenes fueran ilegales, no tenía por qué desobedecerlas.

—Tampoco estaba seguro de que fueran *legales*, señor, de modo que habría sido una imprudencia obedecerlas, sobre todo porque desobedeciéndolas no arriesgaba ninguna vida, pero obedeciéndolas sí.

—Ese argumento es muy discutible. No conseguirá hacérmelo tragar a mí, y mucho menos a un tribunal. ¿Está seguro de que su amistad con esas personas no le ofuscó la razón?

—No lo creo, señor. No me importaba *quién* estuviese dentro de la choza.

Joseph Edmonds suspiró y maldijo entre dientes.

—Señor Hervey, ¿por qué estamos acantonados en Cork?

Hervey continuó mirando al frente.

—Para ayudar a los poderes civiles, señor.

—Exactamente. ¿Y cuál era, en términos generales, su misión de esta mañana?

—Ayudar a los poderes civiles, señor.

—Bien, señor Hervey, en tal caso ¿admite que no ha cumplido con su deber y que, en consecuencia, se ha rebelado no sólo contra la autoridad militar sino también contra la civil?

Hervey dio por sentado que se trataba de una pregunta retórica.

—¡Responda, señor Hervey! —gritó Edmonds.

—Así lo entenderían el señor Gould y el señor Fitzgerald, señor.

Edmonds volvió a suspirar.

—¡Por los clavos de Cristo, señor Hervey! Dudo que alguien lo entienda de otra manera. No estamos en la tranquila Inglaterra; estamos más allá de la jurisdicción inglesa, en el mismísimo culo del reino. ¿Cree que alguien está mínimamente interesado en escrúpulos de conciencia cuando hay una rebelión acechando detrás de cada arbusto?

Hervey guardó silencio.

Edmonds levantó varias hojas de papel del escritorio y las sacudió.

—¿Sabe qué significa esto? —preguntó—. Nunca había visto que un magistrado escribiera una protesta con tanta rapidez. Es una declaración de guerra, una solicitud para que se aplique un castigo ejemplar.

Hervey tembló y se enfadó consigo mismo por ello.

—¿Tiene algo que añadir? —preguntó Edmonds cabeceando.

—No, señor —respondió Hervey con calma.

—Muy bien —dijo Edmonds, ya más tranquilo—, en tal caso entregará su sable al ayudante y se retirará a sus habitaciones en libertad bajo palabra, donde le sugiero que escriba un informe de lo sucedido.

Hervey soltó las dos presillas de las anillas de su talabarte y entregó el sable. El ayudante lo cogió con una breve inclinación de cabeza y luego Hervey giró elegantemente a la derecha, saludó y abandonó la oficina del cuartel.

—Los hechos tienen la curiosa manía de repetirse —dijo el ayudante una vez que se hubo cerrado la puerta.

Edmonds frunció el entrecejo.

—Usted y yo habríamos actuado de igual modo. Al menos eso espero. La manera más segura de buscarse problemas aquí es entrometerse en los asuntos de los terratenientes absentistas. Sin embargo, la ley es categórica. Enviaré un informe al general Slade, aunque no creo que el gran hombre haya ganado un ápice de sagacidad desde su traslado aquí. Mucho me temo que al lado de esto el incidente de Toulouse parecerá una rencilla entre damiselas.

Esa noche Hervey escribió una carta con destino a Oxford. «Mi querido Keble —empezaba, y tras confirmar que las preocupaciones de la carta de la noche anterior habían demostrado ser fundadas y relatar lo sucedido desde entonces, proseguía—: Me temo que estoy acabado. Pero creo que he cumplido con mi deber para con esa gente y, en consecuencia, para con el rey, pues cuando la ocasión lo requiere, también ellos son fieles súbditos suyos. La ley que debería defenderlos sólo parece ser el instrumento que los empuja a la rebelión...»

11

UN NOBLE SEÑOR

Waterford, 4 de noviembre

El castillo de Lismore, erigido en lo alto de un peñasco sobre el río Blackwater, carecía de la elegancia de Longleat, acaso porque su propósito original había sido muy distinto. William Cavendish, un hombre de la edad de Hervey que acababa de heredar el título de duque de Devonshire, había dedicado la mayor parte de la travesía desde Bristol a explicar este detalle a Henrietta y Elizabeth, además de contarles sus planes para embellecer el castillo ahora que se había restaurado la paz en Europa y la situación irlandesa era más estable. En el siglo XVII un antepasado político suyo (Richard Boyle, primer conde de Cork) había ordenado construir Lismore de tal modo que resistiera un posible ataque. Y aunque contaba con bonitos jardines, con tejos, setos podados con forma de animales y senderos flanqueados de rododendros —explicó el duque—, todavía no era un lugar de esparcimiento adecuado para la nobleza. Una gabarra de vapor, una novedad para las dos señoras, los había transportado río arriba por el Blackwater desde Youghal (adonde habían llegado en bergantín desde la bahía de Cork), y finalmente habían recorrido en coche los setecientos metros que los separaban del castillo. Allí esperaban encontrar a Hervey, pero en su lugar recibieron tres cartas de su puño y letra. La destinada al duque era breve y formal, explicando que sus obligaciones militares lo habían retenido y que era poco probable que pudiera aceptar su invitación para alojarse en Lismore. Las de Elizabeth y Henrietta eran más largas y, salvo por unos pocos detalles íntimos, ambas decían prácticamente lo mismo. Las dos mujeres consideraron que debían informar de inmediato al duque del contenido de las cartas.

—William —comenzó Henrietta con absoluto aplomo pero también con una dureza que el duque nunca había percibido en su voz—. Matthew está arrestado. Puedes leer los detalles tú mismo, pero parece que se ha negado a obedecer órdenes de un magistrado y ahora ese odioso general Slade le formará consejo de guerra.

—Permíteme leer las circunstancias exactas —dijo el duque con escepticismo—. Pero ¿por qué calificas de odioso a ese general? ¿Le conoces?

—Sólo por su reputación, pero cuando Matthew me habló de la animosidad que había entre ambos en Francia, yo consulté con alguien de la Guardia Real, y me dijeron que ese general no está muy bien visto en Londres.

—Por eso los envían a Irlanda —bromeó el duque.

—Duque, creo que esto es muy serio —terció Elizabeth—. En Francia, ese general arrestó a Matthew acusándolo de haber abandonado su puesto y, naturalmente, no era cierto. Lord Wellington llegó a felicitar a Matthew por su conducta, y eso enfureció al general Slade. También hubo un problema con un sargento al que Matthew defendió ante el mismo general. Por lo tanto, me temo que independientemente de quién tenga la razón, el general Slade querrá desquitarse de su anterior afrenta.

—Perdone la pregunta, señorita Hervey, pero ¿su hermano se enfrenta a menudo con las autoridades? ¡Parece haber tenido muchas tribulaciones para ser un oficial tan joven!

Henrietta hizo una seña a Elizabeth para que siguiera en silencio.

—William, Matthew es un excelente oficial, cualquiera te lo confirmará. Pero no es un hombre servil, y cuando cree que algo está mal, lo dice. Quiero que viajes a Cork hoy mismo y hagas todo lo posible para que lo pongan en libertad.

—¿Hoy? Pero si acabamos de llegar…

—¡Sí, hoy, ahora mismo! ¡Y yo iré contigo!

—Yo también —dijo Elizabeth.

Ninguna de las razones expuestas por William Cavendish convenció a las dos mujeres de que era innecesario que lo acompañaran. Sólo la amenaza explícita de retrasar su partida hasta la mañana siguiente las obligó a ceder, y a pesar de que la prudencia le recomendaba lo contrario, el duque salió de Lismore hacia Cork —un viaje en coche de casi setenta y cinco kilómetros— antes de que cayera la tarde.

La llegada a Irlanda de un pariente de Richard Boyle, aunque fuera lejano, ya era la comidilla de todo Cork. Los dos siglos transcurridos desde que su antepasado había desembarcado en esas tierras, prácticamente en la miseria, para convertirse con extraordinaria brevedad en uno de los hombres más ricos del reino, no habían conseguido empañar la reputación del primer conde. E independientemente de lo admirada o vilipendiada que fuera esa reputación, William Cavendish se proponía utilizarla.

—Bien, duque —comenzó Edmonds, que no sabía nada de Boyle pero sí lo suficiente de los Cavendish—, le aseguro que no nos hemos quedado de brazos cruzados. Hervey cuenta con el asesoramiento de un abogado local en el que confiamos plenamente, un tal señor Nugent, que también es ayudante del capítulo y conocido de Hervey. Sin embargo, no vacilaré en traer a un abogado de Dublín, o incluso de Londres, en caso necesario. ¿Quiere verlos? En este momento están reunidos en el comedor. Como comprenderá, el señor Hervey está confinado en el mismo cuartel.

William quiso verlos, naturalmente, y cuando oyó lo que tenía que decir el abogado, se sintió más esperanzado.

—Bueno, su excelencia —había comenzado Nugent—, en estas cuestiones la ley no es tan precisa como parecen creer muchos, entre ellos el magistrado Gould y el general Slade. Sin duda alguna un oficial convocado por un magistrado tiene el deber de hacer todo lo posible para evitar alteraciones del orden o para restaurarlo. Ahora bien, la forma en que disponga de sus fuerzas es competencia suya y sólo suya. No es lícito ordenarle que haga algo que él considere una imprudencia militar ni, en consecuencia, él puede delegar esta responsabilidad en el magistrado, aunque se le prometa inmunidad. En el hipotético caso de una transgresión de las leyes civiles, el oficial deberá responder ante los tribunales civiles, pero en lo que respecta a sus decisiones militares, sólo debe responder ante la autoridad militar competente. ¿Me explico con claridad, excelencia?

—Ya lo creo, señor Nugent, con absoluta claridad. Sin embargo, tengo entendido que no hubo diferencias con el magistrado por cuestiones militares. Fue algo más serio, ¿no es así?

—Eso parece. No obstante, quería aclarar cuáles son las posiciones relativas de lo civil y lo militar en un punto que se ha prestado a muchos malentendidos.

—Si me permite decirlo, también ha demostrado unos conocimientos de la ley en estas cuestiones francamente asombrosos para un especialista en temas eclesiásticos —dijo el duque con tono de aprobación.

—Eso se debe, señor, a que he estudiado la historia de este país desde un punto de vista legal. Le sorprendería saber cuántos motivos de apelación hay en un distrito cualquiera de los alrededores.

—No entraremos en ese tema —respondió Cavendish con otra sonrisa.

—Volvamos, pues, al que nos interesa. Como recordará, he dicho que los militares tienen el deber de mantener la paz. Pero no es competencia suya hacer cumplir leyes específicas, excepto cuando la transgresión de las mismas puede conducir a una alteración del orden. Por lo tanto, la compañía del señor Hervey no estaba en Kilcrea para *ayudar* con los desahucios, sino para evitar que se atacara al apoderado y a sus hombres mientras éstos hacían su trabajo legalmente.

—Pero cualquier magistrado sabe eso —comenzó Cavendish—, y Hervey, aquí presente, se negó incluso a dejarles hacer su trabajo.

—En absoluto. Los primeros arrendatarios fueron desalojados sin incidentes —replicó Nugent—, excepto cuando uno de los hombres del apoderado golpeó a un arrendatario sin motivo.

—Y el señor Hervey le devolvió el golpe —contraatacó el duque.

—No creo que se presenten cargos contra el oficial por ello: todo quedará en un golpe por otro. Además, podría argumentarse que esa acción fue preventiva, pues había buenas razones para suponer que la agresión continuaría. No, la importancia del ataque del miembro de la cuadrilla es que sugiere una predisposición a la violencia por parte de los hombres del apoderado, un factor que el señor Hervey debía tener en cuenta para formarse su opinión. En resumen, creo que las pruebas sugieren que en un principio el señor Hervey estaba dispuesto a cumplir con su deber en los desalojos. De hecho, el párroco del poblado corroborará este punto, ya que el señor Hervey le había comunicado sus intenciones.

—¿Cómo explicará, pues, que más tarde obstaculizara el proceso de desahucio? —preguntó Cavendish con tono de duda.

—El apoderado dio una orden ilegal a sus hombres, la de derribar la segunda choza con los ocupantes dentro. En consecuencia, el apoderado estuvo a punto de causar una alteración del orden, incluso una matanza. Sus hombres ya habían demostrado que eran violentos y el magistrado no hizo nada para detenerlos. Como he dicho, el señor Hervey tenía la obligación de actuar en ese momento y también de desoír cualquier orden ilegal del magistrado. Es una posición muy comprometida para un oficial, duque: si obedece está condenado y si no lo hace también.

Siguió una pausa durante la cual Cavendish sopesó lo que le había dicho el abogado.

—En tal caso sólo queda un interrogante, señor Nugent —dijo por fin—. Está claro que ésta es su interpretación de la ley, pero ¿será también la de los demás? ¿Se llegará a juicio?

El abogado enarcó las cejas y suspiró.

—Excelencia, ése es el quid de la cuestión. Lo cierto es que ha habido mucha confusión en torno al tema de la ayuda militar al poder civil. Es usted demasiado joven para recordar los motines de Gordon. Yo estaba en Londres. Los motines habrían podido sofocarse de inmediato si los responsables de hacerlo no hubieran actuado bajo la falsa convicción de que, legalmente, los magistrados sólo podían solicitar la intervención militar después de que se hubiera leído a los amotinados la Ley de Sedición y, en consecuencia, una vez comenzadas las revueltas. Después de los motines hubo una gran polémica legal, pero la verdad es que había pocas normas inequívocas. La mejor interpretación, aunque por desgracia no tiene fuerza de ley, fue la que dio el arzobispo de York en la Cámara de los Comunes. Aquí está —declaró Nugent, abriendo un voluminoso libro—, y será la base de mi alegato. El arzobispo dice: «El fatídico error de los militares fue creer que bajo ningún concepto podían intervenir sin las órdenes de un magistrado civil, cosa que en efecto es así cuando una multitud se congrega pero aún no ha cometido actos de violencia. Sin embargo, una vez que se han empezado a cometer desmanes, todos los súbditos del reino, y entre ellos los militares, están justificados por el derecho consuetudinario para usar cualquier método con el fin de evitar actos ilegales.»

—Parece bastante claro —respondió Cavendish—. ¿Quién fallará el caso en esta ocasión?

—Se presentará ante un auditor en un consejo de guerra. Los

hechos en sí no se discuten. Sólo habrá que determinar si es o no legal derribar el techo de una vivienda con los ocupantes dentro.

—¡Cielo santo! Este mismo año en Inglaterra hemos colgado a gente por delitos mucho menos graves. Luddites y otros de su calaña. Atan grandes cables de acero alrededor de las chimeneas y las derriban. ¿Dónde está la diferencia?

—En que aquí esto sucede a diario, duque. Hace unos meses hicieron algo parecido ante las mismísimas narices del obispo de Meath. Sus protestas de entonces y las posteriores no han servido de nada.

Este descubrimiento inquietó a William Cavendish, que todavía no estaba familiarizado con las desigualdades dentro de la Unión y en ese mismo instante tomó una firme determinación. Ahora sabía que el subteniente Hervey, y no sólo en su opinión, había actuado honorablemente, de hecho de la única forma digna de un caballero. Había actuado defendiendo la justicia, y si la ley se negaba a reconocerlo, el duque se aseguraría de que el caso llegara al tribunal más importante de la Unión. Entretanto, usaría todas sus influencias para que el arresto de Hervey quedara en suspenso. Dio las gracias a todos por su paciencia, declinó con pesar la invitación a cenar y pernoctar allí, y aunque ya había anochecido, partió hacia Lismore.

Llegó de madrugada, mucho después de que Elizabeth y Henrietta se hubieran retirado, de modo que no pudo contar lo sucedido en Cork hasta la hora del desayuno.

—¿Elizabeth y yo podremos, al menos, ir a visitarlo? —preguntó Henrietta cuando el duque hubo terminado de hablar.

Cavendish convino en que era un deseo razonable, pero les recomendó que tuvieran paciencia.

—Ya he enviado un despacho urgente al general Slade pidiéndole que le concedan la libertad bajo palabra, ofreciéndome a responsabilizarme de él en caso necesario. No creo que el general deniegue esta solicitud. Pero de ahí a que retire los cargos hay un gran trecho.

En total, los oficiales del Sexto de dragones se unieron a cuatro grupos de caza; cinco si se contaba la improvisada partida de del señor Croker en Ballingard, Limerick. Los galgos de Muskerry habían participado en la caza del zorro en el condado de Cork durante la mayor parte del siglo, y la compañía apostada allí disfrutaba de su campo de barrancos y puntales los miércoles y los sábados. Sin embargo, cuando esa partida acordaba cazar mucho más al oeste, en Macroom, los oficiales se unían a la compañía de Bandon en el sur y cazaban con la partida de Carberry. En ocasiones los perros llegaban hasta la bahía de Bantry, donde a veces los cazadores pasaban la noche de juerga en la ciudad, y de no ser así, los militares del grupo cabalgaban hasta Skibbereen y se alojaban en el puesto que el ejército tenía allí. La compañía de Mallow se unió a la partida de Duhallow, cuyos encuentros en el extremo más meridional también la hacían accesible a la compañía local. Hervey prefería sus campos a los de Carberry, pues en ellos había menos zonas aradas. Pero la partida que más le gustaba era la de Scarteen: los galgos negros y castaños del señor Thaddeus Ryan eran capaces de cazar tanto zorros como venados en el mejor terreno imaginable de terraplenes y cañadas, y el aire era tan puro que los perros olían la presa y corrían más rápido que en cualquier otro lugar de Irlanda.

Antes de que el altercado con el magistrado de Ballinhassig pusiera un repentino final a sus cacerías, Hervey había participado por lo menos en treinta, casi todas con la partida de Scarteen. Y cuando le concedieron la libertad bajo palabra (Slade había encontrado muy persuasiva la solicitud del duque de Devonshire), su ánimo comenzó a mejorar gracias a las batidas más largas y veloces de su vida y a la compañía de las dos mujeres que más amaba y admiraba. Sin embargo, no hablaron de su arresto más de lo estrictamente necesario, pues si el resultado del proceso militar en curso era favorable, tendrían tiempo suficiente para hablar de él con la debida imparcialidad. En cambio, si el resultado era *desfavorable*, al menos Hervey conservaría algunos recuerdos felices de la caza y la compañía que le ayudarían a soportar las tribulaciones del futuro. Durante esas semanas disfrutó de la civilizada y generosa hospitalidad de Lismore y de la cabaña de caza del duque en Tipperary, aunque no de la compañía del propio duque, pues, William Cavendish pretextando asuntos pendientes relacionados con sus tierras, trabajaba diligentemente para conseguir la absolución de Hervey. De hecho, su absolución era de vital importancia para el duque.

A finales de noviembre, Hervey y Henrietta habían pasado la mayor parte del mes juntos, excepto cuando unas maniobras o las tareas del piquete exigían la presencia del primero en Cork. Sin embargo, Elizabeth escribió en su diario que la relación entre ambos no parecía haber avanzado en las preciosas semanas transcurridas desde su partida de Horningsham. Si Hervey hubiera llevado un diario, habría escrito lo mismo: en general, la compañía de Henrietta era agradable, llena de risas y juegos, pero cada vez que se presentaba una oportunidad para intimar, ella adoptaba una actitud muy distante, o al menos lo suficiente para que él no se atreviera a declarar sus sentimientos. Su interés no había disminuido, pero el arresto había socavado su confianza, como un gusano en un roble, y suponía que a Henrietta le había ocurrido otro tanto. Sentía que cada día que pasaba tenía menos iniciativa, y no se le ocurría ninguna estratagema para recuperarla.

Pero una mañana en que los galgos estaban al acecho en la mejor parte del terreno, cerca del extremo meridional del valle Golden, Henrietta le dio una sorpresa:

—Matthew, esto es el paraíso. Pero he oído decir que no debemos perder la oportunidad de cazar con la partida de Muskerry. ¿Podríamos pasar un día con ellos, quizá la próxima vez que cacen al oeste de Cork?

—Desde luego —respondió él—, pero la caza allí no es buena comparada con ésta.

—En realidad —respondió ella—, me gustaría ver la región en la que con tanto valor te enfrentaste al magistrado. Créeme, Matthew, cualquier mujer admiraría semejante muestra de coraje.

Hervey no prestó atención al condicional del verbo y se sintió alentado por esa aparente resolución de las dudas de Henrietta.

Llevaron a cabo los preparativos necesarios sin mayores dificultades, y una semana después Hervey, Elizabeth y Henrietta cazaban con la partida del señor Samuel Hawkes, el jefe de monteros de Muskerry. Desde allí cabalgaron por la ribera sur del río Lee hasta llegar a los barracones de la unidad de artillería en Ballincollig. A mediodía estaban cerca de Kilcrea, tal como había previsto Henrietta, y cuando Hervey se lo dijo, ella quiso visitar el poblado. Dejaron el coto —y a Elizabeth— y cabalgaron hacia el pequeño pueblo que Hervey no veía desde el día de su arresto, más de un mes antes.

De los agujeros de los techos de tepe y de las chimeneas de las casas más sólidas salía humo de turba, pero no había nadie a la vista. Sin embargo, en cuanto se internaron en el lodazal de la calle principal, los ocupantes de las miserables chozas comenzaron a salir. Al pasar junto a las casas, Hervey les devolvió sus saludos en el idioma local. Aunque Henrietta no conocía esa lengua y los saludos parecían recelosos, la benevolencia de la gente era evidente. Al menos un rostro le dedicó una sonrisa y Hervey no pudo menos de devolverla. Cuando llegó a la cabaña donde había entablado su precipitada amistad, Hervey saltó del caballo y le tendió una mano a Caithlin O'Mahoney. Sin embargo, rechazando su formalidad, la joven le rodeó el cuello con los brazos y lo besó en ambas mejillas.

Sólo cambiaron una docena de palabras en irlandés antes de que Hervey se volviera hacia Henrietta, pero durante esos segundos de intimidad, la joven vio confirmadas sus sospechas y sintió el impulso de volver grupas en dirección a Cork. Sólo el orgullo mantuvo quietas sus manos.

La fina tela y los colores del uniforme de Hervey siempre habían destacado en el lúgubre pueblo y por una vez su capa negra hacía que pareciera formar parte del escenario, aunque el traje de caza de terciopelo dorado de Henrietta semejaba totalmente fuera de lugar. Caithlin sabía que las cosechas de un año entero de todo el poblado no alcanzarían para pagar unas ropas semejantes. Y naturalmente el valor de cuanto había dentro de su choza, en la que Henrietta aceptó entrar (y con absoluta dignidad), no compraría ni el perfume ni los guantes de esa dama. No obstante, Caithlin estaba tranquila, pues dado que no sentía la necesidad de poseer un traje como aquel, ni perfumes o guantes, tampoco veía la falta de ellos como una privación. Quizá más tarde se preguntara si ese atuendo la haría tan atractiva como a Henrietta, pero Hervey jamás había prestado la más mínima atención a esas cuestiones (por improbable que le hubiera parecido a Henrietta). Mejor dicho, nunca les había prestado atención hasta ese momento: después de tantas semanas, el cabello cobrizo y los ojos oscuros de Caithlin no le resultaban indiferentes.

El más pobre de los arrendatarios de Longleat tenía mejores ropas y mejor casa que los O'Mahoney, y el aplomo de Henrietta no era tan grande como para que no advirtiera este hecho. Por lo tanto, sintió cierta simpatía hacia esa joven por la cual, en su opinión, Hervey había perdido la cabeza (aunque ella habría sido la primera en reconocer que él aún no lo sabía). Caithlin, por su parte, no dio un solo paso en falso en las arenas movedizas de la conversación. Una y otra vez cambió de tema cuando él tocaba alguno que sólo les incumbía a los dos, aunque Hervey insistía en interrogarla con total despreocupación. Pero no mencionaron ni el arresto ni la valiente acción de Hervey, pese a que todo el pueblo estaba al tanto.

—¿Cómo se han comportado las patrullas del regimiento? —preguntó Hervey por fin con una sonrisa.

—Ah, les estamos muy agradecidos, señor —terció Michael O'Mahoney—. Y siempre es una alegría ver al sargento Armstrong.

—Sí, el *querido* sargento Armstrong —añadió Caithlin con entusiasmo—. ¡Disfruto tanto de su compañía!

Su vehemencia pareció hacer más embarazosa la situación. Michael O'Mahoney desvió la vista y su esposa, que prácticamente no había hablado desde la llegada de Hervey, comenzó a remover con energía el contenido de la olla que estaba en el fuego. Caithlin fijó la vista en su regazo y todos guardaron silencio.

—Bueno —dijo Henrietta, que nunca se sentía cómoda durante esas pausas—, nos espera una larga cabalgada hasta Cork, Matthew. ¿No crees que deberíamos despedirnos de estas buenas personas?

Sin embargo, la despedida se prolongó más de lo previsto, pues todos los habitantes del pueblo deseaban estrechar la mano del hombre que los había salvado (las órdenes de desahucio habían sido canceladas por motivos de orden público) y al mismo tiempo les había dado la esperanza de recibir un trato más justo de los militares. Pero un apretón de manos no parecía apropiado para despedirse de Caithlin después de su abrazo de bienvenida. En efecto, Hervey estimó que era totalmente inadecuado. De modo que cuando ella, ahora más prudente, le tendió la mano, él la cogió de los hombros para darle un beso en la mejilla. Un gesto tan natural e inocente habría pasado inadvertido de no ser porque el recelo de Caithlin se manifestó de súbito en forma de timidez. Fue entonces cuando Hervey percibió finalmente, aunque con aterradora confusión, lo delicado del momento.

Henrietta, que no había dicho una palabra desde que habían salido del pueblo, continuaba callada cuando tomaron el camino a Ballincollig. El frío comenzaba a nublar los sentidos de Hervey, pero algo en lo más profundo de su ser le dijo que debía buscar la manera de explicar su insensibilidad, aclarar lo que había ensombrecido el tiempo que él y Henrietta habían compartido en las últimas semanas y poner fin a cualquier preocupación que pudiera tener Henrietta con respecto a Caithlin.

—Me gustaría enseñarte un lugar muy especial cerca de aquí —dijo después de un silencio que ya le parecía eterno.

—¿No era muy especial el que acabamos de dejar atrás? —preguntó ella con un tono tan dolido que Hervey supo sin ninguna duda a qué se enfrentaba.

Cabalgaron hasta las ruinas del monasterio de Kilcrea. El lugar seguía siendo un remanso de paz, aunque en esa ocasión el viento zumbaba insistentemente a través de las ventanas ojivales. Cuando Hervey ayudó a Henrietta a desmontar, ella rehuyó su mirada. Parecía casi inerte, como las muñecas con que jugaba Elizabeth de niña, que a veces perdían el relleno de crin de caballo. No había rastros del aplomo que tantas veces había hecho perder el suyo a Hervey durante el último verano en Wiltshire.

Mientras caminaban entre las ruinas, Hervey relató la historia del monasterio tal como la había oído de boca del padre O'Gavan, pero ella prestó poca atención y demostró aún menos entusiasmo. Hervey señaló las lápidas y sus inscripciones y le contó que Caithlin le había enseñado irlandés en ese mismo lugar.

—¿Y qué quería ella a cambio, Matthew? —preguntó con una franqueza que él nunca habría esperado de ella.

Hervey no supo qué responder. En verdad, él nunca había pensado que Caithlin esperara algo más que ampliar sus conocimientos. ¿Acaso no habían paseado siempre acompañados por el padre O'Gavan? No, últimamente no. Hervey se sintió incapaz de pensar con claridad e incluso empezó a cabecear como para negar sus dudas. Pero si había algo en su corazón por lo que debía pedir perdón, no eran *hechos* que requirieran una confesión.

—Le enseñé un poco de griego —respondió, de inmediato supo que sonaría absurdo.

—¡Griego! —exclamó Henrietta.

Hervey se asustó y perdió la poca lucidez que le quedaba.

—Sí —respondió, casi presa del pánico—. Ella ya sabía algo de latín.

Henrietta se echó a reír. Su risa era tan explosiva que tuvo que taparse la boca, y aun así, espantó a los estorninos de los dinteles.

—¡Griego! —exclamó con otra sonora carcajada.

Hervey la miró con perplejidad.

—¡Ay, Matthew, eres tan...! ¡Esa chica te adora, está tan claro como el agua! ¿Qué creías que pasaba entre ambos?

Hervey abrió la boca, pero de ella no salió nada. Finalmente su intuición comenzó a guiarlo y vio con bastante claridad —de hecho, con *absoluta* claridad— que estaba en sus manos poner fin a la tristeza y la confusión que él y Henrietta habían experimentado por separado durante los últimos meses. La cogió de los hombros con suavidad.

—Cásate conmigo, Henrietta —dijo, y se sorprendió de sus propias palabras, pues hacía tiempo que buscaba una fórmula refinada para su proposición.

Ella alzó la vista y cabeceó. Hervey sintió como si la fría hoja de un puñal lo atravesara, pero entonces la cara de Henrietta se iluminó de alegría.

—No deseo otra cosa declaró—. Creo que en el fondo no he deseado otra cosa desde que era una niña.

—De modo, mi querida Henrietta, que vas a casarte con un hombre sin fortuna, un hombre que probablemente sea destituido del servicio, deshonrado y marginado de la sociedad. También será una deshonra para ti. ¿Y todo eso por *amor*? —preguntó el duque con una expresión tan seria que Henrietta se sintió casi avergonzada.

—Sí —desafió.

El duque sonrió.

—¡Qué no haría yo por una esposa así!

Henrietta también sonrió. Fue una sonrisa de alivio, y con ella recuperó el buen humor.

—Entonces toma las medidas necesarias para emparentarte con los Hervey. ¿Es que no sientes nada por Elizabeth?

—Disculpa, Henrietta, pero conozco bien el corazón de las mujeres. Y el de la señorita Hervey no se me abriría, te lo aseguro. ¡Ni siquiera por un ducado!

—William, *eso*...

Pero el duque la atajó levantando la mano.

—Tenemos asuntos más agradables que discutir, señorita —comenzó—. El consejo de guerra de su prometido. Creo que tengo buenas noticias.

—¿De veras? Soy toda oídos, señor —dijo ella, dirigiéndose a él con ese respetuoso tratamiento para seguirle la corriente.

El duque apoyó un brazo sobre la repisa de la chimenea, bajo los estantes atestados de libros de su biblioteca, y le comunicó una noticia con la que esperaba hacerla feliz.

—Me parece demasiado arriesgado permitir que este caso llegue a los tribunales. Sería conveniente frenar el procedimiento.

Henrietta pareció desolada.

—Perdóname, William. Pero ¿no es eso lo que todo el mundo ha estado intentado hacer? Dijiste que eran *buenas* noticias.

—Buenas, sí. Por otra parte, eso *no* es lo que el abogado del señor Hervey ha estado intentando hacer. Lo que ha estado haciendo, y muy bien, es estudiar el asunto, preparar el alegato de la defensa en previsión de un juicio. Y lo ha hecho con inteligencia, concentrándose en los aspectos más sutiles de la ley. Tan sutiles, me temo, y con repercusiones tan monumentales, que corre el riesgo de perder. Aunque yo en su lugar llevaría el caso ante la Cámara de los Lores si fuera necesario.

—Entonces ¿por qué pareces tan contento? —preguntó ella, desconcertada.

—Porque, querida Henrietta, durante las últimas semanas he estado haciendo campaña entre los terratenientes como yo y he conseguido un notable consenso en lo referente a este caso. ¿Cuáles crees que serían las consecuencias si Hervey fuera absuelto en audiencia pública, por muy remota que sea esa posibilidad?

—No se me ocurre ninguna —respondió ella, más desconcertada aún.

—Bien, permite que te sugiera, tal como he sugerido a los terratenientes, que la legalidad de los desahucios podría quedar en entredicho. En tal caso, todos los terratenientes del país se encontrarían en una posición muy delicada.

—Pero... —comenzó Henrietta, que comprendía adónde quería llegar Cavendish pero aún no estaba convencida—, ¿no acabas de decir que hay muy pocas posibilidades de que absuelvan a Matthew?

—Así es —respondió el duque con una sonrisa maliciosa—, pero hallándose en juego el derecho a desahuciar a los arrendatarios ninguno de los terratenientes está dispuesto a apostar, ni siquiera con tantas probabilidades a favor. Incluso están en contra de que la ley regule ese derecho. Creo que es hora de que le escriba a sir Dearnley Lambert y vaya a ver al magistrado Gould. Y quizá también al apoderado.

—¡Ay, William! ¡Eres la inteligencia personificada! —exclamó Henrietta abrazándolo.

—Digamos que por una vez el honor y el interés personal convergen.

Recibir a un Cavendish y a la vez descendiente del gran Boyle (aunque sólo fuera por matrimonio) era motivo suficiente para que el magistrado de Ballinhassig se sintiera presa del pánico. Tras escuchar la propuesta del duque, dijo que no tenía inconveniente en dejar el asunto en manos de los militares. Es más, añadió después de pensarlo mejor, también retiraría los cargos contra el teniente. Cavendish se sintió especialmente aliviado al oír esto último, pues le ahorraba el viaje a Dublín para discutir el caso en el castillo.

Fitzgerald, el apoderado, se mostró mucho menos complaciente. Sólo se ablandó ante la amenaza de Cavendish de hacer valer su apellido y dirigirse directamente a su patrón. Al principio el apoderado protestó, diciendo que no había razones para pedir su destitución: las repercusiones de la ley de desahucios no eran asunto suyo. El duque sonrió y asintió, pero de inmediato añadió que si bien no le daría placer alguno usar su título para coaccionar a un baronet, en esa ocasión no vacilaría en hacerlo.

Sin embargo, estos dos fueron los adversarios más fáciles de vencer. Quedaba pendiente una tarea especialmente delicada, pues si en el problema de Hervey había por medio una venganza (y su intuición le decía que así era), tendría que asegurarse de que el general Slade abandonara el procedimiento en cuanto el magistrado retirara los cargos. Alentado por su éxito en Ballinhassig, el duque viajó a Fermoy para hacer al asombrado general lo que anunció como una visita de presentación y lo invitó a cenar la noche siguiente en Lismore. Se marchó de Fermoy en cuanto pudo, pero habría tenido mayores motivos para el optimismo si se hubiera enterado del entusiasmo que despertó su invitación: el personal de Slade pasó el resto del día repartiendo mensajes por todo el condado para cancelar las invitaciones a una cena que el propio general tenía previsto celebrar al día siguiente en su cuartel general.

Fue difícil convencer a Henrietta de que asistiese a la cena, y más difícil aún persuadir a Elizabeth. Sin embargo, el duque insistió en que la presencia de ambas era vital para sus planes. Preveía que la pupila del marqués de Bath contribuiría a intimidar a Slade y que, en cuanto éste se enterara de que ella estaba en Irlanda por invitación de Matthew Hervey, habrían conseguido sembrar las semillas de la duda sobre la prudencia del juicio. Añadió que no era necesario que revelaran la identidad de Elizabeth hasta que llegase el momento oportuno, y si el general tenía un mínimo de inteligencia, tampoco sería preciso mencionar las posibles consecuencias de una decisión errónea por su parte.

De modo que al final de esa cena en la que Slade había caído sin sospecharlo en una emboscada, Henrietta y Elizabeth se retiraron con la esposa del general. El duque de Devonshire le sirvió su mejor oporto (como pronto advirtió Slade) y sacó el tema de los cargos presentados contra el teniente Hervey. Slade dijo tener poca información al respecto, pero pareció desconcertado por ese cañonazo. El duque hizo una seña a un lacayo para que les llevara cigarros, concediendo así al general un poco más de tiempo para juzgar la magnitud del peligro en que se encontraba. Aunque no era militar, el duque empezaba a disfrutar con su tarea y consideró oportuno disparar, por así decirlo, desde la segunda línea:

—A propósito, general, supongo que sabrá que lady Henrietta Lindsay y el señor Hervey van a casarse, ¿no?

El general acusó visiblemente el impacto de esa noticia.

El duque supo que había llegado el momento de cargar sin piedad, y su tercer cañonazo fue decisivo: un modelo de astucia, incluso de genialidad. Las palabras fueron tan diestras que más tarde Slade no podría recordarlas con precisión. Sin embargo, en su mente quedó grabada la terrible impresión de que estaba a punto de procesar al hermano de la futura duquesa. Apenas si pudo disimular su desolación.

—Si el magistrado está dispuesto a retirar su queja —comenzó Slade con la voz al menos una octava más aguda—, no hay razón para que ese joven oficial sufra un instante más. Mañana a primera hora daré órdenes de que todos los cargos contra él, si es que hay alguno, sean retirados. Le estoy muy agradecido, duque, por sus consejos sobre este asunto.

Si el duque de Devonshire tenía aún alguna reserva acerca de su cruel estratagema, alguna duda sobre la integridad de Hervey en aquel conflicto o algún temor de que Slade hubiera sido injustamente difamado, casi todos se disiparon ante la evidente falsedad del general. Y cuando se reunieron con las señoras, los recelos que le quedaban desaparecieron por completo al oír que Slade hacía alarde de su sorpresa al descubrir que Elizabeth era la hermana de «uno de mis oficiales, ¡un hombre de lo más competente y encantador!».

El duque enarcó una ceja y miró a Henrietta y Elizabeth. Con ese gesto expresó la intensa satisfacción de un hombre que acababa de derrotar a un truhán de la peor calaña.

El sargento Armstrong se ajustó el talabarte y apretó el paso para alcanzar al teniente Hervey. Los turnos de revista eran más frecuentes de lo habitual cuando había una sola compañía en el cuartel y únicamente un oficial con un pequeño grupo de sargentos. Pero en una fría mañana de enero había cosas peores que inspeccionar las filas.

—¿La señorita Lindsay y la señorita Hervey harán, pues, otra visita a Irlanda, señor? —preguntó con un brillo pícaro en los ojos.

—Eso espero, pero no antes del verano —respondió Hervey con tono evasivo.

—Fue una suerte que pudieran prolongar su estancia aquí para compensar el tiempo perdido durante su confinamiento.

—*Arresto*, sargento Armstrong; no confinamiento.

—Perdone mi ignorancia, señor —replicó Armstrong con sarcasmo.

Hervey devolvió el saludo del cabo forrajero cuando pasaron junto al henal.

—De ignorancia nada, sargento. ¡Estaba husmeando!

—¡En absoluto! Sólo quería saber si volveríamos a ver a las dos señoritas.

En el almacén de alimentos, Hervey revisó el libro del sargento de intendencia para comparar las cifras con las que le habían dado en la oficina del cuartel. Armstrong empezó a contar los sacos de avena, abrió varios al azar y removió el contenido con el látigo.

—Sesenta y siete, señor —dijo por fin.

—Gracias. Todo en orden, sargento —dijo Hervey firmando el libro.

Mientras salían del almacén y reanudaban la conversación, Hervey decidió acabar con las evasivas.

—Verá a menudo a lady Henrietta, pues, como usted bien sabe, vamos a casarnos. Siempre que su tutor lo permita, desde luego.

—¿Cómo iba yo a saber algo así? —protestó Armstrong de manera casi convincente.

—¡Porque Johnson me contó que ya le ha cobrado su apuesta

al sargento Harkness! ¡Habráse visto, Armstrong, apostar por el matrimonio del teniente de su compañía!

El sargento Armstrong se quedó momentánea e insólitamente mudo, dando ocasión a Hervey para seguir avergonzándolo:

—Explíqueme cómo demonios se ha enterado —dijo Hervey.

—No puedo, señor.

—¿Cómo que no puede? ¡Esto no es un juego de adivinanzas!

—¿No sería mucho presumir, señor?

—¡Armstrong!

—Bueno..., de acuerdo —comenzó a regañadientes y detuvo la marcha en mitad de un paso—. Me lo dijo la propia señorita Lindsay.

—¿Qué?

—Fue a clase de equitación poco antes de marcharse a Inglaterra, cuando usted estaba en la ciudad, y me lo dijo.

—¿Para qué?

—¡Es *su* prometida! ¿Cómo quiere que lo sepa yo?

—Sargento Armstrong, si ella le hizo una confidencia así, sin duda es porque antes habían hablado del tema. ¿Qué le estuvo diciendo usted?

—Nada.

—No me mienta.

—Yo... lo único que hice fue elogiarlo un poco de vez en cuando. Usted haría lo mismo por mí.

Hervey rió.

—Ya lo he hecho.

La cara de Armstrong perdió la poca serenidad que le quedaba.

—¿Qué quiere decir?

—Quiero decir que la semana pasada, mientras usted estaba con mi prometida en clase de equitación, fui a Kilcrea a visitar a Michael O'Mahoney. Y él me preguntó si usted era lo bastante bueno para ser su yerno.

Armstrong se quedó atónito, aunque se recuperó después de andar unos pasos arrastrando tímidamente los pies.

—¡Vaya, estupendo! —balbuceó—. He pasado muchas veces por ese lugar en los últimos dos meses, desde el problema de los desalojos. Visitaba a los O'Mahoney y salí a pasear con Caithlin un par de veces. Nunca pensé que le pediría el matrimonio a una irlandesa, y jamás imaginé que ella me aceptaría. Serán pobres, pero Caithlin es muy sensata. Creo que el viejo se alegra, pero no puedo decir lo mismo de los hermanos. ¡Caithlin es una gran chica! ¡Será una buena esposa para un soldado!

Hervey asintió, convencido. Sin embargo, ¿sería feliz al otro lado de la cortina de su habitación del cuartel? Bueno, eso no era asunto suyo. Sin embargo, si iba a vivir allí, Hervey estaba seguro de una cosa: ningún otro hombre la haría tan feliz —ni, según veía ahora, la querría tanto— como el sargento.

—¡Y la señorita Lindsay también será una buena esposa para un soldado! —exclamó Armstrong, que nunca tenía en cuenta detalles tales como el rango—. Ya se lo había dicho yo en Inglaterra, ¿recuerda?

—Claro que lo recuerdo, sargento Armstrong.

El clarín de guardia, que se dirigía al centro de la plaza para tocar la orden de abrevar, se sorprendió al ver a los dos hombres sonriendo y estrechándose las manos. Sin embargo, su toque interrumpió las enhorabuenas y exigió otra ronda de prosaicas inspecciones: media hora en los establos para asegurarse de que los cubos estuvieran llenos y limpios. Más tarde Armstrong, que ya había recuperado la compostura y su natural astucia, aprovechó el clima de cordialidad para sonsacar al teniente sobre una cuestión que era la comidilla de la compañía A en la cantina.

—En el comedor se dice que la compañía C necesitará un nuevo capitán dentro de un par de meses —empezó.

—Ya que está tan bien informado, sargento Armstrong, debería saber que yo no podré optar a ese puesto —respondió Hervey con tono compungido.

—No lo sabía, señor. ¿Por qué? —preguntó Armstrong frunciendo el entrecejo.

—Porque, y no quiero que esto se convierta en tema de conversación en el rancho, el general Slade, en sus despachos, se ha negado a respaldar cualquier recomendación para mi ascenso.

—¿Qué? ¿Después de lo que pasó en Kilcrea?

—Precisamente por lo que pasó en Kilcrea. ¡Parece que mi criterio es cuestionable!

—¡Por todos los diablos! ¿No puede protestar?

—En teoría, ni siquiera estoy informado. Me he enterado sólo porque lord George Irvine está cumpliendo las funciones de secretario militar en Dublín. Él recomienda que no removamos el asunto por el momento.

—¿Que no remuevan el asunto? ¡Al demonio! En tiempos de

paz y con ese general en contra, ya puede darse por muerto. Slade la tiene tomada con usted desde lo que pasó en Toulouse, así de simple. ¿No puede ayudarle su amigo el duque?

—No lo creo. Pero con paz o sin ella, en algún momento las cosas tendrán que cambiar. Lo único que podemos hacer, como diría el comandante Edmonds, es mantener una actitud estoica.

Armstrong lo miró con cara de perplejidad.

—¡Vaya, eso a mí me suena a griego!

SEGUNDA PARTE

CIEN DÍAS

El tigre ha escapado de su jaula,
el ogro ha estado tres días en el mar,
el canalla ha desembarcado en Fréjus,
el buitre ha atracado en Antibes,
el invasor ha llegado a Grenoble,
el general ha entrado en Lyon,
Napoleón durmió en Fontainebleau anoche,
el emperador marchará hacia las Tullerías hoy,
su majestad imperial se dirigirá a sus leales súbditos mañana.

Panfleto aparecido en París en abril de 1815

12

LAS MALAS NOTICIAS VUELAN

Cork, 12 de marzo de 1815

El *Times* llegaba a Cork cada mañana, dos días después de salir de las nuevas prensas de vapor de Printing House Yard, a menos que fuertes vientos en contra retrasaran al paquebote procedente de Bristol. De vez en cuando las noticias llegaban antes por mediación de algún viajero que recorría los doscientos kilómetros que separaban Londres del gran puerto de mar en menos de las doce horas que tardaba la posta y que, en consecuencia, podía zarpar antes. Pero eso no sucedía a menudo.

No obstante, fue así como llegó a Cork la noticia de la fuga de Napoleón de Elba, y el 12 de marzo de 1815 un tal Jeremiah Sharrow, representante de botica, se convirtió durante varias horas en el insólito huésped de los oficiales del Sexto de dragones, que querían conocer todos los pormenores de la fuga y la reacción del gobierno de lord Liverpool. Sin duda lord George Irvine, que se había demorado en Dublín, habría recibido la noticia con el placer que siente todo buen cazador al ver que un galgo sale al descubierto durante la caza del zorro: con buenos galgos y un cazador que sabe lo que hace, la batida y la perspectiva de atrapar a la presa llenan de emoción el deporte. El comandante Joseph Edmonds la recibió, sin embargo, de una manera muy distinta.

—Las malas noticias vuelan y las buenas se retrasan.

—Milton, ¿verdad, señor? —dijo Hervey—, aunque no recuerdo exactamente dónde…

—*Sansón Agonista.*

Durante ese invierno Hervey había observado que los ánimos del comandante decaían. El mando parecía ser un suplicio para él, que ya no demostraba la energía de los días previos e inmediatamente posteriores a Toulouse. Ni siquiera perdía los nervios con facilidad. Hervey había pensado que la noticia lo animaría cuando, como oficial del piquete, fue a transmitírsela al comedor. En cambio, Edmonds la había recibido con una melancólica cita de Milton. Tenía ante sí a un padre de familia apesadumbrado, que había pasado en el servicio activo prácticamente los treinta años que llevaba luciendo el uniforme del rey Jorge. No poseía fortuna personal, y aunque había acumulado algún dinero de los botines, se lamentaba de que ahora que se había restaurado la paz en Europa no podría pagar el ascenso a teniente coronel ni siquiera en un regimiento de infantería. Sabía que era demasiado mayor para solicitar un puesto con la Honorable Compañía de las Indias Orientales. De hecho, ya se había resignado a pasar con media paga y a volver a Norwich con su mujer y sus hijas. No obstante, a Hervey le sorprendió que no mostrara más entusiasmo ante la noticia de la fuga: sin duda, en cierto sentido era motivo de esperanza, pues ¿no cambiaban siempre las vicisitudes de la guerra? En efecto, el *Sansón Agonista* parecía apropiado para la ocasión: «serenidad de pensamiento, toda pasión agotada». No era un estado heroico, no era un estado digno de aquel hombre en quien el regimiento había depositado su confianza una y otra vez y que nunca les había fallado.

—¿Cree que volverá a haber guerra, señor? —preguntó Hervey, negándose a dejarse intimidar por la indiferencia de Edmonds.

—¿Por qué, si no, iba Bonaparte a marcharse de Elba? Dudo que fuera para hacerle una visita a su amante —respondió Edmonds con sarcasmo—. Créame, si le dejan llegar a París, los borbones correrán como liebres y la vieja guardia se reagrupará en torno a él. En los Países Bajos no hay más de cincuenta mil soldados nuestros y prusianos, y él tendrá tres veces esa cantidad en el campo de batalla en menos de dos meses. ¿Cree que a los austriacos les quedan ganas de luchar? Los holandeses son traicioneros, y los soldados de Brunswick están acabados. Posiblemente ni siquiera los prusianos se resistan.

Hervey continuó impertérrito.

—Pero destruimos lo que quedaba de su ejército del sur en

Toulouse —adujo—, y los Aliados habían hecho otro tanto con los del norte. ¿Qué puede conseguir?

—Darles un susto de muerte al Congreso de Viena, eso es lo que puede conseguir. Deberían haberlo visto venir. Elba estaba demasiado cerca de casa, en todos los sentidos. ¿Recuerda en el *Agonista* la desesperación de Sansón cuando está preso, cuando se queja de «vivir medio muerto una muerte en vida»? ¿Cómo se les ocurrió que podían enjaular a una bestia como Bonaparte en un sitio desde el cual podía oler a su antigua presa?

Hervey se decidió por una prudente retirada.

—¡Desde luego, señor! ¿Debo llevar algún mensaje de respuesta al ayudante?

—Sin duda el señor Barrows estará haciendo llegar la noticia a los demás puestos. Hervey, tenga la bondad de darle mi enhorabuena y pedirle que llame a los oficiales de permiso. No entiendo por qué recibimos esta noticia de un viajante y del *Times* en lugar de recibirla desde Dublín. ¿Debo suponer que el gobierno, en su celo por hacer economías, ha licenciado a todos los oficiales de los puestos de telégrafos?

Pero a Hervey le inquietaba una sola pregunta, y la orden de convocar a los oficiales de permiso prometía una respuesta satisfactoria. Sin embargo prefirió formulársela al ayudante, pues consideró que el comandante estaba de un ánimo demasiado melancólico para dar explicaciones.

—¿Cree que tenemos posibilidades de unirnos al ejército del duque, Barrow? —preguntó al regresar a la oficina del cuartel.

—¡Tan pocas como las suyas de no pasar más revistas este año! —respondió el ayudante, aunque con una sonrisa.

Durante todo un mes pareció que Barrow tenía razón, hasta que el 20 de abril llegaron órdenes de Dublín pidiendo seis compañías para prestar servicio inmediato en Bélgica. Edmonds se transformó en el acto, lanzándose a los preparativos y trabajando con la feroz energía de un martillo pilón. Una mañana, después de la formación, escribió sin detenerse más que para mojar la pluma las «instrucciones para transportar los pertrechos de campaña», especificando los medios para llevar cada artículo: «Los martillos, clavos y hachas se llevarán en cubos enganchados a la anilla izquierda del arzón trasero. El ordenanza transportará la pólvora. Los peroles se atarán al bagaje con cuerdas hasta que se proporcionen correas. Las cantimploras irán del lado derecho y los morrales del izquierdo. Las estacas deberán ir atadas a los mosquetes. Los sacos de trigo, con el contenido repartido en los extremos, sobre la silla. El heno envuelto con cuerdas y colocado en los sacos necesarios. Las cebaderas atadas a la anilla derecha del arzón posterior. Los pantalones de fajina encima del bagaje. Las guadañas envueltas en heno y atadas por el mango a los trabucos. Las provisiones de reserva serán transportadas por los propios hombres. La ropa vieja, sombreros y otros artículos innecesarios por el momento serán debidamente empacados y guardados en el almacén del regimiento...» Y así continuaba hasta dar cuenta de los detalles más nimios.

—La verdad, Hervey, es que el comandante no necesita un ayudante —dijo Barrow una mañana después de darle las órdenes del día—. ¡Cabalga hasta cada uno de nuestros puestos para inspeccionar personalmente todos los caballos! Sólo Dios sabe cuándo duerme.

El 27 de abril, lord George Irvine llegó de Dublín para tomar el mando, que Edmonds le cedió sin la más mínima demostración del desencanto que debió de sentir, y el 29 las compañías A y B salieron del cuartel en dirección a la bahía para comenzar a embarcar. Nueve días después, tras un transbordo en Ramsgate, desembarcaron en Ostende. Los oficiales y los soldados llegaron a la costa en gabarras, mientras que los caballos fueron arrojados por la borda para que nadaran hasta la orilla. Este método de desembarque, nada inusual por cierto, siempre causaba demoras (hasta que los dos grupos volvían a reunirse) y casi invariablemente lesiones en ambas partes. Esa mañana, sin embargo, el teniente Hervey pudo entregar la compañía A al capitán Lankester, que se había reunido con ellos en Ramsgate, exactamente con los sesenta y seis caballos —descontados los de guerra— y los setenta y un soldados que habían salido de Irlanda, todos en perfectas condiciones para el servicio.

Ostende era un hormiguero. Los oficiales que estaban de franco y habían llegado a Bélgica por sus propios medios saludaban a sus compañeros de filas o a los amigos de otros regimientos y la escena recordaba —como señaló un marinero indio— a una recepción formal de príncipes en Calcuta. Laming, que ahora era el subteniente más antiguo del Sexto y llevaba más de una semana en Ostende, abrazó a Hervey con efusividad.

—¿Sabes?, es como el primer día del semestre de verano en Eton. No había visto tantos viejos amigos juntos en muchos años. Vaya cambio de planes, ¿eh? ¡Y pensar que todos creíamos que tendríamos que licenciarnos o aceptar la media paga! ¿Te has enterado de que lord George estará al mando de una brigada? Aunque son casi todos holandeses, ¡así que se quedará sin brigada después del primer cañonazo!

—¿Quién estará al mando de nuestro regimiento, entonces? —preguntó Hervey con recelo.

—Edmonds, naturalmente. Y me alegro de ello. Pronto verás que aquí las cosas no marchan como deberían. Pero ahora no es el momento de aburrirte con un resumen. —Hizo una pausa y arrugó el entrecejo—. ¿Por qué has puesto esa cara?

—Por nada, por nada. Es sólo que el comandante no ha sido el mismo durante los últimos meses, aunque ha trabajado como un negro desde que llegaron órdenes aquí. ¿En qué brigada estaremos?

—Por el momento, en la de Grant, con el Séptimo, el Decimotercero y el Decimoquinto, según creo. Llegarán hoy mismo. Pero ¿te has enterado de quién estará al mando de la caballería?

—¿Quieres decir que no será el general Cotton?

—Uxbridge.

—¡Gracias a Dios! —exclamó Hervey imitando la sonrisa de Laming—. Pero creía que él y el duque ni siquiera se dirigían la palabra después de aquel asunto con la cuñada de Wellington.

—Es probable, pero he oído que el duque de York se mantuvo firme y que Wellington ha acabado cediendo con elegancia. ¡Y más le valía! Uxbridge es el único general con talento para la caballería.

Hervey sonrió. Pero ¿por qué iba a abstenerse Laming de hacer un juicio tan prematuro? Él tampoco habría tenido reparos en expresar esa opinión, en especial respecto a Uxbridge.

—En eso estamos de acuerdo. Sin embargo, si Le Marchant no hubiera caído en Salamanca...

—¡*Floreat Etona*, Laming! —gritó una voz entre la multitud.

Hervey se habría retirado, dejando a Laming con otro festivo reencuentro, pero notó algo en esa voz que lo hizo volverse.

—¡Vaya, Jessope! —exclamó.

Siguieron vigorosos apretones de manos y expresiones de alegría.

—¿Por qué pareces tan sorprendido de verme, mi querido

Hervey? ¿No pensarías que lord Fitzroy Somerset se iba a marchar sin mí? —dijo el edecán con la misma solemnidad burlona que había fascinado a Hervey en España.

—No se me había cruzado por la cabeza ni un solo instante. Eres lo bastante astuto para declinar con elegancia cualquier misión de la Guardia Real, de eso estoy seguro. Si quieres que te sea franco, mi querido Jessope, ni siquiera había pensado en esto. Hemos estado muy ocupados en el cuartel, ¿sabes? ¡Pero ahora que te veo aquí por fin puedo confiar en el éxito de esta campaña! ¿Debo suponer que lord Fitzroy volverá a ser el secretario militar?

—Desde luego —respondió Jessope, pasando por alto el comentario sarcástico de Hervey—. Pero escúchame, amigo, esta campaña será un juego de niños. Nadie cree que Napoleón vaya a durar mucho, pues los mariscales y generales lo abandonarán ahora que es un proscrito. Bruselas ya parece Londres, porque muchas de las señoras de Mayfair se han instalado aquí. Y estamos cazando en los bosques de los alrededores. ¡Te aseguro que es estupendo!

—Yo creo que habrá lucha —dijo Hervey negándose a compartir la despreocupación de Jessope.

—Yo también, mi querido amigo, yo también. Y el duque opina lo mismo. ¡Pero aun así nos divertiremos mucho!

—¿Quién cree entonces que no habrá guerra?

—Para empezar, esos idiotas de Whitehall. Piensan que este asunto es tan trivial que al principio nombraron comandante en jefe al Flaco Billy.

—¿Quién es el Flaco Billy? —preguntó Hervey frunciendo el entrecejo.

—¡Por todos los santos! ¿Dónde has estado en los últimos meses? Es el príncipe heredero de Orange.

—Pero ¿no era uno de los edecanes del duque en la Península? Sí, estoy seguro.

—¡El mismo, el mismo! En cualquier caso, me inclino a creer que han llegado a algún acuerdo. Me parece que asignarán el mando de un cuerpo al joven holandés. Tu querido lord George actuará como oficial de enlace en su cuartel general.

—¿Lord George? Pero pensaba que iba a mandar una de las brigadas holandesas —dijo Hervey, intrigado por la noticia.

—¡Caramba, no! Ni siquiera están dispuestos a darle el mando de las tropas holandesas en acción al duque, así que mucho menos a uno de sus jefes de brigada. ¡No! Lo único que tiene que hacer es vigilar al príncipe. Pero mira, llevamos casi un mes aquí y el duque sale a cabalgar cada mañana con lord Fitzroy. Si quieres, también podrás acompañarlo tú. En sus días buenos es una excelente compañía.

—Me alegra oír eso —respondió Hervey con una sonrisa. Le hacía gracia la familiaridad con que Jessope hablaba de Wellington—. Pero, por lo que dices, no parece que el duque tenga muchos días buenos.

—No está fuera de sus capacidades, te lo aseguro. Pero ¿qué dices de salir a cabalgar con nosotros?

—¡Estaré encantado de salir con ambos!

—¡Estupendo! Entonces te enviaré un mensaje en cuanto sea posible. Ahora he de ir a recoger los despachos que debería traer esa fragata —anunció Jessope, señalando la embarcación de una sola cubierta que estaba atracando.

Acababa de irse cuando Hervey se encontró con un individuo que despertó emociones contrarias a las inspiradas por su inesperado encuentro con Jessope. Bajo el morrión, que más parecía el casco de un hoplita de los antiguos griegos, asomaba la cara de Hugo Styles, con la carne más fláccida que de costumbre pero la tez ahora rubicunda. La gruesa cinta dorada que ribeteaba su casaca escarlata brillaba como si el uniforme hubiera salido de la sastrería esa misma mañana.

—Vaya, Hervey, estamos muy lejos de Wiltshire. ¡Y a juzgar por su aspecto, usted viene de aún más lejos!

Hervey pasó por alto la alusión a su gastado uniforme de fajina y le devolvió el saludo con formalidad pero lacónicamente:

—Buenos días, Styles.

—Tengo entendido que debo darle la enhorabuena por haber conquistado el corazón de lady Henrietta Lindsay —continuó Styles con desdén.

—Yo no puedo decirle lo que debe o no debe hacer.

—Tiene usted una suerte extraordinaria, señor Hervey, verdaderamente extraordinaria —prosiguió, ahora con un dejo de reproche.

—Estoy de acuerdo —respondió Hervey, manteniendo el estilo conciso que delataba su impaciencia.

Styles, quizá percibiendo que no podría cambiar el humor de Hervey, volvió a usar un tono desdeñoso:

—Tengo entendido que el asunto que nos trae aquí será tedioso en extremo. En Londres sólo se habla de paz. Espero que nos permitan alguna distracción. Dicen que Bruselas es una ciudad tolerable, en absoluto provinciana. ¿Cuántos caballos ha traído?

—Dos.

—Mi querido amigo, ¿cree que será suficiente?

—Me las arreglé muy bien con dos en la Península.

—Sí, sí, pero si vamos a hacer carreras y a cazar todos los días necesitará más de dos.

—No refutaré su lógica, pero sí su suposición.

—Bueno, ya veremos. De cualquier modo supongo que a ustedes, los de la caballería ligera, los enviarán a la frontera.

Hervey pensó que ésas eran las primeras palabras con sentido que pronunciaba Styles. El heredero de Leighton Park, teniente de la caballería voluntaria y ahora subteniente de los Life Guards, parecía más obtuso que de costumbre.

—Es muy posible, Styles —respondió Hervey con un suspiro—. ¡Y será un placer alejarnos de la escoria que hay por aquí! Ahora habrá que disculparme; tengo trabajo que hacer —y enfiló hacia la zona de corrales.

Sin embargo, el malestar por ese desafortunado encuentro no duró mucho, pues en la zona de corrales, unos jardines similares a un parque situados frente a la casa del capitán de puerto, Hervey encontró el antídoto perfecto: Joseph Edmonds, literalmente transformado por la noticia de que estaba al mando.

—¡Y con paga y todo! —exclamó, y se echó a reír.

Hervey no recordaba cuándo había oído reír a Edmonds por última vez, pero sin duda hacía meses, muchos meses. El comandante había recuperado su buen humor y estaba al mando, y eso, en su opinión, equivalía al menos a tener dos compañías más.

Durante los días siguientes tuvieron pocos motivos para mantener ese ánimo. La provisión de forraje no era buena y los intendentes se quejaban de que todos sus esfuerzos para mejorar las provisiones eran inútiles. Dieron una serie de razones, pero ninguna enfureció tanto a Edmonds como la del precio del grano.

—¡Como si la contabilidad fuera una de las artes de la guerra! —protestó Edmonds.

A causa de estas dificultades, las seis compañías tuvieron que dispersarse por las granjas de los alrededores del pueblo de Drongen, cerca de Gante, donde conseguirían el forraje que necesitaban. Y una mañana en que Edmonds temía no poder reunirlas siquiera para la instrucción, lord Uxbridge se presentó sin anunciarse.

El jefe de la caballería de los Aliados, y presuntamente el segundo al mando del duque, comprendió los problemas de Edmonds:

—No sólo hay dificultades para la instrucción de los regimientos; mi mayor preocupación es no poder reunir a la brigada —admitió Uxbridge—. He tenido que dispersar a mis regimientos por toda Flandes para poder alimentarlos. A menos que podamos trabajar como brigadas, estaremos en peligrosa desventaja en este país de grandes extensiones despobladas.

—En tal caso, me pregunto si tendrá ocasión de formar divisiones, señor —dijo el comandante.

—¡Ése es el problema, Edmonds! —respondió Uxbridge—. No creo poder formar ni una sola división para una batalla.

—Bien, general, nos prepararemos lo mejor que podamos, ya lo sabe, pero tengo tantos hombres nuevos... Espero que no sea así en el resto del ejército.

—¡Ja! Me temo que sí, Edmonds. ¡Estoy seguro de que es así! Pero la infantería está peor. El duque no es nada optimista y las cosas no marchan como esperábamos con los Aliados. Tenemos problemas incluso con los prusianos. Sin embargo, sé que todo saldrá bien. Por lo menos las brigadas y los regimientos están en manos de hombres que lucharon en la Península. ¡Cómo me hubiera gustado estar con ustedes en la segunda campaña! ¿Recuerda Sahagún, Edmonds? ¡Claro que sí! Bueno, esta vez no nos congelaremos. Si sigue haciendo tanto calor, caeremos como reclutas en las Indias. ¡Pero me temo que pasaremos por muchas situaciones como la de Sahagún antes de que Napoleón vuelva a su jaula!

Sí; ése era un lúcido oficial de caballería. Todo iría bien; aun así Edmonds no estaba tranquilo después de oír el informe de Uxbridge acerca de los problemas con los holandeses y los prusianos. Nunca se había fiado de ningún soldado que no fuera inglés, pero ahora estaba obligado a contar con aliados en ambos flancos. ¿No era eso lo que había previsto en Cork, el mismo día que habían llegado las noticias de la fuga de Napoleón de Elba? Y esta vez no sería como en la Península: no habría una estrategia dilatoria de avance y retroceso planeada por Wellington; ya no jugarían al gato y al ratón.

Para los franceses, se hallaban demasiado cerca de París, y el propio Bonaparte estaría en el campo de batalla. Se necesitaría todo el peso de un ejército aliado —un ejército unido— para vencerlo, y no un ejército lleno de escisiones y suspicacias.

Esa misma mañana Hervey cabalgó hasta Gante para ver a D'Arcey Jessope, que el día anterior le había enviado una invitación para comer con su regimiento.

—Pero primero, mi querido amigo —dijo el edecán después de saludarlo efusivamente—, quiero enseñarte mi nuevo caballo. Debo admitir que estoy encantado con él. ¡Es un animal maravilloso!

Fueron a la cuadra del *château* y un ordenanza sacó al caballo cubierto con un magnífico sudadero.

—¡Mira! —exclamó el capitán de la Guardia—. Dame tu opinión. ¿No es un corcel precioso, digno del edecán del secretario militar del duque?

Hervey sonrió. ¡Jessope concedía tanto valor a las apariencias! Sin embargo ese caballo era uno de los purasangres más hermosos que había visto en su vida. Con una altura de poco menos de dieciséis palmos, su cuerpo poseía una agradable simetría. Su cabeza fina, que reflejaba la legitimidad de su raza, tenía un porte elegante. Su mirada amable sugería una disposición generosa (y eso, en opinión de Hervey, era lo que Jessope más necesitaba). Las bridas caían con holgura sobre los hombros inclinados, lo que permitía poner la silla en el sitio adecuado. Tenía buenas patas, no demasiado delgadas como las de algunos purasangres, con suficiente hueso debajo de la rodilla. Sus grupas eran lo bastante bajas y los corvejones estaban a la altura precisa. Su pelaje de verano, de un intenso color castaño, brillaba. Y lo que sin duda más gustaría a Jessope era que sabía llevar bien la cola. Hervey albergaba una sola reserva: tenía el lomo ligeramente estrecho y corto para su gusto. *Jessye* también tenía el lomo corto, pero él siempre había pensado que ese detalle era más preocupante en los purasangre. Sin embargo, debía admitir que su aspecto era magnífico y felicitó por ello a Jessope.

—Cabalguemos un rato juntos y te enseñaré sus pasos: ¡trota como si flotara en el aire!

Hervey aceptó la invitación de buena gana. Pidieron los arreos, y después de algunas dificultades para ensillarlo —«tiene el lomo frío», explicó Jessope— se dirigieron al parque cercano a la catedral de Saint-Bavon.

Pero Jessope, para su frustración, no conseguía controlar al caballo.

—¿Es bisoño? —preguntó Hervey, evitando insinuar que el problema se debiera a la falta de habilidad de Jessope.

—Bueno, me dijeron que tenía ocho años. Puede que no haya hecho suficiente ejercicio desde que llegó aquí.

Esa explicación no convenció a Hervey, que observó con atención al animal mientras cabalgaban por el sendero de arena que cruzaba el parque. El caballo no bajaba el lomo, más bien parecía mantenerlo rígido, y las patas traseras tenían poco impulso para un animal de raza.

Cuando regresaron al *château*, Hervey pidió permiso a Jessope para echarle un vistazo.

—¿Crees que podría estar enfermo? —preguntó Jessope con preocupación.

Hervey no respondió de inmediato. Palpó el lomo del animal buscando algún punto doloroso, pero no parecía haber ninguno.

—Mira —comenzó—, no sé mucho de estas cosas, pero los purasangres con el lomo corto siempre me dan mala espina. Me gusta que haya más espacio para los pulmones, aunque debo reconocer que el tuyo no tiene el pecho hundido. Has dicho que cuenta ocho años, ¿ha corrido mucho?

—No lo sé con seguridad —respondió Jessope un tanto incómodo—. Me lo vendieron en Tattersall, diciendo que había sido propiedad de un caballero.

Hervey examinó la boca del animal. La neguilla en la corona de los incisivos había desaparecido y la estrella estaba presente en los dientes centrales.

—Bueno, al menos tiene ocho años. Pero no puedo decirte nada más.

—¿Cuál crees que es el problema, entonces?

Hervey suspiró y arqueó una ceja.

—Mira, Jessope, es un bonito animal, pero...

Jessope ya se había preparado para recibir malas noticias.

—¡Dime lo que sospechas!

—Temo que tenga una deformidad en el espinazo. Sólo he visto algo parecido un par de veces, así que no puedo asegurártelo, pero en ambos casos fue en caballos con el lomo corto. Las vértebras chocan entre sí, siempre en la zona central.

Jessope parecía desolado.

—¿Y qué puedo hacer al respecto?

—En primer lugar, consultar a alguien más experto que yo. ¿No hay un oficial veterinario en el cuartel general del duque?

—Sí —respondió Jessope—, ¿y si confirma tu diagnóstico?

Hervey hizo una pausa antes de responder.

—Mucho me temo que a esta edad no se puede hacer nada. En cualquier caso, necesitas un caballo en el que puedas confiar en el campo de batalla. ¿Tienes otros?

—Sí —respondió él—. Pero no son tan elegantes como éste.

—Jessope, mi querido amigo —dijo Hervey—, comprendo la necesidad de tener un aspecto magnífico en la escolta. Pero sabes tan bien como yo que en el campo de batalla las apariencias no cuentan.

En el almuerzo la compañía fue agradable y la comida estupenda. Los guardias habían pagado generosamente por la cosecha de una huerta cercana y por el venado en el coto de caza del *château*. Había champán traído ese mismo día de Reims por comerciantes con recursos, aunque pagado a un precio exorbitante debido a los «impuestos» que exigían las patrullas francesas en la frontera. Ni el bloqueo de los Aliados ni los edictos de Napoleón habían conseguido interrumpir el comercio de champán durante las últimas guerras. Pero Jessope se mantuvo curiosamente reservado durante la comida. Y más tarde, mientras paseaban por los jardines del *château*, explicó la razón a Hervey:

—No debes decir nada de esto —susurró—, pero los problemas con los prusianos parecen graves.

Hervey se comprometió a mantener una discreción absoluta.

—Hasta es probable que se produzca una ruptura de la alianza —prosiguió con un tono más cómplice aún al ver la expresión de sorpresa de Hervey—. Parece que en el Congreso de Viena, a principios de este año, llegaron a un punto muerto en las discusiones sobre el futuro de Sajonia y Polonia. Los prusianos pretendían incorporar gran parte de estos territorios a Prusia. Por lo visto, se firmó un tratado secreto en el que nosotros aceptamos aliarnos con Austria y Francia en contra de los prusianos, y también con los rusos, según creo, en caso de que estallara una guerra.

—¡Cielo santo! —exclamó Hervey con un suspiro—. Supongo que vas a añadir que el tratado secreto se ha hecho público.

—Bonaparte lo descubrió, desde luego, y con la astucia que lo caracteriza intenta dividir a los Aliados.

—¿Qué pasará?

—No lo sé. Lord Fitzroy cree que en lo que respecta al congreso no habrá mayores cambios. Los prusianos saben bien que hay que acabar con Napoleón, y la única forma de conseguirlo es una acción conjunta. Pero, aunque en Viena sigan con sus elegantes bailes, el problema lo veremos en el campo de batalla, ya que por lo visto los prusianos están resentidos. Gneisenau, su jefe del estado mayor, es exasperante en el mejor de los casos. O eso he oído decir.

—Pero ¿el jefe no iba a ser el príncipe Blücher? Tiene reputación de ser un militar experimentado, ¿no?

—Sí, pero tú, con todos tus estudios, deberías saber que los prusianos usan un sistema muy curioso. El jefe del estado mayor responde directamente al rey en muchos asuntos, sobre todo en lo referente a la estrategia de la campaña. De modo que aunque Blücher sea el jefe de la campaña, en ciertas circunstancias está sujeto a las órdenes de Gneisenau.

—Es un sistema curioso, no cabe duda. Pero es evidente que da resultado.

—Desde luego, aunque aún no ha probado su eficacia en una alianza. Ah, y para aumentar la discordia —añadió Jessope, casi como una acotación al margen—, están fusilando a los sajones.

—¿Qué? —preguntó Hervey, atónito.

—Varios regimientos sajones se han amotinado y los prusianos están fusilando a los cabecillas. En resumen, las cosas en nuestro flanco izquierdo no marchan exactamente como esperaba el duque.

Hervey enarcó las cejas y luego se encogió de hombros.

—¿Y qué creen en el cuartel general que hará Napoleón?

—El duque piensa que no habrá ataques en el norte, por lo menos al principio. Está convencido de que Bonaparte atacará primero a los austriacos en el Rin.

—¿Y qué hacemos nosotros aquí?

—Bueno, sin duda habrá acciones ofensivas que nos retengan en Bélgica. Pero ahora debo volver al cuartel general. Te contaré todo lo que llegue a mis oídos, pero no debes decírselo a nadie. Te lo cuento a ti porque no puedo confiar en la discreción de nadie más y necesito hablar con alguien. Los secretos me resultan insoportables. ¿Podrás venir a cabalgar con nosotros mañana?

—No te quepa la menor duda.

—En tal caso preséntate a las ocho. El duque es muy puntual.

13

EL PLAN DE BATALLA

Flandes, 2 de junio de 1815

Cuando Hugo Styles había enarcado una ceja ante la aparente deficiencia del equipo de Hervey —«¿Cree que dos caballos serán suficientes?»—, no había imaginado que una de esas cabalgaduras sería una yegua pequeña y poco atractiva. Y si hubiera sido Styles quien se disponía a cabalgar en compañía del comandante en jefe, ese oficial de pacotilla habría llegado al cuartel general con el caballo de guerra más lastimoso para cambiarlo allí por uno muy superior que habría hecho llevar a su ordenanza, tal como en Inglaterra habría llevado una jaca para la batida y la habría cambiado por un purasangre para la persecución. Pero Hervey había decidido hacer lo contrario, aunque recordaba bien que al principio los oficiales del Sexto se habían burlado de *Jessye*, diciendo que era una jaca sólo para batidas. No es que no hubiera considerado, al menos fugazmente, hacerlo a la inversa. Pero había desechado esa idea en el acto, convencido de que las cabalgadas del duque de Wellington no serían, como quizá habría supuesto Styles, un paseo por Hyde Park. Ante la posibilidad de situaciones complicadas, quería tener consigo a *Jessye*, que reconocía todo el mundo como la más hábil de sus monturas. Si a *Raudo* no le hubiera salido un sobrehueso, quizá lo habría escogido a él, pero el zaino estaba atiborrándose de la verde hierba del este de Cork, reponiéndose para el regreso de Hervey a los cotos de caza de ese maravilloso condado.

La partida del cuartel general no era tan grande como él había esperado. El duque, vestido con un sobrio abrigo azul y sombrero y montado en un fornido rucio, iba acompañado por lord Fitzroy Somerset. Hervey, que veía por primera vez al secretario militar del duque, se llevó una enorme sorpresa, ya que Fitzroy no parecía mayor que él.

—Porque no lo es —dijo Jessope—, como mucho te lleva un par de años. ¡Y es teniente coronel!

Hervey lo observó, fascinado. Con veintiséis o veintisiete años era teniente coronel de los granaderos y uno de los principales oficiales del estado mayor del duque. El hecho de que fuera hijo del conde de Beaufort sin duda había influido en que lo nombraran edecán de Wellington en España, pero otros oficiales con conexiones parecidas no se habían hecho acreedores de tan importante privilegio. El padrinazgo era una explicación incompleta. Y allí estaba él, Hervey, un simple teniente sin medios para pagar el grado de capitán y con el ascenso vedado aunque los hubiera tenido. Había que poseer las virtudes de un santo para no sentir por lo menos un ligero resentimiento en momentos así.

—¿Sabes que su esposa espera su primer hijo? —preguntó Jessope como si Hervey pudiera tener alguna información al respecto, o incluso algún interés—. Ahora está en Bruselas.

—Ni siquiera sabía que estuviera casado —respondió sin inflexiones.

—Pues sí lo está —prosiguió Jessope, impertérrito—. Se casó el mes de agosto pasado con la sobrina del duque. ¡Te aseguro que fue una boda majestuosa!

Hervey sonrió. ¡La sobrina del duque! Los hilos de la red se cerraban. Se preguntó quiénes serían los otros tres miembros de la partida. Quizá fueran también oficiales de noble cuna. Empezó a sentirse incómodo, fuera de lugar. Si su aspecto no hubiera llamado tanto la atención (llevaba traje de fajina y en consecuencia no se diferenciaba mucho de los dos ordenanzas del cuerpo de dragones que acompañaban al duque), tal vez le habría resultado más fácil tranquilizarse, pues los demás llevaban sencillos trajes negros, verdes o azules, igualmente apropiados para una cacería. Y no parecían interesados en hablar con ellos, aunque saludaron a Jessope con inclinaciones de cabeza.

—¿Dónde está la escolta? —preguntó Hervey en un susurro.

—No hay escolta. El duque sale con una partida pequeña y selecta —respondió Jessope también en voz baja—. ¿Qué te parece el caballo que monta? Es magnífico, ¿no?

—Así es, aunque más joven de lo que yo habría imaginado.

—El duque tiene casi dos docenas de caballos. ¡Y casi todos purasangre!

—Entonces me mantendré a una distancia prudencial con *Jessye* —sonrió.

—¿Y qué me dices del hannoveriano que me compraste a mí? ¿No era más apto para una situación como ésta? —preguntó Jessope, perplejo.

—He venido con él hasta aquí, ¿no lo has visto? En efecto, sé que con él habría hecho mejor papel en un desfile. Pero esta pequeña yegua es la criatura más rápida que ha creado Dios. —Jessope frunció el entrecejo—. Créeme, en una situación difícil, no querría montar ningún otro caballo.

Se dirigieron al trote hacia el sudoeste y cruzaron pueblos ocupados por tropas británicas, holandesas y belgas, casi todas de infantería. El duque se detuvo un par de veces para hablar con oficiales que por lo visto conocía, pero no hubo formalidades. Cuando regresaban a Gante a través de un campo de heno que sin duda había sido segado aproximadamente una semana antes, una liebre se cruzó en el camino asustando al joven caballo del duque y a los de sus acompañantes más cercanos. El duque controló a su montura antes que los demás y corrió tras la liebre aullando a voz en cuello.

—Vamos —dijo Jessope a Hervey—, tenemos que estar presentes en el momento culminante.

La liebre los obligó a cabalgar en un amplio círculo por el campo, desierto salvo por algunos campesinos que estaban junto a los almiares. Cruzaron tres riachuelos a un paso frenético y ni siquiera allí refrenaron a las monturas; cinco minutos enteros a galope tendido. Una cañada facilitó la huida de la liebre, porque el caballo del duque dio un traspiés al topar con el segundo terraplén y derribó a su jinete. Dos de los oficiales que le seguían de cerca corrieron la misma suerte. El tercero frenó antes de llegar al terraplén, igual que los dragones del estado mayor y lord Fitzroy, pero Hervey llevó a *Jessye* hasta el obstáculo, mientras los demás buscaban un paso, y la yegua saltó el terraplén trazando un arco en el aire.

Ajeno a lo que el protocolo exigía de él, y al ver que el duque se incorporaba y volvía a montar, Hervey siguió galopando tras la liebre. Sin nadie delante que le obligara a reducir el paso, apretó las piernas contra los flancos de *Jessye* y se acercó rápidamente a la liebre. Cuando estaba a unos veinte metros de distancia, desenvainó el sable y obligó a la liebre a hacer un último esfuerzo. El animalito saltó hacia la izquierda y Hervey hizo girar bruscamente a su yegua, que instintivamente, en una maniobra vertiginosa y precisa, ambló en esa dirección. La liebre siguió corriendo hacia la izquierda, y Hervey supo que no podría pasarse a su derecha, de modo que se estiró cuanto pudo y apuntó con su sable al flanco izquierdo del animal. Un segundo después levantó la presa ensartada en el sable.

—¡Excelente, muchacho, excelente! —gritó el duque mientras se aproximaba con el resto de la partida—. ¡Ha sido el mejor golpe de sable que he visto en muchos años!

Los demás se acercaron al paso y formaron un círculo en torno a Hervey, que entregó la liebre a los ordenanzas.

—Para el rancho, soldados.

—¿Quién es este ágil jinete, Jessope? —preguntó el duque cuando el edecán llegó a su lado.

—El teniente Hervey del Sexto de dragones, excelencia —respondió Jessope.

El duque sonrió y se volvió hacia Hervey.

—«Con buen criterio escoge un galgo diferente para cada presa; un rival inmoderado no hará más que destrozar a la tímida liebre» ¿Conoce esos versos, muchacho?

—Desde luego, señor. Son de *La caza*, de Somerville.

El duque asintió con un gesto.

—Precisamente, y creo que despreciaría a cualquier inglés que no los conociera. Hervey... Su nombre me resulta familiar. ¿No nos hemos conocido antes? ¿En Toulouse, quizá?

—Sí, señor. Yo estaba al mando de un piquete —respondió Hervey, encantado de que lo reconociera.

—¡Claro! —exclamó el duque con una sonrisa—. Lord Fitzroy, este oficial derrotó él solo a una batería de artillería montada. ¡Cómo se divierten en la caballería!

—A veces desearía seguir siendo un dragón, duque —dijo Fitzroy, y le tendió la mano a Hervey.

—Bueno, yo no puedo decir lo mismo —repuso el duque sonriendo—, aunque lo cierto es que sólo fui dragón nominalmente. Sin embargo creo que todo hombre debe ser dragón en un momento de su vida, pero rápidamente ha de pasar a asuntos más serios. Piense en el primer ministro Pitt, Hervey. ¡Ahí tiene un dragón que llegó muy alto!

Todo el mundo rió, como suelen hacer los subordinados ante una gracia de un oficial superior.

—Creo que primero debo tratar de destacar entre los dragones, excelencia —dijo Hervey.

—¡Pero si ya está a punto de conseguirlo, mi querido amigo! —repuso el duque—. Sabe cómo dirigir un piquete. Ahora bien, si puede escapar del lamentable hábito de nuestra caballería de galopar hacia cualquier cosa y volverse atrás de inmediato sin prestar atención a las circunstancias, sin duda alguna destacará. Es más, me atrevo a decir que será único.

Hervey sonrió, pero se sintió incómodo. Aunque sabía que se trataba de una broma, ésta ocultaba una queja que el duque había expresado en muchas ocasiones. No obstante, el comandante en jefe estaba de buen humor, un humor que la caída del caballo no había empañado, y la partida emprendió el camino de regreso en un clima de jovialidad.

—Cabalgue a mi lado, Hervey —propuso el duque en cuanto reanudaron la marcha—. Dígame, ¿qué cree que hará Napoleón aquí?

Aunque la pregunta le sorprendió, Hervey respondió de inmediato, pues había reflexionado mucho sobre ese particular.

—Sospecho que muchos pensarán que pretende envolvernos mediante una ofensiva en el flanco derecho, cortándonos el paso a Ostende y otros puertos del canal, acaso librando una batalla de contención en la frontera, cerca de Charleroi. Ha hecho muchas maniobras parecidas antes.

—Sí —dijo el duque despacio, como si estuviera sorprendido por la perspicacia de la respuesta e intrigado por la expresión «muchos pensarán».

—Pero eso es demasiado arriesgado —prosiguió Hervey, entusiasmándose con el tema—. Sin duda su objetivo estratégico será conseguir que nosotros, señor, los británicos, quedemos fuera de combate y volvamos al mar, y al mismo tiempo enviar a los prusianos al otro lado del Rin. Yo tengo la impresión, excelencia, de que si realiza una maniobra envolvente, estará poniendo todas sus fuerzas al servicio de este objetivo. Y es probable que no tuviese tantas fuerzas, e incluso que nos empujase *hacia* los prusianos en lugar de alejarnos de ellos. En tal caso, el ejército que debería vencer sería demasiado numeroso.

El duque abrió la boca dispuesto a decir algo, pero Hervey no se dio cuenta y expuso su siguiente conclusión:

—En cambio, si Bonaparte avanza directamente hacia Bruselas, puede abrir una brecha tan grande entre los dos ejércitos que cada uno de ellos quedará librado a sus propias líneas de comunicación, y en consecuencia Bonaparte alcanzaría su objetivo estratégico mediante un método indirecto. Creo que ésta es la intención de su *manoeuvre*, aunque todo el mundo... perdone, señor, aunque *muchos* ven el movimiento pero no el objetivo.

—Vaya, vaya —respondió el duque—. ¡Quién iba a decirlo! ¡Tengo oficiales en la caballería que han estudiado a Napoleón en lugar de limitarse a leer sólo las fábulas del zorro Reynard! No se ofenda, señor Hervey: los dos tienen mucho en común.

El comentario arrancó nuevas carcajadas.

—¿De modo que está al tanto de la así llamada «estrategia de la posición central» de Bonaparte? —preguntó el duque.

—Sí, señor, he leído mucho al respecto. Creo que es la estrategia con más posibilidades de éxito aquí.

—Bueno, entonces descríbala brevemente a mis amigos —añadió, señalando a los tres oficiales del estado mayor que ya no miraban a Hervey con indiferencia sino con evidente respeto.

—Brevemente, señor, no es más que la táctica de *divide et impera*. Su ejército, dividido en dos escalones, toma posiciones entre los dos ejércitos enemigos. Usa sólo la fuerza imprescindible para mantener a uno en su sitio y concentra las restantes en vencer al segundo. No necesita destruir al segundo por completo, sino sólo dejarlo en un estado en que le resultaría imposible ayudar al otro. Entonces carga sobre el primer ejército, al que no ha permitido moverse.

—¿Y cuáles son los requisitos previos que deben darse para que pueda poner en práctica esa estrategia? —preguntó el duque, que ahora miraba a Hervey con la fijeza de un halcón.

—¿Los requisitos *previos*, señor? —preguntó Hervey haciendo hincapié en el adjetivo para dejar bien claro a qué estaba supeditada su respuesta—: Sorpresa y seguridad.

—Exactamente —convino el duque, asintiendo con aire pensativo, y sin decir una palabra más volvió a poner a su caballo al trote.

Era mediodía cuando llegaron al cuartel general del comandante en jefe en Gante. En el viaje, Hervey había vuelto a ocupar su puesto junto a Jessope, que estaba encantado con la «clase de estrategia» (así la definió él) de su amigo. Cuando entraron en el patio de la hostería que había sido requisada para uso militar, el duque se volvió hacia ambos.

—Gracias, señor Hervey. Ha sido un placer contar con su compañía —dijo afectuosamente—. Capitán Jessope, vuelva a traer a su inteligente amigo a cabalgar con nosotros. Sí, caballeros, ¡la sorpresa y la seguridad lo son todo!

El calor aumentó aún más en los días siguientes. El avituallamiento, al menos el del Sexto, parecía haber mejorado, aunque las compañías seguían desperdigadas en distintos pueblos para obtener forraje directamente de las granjas y no tener que depender de intendencia. Y aunque este sistema les convenía en muchos sentidos, seguía siendo difícil reunirse para la instrucción: la brigada sólo había tenido dos días de maniobras desde la llegada a Flandes pese a que habían vuelto a cambiar de lugar de acantonamiento, trasladándose esta vez al río Dendre, junto a Grammont. Allí los atormentaban los mosquitos y no tardó mucho en aparecer el primer brote de sarna equina, en particular en los caballos alojados en las granjas más pobres, con poco resguardo y mínimas condiciones de higiene. Nunca había habido tantos casos en el regimiento. En la compañía C, una mañana fue imposible ensillar a dieciséis caballos debido a las ampollas que se les habían formado en el lomo, y Edmonds temió que se hallaran ante una epidemia. Ni siquiera se ponían de acuerdo con respecto a las causas, pues muchos creían que la relación de la enfermedad con los mosquitos era meramente circunstancial. Tampoco había consenso acerca del tratamiento. Sin embargo, el nuevo oficial veterinario, un hombre joven y dinámico, no tenía ninguna duda: se agenció grandes cantidades de azufre y trató a los animales con una hedionda pócima preparada por él mismo. El remedio surtió efecto con inusitada rapidez, aunque el herrero tuvo que sacrificar con su hacha a los tres caballos en estado más grave. El capitán Lankester se había burlado al enterarse de las pérdidas, porque él sacaba a sus caballos cada día antes del amanecer y después del ocaso, cuando había más mosquitos que nunca. Aun así, no había perdido ninguna cabalgadura, y si no habían podido ensillar a alguna, el problema no había durado más de un día. Él untaba a sus caballos con una loción que había comprado el año anterior en Londres por recomendación del propietario de una plantación de té: aceite de citronela, uno de los artículos más exóticos y caros importados por la Compañía de las Indias Orientales. Aunque tenía un aroma agradable, resultaba repulsivo para cualquier insecto volador. Lankester se la ponía en la cara y las manos para cazar y pescar sin que le importunaran los mosquitos. Y ahora tenía ocasión de proteger con esta loción a sus amados caballos de caza.

Pero si el nuevo lugar de acantonamiento no había favorecido a los caballos, ciertamente resultaba conveniente a muchos de los oficiales, pues estaba a menos de dos horas de Bruselas. La capital tenía casi tantos teatros como Londres y en ella se celebraban numerosos bailes y recepciones. En una de ellas (la única a la que asistió), Hervey conoció a lady Emily Somerset.

—¿Es usted el oficial que caza liebres con el sable? —preguntó ella.

A lo que Hervey respondió que lo habría hecho mejor con una lanza.

—Mi marido me ha contado que sus palabras hicieron reflexionar a mi tío durante varias horas. ¡Es toda una conquista, señor Hervey!

—Estoy seguro de que el duque reflexiona continuamente, señora —fue la respuesta de Hervey. No se le ocurrió otra mejor, pues aún no se sentía cómodo en esos ambientes, y lady Emily Somerset le recordaba a Henrietta Lindsay y a su antigua inquietud en compañía de ella.

La conversación fue agradable, sin duda la clase de charla intrascendente característica de tales reuniones, y aunque sólo hubiera habido un ápice de verdad en la afirmación de que el duque había encontrado estimulante su exposición, era un consuelo para un hombre cuyas perspectivas permanecían ensombrecidas por el general Slade.

En la segunda semana del mes, Hervey recibió otra invitación de Jessope para salir a cabalgar con el duque. La partida, más grande que la anterior, se reunió en el patio del *hôtel de ville* en Halle, en la carretera de Mons a Bruselas, y pronto quedó claro que el ejercicio matutino no era su único objetivo. De pie junto a un gran mapa pegado a la puerta de la cuadra vacía estaba sir William de Lancey.

—Cumplirá las funciones de jefe del estado mayor del duque hasta que sir George Murray vuelva de Canadá —explicó Jessope—. Y esos otros dos oficiales son el jefe de ingenieros y de artillería, sir James Smyth y sir George Wood. Creo que esta mañana nos divertiremos.

Cuando el duque apareció, fue directamente hasta el mapa, cogió el puntero que le entregó Lancey y se dirigió al grupo.

—Caballeros, hoy quiero completar mi reconocimiento de las posiciones defensivas por si Bonaparte avanza directamente hacia Bruselas, cosa que estoy convencido que hará. Y si ataca Bruselas, no será para apoderarse de las fábricas de encajes. —Hubo risitas amables pero contenidas—. Su objetivo será separarnos de los prusianos. Sin embargo, aunque eso parece indicar que tiene la iniciativa porque escogerá el momento del ataque, no podrá escoger libremente el *lugar*. Deberá atacar en el punto de unión de los dos ejércitos, y ese punto estará donde el buen general Blücher y yo decidamos. Y lo pondremos tan al este como podamos sin arriesgar mi flanco derecho y Ostende. Por lo tanto, haremos planes para proteger la carretera de Mons a Bruselas, aunque ésta no será su objetivo, pues el punto de unión estará más al este, hacia Charleroi —explicó, señalando todos los puntos en el mapa—. Ahora bien —prosiguió, e hizo una pausa para subrayar la importancia de lo que seguiría—, no lo interceptaremos en la frontera porque esta vez tenemos pocas posibilidades de concentrarnos allí a tiempo. Pero allí lo entretendremos, le robaremos tiempo, y lo *detendremos* aquí, en Braine L'Alleud, Mont Saint Jean y Wavre. Y esta mañana examinaremos una posición defensiva en la *chaussée*, en esta cadena de colinas de Mont Saint Jean que, si estos mapas son de fiar, promete tener capacidad,* como lo habría descrito el gran arquitecto especialista en paisajes.

Se oyeron más risitas amables.

—¿Como en Torres Vedras, duque? —preguntó el jefe de ingenieros—. ¡Capability Brown hubiera estado orgulloso de lo que hicimos allí por el paisaje!

—No, sir James, no se justificaría un esfuerzo de tal magnitud para una posibilidad tan remota. Pero lo más importante es que no

* Juego de palabras con la palabra *capability* (capacidad) que también era el mote de Lancelot Brown, un célebre arquitecto del siglo XVIII especializado en crear paisajes y jardines de estilo natural. *(N. de la T.)*

conseguiríamos mantener las obras en secreto, y a eso debimos la mitad de nuestro éxito en Torres Vedra.

El coronel Smyth pareció desilusionado.

—No me ha dejado derribar ningún puente, duque, y ahora no me permitirá cavar trincheras.

—Los puentes nos resultarán más útiles a nosotros cuando nos movamos por Francia que a Bonaparte si avanza hacia nosotros, y me temo que no puedo ceder tropas para excavaciones —respondió con una sonrisa.

Poco después se marcharon del patio del hotel, precedidos por media compañía de húsares de la Legión Alemana. Enfilaron en dirección sur por la carretera de Nivelles y luego rumbo este por un camino de carros que conducía a Mont Saint Jean. Jessope y Hervey pronto quedaron cubiertos por el polvo del camino, de modo que se rezagaron lo suficiente para escapar de la nube de tierra.

—Yo le recomendaría que volara todos los puentes —dijo Hervey cuando quedaron lo bastante atrás para que el duque no pudiera oírlos.

—¿De veras? —respondió Jessope con una sonrisa.

—Sí. El duque dice que no tiene información del lugar donde va a atacar Bonaparte, y en consecuencia debe proteger una zona considerable. Puedes estar seguro de que antes de atacar Napoleón tomará toda clase de medidas para engañarnos, pero lo único que podrá revelarnos sus planes será el lugar en que estén sus ingenieros y sus puentes. Le resultará difícil ocultar esa actividad.

—Sin duda el duque ya ha pensado en ello.

—Desde luego; yo sólo daba mi opinión.

—Tu opinión le impresionó mucho la última vez, ¿sabes? No me extrañaría que el duque escribiera a tu coronel para decírselo.

—¡Ojalá le escribiera al general Slade! —respondió Hervey encogiéndose de hombros, y mientras trotaban hacia Mont Saint Jean, contó a Jessope por primera vez todo lo sucedido durante el mes de noviembre.

Fue una larga jornada. El duque llevó a cabo una minuciosa inspección de la cadena de colinas que discurría de este a oeste, al sur del pueblo de Waterloo, por encima de la *chaussée* de Charleroi a Bruselas. Aunque las colinas eran bajas, cumplirían su propósito, dijo al grupo. Las faldas posteriores protegerían a la infantería del fuego de la artillería; los movimientos de provisiones y reservas pasarían inadvertidos, y si todo lo demás fallaba, podrían retirarse a cubierto del bosque de Soignes y continuar la lucha allí. Lo que más le gustaba era la posición fortuita de varios grupos de casas situados delante de las colinas (el pequeño *château* de Hougoumont estaba en el oeste; en el este, los poblados de La Haie y Papelotte, y en el centro, la granja La Haie-Sainte), que una vez guarnecidas, servirían —en palabras del duque— como anclas para toda la línea.

Hasta el momento el duque no había hablado con Hervey, pero al final del reconocimiento, cuando subieron a lo alto de la colina en el punto donde se dividía la carretera, y justo por encima de una de las anclas —la granja La Haie-Sainte—, el duque lo llamó.

—Veamos, señor Hervey. ¿Cuál diría que es la principal debilidad de esta posición?

Hervey se sorprendió aún más que la primera vez que el duque le pidió su opinión, pues en aquella ocasión todo había comenzado con una conversación intrascendente. Ahora el duque parecía hablar en serio.

—Excelencia —comenzó Hervey, e hizo una pausa de apenas una fracción de segundo—, en efecto es una posición muy ventajosa, tan sólida como las que vi en las montañas de España. Las vías de acceso por el centro y la izquierda están tan descubiertas que Bonaparte no podría meterse en ellas sin arriesgar grandes pérdidas. En consecuencia, es muy probable que tratara de envolver su flanco izquierdo. Tiene donde cubrirse para mover sus tropas a una buena distancia y el terreno detrás de Papelotte es tan traicionero que...

—Sí, sí, pero ¿cuál es la respuesta? —interrumpió el duque con impaciencia.

Hervey no se amilanó.

—Los prusianos deben amenazar ese flanco desde el principio para que él no se atreva a realizar esa maniobra. Y como garantía adicional, necesitaremos dos brigadas de caballería a la izquierda de nuestra línea.

La confianza de Hervey en su opinión, que hizo sonreír a los jefes de ingenieros y artillería, fue reivindicada de inmediato.

—Hervey, si me hubiera dicho cualquier otra cosa, habría llegado a la conclusión de que no era más que un cazador de liebres. La suya es *precisamente* mi evaluación, aunque yo iría más lejos. Si Bonaparte llega hasta este punto, y si los prusianos todavía están con nosotros como usted dice, se dará cuenta de que nuestro flanco izquierdo, el este, es demasiado arriesgado. Por lo tanto, su opción será el *derecho*. Pero apuesto a que la desesperación lo empujará a tomar el camino del centro: la carretera principal a Bruselas. No me intimida toda esta cháchara sobre maniobras. Napoleón aún no ha tenido que vérselas con un obstinado general de cipayos, del que no parece tener un gran concepto, y sospecho que se llevará una gran sorpresa aquí.

Nadie pronunció una sola palabra.

—Bueno, vamos, caballeros, a continuación debemos inspeccionar la posición para las maniobras dilatorias. El cruce de carreteras en Quatre Bras, creo. Tres leguas al sur. ¡No tardaremos mucho!

La noche del 15 de junio, después de otra excursión solitaria, Hervey regresó tan tarde al lugar donde se alojaba con el regimiento que el capitán Lankester y los demás oficiales del Primer Escuadrón se habían marchado al gran baile de Bruselas sin él. Contempló la posibilidad de cabalgar hasta allí solo, pero enseguida la rechazó: cuando llegara, la mejor parte del baile habría terminado (y sobre todo, la cena). No es que hubiera recibido una invitación personal, simplemente sería uno de los individuos del grupo comprendido por «El comandante del Sexto de dragones de su majestad y tres oficiales», como decía la invitación, aunque Lankester y casi todos los demás habían recibido sus propias tarjetas de invitación. Edmonds había rechazado amablemente la suya.

—¡Pobre Richmonds! —había dicho al recibirla—. ¡Viene a Bruselas esperando que le den un cuerpo y lo único que consigue es que la duquesa derroche su dinero! No los avergonzaré: seguramente, cuando ella escribió la invitación no esperaba que el comandante fuera yo. Se la daré a lord George.

Hervey había pasado tanto tiempo solo en las últimas semanas que la idea de acudir a una recepción no le resultaba atractiva. A principios de mes habían cabalgado hasta Bruselas y regresado —para la sorpresa de sus compañeros— con una pila de mapas *Ferraris et Capitaine* que le habían costado veinte libras (más de un mes de paga), y a partir de ese momento había salido a cabalgar todos los días y regresado al anochecer. Cuando los subtenientes y tenientes le preguntaban qué hacía, él siempre les daba una respuesta vaga: había estado cabalgando por el campo entre Quattre Bras y Mont Saint Jean. Lankester, sin embargo, siempre insistía en conocer los pormenores de su reconocimiento diario y en una ocasión, después de que Hervey llegara hasta la frontera, ambos fueron al cuartel general de Edmonds para ponerlo al corriente de los planes del duque para ese sector; de hecho, el único plan del que tenían conocimiento.

Edmonds solamente había hecho un comentario:

—¡No entiendo por qué no vuela los malditos puentes!

Y Hervey había sonreído.

La noche del 15, cuando regresó con más información que nunca para Lankester, la ausencia de su superior inmediato lo puso en un dilema. Cabalgó hasta el cuartel general de Edmonds para contarle que había oído fuego de cañones en la dirección de Charleroi; de hecho, cuando regresó a su lugar de acantonamiento después del reconocimiento, le sorprendió no encontrarse con órdenes de movilización. Edmonds le preguntó si había oído algo en la dirección de Mons, pero Hervey sólo pudo decir que había encontrado a dos hanoverianos del general Dornberg llevando despachos de rutina a Bruselas y que le habían informado de que todo estaba tranquilo en el frente. De todos modos, el comandante decidió enviar un informe al jefe de brigada y una copia directamente a lord Uxbridge. Luego hizo sentar a Hervey:

—Matthew, todo indica que estamos a punto de pasar nuestra peor prueba. Tengo intención de retirarme temprano y le ruego que haga lo mismo.

Hervey despertó sobresaltado poco después de las tres, con la diana corta del clarín. Era un toque menos insistente que el de «alarma», pero su larga experiencia le decía que la diana corta auguraba algo. Casi a la misma hora Lankester y los demás regresaron de Bruselas con la noticia de que los franceses habían cruzado la frontera en Charleroi y combatían contra los prusianos. El propio Wellington había llevado la noticia al baile de la duquesa de Richmond. Unos minutos después Edmond llegó al alojamiento de la compañía A para averiguar qué sabía Lankaster.

—No lo entiendo —dijo el comandante—. Acabamos de recibir órdenes de concentrarnos en Ninove… Pero eso está al norte de aquí.

—Tampoco yo le veo ninguna lógica —convino Lankester.

—¡Caramba, qué comienzo! —gruñó Edmonds—. Llevamos dos meses aquí, y ahora nos pillan durmiendo. Lankester, envíe un edecán… No, no puede permitirse quedarse sin un oficial. Envíe un ordenanza a ver al general Grant para confirmar las instrucciones de ir a Ninove. Es imposible que no se haya dado cuenta, creo, de que nosotros estamos al sur de allí, mientras que todos los demás están al norte o al oeste. Entretanto yo reuniré a los escuadrones en Grammont.

El cabo Collins y un soldado para cubrirlo salieron en dirección al cuartel general de Grant, mientras el resto de la compañía A formaba a la luz de los fuegos del campamento. La luna se había puesto a medianoche y todavía estaba oscuro como boca de lobos. Lankester habló a su compañía con el tono más sereno imaginable: los franceses avanzaban, comenzó; la compañía pronto haría lo mismo, pero no podían esperar más información puesto que el propio duque disponía de escasos detalles.

—Sin embargo puedo prometerles con una certeza casi absoluta que si no se llenan la barriga con algo caliente en la próxima media hora, no tendrán ocasión de hacerlo en una semana.

Cuando Edmonds acabó de reunir a las demás compañías, eran más de las cinco y había bastante luz, pero Collins había regresado con un cambio de órdenes y un nuevo lugar de encuentro, cuyo sentido Edmonds no entendió de inmediato.

—¿La brigada de *Vivian*? ¿Por qué ese cambio? Pero no importa. ¡Señor Barrow! —gritó al ayudante—. Envíe un ordenanza al cuartel general de sir Hussey Vivian. Ahora el regimiento marchará hacia Enghein, en columnas por compañías. —Y volviéndose a Lankester, preguntó en voz baja—: ¿Por qué cree que nos han cambiado de brigada?

—Bueno, si las suposiciones de Hervey sobre el plan del duque son correctas, sospecho que Vivian se dirigirá al flanco izquierdo para mantenerse en contacto con los prusianos y necesitará un regimiento adicional.

—¿Así que cree que las excursiones de Hervey de las últimas semanas darán sus frutos? —preguntó Edmonds.

—Dedujo mejor que nadie cuál sería el punto de ataque de los franceses. ¡Yo habría apostado cien guineas a que Bonaparte avanzaría hacia Ostende!

—Puede que aún lo haga. Pero le aseguro una cosa, Lankester: entre aquí y Bruselas no habrá un solo lugar donde podamos detenerlo si las cosas continúan como hasta ahora. Que me aspen si entiendo por qué Uxbridge no ha formado divisiones, aunque no hubiera posibilidades de reunirlas para las prácticas. Hay demasiadas brigadas sueltas y no tenemos idea de cuál es su objetivo. ¡Gracias a

Dios tenemos jefes de brigada que saben lo que hacen! ¿Se imagina a Slade en una crisis semejante?

Lankester se lo imaginaba muy bien. Pero en Enghein, donde llegaron pronto, nadie les aclaró las cosas. De hecho, los confundieron aún más, porque una parte importante del ejército parecía abrirse paso hacia el sudeste a través de la ciudad, cuyas calles estaban tan bloqueadas por carros y cañones como si aquello fuera obra del enemigo. Un mensajero llegó con órdenes de Vivian: debían dirigirse a Braine le Comte, que estaba a dieciocho kilómetros al sudeste por la carretera de Mons a Bruselas. En circunstancias normales habría sido una marcha fácil, pero la carretera estaba atestada, el calor era sofocante y no pudieron abrevar en la ciudad. Ni siquiera Hervey, que había cabalgado muchas veces por esos caminos, conocía un trayecto mejor para llegar a Braine. No parecían tener más alternativa que seguir por la carretera, si es que podía llamársela así, y desviarse a través del campo cada vez que resultaba imposible avanzar. Finalmente consiguieron llegar a la ciudad a las cuatro de la tarde, pero todavía no había señales de Vivian.

Los cañonazos ya se oían con bastante claridad, aunque era imposible determinar de dónde procedían. Parecían provenir principalmente del sudeste, pero en otros momentos sonaban como si se dirigieran *hacia* el este, hacia Nivelles. Edmonds tomó la arriesgada decisión de cambiar el curso de la marcha, puesto que los cañonazos en el este (según la información de Hervey respecto al plan del duque) hacía temer lo peor. Los miembros del Sexto acababan de colgar morrales a sus acaloradas y hambrientas cabalgaduras cuando Edmonds ordenó al clarín al toque de «montar».

Hubo una súbita conmoción en la compañía A. Uno de los caballos, un castrado quisquilloso al que más de un jinete había tachado de inservible, comenzó a dar coces con las dos patas traseras en la apretada formación y golpeó a una yegua de la fila trasera. Ésta corcoveó y derribó a su jinete, que no obstante consiguió mantener sujetas las bridas, y luego permaneció inmóvil sobre tres patas, pues la mano derecha colgaba como el brazo de un muñeco de trapo. El dragón recuperó la compostura rápidamente, echó un vistazo a la pata y comprobó que tenía la caña fracturada. De inmediato desenfundó la pistola y la puso en la cabeza del animal, pero la sujetó en un ángulo excesivo y con fuerza insuficiente, de modo que cuando disparó, la bala rozó el cráneo y un flanco del caballo alcanzando a un dragón en el muslo. Con la fuerza del impacto, la pistola voló de la mano del dragón, rompiéndole la muñeca, y el fogonazo y el ruido encabritaron al caballo.

—¡Por el amor de Dios! —gritó el sargento Armstrong, saltando desde su propia montura al cuello de la yegua espantada—. ¿Dónde demonios está el herrero?

Pero el herrero estaba con los demás detrás de la columna, y seguían sin poder tranquilizar a la yegua. Sólo lo consiguieron arrojándole una manta sobre la cabeza. Hervey cogió su carabina y se abrió paso entre la multitud mientras media docena de dragones tendían a la yegua de lado y los demás se apartaban. Consciente de lo que había que hacer, apoyó la boca del cañón encima del ojo izquierdo del animal y apuntó a la base del oído opuesto, tal como le había enseñado Daniel Coates. La yegua movió las patas y tras varios segundos de espasmos se quedó totalmente inmóvil.

Armstrong comenzó a maldecir a todo el mundo por su torpeza hasta que el capitán Lankester llegó junto a ellos y se hizo cargo de lo ocurrido.

—Muy bien caballeros, la primera baja de los franceses. Asegurémonos de que no haya más aquí.

La compañía A reanudó la marcha a paso lento, casi avergonzado. Y el tramo que seguía era aún más difícil, pues la carretera no era mejor que un sendero de carros, aunque conducía directamente a Nivelles y luego a Quatre Bras. Sin embargo, no vieron señales de lucha en el camino y cuando llegaron a los alrededores de Quatre Bras, alrededor de las ocho, el sol se ponía tras ellos. La ciudad y el importante cruce de caminos que le daba su nombre estaban ocultos tras un espeso bosque. Pero los ruidos de combate, más atronadores aunque no tan regulares como por la tarde, eran inconfundibles y de vez en cuando se veían los fogonazos de los cañones. A pesar de todo, Edmonds sintió alivio. Hervey no se había equivocado, pues cuando se aproximaron a los árboles se encontraron con el general sir Hussey Vivian.

—¡Buen trabajo, Edmonds! Me alegro muchísimo de verlos —dijo el general—. ¡Qué comienzo! Yo mismo acabo de llegar. Venga, debemos descubrir qué pasa allí arriba —ordenó señalando en dirección a la ciudad.

Cuando Vivian y Edmonds entraron en Quatre Bras, los recibió uno de los edecanes de Uxbridge con absoluta tranquilidad. Y sus instrucciones les sorprendieron aún más, porque lo único que Uxbridge quería de ellos era que acamparan allí, con sólo una patrulla en el flanco izquierdo para servir de enlace con los prusianos.

—Entonces el Sexto deberá formar la patrulla, Edmonds. Todavía tengo que ir a buscar a los alemanes a Nivelles —dijo sir Hussey, cuyos húsares de la Legión Alemana tendrían que cubrir una distancia incluso superior a la que debía recorrer el Sexto.

Lankester inspeccionó las tropas antes de organizar el piquete.

—¿Qué les dije durante la formación? —preguntó con una sonrisa irónica—. ¡No verán su bagaje a este lado de Bruselas! Sin embargo, hay forraje verde de sobra para cortar. ¡Manos a la obra, muchachos!

No vaciló un instante a la hora de escoger un teniente para la patrulla: los conocimientos de alemán de Hervey y su familiaridad con el terreno eran únicos.

De hecho, estas dos ventajas resultaron inestimables porque la luna estaba baja, y aunque rastrearon el terreno por la carretera casi hasta Ligny, no pudieron establecer contacto con los prusianos. El regreso a Quatre Bras, poco después de medianoche y ya sin luna, fue aún más peligroso que el camino de ida: más tarde, Lankester admitiría que había sido una de las misiones más arriesgadas de su vida, y en varias ocasiones, cuando se toparon con las patrullas de nerviosos holandeses que batían la zona, se salvaron gracias al alemán de Hervey. Alrededor de las tres de la madrugada un húsar prusiano llegó al puesto de avanzada (que Lankester finalmente había situado a una legua del cruce de caminos) con información de las escaramuzas de los prusianos en los alrededores de Ligny. Después de que Hervey lo interrogara (su alemán de Brandeburgo era el más claro que Hervey había oído en su vida), lo escoltaron hasta el cuartel general de Vivian en Quatre Bras.

—Malas noticias —dijo Lankester cuando el prusiano se hubo marchado—. No esperaba una retirada. ¿Por qué cree que se retiran los prusianos?

Hervey examinó su mapa a la luz del fuego.

—Es de esperar que se replieguen en Wavre como estaba previsto. El edecán de lord Fitzroy dice que el duque tiene una confianza absoluta en el príncipe Blücher. Sostiene que el viejo mariscal morirá en la silla antes que faltar a su palabra.

—¿Y qué hará ahora el duque?

—Bueno, ya he hablado antes de la posición defensiva en Mont Saint Jean. Le guste o no, si los prusianos son incapaces de contener a los franceses en Ligny, no tendrá más remedio que replegarse allí. Y esperemos que el resto del ejército se esté dirigiendo hacia allí. Sin embargo, *debe* mantener el contacto con los prusianos. Si no lo hace, dudo que tenga la fuerza suficiente siquiera para resistir en Mont Saint Jean, y en tal caso habrá una batalla endemoniada en el bosque que está detrás. Lo que no me ha quedado claro del informe de ese húsar es si los prusianos todavía están en condiciones de combatir. Si los franceses les han dado tal paliza que son incapaces de reagruparse, incluso si se unen a nosotros no nos servirán de nada. Desgraciadamente, todo parece indicar que Bonaparte podría haber alcanzado su primer objetivo.

—Mi querido Hervey —dijo Lankester pasándole una petaca de coñac—, su comprensión de las tácticas militares es extraordinaria. En este ejército, sólo un oficial entre cien tiene alguna idea de estrategia más allá de lo que dice el manual de instrucción. Aunque para ser justos, conocen muy bien el manual. Deseo sinceramente que cuando esto haya terminado se le conceda una graduación honoraria. Yo personalmente lo recomendaré, aunque ya sabe que Edmonds me ganará por la mano. Pero, francamente, a veces creo que en un ejército como éste es más fácil ascender capturando una ridícula enseña francesa.

Era la primera vez que Hervey recibía halagos de Lankester. Curiosamente, le sentaron mejor que los de Edmonds. Su maestro de griego en Shrewsbury, un hombre bondadoso cuyo interés académico en las batallas ahora le habría hecho envidiar la posición de Hervey, hubiera explicado por qué: las alabanzas de un estoico eran valiosas, pero las de un corintio eran una auténtica inspiración.

En las pocas horas que faltaban para el amanecer, Hervey apenas si consiguió echar un breve sueño, pero de todos modos le sentó bien. La patrulla de avanzada fue llamada poco después, y encontraron al resto del Sexto todavía en el campamento, preparando el desayuno. Pero, la comida consistía únicamente en té y galletas procedentes de los morrales de los soldados, pues no había señales del convoy de intendencia. Aparte de los ocasionales disparos de un fusil Baker, que se diferenciaban claramente de los de los mosquetes o las carabinas, el silencio era absoluto en la zona donde se había combatido el día anterior. En el campamento se rumoreaba que los franceses habían sido repelidos, que habría un avance general y que lo encabezaría el Sexto. Hervey consiguió acallar estos comentarios absurdos, pero de todos modos fue un golpe para los soldados cuando aproximadamente a las nueve llegó la orden de retirada general. La única compensación era que la brigada tendría que cubrir el flanco izquierdo. Hervey oyó a uno de los soldados jóvenes preguntar a un veterano si tendrían oportunidad de entrar en acción, y el veterano comenzó a relatarle la batalla de Sahagún y la retirada por el río Esla. Hervey la recordaba bien: era una anécdota más que apropiada para la ocasión, pero, gracias a Dios, esta vez Slade no estaba al mando.

—Nada nuevo bajo el sol, ¿eh, señor Hervey? —preguntó el cabo Collins mientras desmontaban delante de la división del general Picton en el flanco izquierdo.

Hervey se reservó su opinión: Sahagún era una cosa —sí, era cierto que allí habían tenido que enfrentarse con una caballería francesa más numerosa—, pero esta situación era muy distinta. Recordó que, según las predicciones del comandante en jefe, más de dos cuerpos de infantería, reforzados por artillería *y* caballería, estaban a punto de cargar contra ellos. Sabía que tenían que ganar tiempo para que la infantería del duque regresara a Mont Saint Jean, y suponía que el regimiento tendría suerte si conseguía llegar a las colinas sin desperdigarse.

En consecuencia, se llevaron una verdadera sorpresa después de pasar tres horas sentados aguardando la supuesta batalla; tres horas durante las cuales la infantería y la artillería del duque consiguieron llegar por una de las mejores carreteras de Europa hasta una posición defensiva que era la mejor que había visto Hervey. ¿De verdad estaba Napoleón en el campo de batalla?, se preguntó. ¿Acaso se trataba de una falsa maniobra?

El capitán Lankester iba al frente del primer escuadrón. Edmonds había ordenado que se agruparan por escuadrones para la retirada (un cambio que puso a Hervey al frente de la compañía A). Lankester dirigió unas palabras a sus soldados con tanta campechanería que Hervey no pudo menos de admirarlo: parecía el propietario de una hacienda bien administrada saludando a sus satisfechos arrendatarios durante un paseo matutino.

—Lo lamento, primer escuadrón. No ha habido desayuno, ni ron, ni franceses, pero tendremos suficiente de todo ello a su debido tiempo, aunque no sea en ese orden —gritó arrancando risas y aclamaciones—. ¡Las cosas podrían estar peor!

—¿Qué quiere decir, señor? —preguntó una voz de entre las filas.

—En fin —respondió Lankester, arrepentido de sus últimas palabras y buscando una respuesta—, ¡podría estar lloviendo!

Media hora después llovía. Prácticamente en el mismo instante en que los franceses abrieron fuego, un trueno apocalíptico precipitó una lluvia torrencial que continuó durante toda la retirada a Mont Saint Jean. Pero con lluvia o sin ella, la retirada continuó como un ejercicio modélico, dirigido como si se tratara de un día de maniobras. Los escuadrones pasaron repetidamente por el frente, y en cada caso la artillería montada desenganchó los avantrenes y abrió fuego para auxiliarlos. A continuación se oían las órdenes de «¡alto el fuego! ¡retirada! ¡dragones, media vuelta, al trote, marchen!», unas órdenes repetidas dos, tres, cuatro... tantas veces que ya nadie recordaba exactamente cuántas. Sólo en una ocasión corrieron un riesgo serio, en Genappe, cuando el Tercer Escuadrón torció por el camino equivocado porque su capitán no consiguió descifrar el empapado mapa bajo la intensa lluvia. Hervey advirtió el error, galopó tras ellos y los condujo otra vez al camino correcto justo a tiempo para que la artillería montada diera cuenta de la patrulla de *lanciers* que les pisaba los talones. El propio Barrow se sintió inclinado a expresar su admiración por el coraje de Hervey:

—En mi opinión, señor —gritó a Edmonds cabeceando con incredulidad mientras el Tercer Escuadrón regresaba galopando a la *chaussée*—, el ejército no puede permitirse el lujo de perder a un hombre como éste por negarse a ascenderlo.

Era la última persona de la que Hervey habría esperado alabanzas.

Truenos, relámpagos, lluvia torrencial y barro hasta los espolones en cuanto el caballo abandonaba la *pavée*: las condiciones eran una prueba digna del más exigente oficial de revista. Pero el enemigo parecía incapaz de sacarles ventaja. ¡Tres horas de retraso antes de reanudar el avance! Hervey no podía pensar en otra cosa: ¡Tres horas! ¡Cómo afectaba ahora a los resultados ese error inexplicable! Había sido nada más y nada menos que la salvación del duque. Y el ocaso —que con un cielo tan encapotado llegó antes que el día anterior— comenzaba a envolverlos en un manto de seguridad cuando llegaron a Mont Saint Jean, donde las lámparas de docenas de oficiales del estado mayor guiaron a los regimientos a los puntos de concentración y, en consecuencia, a los campamentos cercanos al campo de batalla. Ninguno de esos oficiales había esperado que la retaguardia estuviera en tan buenas condiciones: hombres y caballos empapados, exhaustos y hambrientos, pero en unidades bien formadas y perfectamente disciplinadas. ¡*Tres horas*! Qué alto precio había pagado ya Bonaparte por esa incomprensible demora. ¿No era él quien había dicho a sus generales que le pidieran cualquier cosa menos tiempo? ¡Ahora tenían una posibilidad de vencerlo, *sólo* una posibilidad!

14

UNA SEVERA PALIZA

Mont Saint Jean, Waterloo, 18 de junio

Antes del amanecer, los ordenanzas de guardia despertaron a los desaliñados y empapados soldados del Sexto de dragones. Los aplastados sacos de trigo, que en un principio habían supuesto algún solaz para las posaderas doloridas tras largas horas sobre las cabalgaduras, también absorbían el agua del suelo como panales, de modo que el dolor producido por las sillas dejó paso a los calambres a causa del frío. Por todas partes los hombres se rascaban la barba de tres días y sufrían los espasmos de los estómagos vacíos. El olor era nauseabundo, incluso peor que el habitual en campamentos tan precarios como aquél. Habían acampado prácticamente en la oscuridad y con tanta rapidez que ni siquiera se habían preocupado de cavar letrinas. No soplaba el viento, y las pocas fogatas que habían sobrevivido a los torrentes de lluvia no conseguían despejar aquel aire fétido. A los hombres del Sexto no les gustaba acampar con otros regimientos, cuyos hábitos de legionarios censuraban, y cuando se dirigían en silencio hacia sus caballos, los desanimó aún más oír el toque de diana de un clarín, seguido de inmediato por otros de los regimientos cercanos en una cacofonía de diferentes timbres. Maldijeron a los clarines por un ruido que malograba su prudente sigilo. Un tambor de infantería comenzó a tocar con ímpetu. Aunque la lluvia no había cesado en toda la noche, al menos había amainado y en ese momento no era más que una llovizna.

Un ordenanza sacudió el hombro de Hervey, que sin embargo habría necesitado apenas un roce para despertarse. Salvo por las pocas horas de sueño de la noche anterior, hacía más de un año que no dormía cerca del campo de batalla, pero todavía conservaba los reflejos de los cinco años previos. En cualquier caso, la lluvia sólo le había permitido dormir entrecortadamente. Se había acostado cerca de medianoche (a la luz de la lámpara del jefe de la policía militar había consultado el reloj que le había regalado Jessope), y al ver los primeros atisbos de luz en el cielo por encima de donde suponía que estarían los prusianos (rezaba por que así fuera), calculó que serían las cuatro. El ordenanza siguió su camino, pero Johnson ya estaba allí con una cantimplora de té. Hervey se preguntó dónde habría encontrado un fuego para hervir agua en una noche semejante y reconoció que ni siquiera uno de cada doce oficiales tendría la suerte de que lo despertaran de esa manera. Y sin embargo en España nadie había querido a aquel hombrecillo de Yorkshire. La lona del saco de dormir de Hervey lo había protegido bastante bien de la lluvia pero debido a la intensa tormenta eléctrica que los había acompañado durante la retirada de Quatre Bras había sido demasiado, estaba ya calado hasta los huesos antes de meterse en el saco. Un temblor recorrió su cuerpo mientras sorbía el té.

—No he podido conseguir panecillos de jengibre ni nada parecido —dijo Johnson—. Un alemán tenía algunos, pero pedía oro por ellos. ¡Oro!

—No podremos sobrevivir un día más a base de té y ginebra, Johnson —gruñó Hervey—. ¿Dónde están los intendentes?

—Siguen buscando provisiones, supongo. He estado en pie casi toda la noche ocupándome de los caballos y todavía no les he visto el pelo.

—¿Por qué les resulta tan difícil traer comida a un ejército que está junto a la carretera principal? —suspiró con desesperación—. ¿De modo que tampoco hay comida para los caballos?

—No.

—¡Rodeados de trigo y sin forraje! ¿Acaso hay algo de *algo*, Johnson?

—Sí, señor —bromeó Johnson—. Durante toda la noche han estado llegando carros de artillería. Tenemos un montón de balas y obuses.

Gracias a Dios al menos por eso, pensó Hervey, aunque no entendía por qué siempre parecían estar ante una disyuntiva: pólvora o proyectiles, comida o forraje. El día 16 Lankester había insistido en que tomaran un apresurado desayuno y desde entonces sólo habían conseguido galletas, ginebra, té y forraje verde. Hervey se enfadó consigo mismo: ¿Acaso no era capaz de pasar un par de días con el estómago vacío? Ya habría con qué llenarlo una vez que derrotaran a los franceses.

—¡Maldita sea, Johnson, aquí tiene una guinea! Vaya a buscar algo a lo que podamos hincarle el diente.

Pero esa mañana tuvieron que formar con el estómago vacío. El regimiento montó poco antes de las cinco y desmontó veinte minutos después, cuando el cielo se hubo aclarado lo suficiente para que Edmonds comprobara que el enemigo no atacaría al amanecer. Mientras pasaban la orden de romper filas el sargento Strange, que una vez más cumplía las funciones de brigada de la tropa, se acercó a Hervey para darle el informe de la revista: oficiales y soldados, 74; enfermos presentes, 3; enfermos ausentes, 3; desaparecidos, 2; caballos, 68.

—¿Y los armeros, sargento?

—El cabo Ford está preparado para empezar ahora, señor. Daré la orden de afilar por medias secciones.

—Supongo que no habrá señales de provisiones y forraje, ¿no?

—Hemos recibido algo de cebada, señor, pero poco más. El sargento Armstrong se ha pasado la noche haciendo incursiones en busca de forraje, pero no ha encontrado gran cosa. Dice que hay soldados enemigos por todas partes; nunca había visto tantos. Tampoco podremos cortar el trigo porque han allanado los campos.

El tono del sargento Strange no era pesimista, sino realista. Los dos habían pasado por la misma situación muchas veces en la Península, pero la mitad de los soldados eran novatos que no habían experimentado más apuros que un día de maniobras en las afueras de Cork o una revista en el Phoenix Park.

—Aun así, ayer se portaron muy bien, ¿no lo cree, sargento Strange?

—¿Los bisoños? Sí, muy bien. Aunque no me parece que nos hayan hostigado mucho, señor.

—Es verdad —convino Hervey, y sonrió—. Pero nuestras tropas han ganado tiempo para afilar las armas. Sabe Dios cuántas veces luchamos con las espadas desafiladas en España. No podemos permitir que hoy nos pase lo mismo. —Pensó en Salamanca y en los innumerables sablazos necesarios para rescatar a Jessope.

—¿Cuántos cree que tiene el duque aquí, señor?

—Cuántos ¿qué? —preguntó Hervey, abstraído en sus pensamientos.

—¿De cuántos soldados cree que dispone el duque en esta posición?

—¿Cuántos ve, sargento Strange?

—Bueno, no había visto tantos hombres juntos desde... —Se quedó pensativo.

—¡Exactamente! Me atrevería a decir que ni siquiera usted, con tantos años de servicio, ha visto *nunca* un despliegue semejante. ¡Pues sepa que el duque dispone de casi ochenta mil hombres!

Strange dejó escapar un silbido, reacción poco habitual en él.

—Así y todo —continuó Hervey—, desconfía tanto de las intenciones de Bonaparte que ha apostado la cuarta parte en Hal y Tubize por si los franceses atacan nuestro flanco para tomar los puertos del canal. Y estoy convencido de que eso precisamente deben de estar haciendo ahora mismo.

—En cualquier caso es un buen contingente, superior al de cualquier otra batalla, creo.

—Pero sólo la mitad son nuestros, y entre ellos hay muchos novatos.

—Señor Hervey —dijo el sargento Strange con cautela—, ¿no estará sugiriendo que duda del resultado de la batalla de hoy?

—En absoluto —respondió Hervey sin vacilar—, pero Bonaparte tiene tantos hombres, unos cien mil, según dicen algunos, que sería una imprudencia permanecer otra noche aquí. Con toda seguridad nos supera en cañones, y puesto que la iniciativa es suya, tendrá ocasión de concentrarlos. La artillería del duque se compone de ciento cincuenta piezas, no más, y debe disponerlas en un frente muy amplio.

—¡Pero qué frente, señor!

—Así es, sargento Strange, y ni siquiera ha visto la mitad. Es una excelente posición defensiva. Al final de esta cadena de colinas hay un *château* que es una auténtica fortaleza. O lo será cuando la Guardia Real acabe de prepararlo.

—¿Se ha enterado de todo eso en sus reconocimientos con el duque, señor?

—Sí, inspeccionamos cada palmo del terreno. Pero le diré una cosa, sargento Strange, el duque lamentará haber dejado un cuerpo en Hal, porque con el bosque detrás tiene poco espacio para maniobrar y necesita reservas desesperadamente. ¡Sin los prusianos, será una lucha muy reñida!

Comenzaron a oírse detonaciones a lo largo de toda la cadena de colinas, pues la infantería probaba sus pistolas y trabucos de chispa, y los centinelas, que habían cebado los mosquetes para la guardia nocturna, los disparaban para no arriesgarse a retirar las cargas. Pronto la caballería hizo otro tanto con las carabinas, y Hervey se estremeció, tal como le ocurría en la Península cada vez que oía aquellas detonaciones.

—¡Cómo delatamos nuestra posición y nuestra fuerza, sargento Strange! ¿No rompemos acaso el principio fundamental de la guerra? Y todo por miedo a que la pólvora esté húmeda. Si tuviéramos armas de percusión sería una medida innecesaria.

—Es verdad, señor. Supongo que no debe de haber otra carabina como la suya en todo el campo de batalla. Si hubiera tenido ocasión, también me habría comprado una sin fijarme en el precio, porque en un día como hoy puede representar la diferencia entre la vida y la muerte.

—Exactamente —dijo Hervey—. Si el gobierno de su majestad y el cuerpo de armamento hubieran demostrado un poco más de prudencia, al menos las tendrían los fusileros.

—Desde luego. A esos hombres nada les gustaría tanto como la posibilidad de cargar las armas tendidos en el suelo.

Hervey sonrió.

—Es una suerte que Bonaparte no consiguiera la patente, porque de haberlo hecho todos sus *tirailleurs* tendrían carabinas como la mía.

Desde el momento en que se había ordenado poner fin al estado de alerta ardían fuegos alimentados por la misma pólvora que tantos recelos inspiraba. Teniendo en cuenta las cantidades que los soldados del Sexto habían usado para encender los suyos, la combustión no era un indicador del todo fiable de la ausencia de humedad, pero aun así las llamas eran un buen augurio. Habían desensillado y alimentado a los caballos con las pocas libras disponibles de cebada. Hervey pensó que Slade nunca habría permitido algo así, pero Edmonds sabía que eran capaces de ensillar a toda prisa en caso de emergencia, y sir Hussey Vivian aún no había ordenado ni siquiera una maniobra preparatoria.

—Hay un riachuelo detrás de las colinas, señor Hervey —dijo Johnson mientras le entregaba otra cantimplora con té—. El agua es un poco salada, pero puede pasar.

En tal caso la lluvia había sido provechosa, ya que la ausencia de un suministro de agua en las proximidades habría supuesto nefastas demoras.

—Bien —respondió Hervey—, dado que la media hogaza de pan que ha traído no nos entretendrá mucho, me afeitaré. Un afeitado puede ser un sustituto aceptable de una buena noche de descanso.

—Entonces le traeré agua caliente, señor. Están hirviendo una olla para las patatas del sargento Armstrong.

—¿Patatas? —preguntó Hervey sorprendido—. ¿Cómo es posible que usted vuelva con la hogaza de pan más cara de Flandes y el sargento Armstrong haya conseguido patatas? ¿De dónde demonios las ha...?

—Un oficial de intendencia estaba meando al borde del camino y...

—Es suficiente, Johnson, ya me imagino el resto. —Suspiró—. Vaya a buscar mi cuchilla de afeitar, por favor.

Eran casi las siete cuando los armeros terminaron de afilar los sables de la compañía A y Edmonds apareció con el brigada del regimiento en el mismo momento en que los hombres de Hervey comenzaban a tomar su magro desayuno de té y patatas hervidas. Los veteranos lo recibieron con ovaciones y bromas.

—¡Y pensar que creíamos que habíamos acabado con él en Toulouse, comandante! —gritó un veterano.

—Bueno, como recordará, Harris, aquel día no permitieron que *nosotros* nos ocupáramos de él.

Siguieron más risas y ovaciones, aunque a Hervey le sonaron ligeramente forzadas.

—Así que Elba no fue un buen calabozo, ¿eh, señor? —gritó otro veterano que había estado con el ejército en la India.

—¡Si usted lo dice, Finch! ¡Nadie sabe más de calabozos!

Las risas y ovaciones se hicieron escandalosas y Hervey llegó a la conclusión de que los hombres del Sexto tenían los nervios a flor de piel.

—Podría ser peor, señor. En Sahagún llovía.

—Así es, Smiler, y parece que fue hace un siglo. ¿Cree que alguna vez pasaremos las Navidades en casa?

—En mi caso, comandante Edmonds, debería preguntarme si alguna vez tendré una casa donde pasar las Navidades.

El comentario arrancó carcajadas estentóreas y Hervey sonrió ante el humor negro de los soldados, su arma secreta. No cabía duda de que Edmonds sabía cómo tratar a esos hombres. Su actitud era distinta de la de Lankester —muy distinta—, pero igualmente eficaz; más, acaso, pues mientras que a Lankester le profesaban respeto y admiración, por Edmonds sentían respeto y afecto. Hervey los admiraba a los dos, aunque si lo hubieran obligado a escoger, habría elegido para sí la serenidad patricia de Lankester: la evidente devoción de Edmonds por sus soldados lo hacía más vulnerable. Parecía conocer por su nombre —y en muchos casos por su mote— a todos los hombres, incluidos los reclutas. Durante las semanas previas a la orden de embarcar, Hervey lo había creído exhausto, irremediablemente perdido, pero ahora su entereza era más oportuna que nunca, pues el dejo ansioso de las risas reflejaba una inquietud que necesitaba remedio.

—Bien, señor Hervey —comenzó Edmonds con una sonrisa—, todo ha salido según sus previsiones.

Hervey sólo había articulado unas pocas palabras, no exentas de timidez, cuando una conmoción a sus espaldas los hizo volverse. La escena los dejó momentáneamente boquiabiertos. De hecho, quedaría grabada en la mente de los hombres del Sexto (todos fueron testigos de ella) y durante años sería tema de conversación en salones y tabernas: el propio comandante en jefe, montado en su mejor caballo de guerra —*Copenhague*— y acompañado por un séquito de oficiales y sus ayudantes —una auténtica *troupe dorée*— avanzaba ceremoniosamente entre las filas. El caballo del duque, con su lustroso pelaje castaño en impecable estado, era tan conocido como su jinete para los veteranos que habían peleado en la Península. Aunque de buena raza (Hervey había oído decir que su madre descendía del Rutland árabe) no era el más elegante de los caballos; desde luego, no habría atraído a D'Arcey Jessope. Pero el duque había dicho a sus hombres muchas veces que, si bien había monturas más hermosas y rápidas, nadie superaba a *Copenhague* en tesón y resistencia. Obras son amores, pensó Hervey.

Hasta el más bisoño de los reclutas era capaz de reconocer al duque; y en buena hora, porque no llevaba uniforme. Vestía el mismo abrigo azul que la mañana en que habían perseguido la liebre. Sus pantalones de gamuza y sus botas adornadas con borlas también habrían sido igualmente apropiadas para andar por Piccadilly. Su sombrero de tres picos era la única prenda eminentemente militar y estaba adornado con cuatro escarapelas: la negra hannoveriana del rey Jorge y tres emblemas más pequeños en los colores de Portugal, España y los Países Bajos, los cuatro ejércitos en los que el duque tenía el rango de mariscal de campo. Más tarde todo el mundo recordaría sin embargo el aplomo y la autoridad con que llevó a cabo su inspección.

Respondió a los saludos con una inexpresiva inclinación de cabeza. La larga relación con su ejército apenas si había inspirado amor —en cualquiera de las dos partes—, pero el duque tenía confianza en la lealtad de sus hombres y éstos, a su vez, confiaban en la capacidad del duque para escoger el campo de batalla y las posiciones. No hubo vítores: no parecían apropiados ni hubieran sido bien recibidos. Al otro lado del valle Bonaparte iniciaría pronto igual procesión, y entonces los tambores redoblarían, las bandas tocarían *Veillons au salut de l'Empire*, los soldados lo aclamarían —*Vive l'Empereur*— y el vocerío llegaría hasta el Sexto, situado a menos de un kilómetro y medio de distancia. No; el duque no permitiría ovaciones, porque permitirlas, aunque sólo fuera una vez, sería como invitar la reacción contraria en otras circunstancias. Poco antes de llegar al final de la compañía A, el duque se detuvo.

—Buenos días, comandante. Buenos días, señor Hervey. Confío en que el Sexto proteja el flanco con firmeza. Habrá suficiente acción incluso por aquí. ¡Hoy demostraremos a Bonaparte cómo defiende una posición un general cipayo!

Edmonds dio una respuesta apropiada y Hervey se hinchó de orgullo ante la atención del duque, pero la nobleza del comportamiento del comandante no consiguió ocultar que se sentía ofendido. Hervey se avergonzó de su orgullo al ver que los treinta años de leal servicio de su oficial superior no recibían mayor reconocimiento que aquel al que obligaban sus galones. Pero el duque nunca había sido un hombre dado a las alabanzas y Edmonds pronto hallaría consuelo en este hecho, pues el conde de Uxbridge, que lucía todos los atributos militares que le faltaban al duque, escogió ese momento para poner a prueba (si bien involuntariamente) la tirante relación entre ambos:

—Será mejor que me informe de los planes de ese general cipayo, duque —dijo con una sonrisa—, por si luego espera que los lleve a cabo.

—¡Planes! —repuso Wellington con brusquedad—. No tengo planes, señor. Me dejaré guiar por las circunstancias.

Edmonds enarcó las cejas. Pero antes de que pudiera decir una palabra, apareció Harris, el comandante de brigada de sir Hussey Vivian, con órdenes de proceder hacia el flanco.

—¡Ah, Harris! —exclamó el duque—. ¡Ya puede decirle a sir Hussey que lo desollaré vivo si la brigada abandona el flanco durante un segundo!

—En fin, señor Hervey —dijo Edmonds después de que el duque siguiera su camino y Harris les comunicara las órdenes del general de brigada—, parece que el comandante en jefe está un tanto irritable. Pero no importa; vayamos a tomar posiciones. Seremos la brigada del flanco izquierdo, tal como usted sospechaba, aunque debo reconocer que me sorprende que nuestro regimiento deba ir a la cabeza.

Al menos ese hecho era un cumplido para Edmonds, pensó Hervey, pues habría sido fácil para Vivian relegarlos al papel de tropas de refuerzo.

—El plan del duque... —Hervey se aclaró la garganta al caer en la cuenta de su error—. Mejor dicho, las *disposiciones* del duque son tal como las habíamos previsto durante sus reconocimientos.

—¡Por Dios, hombre, usted no! —gruñó Edmonds—. No se convierta en otro de esos imbéciles lameculos del estado mayor. ¡Diga lo que piensa! El duque tiene *planes*; claro que tiene planes, o por lo menos uno... Mire, Hervey, el duque no confía en Uxbridge debido a los problemas que éste le creó con esa zorra que tiene por cuñada. Me complace, mejor dicho me complace *enormemente*, la atención que el duque le dispensa, pero también me preocupa que Uxbridge, que es el segundo en el mando, esté tan desinformado.

Hervey buscó las palabras adecuadas para rectificar, para reparar el orgullo herido del comandante, pero no se le ocurrió nada capaz de atajar otra réplica sarcástica.

—Desde luego, señor —fue la única respuesta que estimó prudente.

Edmonds no estaba dispuesto a dejar las cosas en el aire.

—¿Y bien? —gruñó—. ¿Cuáles cree que son esas condenadas «circunstancias» a las que ha aludido el duque?

Hervey consideró que era el momento de jugar el todo por todo.

—Señor, el duque confía en una rápida unión con los prusianos: sabe que si ellos no vienen en su auxilio, estará en apuros.

—Prosiga, prosiga —exigió Edmonds.

—El duque ha dispuesto sus líneas a lo largo de las colinas, con tres posiciones fuertes al frente en calidad de... «anclas». Éstas son el *château* de Hougoumont a nuestra derecha —señaló los techos distantes—, un caserío llamado Haie-Sainte que está aquí en el centro, justo bajo nosotros, y Papelotte y La Haie a la izquierda, donde debemos tomar posiciones.

—Sí —respondió Edmonds, ahora más sereno.

—Los franceses no harán un ataque frontal, señor: su fuerza está en las maniobras. Sería imprudente que rodearan el flanco izquierdo, pues ésa es la dirección en que deben venir los prusianos. Por lo tanto, es de prever que intenten envolver nuestro flanco derecho. En tal caso, Hougoumont será un punto de vital importancia.

Edmonds tardó unos segundos en responder.

—Admirable, Hervey, admirable —dijo con voz casi inaudible.

—Gracias, señor.

Edmonds suspiró y, volviéndose otra vez hacia Hervey, comentó:

—Esto me recuerda las palabras del difunto lord Chesterfield. —Hervey no sabía a qué se refería—. Su excelencia dijo una vez en la Cámara de los Lores que tenemos la ridícula y optimista idea de que un inglés puede vencer a tres franceses, una idea que ha alentado, y en ocasiones permitido, que en efecto un inglés venza a dos franceses.

Hervey sonrió.

—Creo que ésas son las probabilidades aquí, señor: dos contra una. En consecuencia, todo debería salir bien.

Edmonds también sonrió.

—De acuerdo, vamos hacia el flanco. Es probable que allí no tengamos nada que hacer, pero al menos ya sabemos cuál es nuestra función.

Hervey saludó y regresó con su compañía. El subteniente Canning, su único oficial, y el sargento Strange estarían esperando órdenes.

Esa mañana Canning tenía un aspecto más infantil que nunca, pero aparte de escuchar a su superior inmediato con intensa concentración, no demostró signos de nerviosismo. Hervey recordó que los hombres nunca eran tan valientes como la primera vez que entraban en acción, aunque lamentaba que el duque fuera a depender tanto del arrojo del principiante en esa batalla. Si al menos la guerra con Estados Unidos no les hubiera robado a los primeros batallones, los veteranos de la Península... Sin embargo, el día anterior Canning había mantenido la calma, igual que los demás novatos, y Hervey estaba convencido de que podía confiar en él a pesar de su juventud. Al fin y al cabo, él sólo había tenido un año más en la batalla de La Coruña. A continuación fue a buscar a Armstrong. Le parecía el momento oportuno para decirle algunas palabras de reconocimiento por sus incursiones en busca de forraje durante la noche anterior. Lo encontró sentado sobre la base de una olla de campamento, usando el dorso de su portapliegos como apoyo para escribir algo. Hervey no recordaba haberlo visto nunca con una pluma en la mano y la escena le evocó aquella otra en que Armstrong sostenía una taza de té en el jardín de Honrningsham. La asociación le hizo sonreír.

—Sargento Armstrong —dijo—, ¿no es un poco pronto para empezar a escribir sus memorias?

Armstrong rió la broma, aunque con cierta reserva.

—Nadie querrá leer la historia de un simple sargento habiendo oficiales tan elocuentes con la pluma —repuso. Hervey frunció el entrecejo—. No, señor. Es mi última voluntad y testamento. Nunca había tenido motivos para escribirlo antes y pensaba que hacerlo era tentar al destino.

—¡Por Dios, pero si es usted indestructible! —exclamó Hervey, sinceramente sorprendido—. ¡Sólo falta que pida la extremaunción!

—Sí, señor Hervey. Si pudiera encontrar a un cura, créame que lo haría.

—Sargento Armstrong —replicó Hervey con firmeza—, si usted encuentra un solo cura que no envidie su hoja de servicios, yo me convertiré en papista.

—Bueno, cuéntele eso a Caithlin si hoy atajo una bala de mosquete con mi cuerpo. Entretanto tenga la bondad de firmar como testigo en el testamento.

Hervey volvió a sonreír mientras firmaba el documento.

—Supongo que ya sabrá que no puedo ser beneficiario y testigo a la vez, ¿no?

—Bueno, está claro que no puedo dejarle a mi mujer, ¿eh?, aunque ella es mi única posesión de valor. Pero sé que usted no permitiría que la echaran del poblado —dijo Armstrong clavándole la mirada.

—Puede estar seguro de ello —respondió Hervey, y se produjo un instante de silenciosa intimidad antes de que el clarín de Edmonds tocara orden de «formar junto a los caballos». Muy bien, sargento, a su puesto: ¡Flanco derecho, compañía de la derecha, regimiento a la derecha de la brigada!

—Gracias a Dios que no estamos con el general Grant a la derecha de las líneas, ¿no, señor?

—¿Por qué? —preguntó Hervey, intrigado.

—Porque si el duque ordenara que las líneas giraran a la derecha, yo estaría marcando el paso durante tres horas.

Los dos rieron.

—¡Muy gracioso, sargento! Una observación digna de un manual de chistes. Pero márchese ya, ¡y buena suerte!

El soldado Johnson respondió a la orden del clarín llevando a *Jessye*. La yegua había superado la prueba del día anterior sin el más leve rasguño y tenía un aspecto estupendo. Pero aun así Hervey titubeó.

—No, Johnson, creo que prefiero a *Nerón*.

Por una vez su ordenanza no discutió.

—Entonces sujete la riendas de la yegua un momento, señor, mientras voy a buscarlo.

El Sexto formó rápidamente y sin ceremonia. Respondiendo a las enérgicas órdenes de Edmonds, se desplazaron hacia la izquierda por columnas de escuadrones. Tuvieron que aguardar un minuto a que varios carros de municiones les despejaran el paso, y luego el clarín dio la orden de marchar por el *chemin* d'Ohain hacia las posiciones en el flanco izquierdo. Los Scots Greys, con el resto de la Brigada de la Unión, trotaron en la dirección contraria, hacia el cruce de caminos en el centro de la línea. Componían una curiosa estampa. Se habían limpiado la mayor parte del barro que el día anterior los había cubierto de pies a cabeza, pero el tinte rojo de sus casacas se había corrido sobre los cinturones blancos, como si la sanguinaria tarea que estaban a punto de emprender ya hubiera concluido.

—¡Adiós, caballería ligera! —gritaron—. ¡Os moriréis de asco en vuestro flanco!

Los soldados del Sexto se alegraron de la oportunidad de devolverles la chanza e intercambiar insultos humorísticos, pero en el fondo sospechaban que los Greys estaban en lo cierto y que no tendrían ocasión de participar en el combate. Hervey, sin embargo, se quedó atónito ante semejante impertinencia: su regimiento llevaba ocho años sucesivos de campaña, mientras que los Greys habían entrado en acción el día anterior por primera vez en un cuarto de siglo. Aun así, no pudo menos de admirar su entusiasmo, que una vez más le hizo pensar en el arrojo del principiante. Era evidente que se proponían recuperar el tiempo perdido y Hervey sabía que tenían todas las posibilidades de hacerlo. ¡También sabía que más tarde no permitirían que nadie lo olvidara!

—¿Por qué tienen que montar caballos grises, señor? —preguntó Johnson después de un intercambio incomprensible con uno de los soldados escoceses.

—Bueno, se llaman Greys, grises.

—Quiero decir que por qué llevaron ya en un principio caballos grises, señor.

—Disculpe, Johnson, no le había entendido. No tuvo nada que ver con los caballos. Al principio sus uniformes eran grises.

—A mí no me gustaría tener que usar ese sombrero, de eso estoy seguro —se burló Johnson, convencido de que el alto chacó de piel de oso se caería hacia adelante durante el ataque.

—Ni yo. Sin embargo, esos hombres sienten un curioso apego por ellos. Tengo entendido que los primeros se los robaron a los granaderos franceses en las guerras del duque de Marlborough. Pero lo más irritante es que les corten las colas a los caballos. Yo envidiaba las monturas de la caballería pesada cuando llevaban las colas largas. Me parece abominable cortarlas. Gracias a Dios, los caballos de guerra están exentos: no soportaría ver a *Jessye* atormentada por las moscas, como he visto a tantos otros.

—Bueno, si los criadores dejaran de cortárselas antes de que estén en edad de montar, no tendríamos que comprarlos. Lo hacen sólo porque la gente elegante los prefiere así.

—Sí, claro, tiene razón; ya nadie cree que cortar la cola fortalece el lomo.

El *chemin* d'Ohain los condujo a través de un vistoso mosaico de uniformes. Predominaba el rojo de la infantería británica, la columna vertebral de las campañas de Wellington; pero también había filas de casacas azules —las de los cuerpos holandeses y belgas— con las características vistas anaranjadas de los batallones voluntarios. Luego el verde más familiar de la Legión Alemana del rey: unos exiliados que odiaban a Bonaparte y no tenían piedad con los desafortunados franceses que caían presa de sus bayonetas. Hervey no se fiaba tanto de los holandeses. Durante el reconocimiento, el duque le había confiado que le preocupaba que gran parte de su ejército estuviera formada por contingentes aliados sin experiencia; aunque lo cierto era que también había muchos batallones británicos sin experiencia. Sin embargo, la infantería del duque había recibido una buena instrucción, mientras que la de los holandeses y los belgas no hacía mucho tiempo que había dejado de emplear los métodos franceses. Se habían oído unos cuantos comentarios burlones —el propio Hervey había hecho algunos—, pero ahora se decía que el día anterior los aliados habían hecho un buen papel en Quatre Bas. ¿Era infundada, pues, la preocupación del duque? Hervey rogó por que así fuera, pues si iban a enfrentarse a Bonaparte con la misma fortaleza de ánimo con que lo habían hecho los prusianos un día antes...

Entonces, por primera vez, al ver a una compañía de fusileros torciendo por el camino deseó fugazmente estar en un cuerpo que no fuera el Sexto.

—¿Ve esos fusileros, Johnson? Hoy daría cualquier cosa por estar entre ellos. ¡Porque, pase lo que pase, participarán de pleno en la acción!

—Yo no puedo decir lo mismo —respondió Johnson encogiéndose de hombros—. ¡Son un panda de brutos!

—Puede que sí, pero debería haberlos visto hace seis años en la retirada a La Coruña. Le aseguro que si no hubiera sido por su disciplina y su puntería en la marcha a través de las montañas gallegas... Bueno, digamos simplemente que más de un cuerpo ha sobrevivido gracias a esos hombres.

—¿Y qué van a hacer hoy, señor?

—Tomarán posiciones delante de las brigadas, primero para repeler a los *tirailleurs* franceses y luego para hostigar a las columnas de infantería. Le repito que, pase lo que pase, participarán de pleno de la acción. ¿Y ha oído lo que dijeron los Grays? ¡Que nosotros cabalgábamos hacia el flanco como señoras que se retiran después de la cena!

Entonces una voz lo sacó de sus pensamientos:

—¡Hervey! ¡Hervey!

Ver al teniente Hugo Styles con un destacamento del Segundo de Life Guards fue demasiado para Hervey, y hubiera dado media vuelta de no ser porque Styles súbitamente espoleó a su caballo y trotó hacia él como un loco. Poco faltó para que chocara con *Nerón*, pero frenó a su lado y cogió al teniente del brazo.

—Hervey, mi querido amigo, ¿cree que será una batalla de verdad?

Hervey se quedó boquiabierto.

—Ésa es la idea —respondió en su desconcierto. No había sido su intención ser desdeñoso, aunque lo cierto es que Styles no parecía en condiciones de detectar desdén, intencionado o no.

—¡Hervey, me han puesto al frente de una compañía y no puedo hacerlo!

El primer impulso de Hervey fue decir que no le sorprendía que Styles no se sintiera capaz de tomar el mando, que era un estúpido pomposo y engreído, que estaba a punto de recibir su merecido y que no le serviría de nada lloriquear ahora, después de haberse dado aires de superioridad durante tanto tiempo. Pero a pesar de su deseo de ponerlo en su sitio, Hervey titubeó. ¿Qué pasaría con los desgraciados soldados de los Life Guards, que también eran inexpertos y necesitaban que los tranquilizaran? De modo que aflojó el paso y respondió.

—¡Claro que puede hacerlo, Styles! Usted es un oficial con experiencia y sus hombres lo seguirán —dijo con tono enérgico, esperando resultar convincente.

—Pero ése es el problema —se apresuró a contestar Styles—. ¡Soy incapaz de controlarme, no sé qué debo hacer!

Hervey reprimió otro impulso de hablar con brusquedad, de ordenarle a Styles que dejara de lamentarse y se comportara con entereza. En cambio, continuó tranquilizándolo en voz baja:

—Styles, querido amigo, todos nos sentimos igual —mintió—. Cumplirá con su deber; será perfectamente capaz de hacerlo, se lo aseguro.

—¿Es verdad lo que dice, Hervey? ¿Usted también tiene dudas? ¡Gracias, *gracias*! —Tenía los ojos desorbitados de miedo—. Cuando todo esto termine cenaremos juntos en Westbury. ¡Le hablaré a Henrietta Lindsay de su entereza!

—Sí, desde luego, cenaremos juntos.

Hervey sabía que eso era improbable y en el fondo de su corazón maldijo a Styles por recordarle a Henrietta. Styles pronto olvidaría sus palabras, Hervey estaba seguro de ello. Se alegró de tener una excusa para reunirse con su compañía cuando el clarín del escuadrón tocó la orden de trotar. La insistente nota *«do»* de ese toque siempre estremecía a Hervey. Significaba acción. Alertaba de la imperiosa necesidad de acercarse al enemigo o de alejarse de él. Los bufidos de los caballos, que conocían la orden tan bien como sus jinetes, y el tintineo de sus bocados añadían emoción al momento. Pero esa mañana Hervey no sintió euforia. Según el manual de instrucción, el flanco era el lugar destinado a la caballería ligera, y él mismo había reconocido la conveniencia de aumentar a dos el número de brigadas en esta ocasión. Sin embargo, sabía que dejaban la acción atrás, pues Bonaparte no cargaría contra *su* flanco con los prusianos tan cerca. Hasta las disposiciones del duque parecían confirmar esta sospecha, porque mientras trotaban por el camino, bordeado en algunos puntos por altos y espesos matorrales o zanjas de la altura de un hombre, el número de tranquilizadoras y familiares casacas rojas disminuía al tiempo que aumentaba el de chaquetas azules y vistas anaranjadas. Wellington no habría dispuesto de ese modo sus cuerpos más débiles si hubiera previsto una acción decisiva en esa zona. Hervey se desanimó aún más, aunque vio que los holandeses y los belgas preparaban las posiciones con determinación, abriendo brechas en los setos para dejar paso a la caballería, cavando troneras para los cañones y aspilleras para los fusileros. Incluso ovacionaron al Sexto cuando éste pasó a su lado.

Tras recorrer un kilómetro, llegaron al lugar señalado, enfrente de los poblados de Papelotte y La Haie y varios centenares de metros a la derecha al otro lado del valle. Allí ejecutaron una elegante evolución para pasar de columnas a filas y se detuvieron en la falda de la colina, con el sol de cara. La compañía de Hervey estaba en segunda línea, como refuerzo de la compañía B. Lankester lo llamó enseguida.

—¿Cómo casa este despliegue con las intenciones del duque? —preguntó.

El capitán con mayor antigüedad (y en consecuencia el segundo al mando de Edmonds) no tenía reparos en consultar a un subordinado, pensó Hervey.

—Creo que todo está exactamente como el duque lo había planeado, señor —respondió—. Mire, en ese grupo de granjas que hay allí abajo, donde se ven los techos, se propone poner a los sajones. Es probable que ya estén allí. Y si se encarama sobre los estribos, verá Haie-Sainte más allá del cruce de caminos donde acampamos anoche. Allí hay una guarnición de la Legión Alemana y los fusileros. No podemos ver el *château* de Hougoumont porque está aproximadamente a un kilómetro y medio detrás de Haie-Sainte. Aquí tengo un mapa de las posiciones. El duque dijo que en el castillo apostaría al menos cuatro compañías de la Guardia Real. Y las necesitará, porque esa posición está más cerca de las líneas francesas que la nuestra.

Lankester estudió con atención el mapa.

—¿Y al este de nuestro puesto no hay nada más que el bosque de Ohain?

—No —respondió Hervey con cautela—. Al otro lado del bosque, a un par de leguas de distancia, estarán los prusianos. Esperemos que en este lado del río Dyle, porque supongo que el duque querrá que nos reunamos con ellos dentro de poco.

Todavía no eran las ocho, pero por todas partes comenzaba a levantarse vapor: del suelo, los caballos, los arreos, incluso de los propios hombres. También salía humo de las casas de los poblados, que habían sido rápidamente evacuados y ahora estaban guarnecidos por los hombres del duque de Sajonia-Weimar. Un año antes esos hombres habían peleado en el bando de Napoleón, pero Wellington debía de estar muy seguro de su lealtad para confiarles una posición así, incluso en ese flanco.

—Ojalá yo pudiera sentirme tan seguro —repuso Lankester con escepticismo, y Hervey asintió al tiempo que observaba con creciente desesperación el terreno mojado. Cerca de allí una unidad de artillería montada, las patas de sus caballos hundidas hasta los espolones en el barro, tiraba con esfuerzo de un cañón de a nueve por un sendero cubierto de rodadas.

El general de división sir Hussey Vivian, acompañado por su clarín negro, cabalgó al frente de la brigada, sereno y elegante con el uniforme de húsar de su antiguo regimiento. El hecho de que el reglamento le exigiera usar uniforme de general importaba poco a Vivian, que sólo manifestaba preocupación —y celo— por su brigada de húsares. El propio lord Fitzroy lo había reprendido por ello en nombre del duque, tal como había hecho con los otros generales de la caballería; pero sus protestas habían sido inútiles, sobre todo porque el propio Uxbridge insistía en llevar dormán. Si Vivian estaba mínimamente molesto por la adición del Sexto de dragones a su brigada de húsares, no lo demostró en ningún momento; incluso los situó a la derecha de sus fuerzas.

—Buenos días, general —dijo Lankester cuando el general llegó al primer escuadrón y él y Hervey saludaron a la vez—. Todo parece indicar que la situación de Toulouse se repite.

—¡Ja! —rió Vivian—. Como recordará, entonces yo estaba en

un hospital de campaña con una maldita bala en el hombro y junto a lord George. Sin embargo, dudo que hoy tengan que quedarse de brazos cruzados. Bonaparte está en el campo de batalla y es muy probable que nos ataque. En cualquier caso, no creo que permanezcamos mucho tiempo en esta posición. Los prusianos vienen hacia aquí, y espero que lleguen a este flanco al mediodía. No creo que después lord Uxbridge nos mantenga ociosos.

—Espero que no, general —respondió Lankester—. Pero me sorprende que los franceses todavía no hayan hecho ningún movimiento. Ni siquiera la artillería ha iniciado el fuego de hostigamiento.

—Sir George Wood cree que hay demasiada humedad. Y puesto que Wellington ha situado a la mayor parte de su infantería al otro lado de las colinas, el efecto de los disparos sería limitado. También cree que tienen pocos obuses: no debemos olvidar que Bonaparte es ante todo un artillero y que no empezará la batalla hasta que no esté seguro del estado de sus cañones. Con todo, debe de ser condenadamente optimista para esperar que el terreno se seque sabiendo que los prusianos están a punto de cargar contra su flanco.

—¿Podemos, pues, confiar en los prusianos, señor?

—¡Más nos vale! Hace unos días comí con Müffling y me juró que Blücher le había dado su palabra. ¡Debería bastarnos con eso!

—Bueno, yo personalmente me conformaría con la palabra de un prusiano.

—Desde luego, sir Edward. Pero pasemos a asuntos más urgentes. Uxbridge ha llevado a la compañía de Mercer al centro, momentáneamente, espero. Una batería de la infantería holandesa se dirige hacia allí para relevarlos, aunque sin ninguna prisa. De todos modos, no creo que necesitemos a la artillería por el momento. Buena suerte, caballeros; ahora debo cruzar unas palabras con sir John Vandeleur.

Vivian agitó la mano alegremente en respuesta a los saludos de los hombres del Sexto, picó espuelas y corrió a medio galope hacia la brigada contigua.

—¿Y bien? —dijo Lankester con un suspiro—. ¿Qué opina de que releven a los cañones de Mercer?

—Seguramente el duque tendrá menos cañones que el enemigo y tratará de compensar la deficiencia llevándolos de un sitio a otro. sir George Wood dice que nuestra artillería montada es la envidia de todos, incluso de los franceses.

—Seguro que sí, Hervey, pero ¿de qué nos sirve una unidad de artillería de a pie? No podrá apoyar ninguna maniobra. Puede que por eso la envíen, ¡para mantenernos clavados en el mismo sitio!

—Para eso les habría resultado más práctico quitarnos los caballos —repuso Hervey con una sonrisa—. Pero ¿qué posibilidades cree que tendríamos de maniobrar sobre este terreno blando aunque dispusiéramos todavía de la compañía de Mercer?

—No podríamos pasar del trote sin arriesgarnos a perder la formación. Pero al menos los franceses encontrarán las mismas dificultades para avanzar. Mire, Hervey, si avanzamos *deberá* permanecer cerca y controlar el paso; de lo contrario, no merecerán el nombre de tropas de refuerzo. Hemos entrenado lo suficiente y confío en la habilidad de la compañía B en la ofensiva; sin embargo, es esencial mantener a la compañía A como tropa de refuerzo y a la distancia precisa. ¡Cielos, estas evoluciones son difíciles incluso en las mejores circunstancias!

—Así es, señor —respondió Hervey—, y he visto entrenar a tantos regimientos en las semanas previas a nuestra llegada que tengo mis dudas de que puedan conseguirlo.

—Hervey, estoy convencido de que que muchos son unos perfectos inútiles. Hace menos de quince días vi a la Brigada de la Unión en el campo de instrucción. ¡Un absoluto desastre! Los Greys son tan diestros como una barca sin remos en el Támesis. Si hoy han de combatir, se verán en un serio apuro, igual que los pobres diablos que tengan que acudir en su auxilio.

Un lejano tableteo de mosquetes hacia el centro de la línea, o quizá más allá, el primero de la mañana, interrumpió la charla sobre la deficiente instrucción de la caballería. Hervey miró su reloj.

—Son poco más de las once —dijo.

—Es curioso que los mosquetes inicien una batalla como ésta —repuso Lankester.

—Supongo que será una escaramuza en los alrededores del *château* —sugirió Hervey.

—Eso indicaría que van a cargar contra ese flanco, tal como esperábamos —dedujo el capitán, haciendo girar a su caballo para regresar al frente del escuadrón.

Pero el sonido de la supuesta escaramuza no los distrajo durante mucho tiempo, pues pronto vieron las primeras señales de actividad en tres horas al otro lado del valle. Una unidad de artillería montada subió trotando hasta lo alto de una colina y los ondeantes pendoncillos de las lanzas, apenas visibles a doscientos metros de distancia en la retaguardia, indicaron la presencia de refuerzos considerables, a diferencia de aquel día memorable en Toulouse que había dado a Hervey oportunidades y tribulaciones en igual medida. Sacó su anteojo y estudió a la unidad que empezaba a sacar las piezas de los afustes. Los artilleros, vestidos al estilo de los húsares, disponían en fila cuatro cañones de bronce bruñido que destellaban bajo el sol, ahora situado directamente encima de las líneas francesas.

—«Entonces dijo Yahvéh a Josué: tiende hacia Ay la lanza que tienes en la mano.»

—¿Perdón, señor? —preguntó el clarín de Hervey.

—El Libro de Josué —respondió él con expresión ausente—. Josué agitó su lanza y ésta brilló a la luz del sol, la señal para que los emboscados atacaran a los cananeos.

El clarín asintió.

—Josué fue mi primer héroe —prosiguió Hervey, todavía mirando por el anteojo—. Recuerdo como si fuera hoy la primera vez que mi padre me leyó ese pasaje de la Biblia. Es curioso que esos temibles actos de guerra se contaran en un lugar tan pacífico como una iglesia, ¿no?

—Ya lo creo, señor —convino el clarín—. La Biblia está llena de contradicciones.

Hervey bajó el anteojo. Era sábado; en ese mismo momento su padre estaría en el púlpito y quizá Henrietta se contara entre sus feligreses...

Pero no tuvo tiempo para abstraerse en sus recuerdos de Horningshan, porque súbitamente el clarín exclamó exaltado:

—¡Mire, señor! ¡Un mensajero!

El teniente Charles Dawson, con el característico chacó azul del Decimoctavo de húsares, pasó como un rayo delante de ellos y anunció a voz en grito:

—Buenas noticias, Hervey. Voy a buscar a Mercer.

—Sí —suspiró Hervey—, ya puede darse prisa, porque todavía no hay señales de esa condenada batería holandesa.

Sir Hussey Vivian, que había ordenado a Dawson ir a buscar los cañones de Mercer, estudiaba sus opciones. Sin embargo, sólo había una viable, porque incluso si conseguía arremeter contra la artillería enemiga, pronto los aplastarían los lanceros de Jacquinot que estaban detrás, sus estandartes rojos y blancos ahora inconfundibles a la clara luz de la mañana. El fuego de la artillería causaría estragos en cualquier fuerza montada obligada a avanzar por un terreno tan difícil. No; tendría que esperar a Mercer o a los holandeses, dondequiera que estuvieran. Naturalmente, Vivian no tenía intención de retirarse tan pronto al otro lado de la colina: a pesar de su reputación de valientes, los sajones que estaban en los poblados de abajo sin duda se inquietarían al ver que las unidades aliadas se retiraban. Pero curiosamente la artillería no abrió fuego. Permaneció inmóvil, como el resto de las líneas francesas, en medio de un silencio espectral.

Hervey se volvió para mirar a sus hombres. Advirtió el nerviosismo de los soldados novatos y la impasibilidad de los veteranos, la mayoría de los cuales masticaba tabaco. Al final de la primera fila, el flanqueador, Armstrong, tenía un amago de sonrisa en su cara arrugada, como un experto cazador de zorros que aguarda pacientemente en la espesura, convencido de que atrapará a su presa. Aunque Hervey no podía ver al sargento Strange, situado en la retaguardia, sabía que su cara no reflejaría expresión alguna. Luego echó un vistazo a los demás escuadrones, observando con satisfacción la perfecta armonía de los caballos en las distintas compañías. Allí estaba su propia compañía, en la que sólo había zainos. En la B, todos eran negros, y en la C zainos, igual que en la A. La compañía D tenía alazanes; en la E (donde estaban las cabalgaduras más pequeñas pero más elegantes) todos eran castaños, y en la F la mayoría eran negros salvo por algunos zainos. Todos eran animales robustos y dinámicos, principalmente irlandeses, y pocos medían menos de 15 palmos de alzada. El Sexto, como gran parte de los demás regimientos, conservaba la costumbre de montar a los clarines en rucios, aunque una ordenanza de 1799 había acabado con esta práctica. No, pensó Hervey, el regimiento no deshonraba a la brigada de sir Hussey. Y si tenían que cargar contra la batería, bueno…

Después de un tiempo que pareció una eternidad pero que según el diario del ayudante no fue más que un cuarto de hora, la compañía de Mercer rompió el silencio: el ruido sordo de los cascos contra el suelo blando, el traqueteo de los avantrenes y, por encima de todo, el cascabeleo de los arneses. Los seis tiros que arrastraban los cañones galoparon directamente hacia la brecha que había entre las brigadas de Vivian y Vandeleur y se desplegaron en dos secciones, un método más rápido para entrar en acción que la tradicional división en tres secciones. Mientras lo hacían, se oyó una violenta detonación a la derecha.

—Creo que la batalla ha comenzado en serio —dijo con serenidad Hervey al clarín. Pero antes de que éste pudiera responder, la artillería francesa abrió fuego, un fuego irregular mientras los artilleros graduaban el alza de tiro. Los proyectiles volaron alto, pero por lo menos un cañón no necesitó hacer correcciones: el proyectil cayó en el suelo y estalló a cinco metros de Edmonds. Su montura, una bonita yegua negra comprada el año anterior en Banbridge, orgullo y alegría de Edmonds, salió arrojada hacia atrás y agitó frenéticamente las patas en el aire durante unos segundos antes de quedar inmóvil. El comandante yacía a su lado, con el cuerpo lleno de esquirlas y el cuello roto.

Hervey nunca había oído un grito igual al que lanzó el Sexto al unísono. Un soldado que estaba cerca vomitó ruidosamente; otro cayó desmayado de la silla. El propio Hervey se quedó paralizado de miedo, una reacción impropia de él.

—¡Señor Hervey, tome el mando del escuadrón! —oyó decir a Lankester, que ya cabalgaba hacia el frente para ocupar el lugar de Edmonds. Lincoln y el clarín del comandante (que también sangraba en una docena de puntos donde le habían alcanzado las esquirlas) estaban desmontando para llevar al comandante a la retaguardia. Lankester tuvo que pensar más aprisa que nunca cuando advirtió que, muy a su pesar, su primera orden tendría que ser la de retirada: una orden tan vergonzosa para él como peligrosa para la unidad de las líneas. Los artilleros franceses, ya calculada el alza de tiro, cargaban balas sólidas en lugar de metralla, o incluso las dos cosas. En una formación abierta, las balas rasas atravesarían cada una de las cuatro filas como un cuchillo caliente cortando mantequilla, pero por suerte habían formado en filas de escuadrones (Hervey no sabía si gracias a la prudencia de Vivian o a su necesidad de desplegar un frente amplio). ¿Tendrían tiempo suficiente para ocultarse detrás de la cima? Aun así, si los franceses corregían el ángulo de tiro, también habría... ¡Pero Lankester ya sabía qué hacer!

—¡Desmonten! —gritó.

Ningún oficial de revista habría encontrado defectos a la forma en que el Sexto obedeció esa orden. Lo hicieron como si Edmonds los hubiera estado mirando, tal como decía el manual de 1801. Guiándose por el hombre que tenía delante, cada soldado se agarró a la crin de su caballo con la mano izquierda al tiempo que quitaba el pie del estribo derecho y cogía el pomo de la silla con los dedos índice y pulgar de la mano derecha. Luego hicieron una pausa antes del segundo movimiento. Apoyando el peso sobre el estribo izquierdo y ayudados por la mano derecha, los hombres pasaron la pierna derecha por encima del arzón, más de uno repitiéndose mentalmente las órdenes que el instructor les había gritado muchas veces: «En esta posición el cuerpo debe estar perfectamente erguido, los hombros atrás, el pecho fuera, el vientre dentro sin contraerlo, la parte baja de la espalda hundida, las piernas juntas y la cabeza girada al frente por encima del hombro izquierdo.» En el tercer movimiento, la pierna derecha tocó el suelo y la izquierda soltó el estribo. Apenas si habían tocado el suelo con el pie izquierdo cuando los cuatro cañones dispararon a la vez. Tres balas rasas pasaron con un silbido por encima de las cabezas y cayeron rebotando, inofensivas, por la falda de la colina. La cuarta alcanzó uno de los cañones de Mercer, que los artilleros ya habían desmontado de las cureñas y estaban alineando con las palancas de mano. El proyectil volteó el cañón de a nueve como si fuera un juguete e hizo trizas al apuntador que estaba debajo. Éste gritó tan alto que apenas si se oyó la orden de fuego de Mercer.

—¡Metralla, mil, tres grados! —gritó a través de una bocina mientras los cargadores corrían hacia el cañón alcanzado.

Los apuntadores continuaron trabajando con tanta tranquilidad como si estuvieran de maniobras en los pantanos de Woolwich, calculando el ángulo de la pendiente con la plomada para compensar los tres grados de elevación. Pero Hervey se sorprendió al oír el alcance —mil metros— y rápidamente sacó su plano del campo de batalla.

—¡No, señor! —gritó al atónito capitán de artillería mientras soltaba las bridas y corría hacia él—. He medido la distancia a pasos. ¡Son ochocientos metros!

Mercer se volvió y lo fulminó con la mirada, pero la seguridad de Hervey era inquebrantable.

—Se lo aseguro, señor. He medido el terreno personalmente y no hay más de ochocientos metros. Esa cuesta es engañosa.

Mercer era un profesional que no se dejaba engañar por las cuestas. ¡Dieciséis años como oficial de artillería, la mayoría en el servicio activo, para que un jovenzuelo de un regimiento de caballería corrigiera sus órdenes delante de sus hombres! Los apuntadores lo miraron, momentáneamente inmóviles. Sin embargo, la actitud de Hervey era tan convincente que, por primera vez desde que había salido de Woolwich, Mercer aceptó una corrección.

—¡Más vale que tenga razón, muchacho! —gritó con tono amenazador—. Ochocientos, dos grados, dos cañones para la prueba de alcance.

La pieza directriz de la Sección 1 disparó, seguida por la de la segunda sección. Hervey observó con admiración, aunque también con nerviosismo, la destreza de los artilleros. Los cargadores, con los pulgares protegidos con fundas de cuero, cubrieron los oídos de los cañones de inmediato para impedir la entrada de aire (siempre existía el riesgo de que la pólvora estallara) mientras los servidores número siete —en artillería los hombres tenían un número según su función— mojaban los tubos con palos guarnecidos de esponjas en su extremo. Los dos proyectiles trazaron un arco sobre el valle y alcanzaron de lleno sus objetivos. El primero estalló entre dos cañones, derribando a la mayoría de sus servidores. El segundo prendió fuego a un carro de municiones y las explosiones sucesivas sembraron la confusión en el resto de la batería. Mercer confirmó las posiciones mientras los servidores número ocho cargaban la metralla y los proyectiles sólidos. Los número siete dieron la vuelta a los palos y empujaron las cargas con el extremo sólido de los palos. Los cargadores introdujeron las agujas en los oídos y luego los cebaron con pequeñas cantidades de pólvora, mientras los servidores de las piezas directrices batallaban para volver a ponerse en posición y reafianzar las piezas después del violento retroceso.

—¡Fuego! —gritó Mercer.

Los apuntadores prendieron las fulminantes antorchas y los cuatro cañones de a nueve restantes escupieron su carga explosiva contra la artillería montada. Hervey calculó que el proceso había llevado veinte segundos, ¡menos de lo que necesitaba un fusilero para recargar!

Y causaron estragos en las líneas enemigas; los artilleros franceses que aún no habían caído bajo la salva resultaron heridos por las esquirlas de metal. En las filas del Sexto se produjo una ovación, pero el trabajo de Mercer no había terminado.

—Número uno, metralla. Restantes, tres balas rasas, tres grados, fuego —gritó, sumando un grado de elevación para las balas rasas, que eran más pesadas.

Una vez muertos los artilleros, Mercer se proponía destruir por completo la batería. Fue una decisión impulsada tanto por el deseo de venganza como por imperativos militares: los franceses no sólo habían matado al comandante del Sexto, sino también a tres de los hombres de Mercer, además de destruir uno de sus cañones.

Dos minutos después, los relucientes cañones y afustes franceses quedaron reducidos a un montón de madera astillada y hierros retorcidos.

—¡Alto el fuego! ¡No más cargas! —ordenó Mercer, y sus artilleros comenzaron a tomar las precauciones de rigor, mojando los tubos y volviendo a cargar las municiones en los carros.

El capitán se volvió y cabalgó hacia el escuadrón de Hervey con gesto grave.

—Bien hecho, señor... Hervey, ¿verdad? —preguntó, quitándose el sombrero.

—Así es, señor —dijo Hervey mientras le devolvía el saludo y se preguntaba cómo era posible que el capitán Cavalié Mercer supiera su nombre.

—Si hubiéramos disparado a mil metros, los proyectiles habrían caído detrás de la colina. Los franceses habían calculado nuestra posición exacta, pero yo habría tenido que disparar tres salvas antes de corregir el tiro. Creo que nos habrían destruido —dijo Mercer con gravedad. Luego suspiró y añadió—: Por eso el *Manual del Artillero* de Adye reprueba el uso de la artillería entre baterías.

—Excepto cuando la infantería se enfrenta a más de un enemigo —añadió Hervey guiado por un impulso.

—¡Caramba! Un soldado de caballería que ha leído el manual de artillería. Yo creía que sólo leían novelas francesas —dijo Mercer sin un asomo de sonrisa. Luego dio media vuelta y puso su caballo al trote para regresar con sus hombres.

Hervey miró alrededor buscando al brigada del regimiento, rogando que le dijeran que Edmonds había conseguido sobrevivir, aunque sabía que era imposible. Si al menos hubiera muerto *gloriosamente*, con el sable en la mano, persiguiendo al enemigo. Pero no *así*, sin honra alguna, con el primer disparo. Aunque Hervey había visto a más de un hombre decapitado por un disparo o destripado por la metralla, la muerte de Edmonds le parecía... indecorosa.

En ese momento Lankester lo llamó.

—Hervey —dijo cabeceando—, no tengo tiempo para expresarle mi admiración porque tenemos que atender asuntos urgentes. Usted no es el teniente de mayor edad, pero Strickland es nuevo para nosotros y no quiero sacarlo del tercer escuadrón en un momento como éste. Por lo tanto, usted estará al mando del primer escuadrón mientras dure la acción. Pero recuerde esto: el primero siempre ha sido el escuadrón de cabeza, y sería imprudente cambiar las cosas ahora. Pronto tendrá que entrar en acción, y cuando avance, mantenga un paso regular; de lo contrario, los refuerzos se separarán y se producirá un auténtico caos.

—Sí, señor —respondió Hervey con firmeza.

Lankester sonrió.

—Sé que hará bien su trabajo, Matthew.

Pero no entraron en acción tan pronto como Lankester preveía. Llegó el mediodía, y aunque continuaron oyendo el fragor del combate en el flanco derecho, no hubo novedades en el frente del Sexto. Hervey permaneció inmóvil ante su escuadrón. No era la primera vez que veía el aire despejado entre él y el enemigo, pero hasta el momento no había tenido a sus espaldas más que un piquete o, como máximo, media compañía. Habría preferido que las cosas fueran distintas, que delante de él, a dos cuerpos de distancia, estuviera Edmonds. Alzó una mano para enjugarse la humedad de los ojos.

—¡Señor Canning! —gritó.

El subteniente Seton Canning se separó de la compañía A y cabalgó hasta él.

—¿Señor?

—Señor Canning, si tenemos que avanzar, usted mantendrá un paso regular y permanecerá a la debida distancia para una compañía de refuerzo, ¿entendido? No deben amontonarse ni precipitarse sobre la compañía B, cosa que no será fácil debido a las dificultades del terreno. ¡No quiero que choquen!

—Haré todo lo esté en mis manos, señor, se lo aseguro —respondió con solemnidad.

—Ya lo sé —afirmó Hervey con tono alentador. Luego, como si estuvieran en un día de maniobras, comenzó a interrogar al subteniente para evaluar sus conocimientos de estrategia—. ¿Por qué cree que nos ha atacado la batería francesa, Canning?

—¿Para probar nuestra fuerza, señor?

—Es posible, pero ¿qué ha conseguido?

—De hecho, nada, señor.

—¿Está seguro?

—Bueno... yo...

—Permita que le diga que después del ataque los franceses se han enterado de dos cosas: primero, que no les resultará fácil hacernos abandonar este flanco; segundo, que si nos amenazan, el duque nos enviará la artillería.

—Entiendo, señor, pero ¿de qué sirve esa información a los franceses?

—¿Cómo cree que Bonaparte librará esta batalla? No se arriesgaría a hostigar este flanco hallándose los prusianos tan cerca que podrían atacarlo en el suyo de inmediato. Y es un general demasiado astuto para intentar un ataque frontal.

—¿De modo que hostigará el flanco derecho? —sugirió Canning.

—Eso es lo que haría yo después de inducir al duque a reforzar todas las posiciones a costa de ese flanco. Por lo tanto, ¿no cree ahora que la acción aparentemente inexplicable de la artillería tenía una finalidad?

—Sí, señor —respondió Canning con evidente admiración ante los conocimientos de estrategia de Hervey.

No obstante, poco después de que Hervey despertara la admiración de Canning, aproximadamente a la una, se inició una sucesión de hechos que sorprendió a ambos o, mejor dicho, que sorprendió a todos. Desde las baterías agrupadas en el centro del frente se oyó un cañoneo ensordecedor, tan fuerte que sobresaltó incluso a los caballos del distante flanco izquierdo. *Nerón* estuvo a punto de derribar a su jinete, que había soltado las bridas para apuntar algo en el plano del campo de batalla. Aunque las características del terreno y el humo que cubría el valle le impedían ver los cañones y el curso de los proyectiles, Hervey llegó a la conclusión de que los disparos iban dirigidos al centro de las líneas. Sin embargo, no entendió de inmediato cuál era el objetivo de este ataque. Canning también pensaba que estaban disparando al lugar donde habían acampado la noche anterior.

—¿Por qué disparan al centro, señor? ¿Esperan que el duque refuerce esa posición?

—Es probable, pero ya es tan tarde que Bonaparte arriesga mucho con esa táctica. Será revelador ver qué hace a continuación, pues ha sido un cañoneo francamente impresionante.

—¿No cree que una andanada como ésa podría acabar con toda la infantería apostada en el centro? —preguntó Canning con incredulidad.

—Si estuvieran en su camino, sí —respondió Hervey—, pero sin duda el duque los habrá apostado detrás de la colina. Seguramente estarán en apuros, pero no tanto como si los hubiera sorprendido en primera línea.

Canning asintió, reprochándose su propia estupidez por no haber llegado él mismo a esa conclusión. Pero los cañonazos continuaron durante más de media hora, mucho más tiempo del que Hervey había previsto. El retumbar llegó hasta Bruselas, donde las puertas y las ventanas vibraron, y a Amberes. Incluso cruzó el canal hasta Kent, donde dos días después, antes de que la noticia de la batalla llegara a Inglaterra, la *Kentish Gazette* informó: «El domingo se oyeron en esta costa fuertes e incesantes detonaciones procedentes de la zona de Dunkerque.»

—¿Cómo atacarán los franceses, Hervey? —preguntó por fin Canning.

Antes que nada Hervey le confesó su desconcierto.

—Sin embargo, si atacan el centro, primero deberán romper las líneas del duque, pues el fuego de mosquetes de esos batallones sería excesivo para la infantería enemiga. Naturalmente, es posible que Napoleón crea que su artillería ha debilitado tanto a nuestra infantería que ésta no podrá repeler el ataque. Bonaparte también tiene un número considerable de caballería, y si ésta avanza contra el centro las brigadas tendrán que formar cuadros, con lo que se reduciría el número de mosquetes que pueda emplearse. Tendrá que reforzarse con baterías montadas, desde luego, o nuestra propia caballería y artillería frustrará sus planes. Pero si envía de inmediato un gran contingente de infantería, es probable que llegue a la cima.

—¿Y qué haríamos *nosotros* en ese caso?

—Tenemos órdenes de permanecer aquí —respondió Hervey con cautela—. De hecho, si abandonamos esta posición, los franceses podrían aprovechar la oportunidad y girar hacia nuestro flanco, aunque no creo que se atrevan con los prusianos tan cerca.

—¿Y dónde están los prusianos, señor? —preguntó Canning con candidez.

—Sin duda se aproximan tan deprisa como pueden, Canning. No tema.

—Pero si los franceses están a punto de llegar a la cima en el centro, ¿qué sentido tiene que nos quedemos aquí, señor? Seguramente…

—Canning, puede enorgullecerse de su astucia, pues esa pregunta es esencial para el resultado de la batalla. Y para eso tenemos generales.

—Ya veo, señor —respondió el subteniente, algo más tranquilo, mientras Hervey se sumía en sus cavilaciones.

Pasó un cuarto de hora. Las densas nubes de humo que flotaban sobre el valle les impedían ver qué ocurría en el centro. Pero de repente, entre las violentas descargas oyeron un rumor diferente: vítores, saludos, tambores y enseguida, prácticamente inconfundibles y a menos de un kilómetro y medio de distancia, gritos de *Vive l'Empereur!* Y mientras los cañones se acallaban, el redoble de los tambores era cada vez más nítido.

—¿Qué es eso, Hervey? —preguntó Canning con expresión de alarma.

—Se llama *pas de charge* —respondió mirando por su anteojo, aunque el humo de la pólvora todavía era demasiado denso para ver dónde estaban los tambores. Sin embargo, pronto se aclaró lo suficiente para que a Hervey no le quedaran dudas—. Mire allí, Canning. Así es como atacarán los franceses. ¡Mejor dicho, como están atacando!

Canning miró por su propio anteojo y dio un respingo.

—Pero…

—Pero ¿qué? —preguntó Hervey.

—Avanzan en grandes columnas, como las falanges griegas. Y la caballería… veo lanceros y coraceros. ¡Usted ha dicho que primero obligarían a nuestra infantería a formar en escuadra!

—Pues si nuestro centro está intacto, pagarán caro por ello. ¿Con qué rapidez puede descargar nuestra infantería?

—Confieso que no lo sé, señor, pues nunca la he visto en acción —respondió Canning, avergonzado.

—Dos disparos por minuto. Y lo hacen en hileras de dos, en lugar de tres, a diferencia de cualquier otro ejército; por eso el duque puede disponer de una línea tan larga. ¿Cuántos cuenta en esas columnas francesas?

—No estoy seguro. Hay tantos…

Hervey observó con atención por su anteojo. La artillería había cesado el fuego y las nubes de humo empezaban a disiparse.

—Bien, Canning, a menos que me equivoque, esas columnas están formadas por divisiones y no por batallones. Por lo tanto serán aún más vulnerables al fuego.

Canning continuó estudiándolas.

—Pero parece haber centenares de hombres tan amontonados que...

—Que las balas los destrozarán. Y nuestra infantería también los enfilará. En las divisiones francesas hay quizá ocho batallones, con seiscientos hombres en cada batallón. El frente tendrá doscientos hombres con veinticinco filas de profundidad o más.

—Pero ¿por qué?

—Imagine por un momento que usted está en el camino de una de esas columnas. ¿No se sentiría intimidado?

—Ya lo creo, señor.

—Bueno, así es como Bonaparte ha hecho huir a tantos soldados del campo de batalla en los últimos años. Le aseguro, Canning, que se necesitan nervios de acero para mantenerse firme ante semejante despliegue.

Hervey y Canning (de hecho, todos los hombres del Sexto) contemplaron con una mezcla de excitación y temor cómo tres columnas de división (más de catorce mil hombres) subían por la falda de la montaña, a ambos lados de la carretera a Bruselas, directamente hacia la parte más fuerte de las líneas del duque, mientras una cuarta columna giraba hacia Papelotte, donde estaban los sajones. Al principio Hervey no podía creerlo: un ataque frontal, sin maniobras, y planeado por el mayor defensor del arte de las maniobras en Europa. Se sintió burlado por encontrarse con la táctica del ariete en su primer enfrentamiento directo con Bonaparte.

¡Pero con qué majestuosidad se llevó a cabo el ataque! Los tambores continuaron con el *pas de charge*, casi tan intimidante como el fuego de los cañones que ya había cesado por completo. Las sólidas filas de la infantería de Bonaparte, uniformada con casacas azules y cintos blancos, se abrían paso a través de las altas espigas de cebada que cubrían las faldas de las colinas. Los cañones del duque comenzaron a disparar y a abrir brechas, pero éstas se rellenaban de inmediato porque el enemigo cerraba filas y continuaba avanzando con resolución. En Papelotte, directamente bajo la posición del Sexto, se oyeron violentas detonaciones: los sajones disparaban una descarga tras otra contra la columna que rodeaba los edificios. Más al centro, la brigada holandesa y belga de Bylland se separó y huyó, pero los escoceses de Cameron repelieron a los franceses con una lluvia de fuego de mosquete que les impidió avanzar más allá de la cima. Ningún hombre del Sexto hubiera querido estar en la situación de la infantería del duque, pero la forzada inactividad volvía a inquietarlos. ¿No podrían al menos haber hostigado a las columnas? Los dragones comenzaron a maldecir y hasta los caballos tascaban los frenos con impaciencia.

Pero mientras observaba la escena con atención por el anteojo, Hervey pensó que los ataques franceses perdían ímpetu. Algunas de las columnas estaban quietas, e incluso divisó algunas casacas rojas de la infantería en las cuestas delanteras junto a Haie-Sainte. Entonces vio algo que lo emocionó y entristeció en igual medida, pues en ese momento ningún miembro de la caballería debería haber estado en otro sitio que no fuera entre las densas filas de jinetes vestidos de rojo, las brigadas de la Unión y la Caballería Real con el propio Uxbridge a la cabeza, unas brigadas que ahora descendían por el valle para atacar a las columnas enemigas. La batalla más importante de la historia terminaría pocos minutos después, ¡y el Sexto ni siquiera había desenvainado!

El suelo tembló con los cascos de los pesados caballos. Hervey vio a los Greys, cuyos rucios destacaban entre los caballos zainos y negros de los demás regimientos y cuyos altos chacós de piel de oso eran perfectamente visibles a pesar de la distancia. Les había tocado la mejor parte: se abrían paso a sablazos entre las desechas filas de la infantería francesa y cargaban contra una artillería que había calculado mal el momento de la retirada. Hervey observó cómo sus pesados sables subían y bajaban una y otra vez, derribando a los artilleros. Pero más atrás vio algo que obviamente los Greys no habían advertido —un prodigioso número de lanceros y coraceros avanzando al contraataque— y maldijo a aquellos novatos, cegados por su entusiasmo. ¡Si se retiraban sin reagruparse pronto se enfrentarían a la ira del duque! Sin embargo, advirtió con creciente horror que pocos vivirían para oír sus reprimendas, pues sus caballos estaban tan agotados que los franceses los alcanzarían antes de que se retiraran. sir Hussey Vivian galopó a lo largo del frente hasta donde estaba sir John Vandeleur, tan paralizado como Hervey ante la peligrosa situación de los Greys.

—¡Será mejor que vaya a auxiliar a los Greys, sir John! —gritó—. Si quiere, llévese al Sexto como refuerzo.

Lankester sonrió: era obvio que Vivian había medido las palabras porque Vandeleur era su superior. Hervey también sonrió. «Para eso tenemos generales», le había dicho a Canning. Para eso los tenían, en efecto; él había escuchado con claridad las palabras del duque, y que Dios se apiadara de Vandeleur si no entendía la orden. Lankester esbozó otra sonrisa, esta vez más amplia, pues ya no tendrían que seguir contemplando la escena pasivamente.

—¡Sexto de dragones, desenvainen! —ordenó. El chirrido del metal contra el metal dio dentera a Hervey cuando los sables modelo 1796, con sus largas y afiladas hojas curvas, salieron de las vainas de metal. Los chirridos indicaban que las hojas perderían filo, pero esta vez Hervey se alegró de oírlos, interpretándolos como una señal de resolución, y supo que ninguno de sus hombres, novato o veterano, querría volver a envainar el sable antes de mancharlo de sangre.

—Forme una tercera línea de refuerzo para Vandeleur, sir Edward —gritó Vivian mientras regresaba a su puesto—. Síganlo de cerca y eviten dispersarse, porque si ustedes también caen en manos de los franceses, no podré ayudarlos.

—Sí, sir Hussey —respondió Lankester—, al menos sacaremos a los franceses de las granjas de abajo. —En cuanto la primera fila de Vandeleur salió al trote, Lankester dio la orden—: ¡Sexto de dragones, adelante! ¡Primer escuadrón a la cabeza! ¡Al paso!

Cuando el Sexto abandonó el camino de Ohain para torcer a la derecha en dirección a la gran batería, los regimientos de Vandeleur avanzaban a medio galope, impulsados por la pendiente. Lankester apresuró el paso a un trote rápido, pero los regimientos continuaban a considerable distancia y tuvo que pasar al medio galope. Pero el terreno era tan escarpado que pronto perdieron la formación. Cuando llegaron al valle, Lankester se dio por vencido y el Sexto también avanzó al galope antes de ascender la colina opuesta.

Todos parecieron volverse hacia ellos. Comenzaron a caer hombres y caballos, derribados como conejos. Después de cada explosión, se oían maldiciones de toda clase.

—¡Cierren filas! ¡Cierren filas! —gritaba Hervey sin cesar.

De pronto una bala de cañón estalló a menos de diez metros a su izquierda y la onda expansiva derribó a *Nerón* con tal rapidez que Hervey no tuvo tiempo de saltar. El robusto caballo negro cayó pesadamente, se partió el cuello y se desplomó encima de él. Varios caballos sin jinete pasaron al galope, tan cerca de Hervey que no lo aplastaron por milagro. Una vez que se alejaron intentó liberarse, aunque tenía la sensación de que no le quedaba una gota de aire en los pulmones. Su pierna estaba inmovilizada bajo el peso muerto de *Nerón* y no había forma de moverla. Sintió un dolor agudo en la cabeza y todo se oscureció.

15

VOILÀ GROUCHY!

En las cercanías de Haie-Sainte, 2.30 h

—*Allez, vite, les fouillez!*

Hervey estaba hundido en el barro, aplastado bajo el cuerpo inerte de *Nerón*. El caballo le tapaba la vista en la dirección de los gritos. En la otra sólo vio los cadáveres de sus soldados de casacas azules.

—*Les foullez et tuez chacun, vite, vite!*

Alcanzaba a divisar el banderín de una lanza por encima del flanco de *Nerón*, a unos treinta metros de distancia, o quizá menos. Luego oyó un disparo cuando un *lancier* que no veía liquidó a un soldado moribundo antes de registrarlo.

Nunca había sentido tanto miedo. Su única arma era el sable, pues *Nerón* yacía con la silla puesta y la carabina de Coates atrapada debajo, en la pistolera. La funda de la izquierda estaba vacía, pero aunque la pistola hubiera caído cerca, Hervey sabía que estaría cubierta de barro y no le serviría de nada. De repente oyó más ruidos de cascos y una voz diferente: un francés más refinado y una voz autoritaria que no era la de un soldado raso.

—*Les prussiens vont...* —El oficial de lanceros dijo que los prusianos avanzaban hacia el flanco izquierdo de los ingleses—. En estos momentos el emperador está reforzando su flanco en Plancenoit, pero no puede hacer gran cosa para evitar que los prusianos lleguen al campo de batalla. No podemos permitir que nuestros valientes soldados se desanimen al verlos. Por lo tanto, el emperador quiere que se informe de que espera la inminente llegada a ese flanco de los hombres del mariscal Grouchy. El mariscal avanza desde Genape, donde ha vencido al enemigo. Si aparecen tropas en ese flanco, no serán los prusianos sino Grouchy con nuestros compatriotas. *Voilà Grouchy! Comprenez-vous, mes braves?*

¡De modo que Bonaparte se proponía engañar a sus propios soldados! Pero ¿hasta cuándo conseguiría hacerlo?, se preguntó Hervey. Porque la batalla iba a ser encarnizada. Hasta la perfidia podía tener su recompensa.

Oyó que los lanceros se alejaban, pero su alivio duró poco, porque uno de ellos había desmontado y registraba el cuerpo de un soldado a menos de cuarenta metros de él. Si no quería correr la misma suerte que ese hombre, sólo tenía una opción: la carabina. Sin embargo, por mucho que intentara incorporarse no conseguía sacarla de la funda. Se dejó caer en el barro, desesperado. Sin embargo su sable seguía atado a su muñeca con la correa de cuero y al menos moriría con el arma en la mano.

Sólo entonces advirtió lo sencillo que resultaría liberar la carabina, porque lo que le impedía desenfundarla era la pistolera. Si conseguía cortarla, podría retirar ambas cosas de debajo del caballo. Volvió a encaramarse sobre un codo para sacar un cartucho de la pequeña bolsa de piel. Lo limpió y rezó para que el agua no hubiera atravesado la cápsula de tripa. Todavía inmovilizado por el cuerpo de *Nerón*, se esforzó por abrir la culata de la carabina. El chasquido de la clavija le pareció tan escandaloso como un tiro de pistola. Abrió la recámara e insertó el valioso cartucho. Amartilló el arma y la levantó para apuntar, comprobando que el punto de mira quedara en el centro de la horizontal que cruzaba los brazos de la «V» del retrovisual. El arma temblaba porque no podía tenderse por completo sobre su estómago. Esperó que el lancero se acercara, y cuando éste llegó a unos veinte metros de distancia, Hervey vio su silueta más grande que la «V» y el punto de intersección a la altura del pecho. Respiró hondo, luego contuvo el aliento para inmovilizar el cañón y puso el dedo en el gatillo.

—¡Por favor, Dios! —rezó. ¡Tenía tantas probabilidades en contra con un arma de percusión inventada por un eclesiástico y un cartucho fabricado por un granjero!—. ¡Por favor, Dios!

El disparo fue ensordecedor y una cortina de humo de pólvora se levantó ante sus ojos. Al otro lado le aguardaban la muerte o la liberación, pero Hervey no dudó de su puntería y finalmente la cortina se abrió para revelar su destreza: el lancero estaba muerto, con el pecho cubierto de espumosa sangre roja. Hervey volvió a incorporarse. El espacio que había dejado libre la pistolera le permitió alcanzar y cortar la cincha, y una vez suelta la silla, fue más sencillo maniobrar para zafarse del peso muerto del caballo. Se puso en pie de un salto y le sorprendió comprobar que su pierna, aunque entumecida por la opresión, seguía intacta; había visto muchas piernas fracturadas en caídas menos graves. El caballo del lancero permanecía obedientemente junto a su antiguo jinete. Hervey cogió las riendas y montó de un salto pese a que el entumecimiento empezaba a dejar paso al dolor. Entonces vio al sargento Armstrong que galopaba colina abajo, en dirección a él.

—¡Gracias a Dios, señor Hervey! Pensé que lo habían matado. ¡Deprisa, señor! ¡El regimiento ya ha regresado y hay lanceros por todas partes!

—No necesita decírmelo —dijo Hervey con una mueca de dolor mientras picaba espuelas.

El caballo francés era lento y tuvo que fustigarlo con el canto de la espada para conseguir que avanzara por el barro, que en algunos puntos le llegaba a las rodillas.

—¿Qué tal lo hemos hecho? —gritó a Armstrong.

—Los hemos ahuyentado, señor —respondió el sargento—, pero esas lanzas son diabólicas. Nos vendría bien un arma como ésa. Hemos perdido varios oficiales. Yo he visto caer a los capitanes Elmsall y Roberts y creo que están muertos.

Lankester confirmó con pesar esas sospechas cuando Hervey y Armstrong se reunieron con las reducidas filas del Sexto en la colina situada encima de La Haye.

—Hervey, es un alivio verlo —dijo mientras se acercaban y saludaban—; Nall es el único jefe de compañía vivo y sólo nos queda media docena más de oficiales.

—¿Qué le ha pasado a Cheny, señor? —preguntó Hervey, desolado—. ¿Y Laming?

—Laming se encuentra bien, aunque creo que perderá un brazo. A Cheny lo mataron los lanceros cuando trataba de reagrupar a la segunda compañía. Canning trajo de vuelta a la primera con la ayuda del sargento Strange. Los novatos se han portado bien.

Hervey habría escuchado el parte completo, pero la intriga de Bonaparte le pareció más urgente y se apresuró a comunicar la noticia.

Lankester lo escuchó atentamente, y pese a sus conocimientos incompletos del plan de batalla de Wellington, comprendió de inmediato la importancia de esa información:

—Muy bien, vaya a ver a lord Uxbridge de inmediato. Si es que sigue vivo, porque cuando llegamos junto a los Greys, estaba al frente de la caballería pesada.

Uxbridge había regresado al sitio desde el cual había guiado a la caballería pesada en el fatídico ataque contra las columnas de Erlon. Apostado detrás de la cima de la colina, encima de la *chaussée*, era como si hubiera erigido una barrera de peaje en la carretera de Bruselas. La infantería francesa había pagado un altísimo precio por intentar derribar esa barrera, y volvería a hacerlo, pues ya se notaba un cambio en el ritmo de la batalla: si no una pausa, al menos una perceptible pérdida de ímpetu. Sin embargo, a pesar de sus recientes esfuerzos, el conde de Uxbridge tenía el mismo aspecto que los días de maniobras: la pelliza sobre un hombro, tal como la llevaban los húsares, el dormán impecable y el chacó perfectamente centrado. Hervey se avergonzó de su ropa salpicada de barro, aunque al menos no había perdido el chacó. Pero Uxbridge no pareció fijarse en su apariencia.

—Bien hecho, señor Hervey —respondió tras escuchar su informe—. Me alegro de que su francés sea tan bueno y de que haya entendido las posibles repercusiones de esa estratagema. Pero no debemos perder tiempo buscando al duque. El enlace del mariscal Blücher, el barón Müffling, a quien supongo recordará de la inspección del mes pasado, acaba de salir en busca de nuestros valientes aliados. Vaya tras él por la carretera de Wavre e infórmele... ¡No, acompáñele a ver a los prusianos! Yo iré personalmente a darle la noticia al duque.

La orden emocionó a Hervey. No era un simple recadero, sino un emisario del mismísimo duque ante el valiente príncipe Blücher. Cogió las riendas con toda la serenidad de que fue capaz, saludó y galopó hacia el Sexto. La yegua francesa parecía haber ganado velocidad, pero corcoveó durante la mayor parte de los cien metros de trayecto mientras él la espoleaba. Se preguntó cómo diablos adiestraban a sus caballos los franceses.

—La próxima vez iré con usted, señor —dijo Johnson cuando Hervey se reunió con su regimiento—. No es justo que vaya a pelear sin mí. ¿Dónde está *Nerón*?

—Es una suerte que se haya quedado aquí, Johnson. Si hubiera venido conmigo ahora estaría tendido junto a *Nerón* con una lanza en la espalda —respondió con brusquedad—. Ahora llévese a esta marrana francesa y tráigame a *Jessye*. ¿Dónde está el sargento Armstrong?

—¡Aquí, señor! —respondió una voz enérgica a su espalda.

Hervey se volvió y vio su sonrisa... y su brazo en cabestrillo.

—No sabía que lo hubieran herido, sargento Armstrong —dijo—. ¿El sargento Strange se encuentra bien?

—Sí, señor. Pero ¿para qué lo quiere? —preguntó Armstrong con suspicacia.

—Tengo que llevar un mensaje a los prusianos y necesito un escolta.

—Este brazo no le fallará, señor —declaró Armstrong quitándose el cabestrillo.

—No, no puedo correr riesgos. Vaya a buscar al sargento Strange, por favor —repuso Hervey, suscitando una retahíla de protestas que sólo consiguió acallar con el máximo rigor.

Johnson también protestó, y tampoco resultó fácil hacerlo callar. Cuando Strange llegó a su lado, Hervey le explicó su misión y ordenó a Armstrong que informara a Lankester. Armstrong hizo un saludo hosco a modo de respuesta mientras Hervey y Strange comenzaban a bajar por la cuesta hacia la carretera, *Jessye* corcoveando tan violentamente como la yegua francesa.

A unos setecientos metros de la brigada de Vivian avistaron al general Müffling y su escolta, que se encontraban a una distancia parecida y estaban a punto de entrar en el *forêt* d'Ohain. Hervey picó espuelas, aunque el caballo de Strange comenzaba a cansarse y todo parecía indicar que no alcanzarían a los prusianos antes de que éstos se hubieran adentrado en el bosque. Pero apostó sólo por la velocidad para mantenerse a salvo y pronto se percató de que era una jugada arriesgada. De repente, como por arte de magia, se toparon con un obstáculo, o quizá una barrera infranqueable. A trescientos o cuatrocientos metros de ellos, trotando en su dirección había una patrulla de lanceros, sus casacas rojas y altos *chapkas* en vivo contraste con el fondo verde. Los banderines rojos y blancos de las lanzas ondeaban a más de cuatro metros del suelo y Hervey habría admirado su aspecto si no se hubieran interpuesto entre él y su misión. Contó una docena (una perspectiva poco alentadora, por no decir más) y supo que sólo tenía dos opciones. Podía regresar a la seguridad de las filas aliadas: sin embargo, ésta era una opción poco práctica porque el enemigo no tardaría en alcanzar al caballo de Strange. En lugar de eso, calculó la distancia que los separaba de los franceses y estudió el punto donde él y el sargento podrían ocultarse en la espesura del bosque, pero el ángulo que deberían trazar era tan agudo que tampoco tendrían muchas posibilidades de salir airosos si galopaban en esa dirección. Pero tenía que tomar una decisión.

Strange ya la había tomado.

—Siga adelante, señor. ¡Yo los detendré!

Nunca había oído un tono tan apremiante en la voz de Strange. «Yo los detendré.» No hablaba de entretenerlos, sino de detenerlos, y ambos sabían cuál era el precio que tendría que pagar para conseguirlo.

—¡Adelante, señor!

Hervey desenganchó la carabina del cinto y se la arrojó al sargento junto con la bolsa de cartuchos.

—Tenga, ya sabe cómo funciona.

Claro que lo sabía, pues la carabina había sido el principal tema de conversación del Sexto en Irlanda y Strange había tenido ocasión de probarla. El sargento cogió el arma en silencio, pero enseguida buscó algo en el interior de su chaqueta y sacó un estuche de cuero que parecía de tabaco, aunque Hervey sabía que no fumaba.

—¡Coja esto para después, señor, y ahora márchese! —exclamó espoleando a su caballo en dirección a la patrulla—. ¡Buena suerte, señor Hervey! —gritó por encima del hombro.

—Igualmente, sargento —dijo Hervey entre dientes mientras él también ponía a su caballo al galope.

No había sido una despedida emotiva, sino más bien exageradamente formal. Hervey sabía que él habría hecho lo mismo si hubiera estado en su lugar y que Strange sólo cumplía con su deber, como sin duda hacían muchos otros sargentos en ese mismo instante. Pero eso no le restaba mérito. Calculó que Strange podría disparar cuatro o cinco veces antes de que los franceses lo acorralaran, aunque eso no garantizaba que los *lanciers* no fueran a perseguirlo a él, ya que la patrulla (si sabía lo que hacía) se dividiría en dos: un grupo para encargarse de Strange y el otro para interceptarlo a él. Sin embargo, conocía la ineficacia de esas patrullas y sospechó que no lo seguirían. Cargar en grupo en la batalla era una cosa, y esa clase de misión otra muy distinta. Además, el orgullo podría con ellos en cuanto el primer lancero resultara herido.

Sus sospechas se confirmaron. Pese a los atronadores cañonazos que resonaban a un kilómetro de distancia, oyó el primer disparo de Strange; después de unos segundos, otro y luego un tercero, un cuarto y finalmente silencio. Cuando aún le quedaban cincuenta metros para llegar a los árboles, miró atrás. Los franceses habían galopado directamente hacia Strange, dejando una estela de cuatro lanceros muertos o moribundos. El mejor tirador del Sexto había acertado todos los tiros y ahora detenía una lanza con su sable. Hervey desvió la vista un momento para buscar una entrada en el bosque. Cuando volvió a girarse, ya no vio a Strange, pues los franceses lo tenían rodeado. Los había detenido, en efecto, pese a saber perfectamente cuál era el precio que debía pagar a cambio.

Mientras se adentraba en el silencio del frondoso bosque Hervey aflojó la marcha al trote y luego al paso, porque *Jessye* resoplaba con fuerza. Primero Edmonds, después Strange… Se preguntó quién sobreviviría para contar esa batalla. Le dolía la cabeza. Los árboles se emborronaban frente a sus ojos y tuvo que hacer un esfuerzo para resistir la tentación de parar y tenderse en el suelo. Aflojó las bridas y dejó que *Jessye* lo llevara por el sendero cubierto de rodadas, completamente ajeno al paisaje que lo rodeaba.

De repente oyó un disparo de pistola y sintió el roce de la bala en la mejilla. El proyectil alcanzó un árbol que estaba a su espalda provocando una lluvia de astillas de corteza. Los grajos y las urracas levantaron ruidosamente el vuelo, asustando a *Jessye*.

—*Votre épée, monsieur! Reudez votre épée* —gritó el *chasseur à cheval*.

Hervey se llevó la mano a la mejilla, sorprendido de no sentir dolor. Tampoco vio sangre en sus dedos. Sintió un nudo en el estómago y las ideas se le agolparon en la cabeza. La pluma del chacó del *chasseur* dejó de ser un borrón para adquirir absoluta nitidez, y Hervey comprendió que no era prudente ni huir ni resistirse ante las dos pistolas que lo apuntaban a menos de diez metros de distancia.

—*Je dis encore: Reudez votre épée* —repitió, pero a su voz le faltaba seguridad (aunque los escoltas, cinco, seis o más, sí parecían lo bastante firmes).

—*Eh bien, lieutenant* —respondió Hervey, mesurado y pensativo—, *qu'est-ce que vous faites ici?*

El teniente pareció desconcertado. Era *él* quien debía hacer esa pregunta, respondió. ¿Qué hacía un inglés hablando francés?

Hervey sintió que temblaba incontrolablemente, aunque no

estaba seguro de que en efecto fuera así. Su voz casi se quebró cuando decidió aprovechar la oportunidad:

—*Alors, messieurs: je ne suis pas anglais. Je suis l'agent de l'empereur.*

Una expresión de angustia asomó al rostro del teniente.

—*C'est pas possible...*

Pero Hervey no le dejó terminar y acrecentó sus dudas. Metió la mano en un bolsillo (los escoltas afinaron la puntería) y sacó el anillo de Chantonnay.

—Miren esto: es el sello de Chantonnay, *mi* sello. ¡Cualquier francés debería reconocerlo!

El teniente se acercó y examinó el anillo.

—¿No tiene papeles de identificación, señor? —preguntó con desconfianza.

—¿Qué? ¿Para que me descubran los ingleses o los prusianos? ¿Me ha tomado por idiota? —gruñó Hervey con su francés más autoritario—. Claro que tengo papeles, pero los encontrarán en el cuartel general del emperador. Ahora, si me disculpan, tengo asuntos importantes que atender.

El teniente se movió, incómodo, en la silla.

—¿Qué asuntos son ésos, señor?

—¡No pienso revelar los asuntos del emperador a un teniente! —exclamó Hervey—. ¡Ni siquiera a un teniente de los *chasseurs*!

—Entonces, señor, me temo que tendrá que acompañarnos para que verifiquemos su identidad —dijo el teniente.

Hervey ya estaba completamente metido en su papel.

—¡Imbécil! —gritó—. En el nombre de Francia, ¿qué diablos cree que hace? Ya ha visto mi sello, ¿no? Y lo ha reconocido, ¿verdad?

—Desde luego, *monsieur*, pero...

—Entonces deje que le diga algo que sólo deben saber las personas de confianza del emperador. Los prusianos llegarán en cualquier momento a este frente, ¿no es cierto? *Mais Prussiens, monsieur? Jamais!* Son los hombres de Grouchy, ¿no? *Voilà Grouchy!, n'est-ce pas?*

El teniente pareció desconcertado... y enseguida profundamente aliviado.

—*Oui, c'est ça; voilà Grouchy!* Así es, señor. Le pido mil disculpas por haberlo retenido, pero compréndame, era mi deber. ¿Puedo ofrecerle una escolta?

—¡Por supuesto que no! —gruñó Hervey—. ¡Márchese de inmediato de aquí para que yo pueda engañar a los prusianos! ¡Largo!

La emoción por el éxito de una estratagema tan grotesca rápidamente se convirtió en miedo cuando Hervey pensó en lo que le habría ocurrido si hubiera fallado: lo habrían fusilado en el acto por espía. La hermana María le había dicho que podía pasar por francés y, en efecto, lo había conseguido. Cómo le gustaría que se enterara de que su anillo había sido providencial para él. Lo guardó en el fondo del bolsillo mientras ponía a *Jessye* al trote. El bosque estaba fresco, tranquilo y todavía silencioso; allí los estampidos de los cañonazos no eran más que un sordo runrún. Nuevamente empezó a adormecerse en la silla.

—¡Alto! —gritó una voz sin rostro.

Hervey frenó de inmediato y miró alrededor, pero no vio a nadie.

—*Wie ist das? Wo gehen sie?*

Pero antes de que pudiera responder, se oyó otra voz.

—*Nein verflucht! Es ist ein Englander!*

Esta vez no titubeó ni un instante.

—¡*Herr* general! —gritó, pues el voluminoso cuerpo del prusiano era inconfundible a cualquier luz.

Media docena de jinetes salieron de entre los árboles. Dos de los escoltas del general de caballería lo apuntaron con la pistola mientras cabalgaba hacia Müffling y le daba su mensaje en un alemán fluido que sorprendió a todos.

—*Teufe! Mehr gefährlich als ich gedacht hatte!* —exclamó el barón—. Es mucho más peligroso de lo que había imaginado. Venga; debemos ir directamente a contárselo al príncipe Blücher.

Hervey suspiró. Era un alivio que Muffling hubiera advertido el peligro y estuviera dispuesto a actuar con rapidez. Sobre todo se alegraba de que le hubiera creído, pues no tenía autorización escrita y tampoco era un edecán. Mientras cabalgaban, el general abrió los ojos como platos al enterarse de la forma en que Hervey había descubierto la treta de Napoleón. Sin embargo, no dejaba de repetirle que todo iría bien en cuanto encontraran al príncipe Blücher. Y Hervey le creyó.

Pero su confianza empezó a flaquear un cuarto de hora después, cuando vio a Blücher, porque en lugar de un gran despliegue militar sólo percibió desorden (algunos dirían «caos»). Ni siquiera durante los peores momentos de la larga retirada de La Coruña había visto una escena tan desalentadora. ¿Era «chusma» una palabra demasiado fuerte para calificar a esa masa de soldados, cañones y carros que avanzaban pesadamente por un lodazal que llegaba hasta los ejes de las ruedas? Era como si todos los soldados se hubieran convertido en rezagados. Müffling, sin embargo, conocía bien a sus compatriotas y a sus aliados y advirtió de inmediato la inquietud de Hervey.

—Es verdad que ayer nos vapulearon en Genappe —admitió—. Pero no subestime la fuerza de estos hombres, señor Hervey. *Alte Vorwärts* dio su palabra al duque de Wellington, su *sagrada* palabra, de que acudiría en su ayuda. No crea que estos hombres no van a estar a la altura.

Esta manifestación de lealtad y de las intenciones del príncipe resultaba alentadora, pero las apariencias no. Sin embargo, Hervey se inclinó a creer en ella cuando vio al príncipe Blücher animando personalmente a su infantería.

—*Komm, mein kinder, noch ein mal!* —los alentó golpeándose un muslo y agitando la mano.

Era imposible dudar de su resolución y de inmediato contagió su energía a los agotados soldados de infantería. Sin embargo, cuando vio a su viejo amigo cabalgó hasta él y le dio su sincera opinión:

—*Mein Gott, Müffling, es ist scheisse, reine scheisse!*

Hervey hizo un esfuerzo para contener la risa. El mariscal de campo Blücher, el veterano húsar y soldado de los franceses: simpático, emotivo, con el vocabulario de un soldado y apestando a cebolla y ginebra. ¿Acaso existía alguien menos parecido al duque? Blücher incluso se disculpó por su olor (explicando que se había medicado con alcohol después de una terrible caída en Genappe) y estrechó la mano de Hervey con tal fuerza que éste temió que le rompiera la muñeca.

—Este hombre nos trae la extraordinaria noticia de una estratagema de los franceses —informó Müffling—. Creo que debe escucharle a él antes que a mí.

El mariscal escuchó el informe de Hervey en silencio y con gesto ceñudo. Luego se volvió hacia su edecán y le ordenó que metiera prisa a los cuerpos del general Von Ziethen.

—Señor —dijo Hervey en un alemán de manual, animado por la resolución de Blücher de frustrar la estratagema—, ¿puedo sugerirle que dé otra orden? Le sugiero, señor, que el general Von Ziethen abra fuego en cuanto sus hombres salgan del bosque, porque aunque estarán a una legua o más de los franceses, el fuego indicará intenciones hostiles y desmentirá el engaño de Bonaparte.

—*Ja, ja, richtig; das ist eine exzellent idee* —respondió el mariscal entusiasmado—. *Vielen Schiessen!* —gritó palmeándose los muslos como si llamara a sus perros—. *Vielen Schiessen, Lutzow!* —gritó al edecán.

Hervey estaba tan impaciente por marcharse como el edecán (cumplida su misión, deseaba ir en busca del sargento Strange), pero comprendió que avanzaría con mayor rapidez en compañía del barón Müffling. Sin embargo, éste no parecía dispuesto a regresar de inmediato: él y Blücher hicieron un aparte para conferenciar y tardaron quince minutos en volver. Hervey desmontó y alimentó a *Jessye* con el grano que generosamente le dio un intendente. Luego, sin soltar las riendas, se sentó en un tronco y comenzó a estudiar con más atención a los hombres que pasaban por su lado. Lo que vio lo alentó; de hecho, fue una inspiración. Como cuerpo, aquellos hombres parecían haber sufrido una severa paliza, y sin embargo todos conservaban sus pertrechos personales. Más aún, éstos se hallaban en buenas condiciones. Y los rostros de los mosqueteros del regimiento de Silesia tenían un aspecto temible a pesar de los signos de cansancio. Hervey creyó ver en ellos un evidente deseo de lanzarse a la garganta de sus enemigos.

La caballería, que se abría paso con cuidado entre la infantería, era aún más convincente. La batalla también les había dejado señales, pero se movían con igual determinación. Esos húsares sabían lo que hacían. ¡Con qué majestuosidad se movían las escarapelas blancas y negras de los chacós al paso de los caballos! ¡Y qué caballos!

—Están bien, ¿verdad? —dijo uno de los edecanes de Müffling que se había sentado en el mismo tronco y le ofrecía una petaca de plata.

—Sí —respondió Hervey. No habría podido decir otra cosa, pues los caballos eran excelentes y estaban en inmejorables condiciones a pesar de los esfuerzos de la semana anterior—. ¿Trakheners?

—*Ja, Trakhener*. ¿Conoce la raza?

—No. Había oído hablar de ellos, pero nunca había visto uno.

—Los admira, ¿eh?

—Mucho. Casi todos son más grandes que nuestros caballos de campaña; yo diría que por lo menos medio palmo. Huesos grandes y cabezas hermosas. —Sonrió pensando en lo mucho que le gustarían a Jessope.

—Tengo entendido que en Inglaterra no tienen sementales especiales para la caballería —prosiguió el edecán.

—No, los compramos. Pero nunca parecen faltar buenos caballos.

—Sí; yo admiro mucho el purasangre inglés. Ahora tenemos algunos en el criadero de Trakhenen. Para darles más velocidad. Pero su caballo no es un purasangre, ¿no?

—No —respondió Hervey con una sonrisa sardónica. Ahora tenía ante sí la imposible tarea de explicar el origen de *Jessye*—. Su padre era un purasangre, pero su madre era una jaca galesa, una antigua mezcla de...

Pero el edecán no necesitaba explicaciones.

—Admiro mucho al caballo galés —exclamó, encantado—. Según creo, hace cuatro o cinco siglos lo crearon cruzando el robusto poni nativo y los caballos andaluces. El embajador en Berlín trajo uno de esos ponis para su hijo y es... ¿Cómo dirían ustedes? ¡El caballito más habilidoso de todo el reino!

—¡Y mi yegua es la más habilidosa en este bosque! —rió Hervey.

Cuando por fin emprendieron el camino de regreso a Mont Saint Jean necesitaron dos horas enteras y todo el esfuerzo de hombres, caballos y carros para llegar al borde del bosque. Sin embargo, en ese tiempo Hervey terminó de convencerse de que, tal como habían prometido, los prusianos atacarían a los franceses con vigor y rapidez. Sólo faltaba saber cuándo.

Hervey no pudo buscar a Strange porque en cuanto salieron de entre los árboles avistaron más soldados de la caballería francesa y se vieron obligados a dar un rodeo.

—*Herr* general —comenzó Hervey mientras se aproximaban a los piquetes de Vivian—, ¿puedo pedirle que informe a lord Uxbridge que he cumplido con mi misión? Creo que ahora tengo el deber de volver con mi regimiento.

—Desde luego, señor Hervey; ha cumplido con su misión admirablemente. Y una vez más le pido que disculpe a mis húsares por haberlo confundido con un francés. —Sonrió—. No se preocupe por el príncipe Blücher. Ya sabe que tiene más de setenta años, pero sigue siendo un valiente soldado, *ein treue Husar*, como decimos nosotros. ¡Nunca se rendirá!

Hervey estaba casi convencido de que el Sexto se habría marchado de la colina situada sobre La Haye. Sin embargo, encontró los mismos piquetes de Vivian en el flanco, y aunque el regimiento se había movido un poco hacia el centro para rellenar los huecos, defendían el mismo terreno que cuatro horas antes.

—Por favor, capitán, dígame que el sargento Strange ha regresado —dijo Hervey con la vana esperanza de que su subordinado hubiera logrado escapar.

—Me temo que no —respondió Lankester pasándole una petaca—. Tome un trago de coñac y cuénteme qué ha ocurrido.

Cuando Hervey hubo terminado su relato, el capitán se volvió hacia el ayudante Barrow que, sin que Hervey lo advirtiera, había estado tomando notas en su libreta.

—¿Necesita algún dato más para el diario, Barrow?

—No, señor —respondió el ayudante—, pero si me permite decirlo éste parece un servicio excepcional. Lo lamento por el sargento Strange, pero en mi opinión el señor Hervey no debería sentirse culpable por un acto noble pero necesario.

La frialdad de estas palabras habría molestado a Hervey si no se hubiera dado cuenta de la intención de Barrow. Y Lankester convino con él.

—Desde luego, Barrow, bien dicho —asintió—. Buen trabajo, Hervey. No sufra, pues su conducta ha sido intachable. Ahora, si no le importa, vuelva al frente del escuadrón porque pronto habrá trabajo que hacer.

Hervey les agradeció su comprensión, aunque no le sirvió de consuelo. Cuando se reunió con el escuadrón, el subteniente Seton Canning lo saludó con evidente alivio y regresó a su puesto frente a la primera compañía. Canning se había unido al regimiento poco antes de que salieran de Cork y le había bastado un día en el campo de batalla para percatarse de su inexperiencia. Por lo tanto, durante las últimas horas se había sentido incómodo al mando del escuadrón.

El alivio de Armstrong, sin embargo, tenía otro origen, pues el teniente era para él algo más que un jefe de escuadrón.

—¡Gracias a Dios que ha vuelto, señor Hervey! —exclamó—. ¡Esto es peor que Salamanca!

—Cuéntemelo a mí, sargento. No quiero ni pensar en lo que he vivido en las últimas horas. El sargento Strange ha muerto, estoy seguro, y he tenido que abandonarlo.

Armstrong guardó silencio durante unos instantes y luego (aunque Hervey sabía cuánto habría deseado conocer los pormenores de lo ocurrido) comenzó a protestar por la forzada inactividad del regimiento.

—¡Por lo menos había doce gabachos en cada fila! —exclamó, evocando con asombrosa elocuencia los ataques en el centro por una multitud de *cuirassiers* y *lanciers*—. Han estado tratando de romper nuestras líneas durante toda la tarde. Cada vez que se acercaban, los cañones de lord Uxbridge les disparaban. Los húsares del otro flanco han estado corriendo de aquí para allá, y entretanto nosotros seguimos aquí sentados, inútiles como la verga de un fraile. ¡Una miserable incursión en todo el día!

—Son órdenes expresas del duque, sargento Armstrong —repuso Hervey con tono comprensivo—. Debemos permanecer en este flanco hasta que nos releven los prusianos.

Armstrong cabeceó con desesperación.

—¿Y todo para qué? ¡Mire hacia allí! —exclamó, señalando hacia Haie-Sainte—. ¡Vea! ¡Los franceses ya han entrado! ¿Qué sentido tiene que nos quedemos aquí cuando en el centro están a punto de rendirse?

A media legua de distancia el duque de Wellington se volvió hacia el conde de Uxbridge y dijo con calma:

—¡O bien la noche o bien los prusianos deberían llegar ya!

16

LA NOCHE O LOS PRUSIANOS

Encima de Papelotte y La Haie, al atardecer

Hervey sacó su reloj. Una diminuta esquirla de metralla clavada en la esfera atravesaba las letras «D'A.J.» e impedía que las agujas se movieran.

—¿No se siente afortunado, señor Hervey? —preguntó Armstrong—. ¡Esa esquirla le habría hecho llorar si le hubiera entrado en un ojo!

¿Cómo estaría Jesoppe?, se preguntó Hervey mientras examinaba el reloj, sorprendido de que el mecanismo siguiera intacto. Cuánto envidiaba la situación de su amigo, que estaba con Fitzroy y el duque en el centro de la acción.

—Son las seis y media —dijo Armstrong mirando el reloj que había encontrado en Vitoria—. ¿Dónde están los prusianos?

Hervey no tenía respuesta. En ese momento el comandante de brigada Harris pasó a todo galope por delante de la primera línea, con el faldón de la casaca roja ondeando al viento como el de un postillón.

—¡Vaya, parece que hay novedades! —dijo Armstrong esperanzado.

Hervey asintió y cabalgó hacia Lankester con expectación.

—Los piquetes informan de que los húsares prusianos se aproximan. Las dos brigadas deben dirigirse al centro en cuanto las releven —comunicó Harris.

Lankester se limitó a mirar a Hervey, sabiendo que no necesitaba darle explicaciones. Hervey asintió, saludó y regresó al trote con su escuadrón. Su sonrisa reveló sus intenciones a los soldados.

—¿Por fin nos dejarán ir tras ellos, señor Hervey? —gritó una voz.

—¡Sí, muchachos, ha llegado nuestra hora!

Más tarde reflexionaría sobre su familiaridad. Sin duda Edmonds habría dicho lo mismo y Lankester también, aunque el capitán habría usado la expresión «mis muchachos». Hervey había hablado con espontaneidad, y el escuadrón había aceptado sus palabras como un caballo indómito que finalmente acepta el bocado.

Diez minutos después, cuando las primeras casacas verdes de los húsares de la calavera subieron a la colina, la brigada de Vivian comenzó a moverse. Lord Uxbridge se acercó a él.

—Bien hecho, Vivian —dijo—, ha adivinado las intenciones del duque. En el centro se está abriendo una brecha y algunos de los extranjeros comienzan a flaquear. ¡Puedo asegurarle que la situación es difícil! —La yegua de Hervey relinchó, asustada por el rucio de su clarín, que súbitamente corcoveó y derribó a su jinete. Uxbridge se volvió para ver qué ocurría—. ¡Señor Hervey! —exclamó—, en cuanto haya oportunidad tenemos que discutir ciertos asuntos... Si sobrevive a la torpeza de su clarín, desde luego.

Hervey enrojeció mientras el condenado dragón volvía a montar balbuceando un montón de disculpas.

Recorrieron todo el camino hasta el centro al trote.

—La artillería puede galopar, capitán Lankester —había ordenado Vivian antes de salir—. El resto de la caballería avanzará al trote para que los que no nos conocen no piensen que tenemos miedo. Lord Uxbridge dice que los húsares de Cumberland ya han abandonado el campo, ¡y se suponía que eran leales a Brunswick!

—Nadie mejor que sir Hussey para un despliegue como éste —dijo Lankester, poniéndose a la par de Hervey al frente del primer escuadrón—. Dirigirá a la brigada como si estuviéramos en un desfile. Claro que yo haría lo mismo, porque estoy seguro de que sólo un despliegue semejante conseguirá que los holandeses sigan en sus puestos.

A Hervey le pareció una observación injusta, pues pronto comprobaron que incluso los soldados de la Legión Alemana estaban asustados. Cuando la brigada llegó al cruce de caminos encima de Haie-Sainte formaron las líneas: el Sexto se situó en doble fila a la derecha, detrás de los hannoverianos del general Colin Halkett, al oeste del cruce, mientras que el resto de la brigada permaneció en la retaguardia de los legionarios alemanes del coronel Ompteda. La batería holandesa, que en el momento de la llegada del escuadrón disparaba frenéticamente, cesó el fuego. Y cuando el humo acre y negro se disipó, Hervey vio por primera vez el infierno en que se habían convertido las faldas de las colinas, un panorama que horrorizó a novatos y veteranos por igual. Y no sólo el panorama, pues la escena afectaba a todos los sentidos. La temperatura allí era de más de cuarenta grados. El humo de la pólvora tenía tal densidad que Hervey sintió su sabor en la boca y el ruido resultaba verdaderamente ensordecedor. Los caballos se quedaron paralizados de miedo. Ni siquiera *Jessye* respondía a la presión de las piernas de Hervey, que tuvo que clavarle las espuelas por primera vez en mucho tiempo. ¿Habían estado protestando en el flanco porque deseaban ir allí? Hervey no daba crédito a sus ojos. El fuego de los cañones era más continuo que cualquier descarga de mosquetes que hubiera oído en su vida. Y había tantos cadáveres de hombres y caballos que no pudo menos de admirar el valor de los hombres que continuaban al frente. ¿Cómo lo habían soportado? Imaginó las olas golpeando contra un malecón: rompiéndose, retirándose, pero erosionando el espigón un poco más cada vez, hasta que éste desapareciera por completo y el agua inundara lo que había al otro lado. Cuando el humo volvió a disiparse, Hervey miró por el anteojo. Los altos chacós de piel de oso eran inconfundibles: la *Garde Impériale* avanzaba.

Lankester recorrió al trote el frente del Sexto, tan tranquilo como si realizase sus ejercicios matutinos.

—Una vez que la infantería se haya replegado a una distancia prudencial de nuestra retaguardia, cargaremos contra esas columnas —gritó a cada uno de los jefes de escuadrón, todavía convencido de que los hannoverianos se retirarían en cualquier momento—. No pierdan de vista a los refuerzos de la caballería —ordenó—. Nall ha caído, Hervey. Recuerde que ahora es el teniente de mayor antigüedad.

Las vicisitudes de la guerra, pensó Hervey. Hacía menos de un año era un vulgar subteniente con serios obstáculos para ascender, y ahora un simple disparo podía llevarlo al mando de todo el regimiento. Y exponiéndose de esa manera Lankester duplicaba, o quizá triplicaba, la posibilidad de que lo alcanzara ese disparo. ¿Era *preciso* que se pusiera a tiro del enemigo? Pero ¿cuál era la alternativa? ¿Aproximarse por la retaguardia del escuadrón y confiar las órdenes al clarín? Imposible.

Hervey vio la bala rasa caer a cinco metros de Lankester cuando éste regresaba a las filas. La explosión levantó un torbellino de tierra, rebotó sin apenas reducir la velocidad y alcanzó en el flanco al zaino del capitán, quizá el mejor caballo del regimiento, con un violento estampido. El tercero de los cuatro hombres que Hervey más admiraba del regimiento cayó como un bolo en un puesto de feria. Hervey cerró los ojos y gimió, igual que cuando había caído Edmonds, pero esta vez titubeó durante una fracción de segundo antes de dirigirse al puesto donde el manual decía que debía situarse el oficial al mando: el centro, a un cuerpo por delante del estandarte del regimiento, un lugar que nunca había soñado aparte de en las páginas del libro de instrucción. ¿Cuánto tiempo pasaría antes de que Strickland, que estaba al frente del tercer escuadrón, cabalgara hasta allí para ocupar su lugar? ¿Tendría al menos tiempo de dirigir el ataque para detener a las olas? ¿Qué tenía que hacer ahora? ¿Qué órdenes debía dar? El instinto de aferrarse a lo familiar era muy fuerte. Se le ocurrió una orden que por lo menos podía resultar útil, aunque fuera poco ortodoxa:

—¡Acorten los estribos! —gritó.

Si debían cargar contra la infantería, al menos así tendrían más posibilidades de estirarse. La orden se repitió entre las filas, ya que no había un toque de clarín para ella. Además, pocos segundos antes, su clarín había caído de su silla tras recibir en el hombro la bala de uno de los numerosos *tirailleurs* que precedían a la *Garde*.

Jessye apenas si movió un músculo cuando Hervey estiró la pierna izquierda hacia adelante, levantó el sudadero de piel de oveja y buscó la hebilla del estribo. Bastaría con dos agujeros (ya llevaba el estribo más corto —por un agujero— de lo que habría aprobado el ayudante). Repitió la misma operación en la pierna derecha sin desviar la vista del campo de batalla en ningún momento. Luego se inclinó para comprobar la posición de la cincha, deseando que no fuera necesario ajustarla. Había tirado de ella con fuerza y era probable que se hubiera aflojado. Pero no; seguía lo bastante prieta. Aunque no debería haberse preocupado: *Jessye* habría permanecido quieta aunque hubiera tenido que correr un agujero de la cincha. Nunca la había visto tan inmóvil; de hecho, parecía en trance (igual que los demás caballos del regimiento, como comprobó cuando miró a su espalda). Ni siquiera se veían las cabezadas características de toda formación cerrada. Era como si estuvieran paralizados ante el abismo en el que estaban mirando. ¿Responderían a las piernas de los jinetes cuando llegara el momento?

Hervey aguardó. No podía hacer otra cosa. Ni siquiera sabía si debía atacar cuando lo estimara oportuno o cuando Vivian diera la orden. Pero ¿y si no cargaba y luego...? Decidió fiarse de su intuición y responder por ella después... si es que había un después. Mejor arriesgarse a una reprimenda de Wellington por exceso de celo que ser recordado como otro Sackville (¿conseguiría la caballería borrar la deshonra de lord George Sackville en Minden? Ni siquiera el marqués de Granby, que había arremetido con furia contra los franceses pocos días después, había logrado limpiar esa mancha). Pero ¿cómo iba a cargar con esa abatida brigada de infantería delante? Y no eran sólo los vivos los que le obstaculizaban el camino, pues a un centenar de metros de los hannoverianos el suelo estaba alfombrado de hombres y caballos muertos o moribundos. Era imposible avanzar con ímpetu a través de aquel osario. Lo único que podía hacer era mantener la vista al frente para que mirar alrededor no debilitara su determinación y confiar en que tendría un buen pálpito.

La *Garde* avanzaba con majestuosidad. Marchó durante tanto tiempo por encima de la carretera, hacia la parte más débil de las líneas, que parecía que nada podía detenerla: ni los cañones, ni los mosquetes ni la más audaz carga de la caballería. Pero luego, sorprendentemente, torció a la izquierda para que el principal peso del ataque recayera en el oeste de Haie-Sainte, donde se hallaba la Guardia Real reforzada por la brigada de Vandeleur. Pero ¿realmente estaba allí la Guardia? *Debía* estar allí, pero Hervey no alcanzaba a verla. ¿No se habría retirado? ¿Acaso Vandeleur tendría que repeler el ataque solo? ¿Era ésa la explicación del cambio de dirección de la *Garde*, que prefería la amenaza del sable a las balas de la infantería? Pero los batallones de flanco de la *Garde* continuaban aplastando a los hannoverianos y ahora la Legión comenzaba a disparar contra las densas columnas de casacas azules. Cada descarga derribaba filas enteras, como una guadaña cortando trigo, pero los franceses seguían avanzando. Era imposible que los hannoverianos, que ya habían perdido gran cantidad de hombres, continuaran resistiendo cuando llegara el momento de enfrentarse a bayoneta calada. Hervey se preparó para dar su orden.

—¡Sexto de dragones, desenvainen! —gritó con voz más firme

y clara de lo que había previsto. Luego hizo una señal al jefe de clarines que estaba a su lado (todos sus clarines habían caído) y él mismo llevaba un brazo en cabestrillo—. Toque la orden de «marchar al paso» en cuanto los alemanes hayan despejado nuestro frente.

Pero los alemanes resistieron. Hervey nunca entendería *cómo*, sobre todo teniendo en cuenta que el propio Halkett había caído. Su última descarga atravesó las filas azules y, como un boxeador que se tambalea después de un duro golpe, las columnas vacilaron. Una brigada de reserva de belgas y holandeses —que con sus casacas azules parecían el regimiento de Hervey a pie— marchó con decisión hacia la izquierda de las reducidas filas de los hannoverianos y sumó sus mosquetes a la lluvia de fuego que evitaba que la elite de la *Grande Armée* llegara a la cima. Hervey se avergonzó de haberse burlado de los aliados antes de la batalla. Pero al mirar hacia donde se suponía que pronto debía cargar Vandeleur, notó algo raro.

—¿Qué es aquello? —preguntó al jefe de clarines mirando por el anteojo—. Hay tanto humo… ¿Es el duque?

—No estoy seguro —respondió el clarín.

—Sí, sí, es el duque. Está agitando un brazo, pero no sé a quién le hace señas.

Pronto lo supo, porque como por arte de magia, casi como si brotara del suelo, apareció la Guardia Real. Debía de haber mil hombres…. no, más: ¡Una auténtica fortaleza roja a menos de veinte metros de los franceses! La brigada de Mainland había permanecido oculta hasta ese momento.

—¡Ah, qué valor, qué entereza! —exclamó Hervey.

Dispararon ininterrumpidamente durante medio minuto. Hervey nunca había visto tanta rapidez. ¡Carguen, apunten, fuego! Una y otra vez. Los franceses caían como moscas. Luego los guardias avanzaron, sus bayonetas refulgiendo a la luz del sol que se filtraba a través del humo, y Hervey vio al duque agitando el sombrero en el aire. Miró a Vivian, que estaba al frente de su brigada, y la voz del general se oyó con absoluta claridad a pesar de los disparos de mosquete con que la infantería seguía hostigando a las columnas francesas en retirada.

—¡Adelante, mis muchachos! ¿Me seguirán?

La brigada entera respondió con una ovación:

—¡Hasta el infierno, sir Hussey!

Avanzaron, al principio abriéndose paso con cuidado entre los últimos legionarios alemanes que seguían en pie y los muertos y heridos del suelo, hasta que la propia pendiente del terreno les dio impulso.

Al llegar abajo se toparon con un batallón de reserva de la *Garde* que intentaba desesperadamente formar cuadros. Los sables de la caballería frustraron el intento, y Hervey volvió a disponer a sus hombres para continuar hacia las baterías francesas, apostadas al otro lado del valle, pues los cañones comenzaron un fuego rápido encuanto la *Garde* despejó su frente. Mientras galopaban colina arriba Hervey supo que todo había acabado, pues ya sólo se veían unos pocos *chasseurs* incapaces de defenderse y mucho menos de iniciar un contraataque. Unos setecientos metros más allá de Haie-Sainte, por encima de la carretera principal, Hervey condujo a su escuadrón directamente hacia una batería de cañones de a doce: *les belles filles de l'empereur*. Enseguida notó que a los artilleros no les quedaban fuerzas: deberían haber sido capaces de disparar una salva de metralla cuando ellos estaban a unos cincuenta metros, pero en cambio corrieron hacia los caballos o se escondieron bajo los cañones. El Sexto arremetió contra ellos con insólita brutalidad: los soldados se encaramaban sobre los estribos para imprimir más fuerza a sus sablazos, y los artilleros —casi unos niños— lloraban y se tapaban la cara mientras los sables caían sobre ellos. Sólo se salvaron aquellos que levantaron los brazos para rendirse, y algunos descubrieron esta opción demasiado tarde.

Hervey mantenía el control del regimiento (para sorpresa de algunos, pues la sangre había enloquecido a los soldados), que volvió a formar de inmediato al oír el toque del clarín. Los caballos resoplaban mientras continuaban subiendo la cuesta hacia los últimos soldados de Bonaparte que huían del campo de batalla. Por todas partes se oían gritos de *sauve qui peut*. Y también de *trahison*. ¿Por qué? Hervey no podía imaginar qué papel había desempeñado la traición en su derrota. Cuando se acercaban a la cima, desde donde Napoleón había supervisado el campo de batalla durante la mayor parte del día, Hervey vio la sólida columna azul de la infantería prusiana en la siguiente colina al este y en el valle donde él había estado a punto de morir. Apresuró aún más el paso, pues los húsares prusianos se acercaban y él estaba decidido a llegar primero a la cima.

No vio a Uxbridge ni a Vivian. Había humo por todas partes y el sol comenzaba a ponerse. ¿Debía continuar hacia Rossomme? Su intuición le decía que sí, pero sin nadie que lo siguiera... Fue una suerte que titubeara, pues sir John Vandeleur iba a necesitarlo.

—¿Dónde están los prusianos? —gritó el general cuando salieron del humo.

Hervey señaló a los húsares que habían salido de Plancenoit y se dirigían hacia el noreste.

—Creo que es el cuerpo del general Von Bülow, señor —respondió Hervey al nuevo jefe de la caballería del duque.

—¡Cielo santo! No esperaba que la brigada de Vivian perdiera tantos hombres. Aguarde aquí. Ni siquiera sé qué ha pasado con Vivian. Debo indicar a los prusianos que se ocupen de la persecución.

—Yo hablo alemán, señor. Si puedo serle útil... —se ofreció Hervey con tono vacilante.

—¿Útil? ¡Ya lo creo que sí! —respondió Vandeleur volviéndose hacia sus hombres—. Ninguno de nosotros entiende una palabra de esa lengua.

Hervey resultó útil, en efecto, pues Vandeleur ni siquiera habría reconocido al príncipe Guillermo al frente de la caballería de Von Büllow. Y no era momento para descortesías (sir John era célebre por su falta de tacto). Sin embargo, con Hervey como intérprete, pudo presentar un informe aceptable de la última hora de lucha y el príncipe se avino a relevarlos en la persecución.

—Una cosa más, general —dijo Guillermo, exigiendo absoluta atención con sus duras consonantes berlinesas—. El mariscal Blücher y el duque de Wellington deben firmar este acuerdo. Propongo que se reúnan en este mismo lugar, en esta hostería, La Belle Alliance. Un buen nombre para la batalla, ¿no cree?

Vandeleur miró a Hervey, que no se molestó en traducir.

—Podemos concertar la cita, alteza —dijo en cambio—, pero el duque es muy suyo a la hora de bautizar sus batallas.

Esa noche el ejército —completamente exhausto— durmió en el mismo lugar donde se había detenido, en el propio campo de batalla, rodeado de muertos y moribundos. Los fuegos que siempre se encendían después de una batalla, como estrellas en un cielo claro, fueron pocos y aislados. Los soldados se limitaron a tenderse y dormir.

Pero no en el Sexto. No podían decir que hubieran sufrido tanto como la infantería y Hervey sólo podía pensar en dos cosas:

recuperar a los muertos y heridos y prepararse para la marcha hacia París, que sin duda era inminente. Podía dejar con confianza los preparativos en manos de Lincoln y Assheton-Smith, el mayor de los tres tenientes que aún seguían vivos, pero recuperar a los muertos y los heridos era otra cuestión.

—Señor Lincoln —dijo con aire pensativo—, sólo nos queda media hora de luz. Registren el terreno delante de la batería que acaban de vencer, pero no vayan más allá. Yo me ocuparé personalmente de buscar al sargento Strange.

—Como quiera, señor —respondió Lincoln con voz queda—. Pero le sugiero que lleve al sargento Armstrong con usted.

Hervey siguió su consejo, pues en ese momento no había nadie más que pudiera ayudarle a aliviar su sentimiento de culpa.

A la luz mortecina del ocaso y en contra de una marea de prusianos, Hervey y Armstrong trotaron hacia el noroeste; las vistas y los sonidos que los rodeaban sumieron en un silencio absoluto incluso al sargento, porque ninguno de los dos había vuelto a cruzar nunca un campo de batalla. Y jamás, desde luego, habían visto uno tan sangriento. Por lo tanto, Hervey no supo qué lo indujo a detenerse frente a Haie-Sainte, donde el suelo estaba cubierto de muertos y moribundos. Pero un cuerpo tendido boca abajo, con el sable todavía en la mano, le llamó la atención (quizá fuera el uniforme, impecable comparado con los restos embarrados y ensangrentados que lo rodeaban). Desmontó y dio la vuelta al cuerpo vestido con casaca roja. Los ojos desorbitados y fijos, que había visto por última vez esa mañana, miraban hacia arriba, pero no había ninguna otra señal de vida.

De modo que Styles había llegado a las colinas delante de las baterías y había muerto con el sable en la mano, atacando al enemigo. Daba igual si esos ojos estaban fijos a causa del horror o de la emoción de la batalla; Hervey podría informar a su familia que Styles había muerto combatiendo al enemigo. Era lo único que necesitaría decir.

Encontraron a Strange pasada la medianoche. Hervey había rezado para no hallarlo muerto, pero encontraron su cadáver con facilidad, solo y exactamente en el mismo sitio donde lo había visto por última vez, retorcido por el dolor de más de una docena de heridas de lanza.

—Diablos, señor Hervey —maldijo Armstrong—, la lanza es un arma infernal. Es una... herejía.

Lo envolvieron con cuidado en una manta, como si estuviera herido, y luego Armstrong se apoderó de uno de los caballos que corrían sueltos incluso por aquel remoto punto del campo de batalla. Un alazán (a Strange siempre le habían gustado los alazanes). El animal aguardó pacientemente mientras ataban el cuerpo a la silla.

Regresaron hacia La Belle Alliance, otra vez en silencio, por un paisaje bañado de luz de luna donde figuras espectrales caminaban arrastrando los pies, entrando y saliendo de las sombras. Eran más de las tres de la madrugada cuando llegaron a la hostería, demasiado tarde para un entierro. Hervey había decidido que Strange tendría un funeral metodista, de modo que envolvieron su cuerpo en una cortina de terciopelo (azul, el mismo color que había vestido en vida) y lo dejaron en una de las habitaciones. Poco después Assheton-Smith y Lincoln aparecieron con la lista de bajas. Hervey la estudió con los ojos doloridos, que pronto se llenaron de lágrimas. No podía creer que hubieran perdido tantos hombres habiendo entrado en acción tan avanzada la batalla. Al amanecer, sólo habría cinco oficiales y ciento veintitrés soldados listos para el servicio activo.

—He dejado sólo un piquete de guardia, señor —dijo el teniente—. ¿Formaremos como de costumbre, antes del amanecer?

Hervey contuvo su furia ante la sugerencia de que podría ser de otra manera.

—Sí —se limitó a responder.

Le dolía la pierna, le latía la cabeza y se sentía débil por falta de alimento. Debía inspeccionar los escuadrones, ¿no era lo que habría hecho Edmonds? Pero sin duda ya había cumplido con creces sus obligaciones, ¿y acaso descansar no era también un deber? Lincoln insistió en que sí y Hervey cedió. Johnson ya se había llevado a *Jessye*, que durante todo el día había cargado con él sin un traspié, y apareció en ese momento con su morral. Hervey puso una mano en el hombro de su ordenanza.

—Me alegro de que por lo menos usted... —comenzó, pero dejó la frase en el aire. Reprimió sus emociones y se dirigió a la habitación contigua en silencio.

Se tendió en el suelo, junto al cadáver del sargento Strange, y trató desesperadamente de recordar una oración. Pero el sueño lo venció antes.

TERCERA PARTE

DESPUÉS DE LA BATALLA

¿Has estado en Waterloo?
He estado en Waterloo.
No importa lo que hagas tú,
si has estado en Waterloo

Rima popular

17

EL PARTE DE GUERRA

Antes del amanecer, 19 de junio

El duque dormía en su cuartel general, la hostería situada en la *chaussée* de Bruselas, en el pueblo de Waterloo. Había regresado al anochecer, había cenado con los sobrevivientes de su estado mayor y luego se había sentado a escribir un despacho para el príncipe regente. Después había ordenado al médico de su cuartel general, el doctor Hume, que le llevara la lista de bajas al amanecer para que pudiera adjuntarla al despacho. Uno de sus edecanes, sir Alexander Gordon, había muerto a consecuencia de las heridas recibidas en la batalla en la cama del duque, de modo que éste se acostó en la habitación contigua, envuelto en su capa. Hume entró con sigilo y dejó la lista junto al comandante en jefe. Cuando regresó, después del amanecer, encontró al duque levantado, concentrado en la lectura. En su cara, todavía manchada del hollín del día anterior, había rastros de lágrimas.

Hervey dormía al otro lado del campo de batalla, también envuelto en una capa. Y la muerte, en la figura de un camarada, estaba a pocos metros de distancia. Johnson lo despertó tan tarde como se atrevió, pero antes de que los escuadrones formaran para la revista.

—¿No hay órdenes de perseguir al enemigo? —preguntó mientras cogía una cantimplora con café (Johnson no había encontrado otra cosa en los sótanos de la hostería).

No, no había órdenes de ninguna clase, y Lincoln tenía noticias inquietantes: durante la noche no se había producido contacto alguno con sir Hussey o sus hombres.

—Muy bien —dijo Hervey resueltamente mientras se levantaba—. Debemos mantenernos alerta por si hemos sufrido algún revés inexplicable desde anoche.

—¿Formo patrullas para buscar a nuestros heridos, señor?

La mayoría de sus bajas se habían producido en Mont Saint Jean, de modo que ya debían de haber recuperado a todos los heridos.

—No, Lincoln —dijo—, no puedo desprenderme ni siquiera de una docena de hombres. Debemos confiar en los servicios médicos. —Si hubiera sabido que éstos no daban abasto y que algunos heridos permanecerían en el campo de batalla una noche más, habría enviado al regimiento entero a buscarlos—. Ordene que los escuadrones capturen la mayor cantidad posible de caballos perdidos, por favor, pero que no se aventuren más allá del alcance de una carabina. Necesitaremos todo el dinero que podamos sacar de los expolios para las pensiones de las viudas.

Lincoln saludó y enfiló hacia la puerta, pero Hervey tenía una pregunta más:

—¿El cabo Sandbache se encuentra bien?

—Sí, señor —respondió Lincoln, desconcertado.

—Entonces quiero que oficie el funeral del sargento Strange. Es sacerdote, ¿no?

Hervey pasó revista en silencio y mantuvo a los escuadrones formados durante un cuarto de hora, puesto que no tenía información de quién más estaba por los alrededores y temía un enfrentamiento con los rezagados. Los soldados del Sexto parecían aliviados y aturdidos. Lo único que querían era salir cuanto antes de allí, ya que nunca habían acampado en el mismo lugar donde habían combatido: habían dormido rodeados de los ruidos, vistas y olores del campo de batalla, una situación inquietante para novatos y veteranos por igual. Durante toda la noche se habían oído gemidos y gritos de socorro. Los miembros del regimiento que no habían estado de guardia y habían dormido profundamente podían considerarse afortunados. Los centinelas luego les hablarían de los chillidos y llantos que habían oído y de las imágenes macabras que había iluminado la luna. Habían visto hombres apretándose las tripas abiertas por los sables o la metralla, sucumbiendo a la muerte uno a uno. Otros, heridos de menor gravedad o impulsados por sus últimas fuerzas, se habían levantado y tambaleado en la oscuridad, sólo para volver a caer después de unos pocos pasos. Los caballos no habían sufrido menos, e incluso inspiraban más pena debido a su indefensión. Algunos seguían tendidos con las entrañas fuera (a pesar de lo cual unos pocos sobrevivirían) y trataban de levantarse de vez en cuando para volver a desplomarse de inmediato, igual que los humanos compañeros de sufrimiento. Entonces, agotadas sus fuerzas, cerraban los ojos plácidamente, y tras una última convulsión de lucha, la agonía llegaba a su fin. Todo esto ocurría a pocos metros de distancia, pero esa noche ni siquiera los más compasivos se habían aventurado más allá de las líneas, porque había demasiados hombres deambulando por el campo de batalla con intenciones viles: durante la madrugada se habían oído disparos intermitentes de saqueadores que enviaban a reunirse con los muertos a los heridos que se resistían.

Hervey caminó entre los caballos de la tropa, examinándolos con atención y cruzando algunas palabras con los dragones que tenían algo que decir. No había mucho que hablar, sin embargo, pues el entusiasmo del combate había pasado y la realidad —filas reducidas y camaradas perdidos— era tristemente visible a la luz del día. Cuando se acercaba al piquete de retén, el cabo (el omnipresente Collins) gritó a sus soldados:

—¡Piquete! Se aproxima el comandante: ¡Preseeenten armas!

Hervey le dirigió una mirada fulminante, pero Collins se la devolvió con desafiante orgullo. Para él, Hervey era el comandante, independientemente de su rango, y no merecía un simple saludo.

Hervey abandonó el campamento y cruzó el camino para examinar el campo en el que habían peleado con tanto valor. Todavía había humo en algunos puntos, pero a la izquierda y derecha vio con claridad las consecuencias de la locura de Napoleón. Allí donde el día anterior había habido esplendor —altivos *cuirassiers*, espléndidos caballos, armas pulidas, lanzas con los pendoncillos al viento, chacós de piel de oso, banderas tricolores y gritos de *vive l'empereur*— ahora sólo había desolación. Hasta el silencio era melancólico. No había viento, ni lluvia, ni siquiera las alondras sentían la tentación de cantar. De vez en cuando se oía un disparo, el fin de la prolongada agonía de algún caballo demasiado herido para llevarlo cojeando hasta el mercado de carne. Y los largos y aterradores gritos, que se apagaban tan repentinamente como empezaban, recordaron a Hervey que en su profesión la muerte, si tenía que llegar, era preferible que fuese rápida.

A lo lejos el panorama no era menos desolador, pues en las cuestas de Mont Saint Jean —el espigón contra el cual las olas azules de los franceses habían golpeado durante un día entero— se veía el rojo de la valiente infantería de Wellington. Pero los soldados no estaban formados en cuadros, sino que yacían en filas en el suelo. ¿Qué diferencia había entre aquel escenario y el de una batalla perdida?

—*De l'eau, monsieur, pour l'amour de Dieu, de l'eau* —gritó uno de los artilleros de Bonaparte, encaramado sobre la rueda de una cureña.

Sus pantalones blancos estaban manchados con la sangre que manaba de su pecho, un tajo que sin duda habría abierto uno de los soldados del Sexto. Hervey se detuvo a coger la cantimplora de un artillero que ya no la necesitaba y la puso en los labios del herido. El agua goteó sobre la casaca, pues el hombre no tenía fuerzas para tragar. Entonces el artillero cayó de lado, con los ojos abiertos en expresión de asombro pero muerto. Hervey le cerró los párpados con los pulgares.

—En vuestras manos, oh, Señor… murmuró.

Abrió el bolsillo de la chaqueta del hombre para ver quién era. «Gaspard Juvenal», decían los papeles, de Saintes, en el Charente-Maritime: un francés de provincias cuya sangre había regado suelo extranjero. ¿Habrían servido esos mismos cañones en la Península? ¿Se habían encontrado antes en la batalla? ¿O acaso Gaspard Juvenal había ido más lejos, quizá a Moscú, y había visto las basílicas de la capital del zar?

—Ése está muerto, ¿no señor? —preguntó un camillero mientras examinaba cada cuerpo de la batería.

—Sí, acaba de morir —respondió Hervey, más consciente que nunca de la fina línea que divide la vida y la muerte.

—No he encontrado a nadie vivo en este lado del camino. Quienquiera que los haya herido era muy bueno con el sable. Por allí hay uno que no debe de tener más de doce años. ¿Qué demonios hacía Napoleón peleando con niños, señor?

Hervey, que sabía que esa carnicería era obra del Sexto, tuvo que hacer un esfuerzo para contener las lágrimas. En cambio dirigió la ira que le causaban sus propios remordimientos contra el camillero.

—Eran lo bastante mayores para recoger pólvora y acercar una antorcha al oído de un cañón —replicó con brusquedad.

—Desde luego, señor —respondió el hombre sin vacilar—. ¿Ha encontrado algo de valor en ese hombre, señor? —preguntó enseguida con tranquilidad.

El camillero nunca sabría lo cerca que había estado de probar el mismo sable que había dado cuenta de la batería. Hervey mordió su guante.

—No lo he registrado bien —repuso lacónicamente.

Pero el hombre no se amilanó.

—Entonces tendré que hacerlo yo, señor, si no le importa.

Que Hervey supiera, ninguna regla prohibía que un camillero del servicio médico se apoderara de los bienes terrenales de los muertos. De hecho, era una especie de concesión para con esos hombres que habrían podido buscar un puesto menos truculento con los intendentes.

—Me pregunto si esto le sirvió de algo, señor —dijo el camillero, que después de un cuidadoso registro encontró un rosario.

Hervey maldijo entre dientes al ver que el camillero lo arrojaba a un lado.

—Yo me quedaré con él —dijo con aspereza.

—Como quiera, señor —repuso el hombre alegremente—, pero no vale ni medio penique.

Cuando el camillero terminó su trabajo, Hervey caminó hasta el cañón más lejano y se sentó en una gualdera del avantrén abandonado. Puso la cabeza entre las manos y buscó una oración que le permitiera escapar de la muerte, la destrucción y la monstruosidad del camillero y su trabajo.

—Señor, permite que tu siervo parta en paz… —comenzó, pero enseguida se distrajo. ¿Cuántos de los hombres que yacían allí habían sido *Sus* siervos?—. Pues mis ojos han visto tu salvación —prosiguió con determinación. El sargento Strange había sido su siervo. Y Lankester, y también Edmonds, aunque él nunca lo hubiera admitido. Edmonds. Durante los últimos seis años el comandante había sido su familia. Se estremeció al pensar en la perspectiva de seguir en el ejército sin él. Pero Strange valía más que cualquiera a los ojos del Todopoderoso, ¿no? Y sin embargo no se había marchado en paz. ¿Su muerte lo atormentaría para siempre?

Sólo entonces recordó la petaca de cuero que Strange le había arrojado al despedirse y la buscó en el fondo de su bolsillo, donde se encontraba a buen recaudo con sus otros tesoros: el anillo de sello de la hermana María, el reloj de D'Arcey Jessope, y el devocionario que le había dado su padre. Sacó el saquito y lo abrió con cuidado. En el primer pliegue había un mechón de pelo gris (¿de la madre de Strange?). Luego una carta, que Hervey no abriría, y un retrato en miniatura con rasgos poco claros porque en algún momento el agua había penetrado en la funda. Pequeños recuerdos con valor sentimental, pensó Hervey, cosa que quizá no debía sorprenderle de un hombre taciturno como Strange. Las dudas lo asaltaron otra vez: ¿No había tenido más remedio que dejarlo y galopar hacia los árboles? Sacó el devocionario con la esperanza de encontrar consuelo en sus plegarias (quizá en la de Acción de Gracias).

—«Por la paz y para liberarnos de nuestros enemigos». Oh, Señor Todopoderoso —comenzó—, que como una torre de fuerza defiendes a tus siervos de sus enemigos... —nuevamente «siervos». Obligación, deber; una palabra llamaba a la otra—... te alabamos y te damos gracias por nuestra liberación de los peligros grandes y aparentes que nos acechan...

—¡Señor Hervey, señor! —La voz tenía la insistencia de costumbre. Se volvió y vio al sargento Armstrong andando a su encuentro, sin mirar ni a la derecha ni a la izquierda—. Ha venido el comandante de brigada. Le he dicho que le esperara mientras venía a buscarlo. ¿Qué hace aquí? ¿Con quién hablaba?

—Sólo pensaba, sargento Armstrong.

—No le conviene pensar. Lo pasado, pasado está —insistió—. Strange cumplió con su deber, y eso es todo. Dentro de unos minutos rezaremos por él con el pastor Sandabache, y luego debemos seguir adelante. No habrá tiempo para pensar hasta que todo haya terminado.

El nuevo comandante de brigada de sir Hussey Vivian (Harris había estado a punto de perder un brazo cuando se habían desplazado al centro) parecía desolado.

—Debo decirle, Hervey, que tenemos una brigada sólo nominalmente y que las bajas han sido terribles. Uxbridge tendrá que dar gracias al cielo si sobrevive; le han amputado la pierna. Vandeleur ha quedado al mando, pero no habrá persecución porque el ejército no está en condiciones. Sólo tendremos que seguir a los prusianos por si Bonaparte da media vuelta, aunque apuesto a que en estos momentos está subiendo a un barco. Dicen que buscará refugio en América.

Hervey no dijo nada, pero se lamentó en silencio de su mala suerte. Uxbridge, el hombre que podía ayudarlo, estaba al borde de la muerte. De inmediato se maldijo a sí mismo por esos pensamientos.

—De modo que la brigada marchará hacia Nivelles —continuó el comandante—. El Sexto irá a la cabeza, y no demasiado rápido, por favor. Como ya he dicho, no perseguimos a los franceses, sino que seguimos a los prusianos. ¡Lo único que tenemos que hacer es llegar a París antes de que ellos rompan todas las ventanas de la ciudad!

Si Hervey nunca había visto el campo de batalla al día siguiente de la acción, tampoco había seguido la estela de una auténtica persecución. La carretera de Nivelles estaba llena de piezas de equipamiento abandonadas —algunas sin duda a propósito—, carros de bagaje y demás objetos que sólo podían obstaculizar una retirada en orden. Pero todo lo demás indicaba una huida desesperada: morrales, barriles de pólvora, mosquetes y pistolas, e incluso alguna pieza de artillería de campaña. Sin embargo, nada de valor, pues por muy rápidos que hubieran sido los prusianos en su persecución, habían dejado atrás todas las señales de expolios sistemáticos: arcones forzados y vacíos, cuerpos desnudos y carros despojados de su contenido. De vez en cuando encontraban un cadáver vestido —un dragón o húsar prusiano— con la espada clavada en el suelo y el casco sobre la empuñadura, la pequeña honra fúnebre que sus camaradas habían podido rendirle antes que los imperativos de la persecución los obligaran a seguir adelante. Esa noche, en Nivelles, el Sexto vendió los caballos capturados en las caballerizas muy por encima de los precios oficiales. Doce mil libras para el fondo de pensiones. Hervey estaba contento y sus hombres también recuperaron sus ánimos en cuanto los carros de intendencia los alcanzaron y pudieron tomar cecina y café (o comprar modestas cantidades de vino).

Las siguientes anotaciones del diario del regimiento se leerían como hitos en el camino a París: Charleroi, Maubeuge, Laon, Soissons. Unas veces hacían largas paradas y otras veces marchaban durante toda la noche. Pero no encontraron franceses que opusieran resistencia. Salvo una vez. Y a partir de ese momento el regimiento comenzó a mirar con recelo a sus valientes aliados. De hecho, los destrozos gratuitos que hacían los prusianos en el camino ya eran motivo de recelo. El duque había dado instrucciones precisas a sus hombres sobre este particular, igual que después de las luchas en los Pirineos: sólo debían cruzar campos sembrados cuando fuera imprescindible, y siempre en fila india. Los prusianos, por el contrario, incendiaban todo lo que encontraban a su paso.

Así fue como al atardecer del último día de junio, a menos de quince kilómetros de Saint Denis, en las afueras de París, la tragedia de un solo francés llenó de ira a las filas del Sexto. Habían avistado el pequeño *château* desde lejos. Estaba en medio de un campo de pastos y era una casa bonita pero sin señales de vida. Si hubiera sido más tarde, el Sexto habría pasado la noche allí, pero Hervey ordenó una parada sólo para abrevar. Sin embargo, cuando los dos soldados de la avanzadilla entraban en el patio de la casa, alguien disparó desde una ventana sin cristal ni postigos. Los dos hombres se refugiaron detrás de las paredes, desmontaron y sacaron las carabinas de las fundas del arzón, donde habían permanecido durante casi quince días. Pero no habían terminado de sacar los cartuchos cuando por el umbral sin puerta de la casa salió un viejo vestido con camisa de noche, gritando como un loco y agitando un sable en la mano. Intuyendo que no se trataba de una amenaza seria, los dos hombres guardaron las carabinas y desenvainaron los sables. Apenas tardaron unos segundos en desarmar al defensor del *château*, de modo que cuando Hervey y los demás llegaron a la casa, el viejo divagaba inofensivamente.

—*Je suis Bourbouniste! Pourquois vous me persecutez?* —gritaba.

Hervey desmontó y le aseguró que nadie quería hacerle daño.

—*Est-ce que vous êtes seul ici, monsieur?*

Los ojos desorbitados se pasearon por el resto del escuadrón que entraba en el patio y en más de una ocasión el viejo miró con ansiedad hacia la casa, que tenía todas las señales de haber sido escenario de una rápida y violenta pelea.

—*Oui! Oui!* —respondió.

Hervey le preguntó qué clase de combate se había librado en los alrededores del *château*.

—*Rien, monsieur, pas du tout* —repuso el viejo. Luego frunció el entrecejo—. *Monsieur, vous n'êtes pas prussiens?*

En cuanto Hervey lo convenció de que no lo eran, el hombre se tranquilizó visiblemente. Llamaron al médico y Hervey le preguntó al anciano cómo se había herido la cabeza, pues tenía el pelo cubierto de sangre.

—*Les prussiens, monsieur* —comenzó: lo habían atacado; se habían llevado todo lo que les servía, destrozado el resto e intentado incendiar la casa.

—¡Entonces son unos desalmados! —protestó uno de los soldados cuando Hervey tradujo las palabras del viejo.

Él y Armstrong entraron en la casa mientras el médico atendía al anciano.

—¡Caramba, señor Hervey! ¡No han dejado ni un vaso entero!

Los cristales —restos de elegantes lámparas y espejos— les llegaban casi al tobillo. Los muebles, obviamente los objetos más difíciles de llevar, estaban convertidos en leña. Las cortinas de terciopelo y brocado colgaban hechas jirones, ennegrecidas por las llamas, y las alfombras estaban cubiertas de excrementos. La escena se repetía en todas las habitaciones: desde las cocinas a la última planta de la casa, todo estaba roto; ni siquiera las ventanas o las puertas seguían intactas. Salvo una puerta de la cocina que, según sospechó Hervey, debía de conducir al sótano. Esa puerta estaba cerrada con llave, aunque también presentaba señales de haber sido arrancada de las bisagras.

—Parece que a los prusianos no les interesaba el vino —dijo Armstrong cabeceando con incredulidad.

—Eso parece improbable después de lo que hemos visto, ¿no cree?

—Entonces ¿por qué está cerrada?

—Apuesto a que no lo estaba cuando ellos se marcharon.

—¿Cree que el viejo ha escondido algo ahí?

—Algo no, sargento Armstrong, *alguien*. O quizá más de una persona. ¿Dónde está su familia? Puede que la enviara a París para que estuviera a salvo, pero ¿cómo iba a saber que corría peligro? No; creo que los prusianos lo cogieron por sorpresa.

El viejo les entregó las llaves a regañadientes y permaneció cerca cuando Hervey abrió la pesada puerta de roble. Abajo brillaba un candil; más que suficiente para iluminar a los ocupantes del sótano.

—¡Dios santo! —exclamó Armstrong, y Hervey llamó a gritos al médico.

El terror en la cara de las jóvenes reveló en el acto lo que les había ocurrido y las enaguas manchadas daban testimonio de la violencia de su ordalía. Hervey hizo un esfuerzo para contener la ira; quería tranquilizarlas, pero sabía que era mejor dejar esa tarea al padre y al médico.

Él y Armstrong volvieron a pasearse entre los escombros del salón, esta vez en silencio, pero de repente Hervey cogió al sargento del brazo.

—¡Mire eso! —exclamó con la vista fija en una de las claves labradas del techo. Todas estaban punteadas por agujeros de balas, pero la decoración de una de ellas era inconfundible.

—Que mire ¿qué?

—Ese adorno en la clave de la esquina. Y ahora mire esto —dijo Hervey, sacando del bolsillo el anillo de de Chantonnay.

—Parece el mismo. ¿Tiene algún significado? —preguntó Armstrong con indiferencia.

—Bueno, una flor de lis dentro de una corona de laurel: es el sello de Chantonnay, y en consecuencia creo que estamos en la casa de esa familia.

Armstrong se encogió de hombros.

—A esas chicas no les sirvió de nada, ¿no?

El vizconde de Chantonnay se arrodilló entre los cristales rotos.

—*Monsieur, c'est le travail du grand Dieu.*

Cuando recuperó la compostura, explicó que él —y de hecho toda la familia Chantonnay— sabía que el anillo había ido a parar a manos de un oficial inglés después de la derrota de Bonaparte.

Había sido una tarea sencilla, respondió Hervey.

Pero la familia estaba en deuda con él, protestó el vizconde. Y ahora él, un viudo y primo del conde de Chantonnay, debía pedir otro favor al inglés: que llevara a sus hijas a casa de una tía en París, donde estarían a salvo.

—*Pour le nom du roi et de Dieu, monsieur!*

Hervey reflexionó durante unos instantes. Luego explicó que no podría escoltar personalmente a las jóvenes, pues ni siquiera disponían de un coche. Pero dejaría un subteniente y cuatro soldados en el *château*, y en cuanto llegara a París, enviaría un coche a recoger a las mujeres.

—*Vraiment les anglais sont gentilhommes. Je vous remercie, monsieur. Je n'oublierai jamais cette gentillesse.*

Pero Hervey esperaba olvidar rápidamente el motivo de esa gratitud y resolvió reanudar la marcha de inmediato.

—¡Señor Lawrence! —gritó en el patio, y por la escalinata subió corriendo el joven subteniente, cuyos rizos dorados y cara lampiña delataban su edad: diecisiete años o menos; más joven aún que la menor de las hijas del vizconde—. Señor Lawrence. Escoja a tres soldados leales, y si es posible casados, y el cabo Sandache y usted harán todo lo posible para que estas personas se sientan cómodas. ¿Habla algo de francés?

—Un poco, Hervey..., quiero decir, señor Hervey.

—Entonces hable con delicadeza al *vicomte* y luego limpien estas habitaciones para que sus hijas recuperen al menos cierto decoro. Cada hombre deberá responder por su honor y el del regimiento. Han de tratarlas como si fueran sus propias hermanas, Lawrence, ¿me entiende?

—Perfectamente, señor. Lamento que dude de mí —añadió más asombrado que ofendido.

Hervey suspiró.

—Lo siento, William. Pero ante una barbaridad como ésta...

Armstrong, sin embargo, no tuvo tantos miramientos:

—Señor Lawrence, dígale a los bastardos que elija, y eso va también por el pastor Sandbache, que si le tocan un solo pelo a esas muchachas tendrán que vérselas conmigo.

París, 20 de julio

Hervey había ocupado el puesto de comandante durante tres semanas enteras. El regimiento había llegado a Clichy en la segunda semana de julio, y de inmediato él había puesto a sus hombres a cumplir con las tareas normales de un acantonamiento, donde las comodidades se pagaban con la fastidiosa proximidad del cuartel general. Hervey no tenía mayores preocupaciones, pero un asunto en particular le traía continuos quebraderos de cabeza: la especulación con los cargos provocada por la aparición de las listas de bajas. De hecho, el comercio era tan rápido que Hervey estaba convencido de que muy pronto el regimiento sólo tendría oficiales. Por lo tanto, se sintió sumamente aliviado cuando lord George Irvine reasumió su puesto. También se alegró de que el ayudante Barrow volviera de Bruselas, donde había estado convaleciente.

—Empezaba a acostumbrarme a esa vida —dijo Barrow—. Sábanas de seda, tazas de porcelana y señoras elegantes. Me trataron como si fuera un caballero.

Lord George sabría cómo conducir los asuntos del regimiento, y Hervey ya sólo esperaba que su conducta durante el poco tiempo que había ejercido como comandante fuera recompensada con la eliminación de las trabas que le impedían ascender. Como teniente, su parte del botín de guerra eran treinta y cinco libras, de las cuales la mitad irían a parar al fondo de caridad del regimiento, como dictaba la costumbre, y el resto apenas le alcanzaría para reemplazar las pérdidas de uniforme y pertrechos de campaña. Todavía no tenía dinero suficiente para pagar el ascenso a capitán.

Pero ¿considerarían digno su ejercicio del mando? ¿Quién sabía que había estado al frente de los escuadrones en las últimas horas de la batalla y que luego los había llevado a París? Vivian y Vandeleur no debían de haber notado nada fuera de lo normal. Lord Uxbridge había regresado a Inglaterra, gravemente herido, y nuevamente lo reemplazaba sir Stapleton Cotton. Las vicisitudes de la guerra a veces parecían perversas en extremo.

En consecuencia, la invitación al cuartel general de Cotton (o más bien al de lord Combermere, pues le habían otorgado ese título después la campaña en la Península) lo llenó de esperanza. Pero ¿qué iba a decirle Combermere que no pudiera haberle dicho lord George Irvine? Lo único que sabía lord George era que Combermere quería interrogarlo sobre algún aspecto de la batalla.

—¡Señor Hervey, nuestros caminos vuelven a cruzarse! —dijo el general tendiéndole la mano. El interior del edificio de la plaza Vendôme era más austero de lo que Hervey había imaginado al entrar—. Tengo entendido que estas últimas semanas han sido muy azarosas para usted.

—Supongo que todos podrán decir lo mismo de esas importantes semanas, señor —respondió Hervey con cautela, ya que la observación de Combermere no sugería que creyera que las circunstancias de Hervey fueran especiales.

—Desde luego, señor Hervey, desde luego. Y permítame decirle que lamento habérmelas perdido, aunque no permanecí en Inglaterra por decisión mía. Pero eso no tiene importancia —prosiguió mientras le entregaba unos papeles—. Aquí tiene, muchacho. Quiero que lea esto y me diga si es exacto. Siéntese, por favor.

Hervey cogió los papeles y empezó a leer. Con el primer párrafo se le aceleró el corazón, que al final estaba totalmente desbocado. Hervey necesitó un gran esfuerzo para responder con un tono normal:

—Es exacto, señor, al menos en lo que respecta a los hechos. Lo demás, naturalmente, es sólo la opinión de lord Uxbridge.

—Puede ser, muchacho, pero le aseguro que cualquiera que conozca los hechos compartirá esa opinión —dijo Combermere con una sonrisa—. Espere un momento —añadió y salió de la habitación por una puerta lateral.

Regresó unos minutos después, todavía sonriente.

—El duque quiere hablar con usted. Acompáñeme.

El despacho de Wellington era aún más espartano que el del comandante de la caballería, pero también él sonrió al ver a Hervey y le tendió la mano:

—Siéntese, por favor, señor Hervey. ¿Desea una taza de café o chocolate? ¿O quizá una copa de vino de Madeira? —preguntó, señalando a un edecán que esperaba su respuesta para servirle.

Hervey no vio razón para ser comedido.

—Chocolate, por favor, excelencia.

—Bien —comenzó el duque después de esperar que se retirara el edecán—; lord Uxbridge me ha enviado un largo despacho desde su lecho de enfermo y en él refiere el importante papel que desempeñó usted al conducir a los prusianos al campo de batalla de Waterloo. Y el barón Müffling me ha informado del consejo que dio al príncipe Blücher. Bien pensado, señor Hervey, muy bien pensado, ya que el hecho de que dispararan, a pesar de la gran distancia que los separaba del campo, reveló las intenciones hostiles de los prusianos y frustró la estratagema de Bonaparte. —El duque hizo una pausa para beber un sorbo de café—. Lo que usted seguramente *no* sabe es que en ese momento el espíritu de lucha de los franceses sufrió un golpe mortal, pues como ellos creyeron que los que disparaban eran los hombres de Grouchy, rápidamente se corrió el rumor de que Grouchy había traicionado al emperador. Bonaparte fue víctima de su propia treta. Es probable que usted pensara que la batalla era difícil, señor Hervey. En tal caso no se equivocó; fue el combate más reñido que verá en toda su vida. —El duque hizo otra pausa para beber más café. Hervey no cabía en sí de orgullo y apenas podía contener la expectación ante las muestras de reconocimiento que presagiaba ese encuentro—. *Ahora bien* —dijo el duque con un dejo cauteloso que puso un brusco fin a las fantasías de Hervey—, ésta es una situación delicada. Ya sabrá que aunque el príncipe Blücher y yo mantenemos excelentes relaciones, no ocurre lo mismo con el general Von Gneisenau. De hecho, en el ámbito de las altas cuestiones de Estado, las cosas no marchan como debieran.

Hervey asintió con un gesto.

—Mucho me temo, señor Hervey, que no podré hacer público

lo ocurrido con los prusianos en Waterloo ni, en consecuencia, su participación en ello. No debemos decir nada que sugiera que los prusianos no actuaron con la máxima celeridad y por iniciativa propia. Debe parecer que dispararon al salir del bosque movidos por el fervor ante la perspectiva de atacar al enemigo. Le ruego que mantenga una reserva absoluta sobre ese hecho que sólo conocen usted y unas pocas personas más.

—Lo comprendo, señor —dijo Hervey, consiguiendo apenas que las palabras salieran de su garganta.

—Otra cosa, señor Hervey —prosiguió el duque, ahora con una expresión tan seria como la que había adoptado en su primer encuentro con Hervey en Toulouse—. Quiero hablarle del favor que le hizo a la familia Chantonnay. Me alegra saber que mis órdenes de proteger a la población civil fueron obedecidas con tanto celo.

Hervey le dirigió una mirada inquisitiva.

—Los Chantonnay son partidarios incondicionales de los borbones. Mi jefe de inteligencia, el coronel Grant, tiene muchos motivos para alabar los servicios que han prestado durante los últimos años. ¿Es verdad que usted tiene en su poder un anillo del conde?

—Así es, señor.

—¿Y lo ha traído consigo?

—Sí, señor.

—En tal caso creo que pronto podrá liberarse de esa obligación. El coronel Grant lo llevará ante el conde, que está aquí, en París. Y ahora, muchacho —declaró, nuevamente risueño, mientras se incorporaba y tendía la mano—, le doy las gracias otra vez y le deseo la mejor de las suertes. ¡Estoy seguro de que la tendrá!

En el despacho de Combermere, ante otra taza de chocolate, Hervey trató de conciliar su emoción con su desencanto.

—¿Qué le ha dicho exactamente el duque? —preguntó el general.

—Me dio las gracias y me deseó buena suerte, señor. —Apenas si podía recordar el curso que había seguido la conversación, y mucho menos las palabras exactas.

—¿No mencionó una… recompensa?

—Que yo recuerde, no, señor. Ninguna.

Lord Combermere parecía sorprendido, aunque Hervey no lo notó.

—Lord Irvine me ha dicho que lo enviará de regreso a Inglaterra con papeles para su coronel. Le agradecería mucho que entregara esto al ayudante general de la Guardia Real. Según tengo entendido, es confidencial —dijo levantando un despacho cerrado y sellado—. Y este otro para lord George, por favor. Le resumiré su contenido: alaba sus servicios en Waterloo, sin mencionar lo ocurrido con los prusianos, y expresa el deseo del duque de que ascienda a un puesto superior dentro de su regimiento. Estoy seguro de que éste es un buen augurio para el futuro, señor Hervey. —Y con esas palabras y un caluroso apretón de manos, lord Combermere lo despidió.

Hervey regresó a Clichy más confundido que nunca. Suponía que el deseo expreso del duque de que ascendiera le allanaría el camino hacia la capitanía, pero Combermere no había dicho que fueran a otorgarle un ascenso honorario por su acción en el campo de batalla. Y puesto que no disponía del dinero necesario para comprar el grado, la recompensa le parecía totalmente inútil. No había esperado laureles por sus actos, pero después del prometedor elogio del duque, la ausencia de esos laureles le dolía profundamente.

Al día siguiente

El coronel Grant no parecía un espía. Sus rasgos eran demasiado llamativos, su porte evidentemente marcial y su voz demasiado sonora. Pero no cabía duda de que era uno de los mejores en su oficio, y si la incursión de Bonaparte en Bélgica había tomado por sorpresa al duque, la culpa no podía achacársele en modo alguno a ese gallardo oficial. El coronel llegó a las diez de la mañana al puesto de acantonamiento del Sexto y, suscitando especulaciones entre los oficiales que lo reconocieron, él y Hervey se marcharon en coche hacia la residencia parisiense del conde de Chantonnay, situada cerca de las Tullerías. Un mayordomo les hizo pasar y Hervey de inmediato se sintió fascinado por el lujo del lugar: los excelentes cuadros, tapices, lámparas y muebles dorados, todos sobrevivientes inexplicables de la revolución y la reciente ocupación. Hervey se preguntó cómo era posible que la hermana María de Chantonnay hubiera cambiado voluntariamente todo aquello por una vida austera en la orden de las carmelitas. Había champán, dulces napolitanos y música.

—¿Le gusta Soler, *monsieur*? —preguntó el conde en excelente inglés.

—Si ésta es su música, sí, pero…

—Era español y franciscano. Quizá por eso escriba una música tan hermosa y delicada. Es mejor aun que Scarlatti, ¿no cree? ¿Ha oído esas apoyaturas?

Hervey asintió con admiración mientras el músico con peluca ascendía y descendía vertiginosamente por las escalas del clavicémbalo situado en un extremo del *grand salon*.

—Sin embargo a mi hija sólo le gusta Bach —añadió el conde con fingida desesperación—. ¡Supongo que su música está mucho más cerca de la austeridad de las carmelitas!

—Bien, señor Hervey —interrumpió el coronel Grant—, ¿no cree que es un buen momento para devolver el anillo al conde?

Hervey se metió la mano en el bolsillo, pero en el último momento se detuvo. Miró a los dos hombres con manifiesta incomodidad y tragó saliva.

—Perdóneme, *monsieur* —dijo—, pero juré solemnemente que entregaría el anillo al conde de Chantonnay en persona.

El conde pareció desconcertado y el coronel Grant impaciente.

—Señor Hervey, supone que yo, como oficial del duque…

—No, señor, no supongo nada. Por eso no debo suponer que este hombre es el conde antes de confirmar su identidad.

El coronel Grant enrojeció de ira, pero el conde lo atajó antes de que dijera una palabra.

—No, no… Es una suerte que el señor Hervey ponga tanto celo en cumplir su promesa. Estoy seguro de que mi hija le rogó encarecidamente que lo hiciera de ese modo. ¿Qué puedo hacer para convencerlo de que soy el padre de la hermana María, señor?

Hervey titubeó.

—Yo…

–Quizá prefiera que se lo confirme ella misma —sugirió el conde. Hervey se quedó perplejo—. Haga el favor de pedirle a *mademoiselle* que venga —ordenó el conde a un lacayo.

El reloj comenzó a dar las once, y el lacayo regresó antes de la última campanada.

Momentos después la voz de la hermana María puso fin a la conversación de los tres hombres.

—Buenos días, señor Hervey.

—La monja cruzó el salón sonriendo afectuosamente y abrazó a Hervey sin señales de timidez—. Me alegra ver que está sano y salvo. Por lo que hemos oído, su vida ha corrido grave peligro.

Hervey no tenía motivos para pensar que la monja conociera los pormenores de lo ocurrido, de modo que respondió con sencillez:

—Fuimos cincuenta mil los que corrimos grave peligro, hermana.

Ella volvió a sonreír, como si hubiera esperado oír esas palabras exactas de labios de Hervey. Era la misma sonrisa que él había visto muchas veces en Toulouse. De hecho, al principio no notó diferencia alguna entre su aspecto de ahora y el del día que se habían despedido en el convento de Santa María de Magdala. Llevaba el mismo hábito oscuro, el mismo griñón que había enmarcado su rostro en todos sus encuentros, y el velo que caía sobre sus hombros igual que el cabello de Caithlin O'Mahoney caía sobre los suyos. Sin embargo, su serenidad parecía distinta de aquella que Hervey había admirado en el pasado.

—*Ma fille* —interrumpió el conde—, quizá el señor Hervey desee ver el jardín.

El jardín, o los jardines (pues había tres diferenciables: uno italiano, geométrico, con pequeñas y elegantes fuentes; otro que, con sus macetas de terracota, evocaba el sur del país; y un tercero, de estilo decididamente inglés) estaban curiosamente silenciosos. Los ruidos de la calle no llegaban hasta allí y a esa hora, con el sol alto y el creciente calor, había pocos pájaros con deseos de cantar. Hervey y la hermana María pasearon durante un cuarto de hora, primero por el jardín italiano y luego por el provenzal, turnándose para señalar algún que otro elemento destacable. Hablaron poco del último año. Tenían muchas cosas que contarse, pero Hervey intuía que pasarían poco tiempo juntos y, en consecuencia, no se sentía inclinado a abordar temas importantes. Cuando llegaron al jardín inglés, él pensó que era hora de regresar a la casa, consciente de que el coronel Grant le aguardaba allí.

—Bueno, hermana —comenzó—. Me alegro de haber podido cumplir mi promesa y verla tan feliz. Sin embargo, creo que debo despedirme, pues tengo asuntos muy urgentes que atender.

Pero por lo visto la hermana María no consideraba que ningún asunto fuera muy urgente.

—Tiene razón —dijo—. Me siento feliz. Estoy en paz con Dios y he regresado con mi familia; no puedo desear nada más. Pero he notado que usted no está contento. Algo le preocupa.

Hervey se acobardó ante la intromisión, igual que en su primera conversación en Toulouse.

—No me preocupa nada, hermana —dijo con frialdad mientras se arreglaba innecesariamente las correas de la espada y se volvía hacia la casa.

—Señor Hervey —insistió ella—, lamento que el año transcurrido desde nuestro último encuentro nos haya distanciado.

Sus palabras lo detuvieron en seco. Hervey no quería confiar sus pensamientos a nadie ahora que había logrado arrinconarlos en su mente (o eso creía). La mañana inmediatamente posterior a la batalla el sargento Armstrong le había reprochado sus cavilaciones y desde entonces Hervey había hecho lo posible para evitar nuevas críticas. Pero no podía convencerse de que esa mujer no era sensible a su inquietud, pues no cabía duda de que lo era, ni pasar por alto la confianza que había existido entre ambos. Suspiró.

—Hermana María, no tengo tiempo para explicarle las circunstancias, pero la muerte de un hombre valiente pesa sobre mi conciencia. La cabeza me dice que no debería ser así, pero el corazón me dice lo contrario. Me gustaría contarle algo más, pero pronto tendré que embarcar de regreso a Inglaterra. Dispongo de muy poco tiempo.

—Muy bien, señor Hervey —repuso ella volviéndose hacia la casa—, no hablaremos de ello, pero le ruego que hable de ese asunto con alguien cuando vuelva a su país. He estado estudiando su devocionario, el que me regaló. Es... ¿cómo dirían ustedes? *Très contestant.*

—¿Polémico?

—Sí, polémico. Pero no importa. En la exhortación previa a la misa, o a la comunión, como la llaman ustedes, el sacerdote invita a todo aquel que no pueda tranquilizar su conciencia a recurrir a él en busca de absolución. ¿Conoce algún sacerdote que, además de absolverlo, pueda aconsejarle sobre esa cuestión?

—Sí —respondió Hervey con voz cansina.

—Entonces debe verlo sin más demora que la que le exijan sus obligaciones. —Hervey asintió—. Y ahora, antes de que se marche —sonrió—, mi padre quiere hacerle una pequeña demostración de nuestra gratitud. ¡Vamos!

Más tarde Hervey lamentaría que hubieran pasado tan poco tiempo juntos. Sin embargo, pese a la brevedad del encuentro, ella le había transmitido paz y también, sin saberlo, había fortalecido su decisión de hacer algo más que buscar el consejo de un sacerdote. Le alegraba saber que la hermana permanecería en París, porque cuando regresara podría visitarla en el convento de carmelitas donde residía ahora.

Esa tarde

—Parece que ha hecho unas amistades muy convenientes, Hervey. Grant me ha dicho que el conde de Chantonnay tiene más influencia con Luis de Borbón que el propio Condé —dijo lord George mientras bebían un vaso de vino de Madeira. Acababan de tomar un almuerzo frugal de lengua de ternera, seguido de fresas de Provenza—. Déjeme ver otra vez esa baratija.

Hervey le pasó el estuche forrado de terciopelo.

—Una flor de lis dentro de una corona de laurel. Esas esmeraldas son de primera, no cabe duda. Y quedan muy bien sobre el lazo color azul cielo. Será un estupendo adorno para su traje de gala.

—Es una condecoración familiar, señor, aprobada por la Corona, según me informó el conde. Insistió en que debía aceptarla.

—Desde luego, desde luego —respondió sir George con una sonrisa—. Estoy seguro de que al príncipe regente no le molestará ver una condecoración extranjera en el pecho de uno de sus oficiales. Puede que le dé envidia, pero no se enfadará. Y tengo entendido que el encuentro con la monja ha sido muy emotivo.

Hervey no se dejaría amilanar.

—Es una mujer extraordinaria.

—¿Embarcará para Inglaterra esta misma noche?

—Inmediatamente después de la ceremonia en memoria del capitán Jessope —respondió y lo embargó una súbita tristeza.

—¿Jessope? ¿El edecán de lord Fitzroy Somerset? ¿También ha muerto? No lo sabía. Ojalá tuviéramos la lista completa de bajas. El propio lord Fitzroy está al borde de la muerte, según dicen. ¡Jessope muerto! No puedo decir que lo conociera bien, pues sólo lo vi unas cuantas veces en el White, pero era un oficial muy simpático. ¿Usted le conocía?

—No muy bien —repuso Hervey con la esperanza de que lord George no siguiera escarbando en sus heridas. Pero no lo consiguió.

—¿Y qué podemos hacer con respecto a su capitanía?

—Como ya le he dicho, señor, está fuera de mis posibilidades.

No puede seguir aplazando la venta. La viuda de Anson necesitará el dinero.

—Como quiera, Hervey, pero no enviaré los papeles a Craig Court hasta que lleguemos a Inglaterra. ¿No tiene *ningún* medio de conseguir el dinero?

—Me temo que no, señor.

Lord George suspiró.

—Señor Hervey, permita que le hable con claridad: ¿No está a punto de casarse con la pupila del marqués de Bath?

Whitehall, 27 de julio

Los soldados de los Blues apostados a las puertas del edificio de la Guardia Real presentaron armas cuando Hervey bajó del coche y pasó entre ellos y él les devolvió el saludo con la mano derecha. Habría preferido el anonimato de las ropas de civil, pero se había puesto el uniforme para entrar más rápidamente en el cuartel general del duque de York. Se llevó la mano a la visera para saludar a los dos centinelas de a pie de la puerta interior y entró en el edificio a través de una imponente puerta situada en uno de los arcos laterales. Dentro, un ordenanza lo condujo a la sección del ayudante general, donde lo recibió (con indiferencia, pensó él) un empleado civil.

—Siéntese, por favor, señor… mmm… Hartley. Le atenderemos pronto.

Hervey se sentó en un banco tapizado en cuero verde y cogió el *Times* del día, que estaba sobre la mesa contigua. Fue directamente a las páginas interiores y estudió la larga lista de oficiales que habían muerto en la batalla y a consecuencia de ésta. Conocía muchos nombres. Leyó varios artículos de corresponsales especiales sobre los movimientos del ejército en la costa sur, las condiciones de las fuerzas en Canadá y la ocupación de París. También leyó un resumen del debate parlamentario sobre los azotamientos, y se enfureció al ver cuántas personas los consideraban un castigo eficaz. Cuando terminó de leer las noticias y los artículos de opinión, pasó a la primera página para divertirse con los anuncios personales: «CABALLERO SOLTERO desea alojamiento en casa de una familia elegante»; «JOVEN RESPETABLE busca trabajo como camarera…» (tuvo que leer éste por segunda vez); «RESPETABLE hija de un oficial necesita un puesto de ama de compañía» (un futuro que temía fuera el único posible para las hijas de Edmonds). Cuando hubo acabado también con esta página, consultó su reloj —el mismo que le había regalado Jessope y reparado un relojero parisiense— y le preguntó al empleado por qué demoraban tanto en aceptar un despacho de lord Combermere.

—Le pido disculpas, señor Hartley. Tenemos mucho trabajo como consecuencia de los últimos acontecimientos en el continente —respondió el empleado.

Hervey se concentró en los anuncios de ventas de la última página del periódico: «MAGNÍFICO TIRO para carruajes, 15 palmos y 2 pulgadas de alzada»; TREINTA caballos de tiro activos, de buena raza, en excelentes condiciones, casi todos jóvenes...»

Examinó las columnas de anuncios de arriba abajo, desde «valiosa colección de cuadros» hasta «elegante casa gótica». Pasó media hora más sin que el empleado lo llamara.

—Mire —dijo poniendo los papeles sobre la mesa con brusquedad—. Tengo asuntos urgentes que atender. ¿Tendría la bondad de entregar este despacho al ayudante general para que yo pueda marcharme a cumplir con mis obligaciones?

—Señor Hurley —repuso el empleado con una sonrisa desdeñosa—, desde París llegan papeles todos los días, a veces todas las horas. Si su carta fuera urgente, lo pondría en el sobre. ¡Usted no es más que un mensajero, señor!

—¿Un mensajero? ¡Maldita sea! —estalló—. Entre otras cosas, tengo que ocuparme del bienestar de las viudas de muchos hombres valientes. ¡Si ni siquiera tiene la cortesía de entregar la carta, no esperaré más!

Salió del cuartel general y marchó furiosamente por la plaza de armas, a pesar de que los guardias estaban haciendo sus ejercicios allí. Su ira no empezó a disiparse hasta que llegó al centro del St. James's Park. ¿Cómo habían cambiado tanto los tiempos?, se preguntó. El país parecía gobernado por empleados administrativos con aires de superioridad para los cuales actividades como copiar y archivar, rellenar registros o libros de contabilidad se habían convertido en fines en sí mismos.

Casi una semana después, al atardecer, bajó de la diligencia de Yarmouth a Londres en un cruce de caminos próximo a Southwold.

Habían pasado muchas cosas desde su penosa visita al edificio de la Guardia Real. El conde de Sussex, a quien había ido a ver poco después, se había mostrado amable con él. Al conde, que aunque todavía no era viejo había abandonado el servicio al duque de York en Flandes veinte años antes debido a una fractura de cadera, le había entusiasmado la idea de encontrar nuevos oficiales para su regimiento. Y en Norwich, donde había ido a saldar las deudas del regimiento con la familia de Joseph Edmonds, había encontrado a la viuda y las hijas del comandante en excelente estado y muy lejos de la indigencia. Pero por poco atractiva que le hubiera resultado la perspectiva del viaje a Norwich, la visita a Southwold le asustaba aún más.

Debería haber habido un coche, o por lo menos un carro, esperando en el cruce de caminos, pero no se veía un alma en los alrededores. Hasta donde alcanzaba a ver en la dirección de Southwold, no había más que una lúgubre marisma, y los ocasionales gritos de los zarapitos acentuaban la espectral desolación del paisaje. En la dirección contraria había monte con muy pocos árboles, y estos pocos inclinados por el poderoso viento que habitualmente soplaba desde la costa. El cochero de la diligencia, nervioso porque unos carros de heno lo habían hecho llegar con media hora de retraso a la parada, le preguntó si podía hacerse cargo de unos paquetes para los comerciantes del pueblo.

—No puedo retrasarme más, señor —explicó con un acento de Suffolk más cerrado aún que el del sargento Strange—. Si alguien de Southwold quería viajar tendrá que esperar hasta mañana. Debería pasar un coche pronto.

Hervey comprendió la impaciencia del cochero: si llegaba tarde a Ipswich le descontarían una parte de su paga, y tenía pocas posibilidades de recuperar tiempo en aquel camino sin pavimentar y con un tiro de caballos ya exhaustos. De hecho, Hervey agradeció la oportunidad de disfrutar de unos minutos de paz en el cruce, donde podría ordenar sus pensamientos antes de la visita a la viuda de Strange. Una viuda que no conocería su condición de tal, pues mientras que Margaret Edmonds podría haberse enterado de la muerte de su marido por el aviso de un mensajero (o incluso por el *Times*), la viuda de Strange no recibiría notificación alguna. Hervey había contemplado la posibilidad de escribirle, pero como ignoraba si sabía leer, decidió visitarla personalmente.

A un kilómetro y medio al otro lado de la marisma, en la dirección que ahora tomaba la diligencia, estaba la iglesia de Blythborough, elevándose sobre los pantanos con la majestuosidad de una catedral, testimonio de la pretérita riqueza textil del condado. Hervey sabía que esa riqueza había quedado muy atrás. Ahora su economía se reducía a la pesca y poco más, aunque la guerra les había proporcionado nuevas fuentes de ingresos en la forma de astilleros, depósitos de vituallas y hospitales. Pero dudaba que la familia de Strange se hubiera beneficiado de ellas.

Un cuarto de hora después apareció un coche procedente de Southwold y el cochero inició una letanía de disculpas incluso antes de frenar. Su alivio fue inmenso cuando Hervey le dijo que no tenía importancia y que se había hecho cargo de los paquetes de la diligencia de Londres. Unos minutos después, con los paquetes y el baúl de viaje de Hervey cargados a buen seguro en el coche, salieron al trote hacia el pequeño pueblo de pescadores.

—Sólo son tres kilómetros, señor —dijo el cochero—, pero es un fastidio cuando la marea está alta, porque el pantano que hay entre el pueblo y el camino sube y al caballo no le hace mucha gracia.

Hervey lo entendió.

—¿Conoce a una familia llamada Strange? —preguntó—. Creo que el padre es pescador.

—¿Peter Strange?

—No sé su nombre de pila. Tenía un hijo... —Hervey se corrigió—. Su hijo se alistó en el ejército.

—Bueno, sólo hay un Strange en Southwold, señor; o mejor dicho, *había* un Strange. Peter murió el mes pasado. ¿Ha viajado desde tan lejos sólo para verlo, señor? —preguntó con asombro.

—No exactamente.

—Fue muy triste. Alice Strange, la mujer de Peter, murió en mayo con sólo cincuenta años. Y el pobre Peter perdió las ganas de seguir viviendo. La pobre nuera no se movió de su lado durante los últimos tres meses, pero no sirvió de nada. También tuvo que enterrarlo a él.

—¿Dónde está ahora la señora Strange? —preguntó Hervey.

—Seguro que en el cielo, señor. Eran buenos cristianos.

A pesar de la solemnidad de esas palabras, Hervey tuvo que hacer un esfuerzo para no sonreír.

—Me refería a la nuera —explicó.

El cochero lo miró con perplejidad.

—¿Así que conoce a la familia, señor?

—No, pero traigo noticias del sargento Strange.

—¡Sargento! Vaya, el chico ha hecho carrera. Pero ya lo suponía yo, porque nunca ha habido un hombre más valiente con el remo en una ventolera. Seguro que si no hubiera visto morir ahogados a sus dos hermanos en la bahía, habría acabado en la marina. Pero dijo que no quería tener nada que ver con el mar. Me alegro de que le haya ido bien.

—Sí —dijo Hervey en voz baja—, le fue bien. ¿Dónde puedo encontrar a la señora Strange?

Las instrucciones del cochero fueron precisas, y Hervey le dio media corona de propina después de apearse ante el hotel Swan, un lugar que según el cochero era apropiado para alguien de la categoría de Hervey. A cambio de la generosa propina, el cochero prometió no contar a nadie el motivo de su presencia en Southwold y esperarlo a la puerta del hotel a las nueve de la mañana siguiente para llevarlo a la casa de Strange, que estaba junto a la ensenada.

Hervey durmió mejor en el Swan que en cualquier otro lugar desde las agotadoras horas pasadas en La Belle Alliance. El aire de mar era puro y estimulante. En Yarmouth, donde había pasado la noche anterior, un olor pestilente le había obligado a cerrar las ventanas de su habitación y había pasado prácticamente toda la noche en vela atormentado por las dudas sobre su conducta con Strange. Armstrong lo había absuelto de toda culpa, igual que lord George Irvine. Hasta el brigada Lincoln opinaba que Hervey había hecho lo único que podía hacer. Sin embargo, él sabía que sólo había una persona capaz de absolverlo (exceptuando, naturalmente, al Creador, ante quien debería responder en el juicio final), y esa persona era la mujer que más lloraría su muerte. ¿Sabría ella algo de los imperativos militares? Durante todo el viaje desde Yarmouth, Hervey no dejó de dar vueltas a este asunto en su cabeza. Cuanto más se acercaba a Southwold, más intenso era su miedo y los brezales por donde había traqueteado la diligencia, que con sus arbustos espinosos y sus escasos árboles le recordaban el paisaje de Flandes, no ayudaron a tranquilizarlo.

A las nueve de la mañana siguiente el coche lo esperaba en la puerta del Swan, y diez minutos después estaba en el pequeño puerto que bullía con la actividad propia de los días de marea alta. La casa de los Strange era aún más pequeña de lo que Hervey había imaginado, y el humo que salía por la chimenea le dijo que no podría escapar de su voluntario acto de contrición. Entregó un chelín al cochero y le dijo que regresaría al hotel a pie. Luego echó un vistazo alrededor antes de dirigirse a la puerta. Se alegraba de su decisión de no presentarse uniformado, pues aunque el uniforme le habría dado cierta... autoridad, quizá cierta neutralidad, también habría alertado a los vecinos de la desgracia de la viuda de Strange (era justo que al menos tuviera la libertad de comunicar la mala noticia cuando quisiera). Su abrigo azul marino, en cambio, le permitía pasar por un hombre de cualquier oficio.

Durante las semanas posteriores a la batalla de Waterloo había pensado detenidamente en lo que debía decir. Con Margaret Edmonds al menos había tenido el consuelo de saber que, como leal seguidora del ejército en campaña, la mujer comprendería lo ocurrido. Pero Hervey lo ignoraba todo sobre las esposas de los suboficiales. Las pocas que habían estado en España, como los gitanos y vagabundos de Warminster Common, habían sido para él habitantes de otro mundo, y el ejército había pasado muy poco tiempo en Irlanda para que los soldados acantonados llevaran a sus mujeres. Sin embargo, la esposa de Strange le intrigaba más que cualquier otra. Porque en el estuche que Strange le había dado poco antes de enfrentarse a los lanceros había una carta, y aunque Hervey no la había leído, se había fijado en que la caligrafía era muy elegante. También había un retrato en miniatura, aunque se había mojado y los rasgos de la persona retratada eran imprecisos.

Llamó a la puerta. La abrió una mujer de treinta años, quizá menos, con un vestido de crepé negro y el largo cabello castaño recogido con una cinta y pasadores también negros. De repente, todos sus preparativos le parecieron inútiles.

—¿Es usted la señora Strange? —balbuceó.

—Sí —respondió ella con una entonación ascendente que convirtió la afirmación en pregunta.

—Señora Strange —comenzó, esforzándose por recordar el orden del discurso que había ensayado—, soy el teniente Hervey, del Sexto de dragones, el regimiento de su esposo.

Hizo una pausa. Ella lo miró con frialdad. ¿Acaso un oficial podía llevar malas noticias?

—¿Ha muerto? —preguntó lacónicamente.

Hervey no había imaginado que tendría que darle la noticia de pie ante la puerta de la casa, junto a un estuario lleno de gente.

—Lo lamento mucho, pero así es, señora Strange. ¿Me permite entrar?

Ella escuchó en silencio mientras él relataba lo ocurrido el 18 de junio. Hervey había decidido previamente que trataría de explicarle el significado de la acción de su marido, a pesar de la promesa de silencio que había hecho a Wellington, porque una viuda no merecía menos. Además, si ella no entendía la importancia de su misión, tampoco podría entender por qué Hervey había abandonado a su esposo. ¿Y cómo iba a absolverlo si no lo entendía?

—¿Le apetece una taza de té, señor Hervey? —preguntó ella finalmente.

Hervey se alegró de la invitación, pensando que podía interpretarla como una muestra de comprensión. También le daba así oportunidad de consultar las notas que había tomado previamente, aunque ya se las había arreglado sin ellas para la peor parte.

La entereza y la dignidad de la mujer lo habían dejado sin habla. Circulaban anécdotas sobre viudas de soldados a las que había habido que contener para que no cogieran un cuchillo y se hiriesen. Pero la señora Strange había recibido la noticia con igual o mayor serenidad que Margaret Edmonds. Y lo había llamado «señor» en lugar de «teniente», un claro indicio de que tenía cierta cultura, ciertos conocimientos de las costumbres militares. Tampoco hablaba con el acento de Suffolk, tan característico de Strange. De hecho, no tenía ningún acento. Su tono era educado más que refinado, pero ciertamente extraño en un puerto de pescadores. Strange había sido un hombre apuesto, de eso no cabía duda. ¿Cuántos años debía de tener? ¿Cuarenta? ¿Cuarenta y cinco? Sin embargo ella era mucho más joven, y de haberla conocido en un círculo social diferente, Hervey incluso la habría calificado de hermosa. Tenía los pómulos tan prominentes como las mujeres más refinadas que había visto en París, tan prominentes como los de Henrietta Lindsay. Sus grandes ojos castaños, separados a una distancia perfecta, reflejaban simpatía e inteligencia. Su cabello se veía sano y brillante, aunque Hervey estaba seguro de que nunca había recibido las atenciones de una doncella.

Encontró lo que buscaba en sus notas.

—Recibirá algún dinero, señora Strange, aunque me temo que no mucho. Cuando un soldado muere, es costumbre subastar sus efectos personales, y los camaradas pujan alto. Muchas de sus posesiones todavía están en Irlanda, desde luego, pero con las que llevaba consigo hemos recolectado ya algo más de cuarenta libras.

—Es una buena suma —reconoció ella.

—También está el dinero del botín de Waterloo —añadió Hervey, y la mujer pareció desconcertada—. Después de una batalla, los administradores calculan el valor del equipamiento requisado al enemigo —explicó—, y luego se efectúa un prorrateo de esa suma, lo que significa que…

—Ya sé qué es un prorrateo —dijo ella, y su tono amable no evitó que Hervey se sintiera incómodo.

—Eso suma 19 libras, 4 chelines y 4 peniques —se apresuró a precisar consultando su libreta—. También hay 37 libras, 3 chelines y 8 peniques de la parte correspondiente a recompensas del regimiento y 42 libras, 2 chelines y 3 peniques en concepto de sueldos atrasados. Sumando a esta cantidad otros pagos diversos, el legado de su esposo asciende a 189 libras, 7 chelines y 8 peniques. Aquí tiene una relación completa, señora Strange, y si es tan amable de firmar este certificado, le entregaré un pagaré bancario que le permitirá retirar el dinero cuando lo desee. —Hervey se abstuvo de aclararle que los «pagos diversos» eran su propia parte del botín de Waterloo.

—Señor Hervey —repuso ella—, me conmueve que usted se haya tomado la molestia de hacer este viaje personalmente. Tengo la impresión de que se siente responsable de la muerte de mi marido y de que por eso ha venido a Southwold. Yo no sé nada de batallas, naturalmente, pero entiendo que las decisiones deben tomarse en un instante y que luego hay un tiempo infinito para revaluarlas. Pero ¿acaso esas reflexiones anteriores tienen alguna utilidad? También me conmueve que los compañeros de mi marido hayan sido tan generosos como para reunir una suma semejante y me gustaría mucho escribirles para expresar mi gratitud. ¿Podría usted llevarles la carta?

—Desde luego, señora.

—Ah, pero no tengo papel de carta —dijo ella de pronto con tristeza.

—Hay papel de carta en el hotel Swan, donde me alojo, señora Strange. Estaré encantado de invitarla a comer para que escriba su carta antes, o después, en un ambiente tranquilo.

La mujer pareció aliviada. Era extraño, pensó Hervey, cómo las trivialidades adquirían una importancia exagerada en momentos como ése (Margaret Edmonds también se había afligido porque le había dado el día libre a su cocinera).

—Comeremos a las tres, pues, ya que tengo intención de caminar un rato por la playa. Y ahora si me disculpa, señora…

Hervey paseó por la playa durante tres horas. Y también nadó. Hacía casi ocho años que no nadaba en el mar, y aquella última vez —en La Coruña— lo había hecho para salvar la vida. La paz del día (en la playa no había nadie más que las gaviotas) y la absolución de la señora Strange le produjeron una satisfacción que no recordaba haber sentido antes, y se tendió sobre la cálida arena pensando en Henrietta (en una bienvenida a la que pocos podían aspirar) hasta que llegó la hora de regresar al Swan.

A las tres y cinco, el coche que había enviado a buscar a la mujer se detuvo frente al hotel y la señora Strange se apeó de él. Hervey fue a buscarla a la puerta y se encaminaron directamente al comedor del Swan, un lugar bastante elegante aunque pasado de moda si lo comparaba con los establecimientos que había visto en París. La señora Strange hizo un comentario admirativo sobre la decoración del lugar: aunque había vivido en Southwold durante más de quince años, era su primera visita al hotel. Este hecho intrigó a Hervey, que suponía que una mujer tan refinada como ella habría ido allí a tomar al menos el té si la escasez de dinero no le permitía pedir algo más sustancioso.

—Nuestra abstinencia nos impedía frecuentar sitios como estos, señor Hervey —confesó cuando él la interrogó.

Ella estudió atentamente la carta, y Hervey aprovechó el momento de distracción para admirar su aspecto. Aunque hacía calor, llevaba un vestido de terciopelo (verde, no negro). La cinturilla era más baja de lo que dictaba la moda —de hecho, hacía años que no se usaba tan baja—, pero no cabía duda de que el vestido había sido confeccionado por una experta modista. El cuello era alto, y ella llevaba encima un collar de azabache. Con el pecho más generoso y los labios más carnosos que Henrietta, le recordó un retrato colgado en la escalera de Longleat House que él había admirado muchas veces cuando era niño. En él, la mujer pintada por Reynolds era la personificación de un atractivo inaccesible.

—¿Tiene usted familia, señora Strange? —preguntó cuando ella alzó la vista.

—No, señor Hervey. Mi madre murió hace muchos años y mi padre hace casi siete, después de la batalla de La Coruña.

—¿Por qué menciona esa batalla? Es una referencia poco común, ¿no?

—Después de la batalla de La Coruña, Harry volvió a casa de

permiso. Él y su familia eran feligreses de la capilla en que mi padre ejercía de ministro. Cuando mi padre murió... bueno, yo me sentía muy sola y no tenía adonde ir. Harry, que entonces era cabo, me pidió que me casara con él. Creo que lo hizo por compasión, porque apenas si nos conocíamos. Era el mejor de los hombres: fuerte, atento, consciente de sus obligaciones. Fui a vivir con sus padres y seguí dando clases en la escuela del pueblo. Sin embargo, en los dos últimos años su madre y su padre enfermaron y yo me dediqué por completo a cuidarlos. Eran tan buenos conmigo que no me resultó difícil..., sólo, quizá un poco cansado.

Hervey aguardó unos instantes antes de plantearle una cuestión que le preocupaba como hombre, además de como oficial.

—Perdone mi franqueza, señora Strange, pero ¿en qué circunstancias quedará ahora?

Con menos de doscientas libras, la mujer podría aspirar a una renta de quince al año, una cantidad apenas suficiente para vivir bajo un techo.

—Tengo algunos ahorros, señor. Harry enviaba a casa la mayor parte de su sueldo y me queda algo del dinero familiar. Pero aunque mis ingresos sean suficientes, no permaneceré inactiva; aunque, desde luego, no trabajaré como gobernanta. Solía dar clases en la escuela de mi padre antes de que él enfermara. Es posible que ahora busque otro empleo de maestra.

Hervey vio la solución de inmediato. Menos de quince días antes Elizabeth le había escrito expresando su preocupación por la escuela de su padre. Elizabeth también hablaba de su propia inexperiencia y de cuánto agotaba ese trabajo a su padre.

—¿De modo que trabajar de maestra no le parece objetable, señora Strange? —preguntó.

—Claro que no, aunque por aquí no hay muchas oportunidades.

—Exactamente —convino Hervey—. Mire, señora Strange, mi padre es el sacerdote de una pequeña parroquia de Wiltshire. Ahora mismo tiene dificultades para mantener abierta la escuela para los niños del pueblo. Mi hermana le ayuda, pero no dispone del tiempo necesario. Al lado hay una casita para el maestro, y aunque el sueldo es modesto, creo que podría bastarle para vivir. Tengo la impresión de que usted es precisamente la clase de persona que mi padre necesita.

—Señor Hervey —dijo ella con una sonrisa—, es usted muy

amable, pero olvida que mi padre era un pastor disidente. No creo que yo pudiera...

Hervey, sonriendo, interrumpió sus objeciones.

—Señora Strange, mi padre necesita a una persona que enseñe a los niños del pueblo los rudimentos de la lectura, la escritura y las matemáticas. ¡Estoy seguro de que podrá hacerlo sin incumplir ninguno de los treinta y nueve artículos del dogma anglicano!

—Pero estaría obligada a ir a su iglesia, ¿no es cierto?

—John Wesley habría aprobado la devoción allí donde la encontrara, ¿no cree, señora? Pero si no encontrara satisfactoria la parroquia de mi padre, en el pueblo hay también una pequeña capilla de los congregacionistas independientes.

La mujer rió.

—¡Creo que no necesitamos ponernos solemnes! ¿Y cómo puedo solicitar ese puesto?

—Yo lo haré por usted, señora —respondió Hervey—. ¿Cuándo podría empezar?

Ella reflexionó por unos instantes.

—Tardaré aproximadamente una semana en arreglar mis asuntos aquí —respondió—, pero luego estaré lista. Por triste que sea abandonar este lugar después de tantos años, ahora en él no me quedan más que recuerdos amargos.

—«Abandonaste a tu madre y a tu padre y la tierra de tus parientes para venir a un pueblo que anteriormente no conocías.»

—¿Los moabitas? —dijo ella, devolviéndole la sonrisa—. Pero Rut tenía a Noemí, que la alentó, mientras que yo no tengo a nadie.

—Estoy seguro de que se llevará bien con mi hermana —aseguró Hervey, sonriendo una vez más—. Pero me temo que hay un largo trayecto en coche hasta Horningsham, señora Strange. Primero Londres, después Salisbury.

—¿O un agradable crucero desde aquí a Portsmouth? —replicó ella.

Hervey rió.

—Tiene razón, señora. Soy un hombre de tierra y veo el mar como una barrera. —Le gustaba el ingenio de aquella mujer; le recordaba al de Caithlin—. Señora Strange, hace calor y esta mañana he hecho mucho ejercicio. ¿Consideraría una ofensa que bebiera un poco de vino blanco?

—En absoluto —respondió ella de inmediato—. Y si no le importa, yo lo acompañaré. Nunca he sido abstemia por elección, sino por respeto primero a mi familia y después a Harry. Aunque puedo asegurarle que ese respeto no ha disminuido en lo más mínimo.

—No he dudado de ello ni por un instante, señora —respondió él.

18

LOS IMPERATIVOS DEL SERVICIO

Horningsham, miércoles 26 de julio

Faltaban unos minutos para las diez —y ya era una mañana calurosa— cuando un coche tirado por dos rucios se detuvo frente a la casa parroquial de Horningsham. Los caballos estaban acalorados, con los hombros y las grupas cubiertas de sudor. El cochero, con la cara mugrienta y la camisa prácticamente negra debido al polvo del camino, no parecía mucho más fresco. Del coche se apeó un hombre alto de unos veinticinco años, vestido con pantalones blancos, zapatos salón y la casaca de largo faldón de los Foot Guards. Cualquiera hubiera dicho que llegaba al palacio de St. James para una recepción. Después de estirar las extremidades entumecidas, sacudirse el polvo de los hombros y ponerse el sombrero de tres picos bajo el brazo, cruzó unas palabras con el cochero y se dirigió a la casa. Molesto porque ningún criado había acudido a ayudar con los caballos, observó el edificio con desdén. No reflejaba la habilidad de un arquitecto, desde luego, sino que era la torpe obra de una sucesión de constructores de provincias. La ventana con mirador no estaba mal, admitió, y la casa poseía un curioso encanto, pero resultaba evidente que sus propietarios no eran gente acaudalada. Llamó con la aldaba, se ajustó con presunción los entorchados de los hombros y esperó a que lo atendieran. Después de unos instantes (en su opinión, demasiados) abrió la puerta Francis, más encorvado que de costumbre. El mayordomo escuchó la presentación del oficial (aunque a medias) y luego lo condujo a la modesta biblioteca del párroco de Horningsham.

Francis se hallaba en un dilema, pues el reverendo Thomas Hervey y su esposa se encontraban en la escuela. Elizabeth había salido a dar un paseo y el único miembro de la familia presente estaba ocupado en un asunto que, a juicio de Francis, debería haber resuelto hacía tiempo.

—Es probable que tarden en regresar, señor —informó, a lo que el oficial respondió que esperaría cuanto fuera necesario.

Entretanto, en el salón, Hervey terminaba con el asunto que debía haber resuelto hacía tiempo.

—Por eso no he venido antes —explicó Matthew Hervey. Estaba sentado en un largo sofá, con Henrietta a una distancia más grande de la que él habría deseado, y relataba detalladamente, y con frecuentes interrupciones, los importantes acontecimientos de las últimas seis semanas—. Créeme, no me habrían permitido dejar el cuartel de París si no hubiera tenido esas otras obligaciones.

—Bueno, mi querido Matthew —comenzó Henrietta con una sonrisa irónica—, yo no había imaginado que la profesión de las armas exigiera relacionarse con *tantas* mujeres hermosas e inteligentes. Es una pena que las tristes circunstancias de tus encuentros con ellas empañaran la diversión.

Hervey titubeó. La sonrisa de la joven no conseguía ocultar su enfado.

—Henrietta —dijo—, no deberías pensar que…

—Pensar ¿qué? —preguntó ella con las cejas arqueadas—. ¿Que podrías disfrutar con la compañía de una mujer?

—No… Bueno, quiero decir…

—No ¿qué? ¿*No* disfrutas de ella? ¿O yo *no* debería pensar algo así?

Se oyó un golpe en la puerta, y Hervey no consiguió disimular su alivio al ver a Francis.

—Les ruego que me perdonen, señorito Matthew y milady, pero ha venido un oficial.

—¿Un oficial? —preguntó Hervey—. ¿A verme a mí?

—No estoy seguro, señor. Lo lamento pero no he entendido bien qué ha dicho el caballero.

Hervey miró a Henrietta, que sonrió.

—¿No crees que si lo recibes te enterarás de lo que quiere, Matthew? No creo que sea un gran misterio.

Francis anunció al visitante lo mejor que le permitió su memoria. El nombre «Howard» fue lo único que logró descifrar Hervey de la torpe presentación, pero enseguida se dio cuenta de que era teniente de los Foot Guards y edecán. Sin embargo no imaginaba qué lo había llevado hasta Horningsham.

—Buenos días, señor Howard —dijo, y tendió la mano, aunque el oficial parecía reacio a estrechársela—. ¿En qué puedo servirle?

También parecía reacio a comunicar el motivo de su presencia allí, de modo que Henrietta perdió la paciencia y consideró necesario tranquilizarlo:

—Descuide, señor, no revelaré los secretos de la Guardia Real a los franceses, ni siquiera a los habitantes de Wiltshire.

El oficial carraspeó, evidentemente incómodo.

—Señor Hervey, ¿recuerda haber llevado un despacho del duque de Wellington al cuartel general de la Guardia Real hace dos semanas?

—Desde luego —respondió Hervey.

—¿Y no esperó una respuesta?

—No, no lo hice.

—*No* lo hizo, señor Hervey. ¿No cumplía órdenes del duque?

—No. Bueno, no directamente. —Mientras respondía le asaltaron las dudas. En su momento, la misión le había parecido bastante clara, pero de pronto no estaba ya tan seguro—. Cumplía con obligaciones de mi regimiento, y entregar el despacho fue una tarea más. Debía ocuparme de otros asuntos.

—Ya veo, señor Hervey —respondió el oficial con frialdad—. Me han ordenado que le solicite que me acompañe al cuartel general de la Guardia Real de inmediato.

Una solicitud de un oficial superior, transmitida como ésta a través de un edecán, tenía la fuerza de una orden. Todo por un simple arrebato de impaciencia con un empleado del cuartel general. Por un instante temió que le pidieran la espada. ¿Sería aquello obra de Slade?, se preguntó.

—¿Ha dicho de inmediato? —exclamó Henrietta, sobresaltando a Hervey casi tanto como al oficial—. ¡Debe entender que eso es imposible!

—Señora —repuso el oficial—, comprendo que usted no lo considere oportuno, pero tengo órdenes explícitas de insistir en que el señor Hervey me acompañe. El propio ayudante general…

—Señor, es algo más que inoportuno, porque el señor Hervey y yo vamos a casarnos este mismo mes.

Hervey se quedó atónito. Miró al oficial con expresión ausente y luego otra vez a Henrietta.

—¿No hablábamos de eso hace apenas un minuto, Matthew? —lo desafió ella.

Una pequeña conmoción en el pasillo les advirtió que el párroco de Horningsham y su esposa habían regresado. La madre de Hervey irrumpió en el salón protestando porque nadie le había informado de la presencia de Henrietta.

—Querida —dijo—, ¿por qué no ha avisado de que venía? ¡Y precisamente hoy, que la cocinera está en casa de su hermana!

—No tiene la menor importancia, señora Hervey —respondió Henrietta con una sonrisa y un gesto cómplice—. Matthew y yo nos hemos reunido para hablar de la boda.

—¿Boda? —preguntó la madre.

Otra conmoción les indicó el regreso de Elizabeth, que entró en el salón y arrojó su sombrero de paja sobre una silla.

—¿Boda? ¿He oído boda? —preguntó entre risas.

—Es lo que han dicho —protestó el reverendo Thomas Hervey—, y yo diría que es un asunto privado.

Elizabeth rió de una forma poco común en ella: con los ojos brillantes, la boca entreabierta y agitando la melena de rizos. A pesar del sombrero, el sol había hecho la labor de costumbre en su cara y tenía las mejillas salpicadas de pecas. El oficial la miraba fijamente cuando ella advirtió su presencia. Sin esperar que los presentaran, Elizabeth se acercó y le tendió la mano:

—Usted debe de ser uno de los amigos de Matthew —dijo, radiante—. ¡Por lo general, sólo nos visitan sus sargentos!

El oficial contuvo el aliento, pero Henrietta respondió a la pregunta:

—No, querida, no es un amigo. Todo lo contrario, porque ha venido a llevarse a mi futuro esposo de mi lado, y por la fuerza si es necesario.

Elizabeth titubeó (aunque no demostró asombro ante el anuncio de boda de Henrietta) y luego entornó los ojos en un gesto de desafío.

El oficial, que en un principio había contemplado con desprecio aquella casa de provincias, se sintió acorralado. Enrojeció y murmuró una disculpa.

—Espero que lo entienda, señora —concluyó.

—¡Nunca había oído nada semejante! —exclamó Elizabeth con tanta indignación que sobresaltó al propio Hervey—. Siempre había creído que estábamos a salvo de las patrullas de leva. ¿Por qué debe llevárselo?

En ese momento el padre de Hervey consideró oportuno reafirmar su soberanía en la casa parroquial.

—Me temo, señor, que las costumbres de aquí no son como las de Londres. Soy el reverendo Thomas Matthew, sacerdote de esta parroquia. Le presento a mi esposa... —continuó, volviéndose hacia la madre de Hervey, que frunció el entrecejo y saludó con una pequeña reverencia—, mi hija Elizabeth, mi hijo y mi... eh... lady Henrietta Lindsay —agregó señalando a uno por vez.

—Es un honor, señor. Yo soy lord John Howard —añadió, inclinando la cabeza.

—Bien, señor —prosiguió Elizabeth—, ¿por qué motivo se lleva a mi hermano y futuro esposo de esta dama?

—Lo siento, señorita Hervey, comprenderá que los imperativos del servicio...

—¡No me hable de los imperativos del servicio, señor! —replicó ella con brusquedad—. ¡No crea que somos unos pueblerinos que no saben nada de estos asuntos! Mi hermano regresó ayer del continente, donde podrían haberlo matado en la batalla de Waterloo. ¿Estuvo usted en Waterloo, señor?

—¡Por Dios, Matthew, ese hombre era un pomposo, un auténtico lechuguino! «Los imperativos del servicio...» ¡Habráse visto! ¿Quiénes cree que somos? ¿Qué importancia tendrá ese despacho?

Hervey la había reganado en el mismo instante en que lord John Howard se marchó al Bath Arms, donde esperaba tomar un baño caliente y regresar de inmediato. El padre de Hervey no consiguió que tomara su baño en la casa parroquial, y acordaron que regresaría a las dos para recoger a Hervey y emprender el viaje a Londres con él.

—Debe de ser un asunto serio —admitió Hervey, aunque sin excesiva preocupación—. Cometí un error, pero... —añadió con una sonrisa—, no me importa porque Henrietta y yo hemos resuelto que nos casaremos en cuanto regrese. ¡Dice que no tolerará que vuelva a ausentarme!

—Pero ¿tan grave crees que será ese asunto, Matthew? —preguntó su padre—. ¿Qué pueden objetarte?

—Bueno, supongo que allí me espera un mensaje con órdenes de volver a Francia. Calculo que tendré que pasar otro mes de servicio en París. Eso es todo.

—¿Y para eso envían a un oficial desde Londres? —preguntó su padre con tono dubitativo.

Hervey se limitó a enarcar una ceja.

El nuevo tiro de caballos traído de Warminster llevó al coche a buena velocidad por el camino de peaje. Reparadas en la primavera y aun sin las rodadas que propiciaban las lluvias de otoño, las carreteras permitían avanzar con comodidad y, en consecuencia, conversar, pero ninguno de los dos ocupantes del coche pronunció una sola palabra. A las seis de la tarde estaban en Whitchurch, donde el cochero se detuvo para abrevar a los caballos.

Cuando se apearon, Howard rompió el silencio.

—Mire, Hervey —dijo con tono afable, olvidando las frías formalidades del principio—, sé que esta situación es muy incómoda para usted. Me envió el general Calvert, después de un buen rato de gritos en el despacho del comandante en jefe cuando éste volvió de París. Reconozco que mi irritación por tener que cumplir esta tarea me impidió ser debidamente cortés con su familia. Temo que no me lo perdonen, sobre todo su hermana. Además, yo no tenía derecho a considerarlo culpable. Le ruego que me perdone.

—Gracias, Howard, pero no tiene importancia —respondió Hervey encogiéndose de hombros—. Sin duda actué precipitadamente cuando me marché del cuartel general de la Guardia, pero no fue culpa mía. En cuanto a mi familia, bueno...

—¿Querrán cenar, señor? —preguntó el cochero.

—No, debemos darnos prisa, Allchurch. Quiero estar en la barrera de Piccadilly a las siete. Supongo que tendremos que cambiar el tiro en Farnham. Yo dormiré un poco ahora y si quiere lo relevaré de madrugada. ¿Está seguro del camino?

—Sí, señor: no ha cambiado nada. Este tiro nos llevará hasta Farnham sin problemas. Pero ahora cebaré las pistolas. Desde aquí hasta Guilford tenemos un trecho peligroso para viajar de noche.

Iluminados por una enorme luna llena, avanzaron por la carretera con mayor rapidez que si hubiera sido de día, pues no encontraron tránsito de carros hasta que llegaron a las afueras de Londres al amanecer. Allchurch se detuvo sólo una vez, en Farnham, para cambiar los dos zainos, y a las cinco de la mañana estaban en Chelsea. El tráfico de entrada en la ciudad los obligó a reducir la marcha. Los dos pasajeros estaban despiertos, Howard curiosamente animado por la actividad del exterior, una actitud que contrastaba con la que había adoptado en Horningsham. En King's Road saltó del coche y detuvo a un carro de hielo. Cogió tres trozos del tamaño de un ladrillo, le lanzó uno a Allchurch y mientras subía le entregó el otro a Hervey, que le sonrió por primera vez.

Menos de una hora después cruzaron la barrera de Piccadilly, y cuando torcieron por St. James's Street, lord John Howard volvió a sentirse en su elemento porque el coche se detuvo frente al White's.

—Nos cambiaremos en mi club —dijo con orgullo—, pero primero iremos al barbero y después desayunaremos. Querrá desayunar, ¿verdad?

Hervey, que estaba nervioso desde que habían entrado en los suburbios de la capital, aceptó de buena gana. De hecho, sintió deseos de hablar, en parte para distraerse de sus problemas pero también para retribuir la creciente amabilidad de Howard.

—Ésta es la segunda vez que estoy aquí; la primera vine con D'Arcey Jesoppe —explicó.

—Ah, Jessope, pobre hombre. Me temo que ocuparé su puesto en la Guardia Real. ¿Lo conocía bien?

—Combatimos juntos en España.

—Era muy amigo de lord Fitzroy Somerset. Fue él quien hizo que lo asignaran al estado mayor de lord Wellington, ¿sabe? Me han dicho que en Waterloo los alcanzó a ambos el mismo tirador. ¡Qué cruel ironía!

—Sí, creo que así fue. No vi caer a Jessope, pero sí retroceder a lord Fitzroy con el brazo destrozado.

—¿Estaba allí en ese mismo momento? —preguntó Howard, atónito.

—Éramos muchos —respondió Hervey—. ¿Tiene noticias de lord Fitzroy?

—Sí; se recupera. Supongo que habrá oído que se dejó amputar el brazo sin un solo gemido y que luego pidió que se lo devolvieran para coger un anillo que le había regalado su esposa. Bueno, supongo que esa entereza no tiene nada de extraordinario en un coronel de los Foot Guards.

Howard no pretendía fanfarronear, pero de todos modos Hervey decidió bajarle las ínfulas con delicadeza.

—Mi querido amigo —dijo con tono confidencial—, primero fue subteniente de los dragones.

Y los dos rieron.

Entraron en el cuartel general de la Guardia Real a través de la misma puerta imponente por la que había entrado Hervey dos semanas antes y subieron por las escaleras a las oficinas del comandante en jefe.

—Buenos días, señor Howard —dijo con seriedad el empleado, el mismo por cuya culpa hacían comparecer a Hervey.

Algunos oficiales cruzaron murmullos y lo miraron con evidente desprecio. Hervey sintió un nudo en el estómago. Se le nubló la vista y las voces se le antojaron extrañamente incorpóreas. No obstante, permaneció consciente de su situación y los procedimientos. Nunca había experimentado una sensación semejante, ni en La Coruña, ni en Salamanca, ni siquiera en Waterloo. Allí se había arriesgado a pasar al olvido, pero ahora se enfrentaba a la deshonra, quizá incluso a la infamia.

—El general Calvert desea verlos de inmediato —dijo el empleado mientras caminaba presuroso hacia la puerta del despacho del ayudante general.

Y los anunció antes de que cualquiera de los dos pudiera pedir una pausa de unos segundos. Howard señaló la puerta a Hervey, pero éste miró a su espalda con expresión confundida. ¿Debía antes entregar la espada y quitarse el chacó?

—¡Quédeselos! —murmuró Howard, casi empujándolo hacia la puerta.

Consiguieron sin embargo cuadrarse simultáneamente ante la enorme mesa de caoba y saludar.

Sir Harry Calvert ya estaba en pie y tendía una mano.

—Señor Hervey, muchacho, bienvenido. Lamento mucho que hayamos tenido que volver a llamarlo tan pronto. Confío en que no le hayamos causado demasiadas molestias. Los imperativos del servicio, ya sabe.

¿Llamarlo? ¿Molestias? El asombro de Hervey era casi tan grande como el de Howard, y el general lo advirtió en ambos casos.

—¿Qué les pasa, muchachos?

Howard hizo una seña a Hervey para que guardara silencio e

informó personalmente de las circunstancias del viaje. Contó lo sucedido con todo lujo de detalles, sin omitir las nefastas órdenes que le habían inducido a actuar de ese modo. Calvert se quedó boquiabierto. Fue hacia una puerta lateral y la abrió.

—Coronel Arnold, tenga la bondad de venir un momento —dijo y luego, cuando su asistente militar entró con una libreta abierta, se volvió hacia los dos tenientes y frunció el entrecejo—. Lord Howard, le ruego que repita la información que acaba de darme.

Cuando Howard hubo terminado, el ayudante general se volvió hacia el coronel y le preguntó si no era lo más vergonzoso que había oído en su vida. Arnold estuvo de acuerdo.

—Entonces, señor, haga el favor de liberarme de una vez para siempre de ese chupatintas. Se ha tomado demasiadas libertades.

Tras lo cual la plantilla del ayudante general se redujo perentoriamente. De hecho, el coronel Arnold cumplió la orden con tan escandaloso ensañamiento que Hervey empezó a sentir pena por el desafortunado empleado.

—Ahora siéntense, caballeros, por favor —prosiguió el general Calvert. Tenemos poco tiempo, señor Hervey. Recordará que hace dos semanas trajo un despacho de lord Wellington. No había respuesta, pero el empleado que recibe los despachos tiene órdenes de cerciorarse de ello y de interrogar al mensajero por si es necesario aclarar algún punto. Mellor no lo hizo; por lo visto, se comportó con total negligencia. Comenzaba a sospechar algo así. Últimamente parecía haber olvidado cuál era su puesto. Me temo que desde que pagó la entrada de una casa en Blackheath se le habían subido los humos.

Hervey rió respetuosamente la gracia del general y contuvo su indignación ante la sugerencia de que su presencia allí era sólo una excusa para despedir a un empleado incompetente.

—Sólo cuando el duque de Wellington llegó aquí el lunes descubrimos la importancia de ese despacho, que cuenta detalladamente sus notables hazañas en la última contienda, la que ahora llamamos «batalla de Waterloo». El duque deseaba reconocer su importante papel en ella, pero consideró que hacerlo mediante honores públicos sería como restar méritos a los prusianos. Supongo que comprende lo delicado de la situación, señor Hervey.

Hervey asintió con la cabeza y el pulso empezó a acelerársele.

—Consideró la posibilidad de recomendarlo como miembro de la Compañía de Bath, junto con los demás comandantes, ya que usted estuvo al frente de su escuadrón en los últimos momentos de la batalla. Pero hubo tantos otros oficiales que tuvieron que asumir el mando que la medida no parecía práctica. Por lo tanto ha solicitado para usted, y sus excelencias del Tesoro han accedido, una *ex gratia* de cinco mil libras.

La cara de Hervey reflejó su asombro. Su corazón nunca había latido tan rápido. Se alegró de estar sentado e iba a responder, pero el general Calvert lo atajó levantando una mano.

—Sin embargo, debe guardar absoluta discreción sobre este asunto. No podrá hablar con nadie de la procedencia de ese dinero. —Los ojos de Calvert se clavaron en los de Hervey.

—Tiene mi palabra, señor —respondió.

—Y ahora pasemos a asuntos más urgentes —prosiguió el general—. Ya sabrá que lord Fitzroy Somerset está incapacitado. Era un excelente asistente y secretario del duque. Además, hablaba francés con fluidez.

Con fluidez, sí, pensó Hervey, y también con un horrible acento inglés. Pero ¿qué tenía que ver eso con...?

—Usted habla francés con igual fluidez, y también alemán, ¿verdad? —preguntó Calvert.

—Sí, señor —respondió Hervey con cautela. No estaría sugiriendo...

—Bueno, el duque desea tomarlo como secretario y edecán. Si está de acuerdo, se le otorgará una capitanía honorífica, que en su momento se hará oficial. ¿Qué dice, señor Hervey?

Hervey saltó de su asiento como una perdiz asustada.

—Yo... estoy sorprendido, señor. Yo... acepto, naturalmente.

—Bueno, en ese caso, *capitán* Hervey, sólo nos queda una cuestión pendiente. El duque se ha marchado hoy mismo a París y debe tratar asuntos importantes tanto con nuestros aliados como con el rey francés. Por lo tanto, muchacho, se le necesita allí de inmediato. —Se volvió hacia el coronel y preguntó si había alguna fragata disponible.

—Sí, señor. Puede salir de Chatham con la marea de esta noche. A eso de las ocho, supongo.

—En tal caso —dijo Calvert a Hervey— debería prepararse de inmediato. Estoy seguro de que el señor Howard le ayudará en todo lo que pueda. Ahora tendrá que disculparme, porque tengo que ver al duque de York. Adiós y buena suerte, capitán Hervey. Los oficiales como usted honran a nuestro ejército. No crea que porque se ha reinstaurado la paz dejaremos de necesitar esas aptitudes.

—Gracias, señor —se limitó a decir Hervey mientras se ponía el chacó, saludaba y se volvía hacia la puerta.

Howard lo cogió del brazo en cuanto la puerta se cerró tras ellos.

—¡Amigo, nadie se siente tan feliz como yo por su suerte! Me encantaría pasar por la espada al engreído empleado que comenzó todo esto y lamento de veras haber sacado conclusiones apresuradas.

Hervey sonrió y le dio una palmada en el brazo.

—No tiene importancia, no tiene importancia.

—Bueno, le quedan pocas horas para embarcar en la fragata. Ordenaré que preparen un coche para llevarlo a Chatham. Entretanto tendrá que ver a su sastre y comprar cualquier cosa que vaya a necesitar hasta que sus pertrechos de campaña lleguen a París. Aunque no creo que vuelva a dormir en una cama dura.

—Sí, sí... gracias, Howard. Pero lo primero que quiero hacer es escribir una carta a Horningsham. ¿Hay algún lugar donde pueda hacerlo?

—Desde luego, iremos a las oficinas del estado mayor. Pero escriba sólo un breve resumen, que yo llevaré personalmente. Ya les explicaré el resto. Es lo menos que puedo hacer dadas las circunstancias.

—Mi querido Howard... —dijo Hervey, conmovido por su afectuoso acto de contrición.

—No, no admitiré objeciones —insistió—. Es lo menos que puedo hacer por un compañero. Además, trataré de ganarme el perdón de su hermana... —titubeó— ...quiero decir de su familia.

Pero Hervey no advirtió ese aspecto oculto del altruismo de Howard porque nuevamente pensaba en Henrietta.

—Si contamos con la autorización de su tutor, podremos casarnos el mes que viene en París —sugirió con una sonrisa.

—Más difícil será conseguir la autorización de lord Wellington —sugirió Howard con una sonrisa.

—«Y el joven Samuel permanecía a las órdenes del Señor» —dijo Hervey, también sonriendo.

—¿Qué?

—Primer Libro de Samuel, capítulo tres, versículo uno.

A las siete de esa tarde el astillero de su majestad en Chatham seguía lleno de actividad. El coche de Hervey se detuvo ante las grandes puertas, el cochero recibió las instrucciones de los centinelas de los infantes de marina y continuaron al trote otros trescientos metros hasta el muelle donde estaba amarrada la fragata. Hervey había supuesto que estaría anclada en el fondeadero y se alegró de no tener que llegar a ella en un precario bote. En cuanto se apeó del coche le llamó la atención la decoración situada encima de la ventana de la galería, muy alta en relación con el muelle en la marea que seguía creciendo. Una figura lo miró y luego desapareció. El lateral amarillo de la cubierta de batería olía a pintura fresca, y aunque Hervey no era un experto, notó que la vela estaba perfectamente plegada. La viva estampa de la eficacia, pensó. El centinela de los infantes apostado al pie de la pasarela que conducía a la cubierta principal presentó armas, pero Hervey vaciló: las convenciones empleadas en los barcos de su majestad eran un enigma para un ignorante hombre de tierra. Y él debía admitir que no sabía nada de buques de guerra ni de fragatas.

Pero el flamante capitán tragó saliva. Tras ajustarse el talabarte y levantar la vaina con la mano izquierda, saludó al infante llevándose la mano al chacó y caminó resueltamente por la pasarela. Cuando llegó a bordo y se volvió para saludar a popa (una costumbre de la que sí estaba seguro), la misma figura que había visto en la ventana de la galería apareció en la cubierta, luciendo un uniforme inmaculado.

—¿Capitán Hervey? Me alegro de que haya llegado por fin. Soy el capitán Laughton Peto.

Durante este breve intercambio de formalidades, tres hombres habían bajado por la pasarela y subían ya con los baúles de Hervey. Buscó las palabras adecuadas para agradecer al capitán esas atenciones.

—Me temo que este viaje se ha organizado con mucha prisa, señor. Confieso que ni siquiera sé cuál es el nombre de su fragata.

Peto volvió a sonreír.

—*Nisus*, seguramente habrá oído hablar de ella. La marea cambiará en cualquier momento, señor Hervey. Si lo desea, puede acompañarme a la popa y ver cómo zarpamos, así tendrá algo favorable que contarle al duque sobre la marina. ¿Alguna vez ha visto zarpar una fragata?

Hervey miró las charreteras de la chaqueta del capitán. La izquierda parecía mucho más nueva. Dado que el reglamento de 1813 exigía llevar dos charreteras independientemente de la antigüedad en el puesto (no quiso mirar con más atención para buscar las coronas que hubieran resuelto sus dudas), dedujo que el capitán Peto había obtenido su grado antes del exilio de Bonaparte a Elba, cuando Hervey no era más que un subteniente. En consecuencia, supuso que Peto debía de haber gobernado la *Nisus* un año antes, cuando la fragata los había escoltado hasta Dover. Pero antes de que pudiera interrogarlo al respecto, el capitán dijo:

—También debo informarle de que en mi camarote hay órdenes selladas de París para usted y que sólo podrá abrirlas cuando estemos en camino.

—¿Órdenes selladas para *mí*? —Cuánto habían cambiado las cosas. Y pensar que pocas horas antes había temido que lo relegaran al olvido—. ¿Qué cree que dicen?

—Amigo Hervey —dijo Peto sonriendo—, no tengo la menor idea. Soy un simple capitán de fragata, mientras que usted es edecán del duque de Wellington.

ESTE LIBRO HA SIDO IMPRESO
EN LOS TALLERES DE
HUROPE, S. L.
LIMA, 3 BIS. BARCELONA